オルテス
国民経済学
Della economia nazionale

■

ジャンマリア・オルテス【著】
Giammaria Ortes

藤井盛夫【訳】

日本経済評論社

Della economia nazionale
Parte prima
Libri sei
1774

凡例

一、文中のゴチック体は原著ではイタリック体（序論、第四・五・六編）とスモールキャピタル体（第一・三・六編）である。
一、文中の括弧内の数字は原著の括弧内の注の記号の部分に側注にある参照箇所を組み入れたもので、（III）は序論第III節、（三－7）は第三編第7章、（序論）は序論、（序論の公理）は序論第IV節のゴチック体の部分を示す。例外として第六編第15章末の「イタリアの首都」と「西の孤島」に付された側注は文中に組み入れた。その他の括弧は全て原著のままである。
一、本書で用いられる度量衡のうち広さと体積に関しては第二編第1章末、長さに関しては同第19章で説明されている。重さに関しては一リッブラはおよそ三二〇グラムである。
一、原著では第二編第14・15章が二つの段落で構成されている以外は全て一つの章は一つの段落で構成されている。本書では第二・三編で内容に応じて段落を分けた。
一、原著巻頭の標題下には「嘘言を交えず、明白な真実のみを語る」とのモットーが記してある。
一、原著巻末の正誤表は省略した。
一、原著の目次の各章の標題と本文中の各章の標題が一致しない場合は後者を採用した。
一、原著には現代では不適切な表現が用いられているが、一七七四年発行の古典であることを尊重して原文のままとした。
一、編集の都合上、原著の序論と目次の順序を入れ替えた。

目次

第三編　一国の就業者と失業者について …… 103

第四編　土地と雇用に一致する財について …… 167

国民経済学に関する序論

I　国民経済の秩序とそれに従う各人の個人的な行動について考察しようとする人は誰でも、そこから受ける第一印象だけでも、国民経済が今以上に適切に組織されることも、国民経済が依存し一国の全体と各人が生存するための全体の財が、個人の手では今以上に適切に全員の間に分配され、再分配され、増加し、自己補填されることもありえないなどとは信じるわけにいかないであろう。各人の個人的な欲望に満たない財の規模、財が全員の間に分配される際の異様な不平等、かろうじて生きている、または貧しくて死にそうな多くの人々の絶対的な財の不足は感受性の豊かな人々の心を動かさざるをえない。そしてそのような悪のうちのいくつかを阻止または軽減するためには、より有効なときもあり、それほど有効でないときもある手段はないわけではないので、欲望にとってより有効で強力な手段を空想し、それを空想によってそれら全ての悪に行き渡るように拡大することは容易である。そのためには全ての手段は、どんな経済現象であってもその内部にある理由を踏まえなければ、全ての経済現象に表面的にしか行き渡らないのであって、それが財の所有であっても人間の諸々の欲望を満足させえないということを認めるとしても、それでも財の所有について非常に疑わしく不確実で多様な諸原理によって議論がなされ決定がなされていると聞き及ぶが、それらの諸原理の中にそのような諸々の欲望を完全に満足させられないとしても、少なくともより満足したものにしうるような私の信頼に足るものは何一つないということである。財の所有こそ、自然の成り行きまたは投票によって選ばれ、他の人々を統轄する人々がまさに目指すものであり、低俗な賢者の思弁がまさに目指すものであり、彼らの模倣者の虚栄心がまさに目指すものであり、要するに全てのお人好しや、自分の心配と苦情を誰よりも進んで他人に押し付ける教養のない人々がなおさら目指すものである。

II　しかしそれらの人々とは違って、洞察の矢によって物事をより深く貫く人は、国民経済がどんな個人の手でも全く改善されえないような現象であり、それを財の供給と増加によって適切な体制の中に位置づけようとする人々のあらゆる試みが無駄な努力に終わらざるをえないような現象であることに容易に気づくであろう。そのように明言することは異様で特殊と受け取られるはずはないということを私は疑わない。そして確かに人は幾何学や代数学の諸原理の方を宗教や法律の諸原理よりもいっそう認めるということ、これは後者を研究する必要の方が前者を研究する必要よりも大きいということから生じ、それにより個人の努力が実際の必要に役立つので全体の無知を利用しようとする多くの道が開かれるということ、このことは利益がどれほど真理に優先するのかの証、すなわち真理とは常に他人の損害によって手に入れた個人の実際の利益にすぎないかの証であるということ、それゆえ他の人々に財を供給しようとする熱情は、彼らから財を略奪し、それによって自分自身に財を十分に供給するための口実にすぎないということ、そしていくらかの表面的なことは別として、後者は前者と同様にみなされるということ、これらのことは、ある人々の表面的な情熱によって導入されたならば、他の多くの人々を十分に信用させうる教養になるであろう。というのは物事の研究がまさに表面的になっていて、それがすでにあらゆる種類の人々に及んでいるからである。しかし全体の財はそれに対する他の人々の同じだけの需要がなければある人々によって増加させえないということ、ある人はより裕福でない他の人がいなければ、すなわち誰かの貧困がなければより裕福になりえないということ、全体の財の規模はあらゆる国民のそれに対する需要によって制約されるということ、そしてそれは的屋の口上によっても、賢者や君主の努力によってさえも、この需要以上には髪の毛一本分たりとも増加させえないということ、これらのことは、私の知る限り誰からも言われていないし、少なくとも今まで誰にも証明されておらず、それどころか公的な議論、隠れた不満、一般的であろうと専門的であろうと何かの書物によってこの問題について常に表明されていることと反対のことである。そしてそれにもかかわらずこれらのことは、私が長期の勉励とより実際的な経験によって、全体の利益を十分に理解するためにはそれらを空想する一般的な道を越えてあえて高みに上らざるをえないと確信したので、以下の著作において第一に証明しようと着手したことである。

III 今まで誰にも言われておらず、全員に否定される命題を証明するためには、より難解でより複雑な形而上学から獲得される大掛りな道具立ての理由が必要とされると誰もがみなすであろう。しかし以下で個別に明らかにされるそのような理由は今のところほとんど全ての理由が一つの理由に基づき、しかもそれは示すのがごく容易である。それはどんな国においても確かに財があり余る人々がいるが、それが不足するはるかに多くの他の人々もいるということが知られている常日頃の経験である。それはあらゆる場所のあらゆる時代の立法者が全体の財の規模を増加させること、すなわちそれがある人々にあり余るときにそれが他の多くの人々に完全に不足しないようにさせることにどんなに従事したし従事しても、その企てをあきらめることは決してできなかったし決してできないことである。これは、常に試みられたけれども全く手に入れられなかったものはやはり手に入れることができないものであるということが真実であるならば、彼らがその理由を手に入れなかったしそれを手に入れることができないことの明らかな証拠である。そして実際、全体の財の供給が特定の規定や特定の法律によってある人々に増加しうるのと同時に、多くの人々が信じるように他の多くの人々に減少しえなかったならば、そのような規定は有効な恒久不変のものであるに違いなく、一度制定されたならば、それにより国民は次第にますます財が供給され、ますます財を需要しなくなり、したがってますますそのような法律そのものが必要でなくなるに違いないが、これは明らかな矛盾である。逆に、全体の財の増加のために新たに制定されるあらゆる規定やあらゆる法律は、同じように注意を払い同じように必要とされるより有効なものを見つけようとしなければ、有効とみなされるものが全く制定されないが、これもまた全ての規定や法律が目指す目的に役に立たないことの明らかな証拠である。そしてたとえそのような規定や法律によってある観点から財のある源泉が開かれるとしても、明らかに別の観点から別の源泉が閉ざされ、すなわち他の人々の財に対する新たな需要が生まれ、それゆえ確かに獲得される財に関する法律は施行されるが、獲得されるべき財に関する法律は施行されない。これら全てのことは、自分自身のまたは他人の先入観なしに理解され、人が一般に別の時代よりもある時代において自分の利益にいっそう敏感であるとみなさなくても、または自然の成り行きが別の環境よりもある環境において自分にいっそう適しているとみなさなくても理解される。というのは他の多くの人々の財の絶対的な不足を伴うある人々の財の豊かさはあらゆる時代のあらゆる場所の現象だからである。私はこの現象に対するそのような素朴な観察を偽らない。というのはそれが恒久的なものであるならば、それはやはりそれ自身の証だからであり、以下の各編で明らかになるはずのこの現象と、人間のあらゆる経済活動とを互いに結びつける直接の理由を探求する入口が私に開かれているからである。

IV　このことのよりいっそうの理解のためには、ここで経済的善と経済的悪に関する若干の考察を付け加える必要があろう。経済的善とは全体の財の過剰のことであり、経済的悪とはその不足のことであり、どちらも全体のこととしても個人のこととしても理解される。そのために私は一つの公理を前提とするであろう。それはそれ自身の明白さの証明以外に何の証明も必要としない真理として、この著作の前提としようとする唯一のものになるであろう。それは**行われる全てのことは十分な理由によって行われる**ということ、すなわち善意の理由であろうと悪意の理由であろうと、そのための理由という推進力がなければ誰も何の行動にも就業にも労働にも着手しないということである。というのは善意の理由は善意の行動の理由であるのと同じように、悪意の理由は悪意の行動の理由であるが、やはり舟を導く何かの理由がなければ、明らかに誰も何の行動にも駆り立てられないであろうからである。それゆえそのような真理が仮定されたならば、私が右で述べたように（II）、国民に分配され、それにより国民が生存する全ての財は、過不足なく国民の厳密な需要によって厳密に制約されなければならないということである。というのはある国においてある数の人々が仮定されたならば、それらの人々には生存するための財が必要なので、そのような財を生み出す理由はまさにそのような人々に財を供給するという理由しかないであろうからである。しかしそれらの人々は食物も衣服も家財も一定規模の財しか消費しえないので、それらの人々の維持のために生み出される財はそれらの人々の需要によって確定され、それを下回ることも上回ることもありえないであろう。というのは財が全体の需要を下回ったままたは不足したならば、それら全ての人々は、仮定に反して生存しないであろうし、財が需要を上回ったままたは超過したならば、それらの財は十分な理由なしに、すなわちすでに述べられたように行われる理由が何もなく生み出され、しまい込まれるであろうからである。それゆえ全体の財は右の厳密な需要によって制約される限り、全体として不足したり余ったりせずに残らない。さらにそれらの消費可能な財は、然るべき場所で詳しく示されるが、今のところ右のように観察と恒久的な事実から確定される理由で（III）、国民に不平等に分配されなければならない。それにより全ての財はあらゆる場所のあらゆる時代の不変の法則として、ある人々にあり余り他の多くの人々に不足する。さもなければ物事がこのようになるような時代も場所も全く存在しないであろう。そして各人に平等な分け前での全体の財の分配が、第一印象から生じる正義にいっそう適ったように見える分配として、第一印象に固執する人によって常に求められ常に試みられるけれども、しかしそれにもかかわらずそのような分配は全く手に入れられず、したがってこれはたった今観察されたようにそのような分配は手に入れることができないということの明らかな証拠である。

V これらの真理が確定されたならば、財の所有と財の需要に関して全体と個人の間に次のような著しい違いがあるのはどうしてかを理解するのは容易であろう。すなわち個人においては財を消費するための財に対する自然の必要は財につれて増加しないので、個人は全体とは逆に余剰の財を所有しうるが、全体においては財を消費するための需要は全体の中のそのとき増加した集団のために財につれて増加するので、財そのものは全体においては余剰は全く存在しないということである。このことが起こるのは、個人は余剰を所有しても、それを常に自分とは別の他人に分け与えるの対して、全体は余剰を所有することがありうるとしても、それを自分自身にしか、またはそれを受け取ることによってその集団に加わる人にしか分け与えることができないからである。これもまた、財の所有に関して個人と個人の間には違いが生じうるが、全体と全体の間ではそうではないのはどうしてか、または個人は余剰を必要とすることによって他人よりもいっそう豊かになったり貧しくなったりしうるのに、ある国民全体は他の国民全体に対して、それらの各々はそれらの各々にとって同じものである必需品しか必要としないので、そうではないのはどうしてかが然るべき場所で明らかになる理由である。さらに、全体の厳密な需要によって制約された全ての財は個人の間に不平等に分配されなければならないので（IV）、経済的善はそれが他の人々においてそれらの財の不足によって同じだけの経済的悪に変わる限り、ある人々においてそれらの財の所有につれてやはり増加せざるをえないであろう。しかし全く同じ個人の総体から推定された全体の経済的善と経済的悪は、それ自身の中に全てのある人々を含むと共に全ての他の人々も含まなければならないであろう。すなわち全体の財の合計のうち他の人々から同じだけの分け前が剝奪されなければある人々の分け前が与えられないので、全体の経済的善と呼ばれるものも全体の経済的悪と呼ばれるものも同じだけのマイナスの量によって相殺される同じだけのプラスの量から生じなければならないであろう。実際、国民の間で流通する右の財の規模が各人の手元で平等な分け前に固定されたならば、全体にも個人にも経済的善も経済的悪も全く存在しないであろう。というのは誰も財があり余らず、誰も財が不足しないからである。そしてこの規模を動かし、それをいろいろな方法で他の人々よりもある人々にいっそう向けるだけで、以前の分け前が増加する経済的善とそれが減少する経済的悪を生じさせるのが見られ、それゆえ経済的善と経済的悪についてのあらゆる印象は個人のある人々に生じるが、全体の全ての人々には全く生じない。それゆえ必需品以上の財の所有として理解された経済的善は個人と全体の間ではゼロに対する数としてしか比較されえず、たとえ他の人々に財があり余るために不可欠なある人々の財の不足が考慮されたとしても、そのような全体の経済的善は、経済的善と経済的悪から成り立つ混成、すなわち前者の分け前も後者の分け前も併せ持つ混成としかみなされえない、すなわち同じ力で反対の方向に作用するために互いに相殺され、無に帰す力の合計としかみなされえない。

VI それゆえそのような教義によって私は全体の経済的善を増加させるために各人によってもたらされたあらゆる運動が無駄なものとして放棄されなければならないとみなすのではないかと疑われるのではないかということを疑わない。というのはそのような経済的善は同じだけの経済的悪を伴うものしか国民に導入されえないかまたは維持されえず、財は他の多くの人々に同じだけ不足しなければある人々に過剰に増加しえないからである。しかしこれとは逆に、全体の状態を改善するための、すなわち他の人々の財の不足なしにある人々の財を増加させるための企ての常に無駄な経験から私はそれが無駄な企てであることを推定したので（III）、各人がそのような企てを決してあきらめないのを見ることによって、私は今からそのような企てからもたらされる何か有益な結果を推定しよう。というのはすでに述べられたように、十分な理由がなければ何も行われない（IV）からである。そしてまた、私は賢者が存在することを全く知らない逆説を吹聴するのではないかと疑われないために、そのような意図でもたらされそのような口実で明らかにされた右の全体のあらゆる利益は一人の個人によってしか試みられず、右の企てが常に無駄に試みられたにもかかわらず、とりわけ今世紀に成功を期待してやはり常に試みられているのは、別の観点からすれば他の人々よりもいっそう賢明なまたはいっそう教養のあるように見えるにもかかわらずそのような観点からすれば明らかに他の人々よりも盲信しやすいこの個人にほかならないと公然と明言することを私は躊躇しない。というのは人間の情熱は全体にとって無謀で無駄なあらゆる企てが自分自身にとってもそのようなものであるならばいつでもそれをあきらめることができるが、全体にとって無駄であるとしても自分自身にとってそのようなものでなければ彼はその企てをあきらめないからである。しかし全体のためという口実で個人の経済的善を増加させるという誤解は、そのような利益がその個人に生じるということを知らないことにあるのではなく、誰もがそれを見られ、誰もが全体にもたらされると言われるどんな経済的善もそれは個人にしか与えることができないということを知っていることにある。しかしそのような誤解は、他の人々に同じだけの財の不足を生じさせなければある人々の財を増加させることができないということを考慮しないことにあり、個人の財のあらゆる増加は、それによって個人の同じだけの需要が全体にもたらされないのに全体の同じだけの増加になると善意で仮定することにある。それにもかかわらずあらゆる個人が全体の利益を増加させると仮定し、そうすることを全体が個人に認める企てによって、彼が自分自身の利益しか増加させようとせず、自分の利益しか増加させないよう取り計らうということは、やはり永遠の一般的な経験からはっきりと現れる（III）。それに対して私は以下の著作においてより直接的な直属の理由に着手するまで今のところは挑発するのをやめないであろう。ところで誰でも全体の利益を増加させる際に自分自身の利益に有益でないことに気づくならば、その企てを放棄し、右の全体の利益をあきらめ、そのために誰かが一貫性のなさについて彼を非難するのではなく、逆にそれによって彼自身が全体に認められ許されるのに、他の全ての人々を時おり無学の恩知らずと呼ぶということが知られている。また誰でも他人が全体の利益に従事するのを軽蔑するのであればそれは自分自身の利益を十分に理解していないと非難するのが常であるが、全体の利益と名付けられた、またはその決定がある人またはある人々から生じるあらゆるもののために、各人が善意でみなすのと同じように自分自身の利益を増加させる手段によって全体の利益を増加させることに従事したならば、栄誉が与えられることは疑いもなく、自分自身のために傾ける熱情と同じ熱情を同胞、一族、君主のために傾けるときは英雄とみなされる。これらは全て実際には全体の利益よりも個人の利益が選ばれるだけでなく、そのような名目に染まった個人の利益よりも全体の利益が選ばれない証拠である。というのはあることが必要であることと真理であることの明らかな証拠は、それに対する全体の一致した合意だからである（III）。

VII　結局、財の獲得に際して全体の利益のためという口実で自分自身の利益を増加させるという右の誤解（VI）は多くの毒舌家によってみなされているように偽善や策略ではなく、実際には全ての全体の利益が全ての個人の利益の総体すなわち合計にすぎないという自然の必然性から一般に生じる。それゆえ後者を増加させなければ、すなわち後者を一人ずつ考慮しなければ前者を増加させることはできず、全体の利益を一人の個人によって全て同時に増加させることはできないが各人の利益を各人によって別々に増加させることはできるので、その各人の利益はやはりそれを増加させる人々の個人の利益でなければならない。実際、どんな個人にも狙いを定めずに、何に対しても無欲の心でひたすら全体の役に立とうとしたり、個人の利益が増加する方法に目が眩んで、そのような方法を全体の利益に向けようとした人は誰でも、そのような企てに同じようにしがみつくことはできないであろうし、どんな行動においても個人的な対象に狙いが定められるはずであって、全体の対象または全体の諸々の対象に同時に狙いが定められるはずは決してないので、あらゆる理由はそのような個人的対象が遠くの対象ではなく近くの対象であり、自分自身の近くの対象ではなくむしろ自分自身に最も身近な他のある人々の対象であるということを必要とする。このことが真実であればあるほど、個人の対象と全体の対象は相対的なものであり、個人とみなされえない全体は存在しない。それゆえ一人の人からすれば全体である家族や親族は、それらの人々からすれば個人に変わり、個人からすれば国民に変わり、互いに結びつけられ連帯した多くの国民からすれば国家等々に変わり、それゆえさもなければ全体、または全世界のために一人の人は努力すると言われえないであろうが、行うことを明らかに何も見出さないであろう。財の増加による自分自身の個人的な利益を通じてしか全体の利益を手に入れさせることができないので、その場合に自分自身のために財を増加させるとしても他の人の財を減少させなければまたは他の人から財を剝奪しなければ、一人の人は財を直接、正当に手に入れたと言えるであろうということはとりわけ考慮されるべきであるということは全くの真実である。というのはその場合には他の人々の財に対する同じだけの需要によって（V）他人の損害または被害がなくても全体の財は増加するからである。これは自然の成り行きに非常に適している。そして彼らの利益を増加させるために他人に多くのまたはより多くの損害をもたらすならば、その場合には彼は逆に間接的に正義に反して財を手に入れたと言えるであろう。これはある人々によって他の人々について右の意味で真実ではないことである。

（II）一般に仮定されたことであるが、全体については真実ではないことである。というのは後者の場合には全体の財は増加するどころか、他の人々の財に対する同じだけの需要によって、最善の自然の公正に反して増加しないかまたはさらに減少するであろうからである。しかしそのような点について個人の行動を管轄する裁判官は、それらの利益に関わるのはそのような個人ではありえず、実際にそのような個人を前者の場合には称賛し後者の場合には非難する他の全ての人々でなければならないと誰もがみなす。それゆえティトゥスは自分自身や自分の親しい他の人々に経済的善を手に入れさせるために他の人々の被害や損害がなかったので、たとえ他の人々の経済的善の同じだけの不足によるとしても全体の経済的善を増加させたと言われ、ローマの父、ローマの歓喜として称賛された。ところがネロは自分自身や少数の人々にそれを生じさせるために多くの経済的善を消滅させることで、たとえ他の人々の経済的善に対する需要を消滅させたとしても全体の経済的善を消滅させることになり、そのために彼の同胞の嫌悪と憎悪の的になった。

VIII

それゆえ経済的善と経済的悪が全体とは切り離せず、同じ規模であるとすれば（IV）、自分自身の経済的善を手に入れるとしても自分自身の経済的善よりもずっと大きいかまたはずっと小さい他人の経済的善を妨害しなければ全体の経済的善が大いに手に入ると誰にもみなされなければならないであろうが、これは自分自身の経済的善を考慮に入れなければ自然が各人を気づかないほどのものにする他人に対する愛のためではなく、各人がひたすら行動に駆り立てられる自分自身に対する秩序あるより良く理解された愛のためである。そしてこれは個人が利益を導くために誤用によってまたは自発的なごまかしによって常に全体という名目を利用するほどの偽りであるが（II）、逆に彼は個人を通じてしか行うことができない全体の利益を増加させる必要と方法のためにしかその名目を役立てない（VII）。これにより、全体の経済的善として理解された個人の経済的善という全ての誤用も、個人の経済的善よりも全体の経済的善を選ぶという称賛される栄誉も、各人が全体とは自分自身と自分に身近な他のある人々のことと理解し、まさにそれらの他のある人々に、あたかもそれらの他のある人々が、全体に対する愛の全ての熱情と分配に関する公正の全ての栄誉が向けられる全ての残りの人々とは違う人々であるかのように、無差別に関わろうとする人々のことと理解することに帰す。そして実際、経済的善と経済的悪は一方をもう一方以上に増加させることも減少させることもできないが（IV）、このことは各々が他方に比べて両方を同時に減少させることも増加させることもできないということにほかならない。というのは一国においてその人口の厳密な需要によって制約されなければならない財は、まさにその人口につれて増減しうるからであり、やはり全員に不平等に分配されなければならないので（IV）、ある人々にあり余るのと同じように他の多くの人々に不足し、前者の人々も後者の人々も同じようにより大きい人数かまたはより小さい人数とみなされるからである。他方、自然はそれが維持する人口、財、財に対する需要と同じようにそれがそのあらゆる生産にもますます拡張されるとみなすのを喜ばないであろうということは否定できない。結局、そのような人口とそれによる財の増減が、他の人々よりも大きい個人の利益を損なわないようにかまたはますます損なうようにその個人の各々の利益を増加させることに依存し、まさにこのことに一国の全体の経済がより良くなるかより悪くなるかが依存すると理解するのは容易である。

IX　これまで説明されたことから、一国の経済的善と経済的悪は常に同じ規模にもかかわらず（V）、すなわちある人々の財の過剰は他の人々の財の不足に常に等しいにもかかわらず、第一印象でそのような教義から生じるはずであると思われることに反して、全体の経済活動の管理のためにやはり一国の政府が必要になるのはどうしてかが理解されるであろう。というのはたとえ管理する人が注意を払うことによって経済的善と経済的悪が、俗論で望まれ、想像もされるように一方をもう一方以上に増加させられえないとしても（I）、それにもかかわらず前者も後者も人口によって維持され増加させられうるし、それによりまさに一国が維持され増加させられうるからである。実際、一国に政府がなかったならば、各個人は自分の最適状態を手に入れるために他の人々の同じだけの最適状態に等しいかまたはより大きい財の損害や減少によってそれを手に入れることができるであろうし、それにより全ての財とその全ての不足は一国において少なくなるであろうし、その国は財と共に徐々に消滅するであろう。逆に政府は各個人が自分の最適状態を手に入れるために他の人々の財の損害や減少なしにそれを手に入れるようにさせることによって、たとえ同じだけの経済的悪または同じだけの財の需要と一体であるとしても、全体の財を維持しさらに増加させる。本当のところは政府そのものは時には他の人々の財の同じだけのより大きい減少によるある人々、とりわけ政府自身の財の増進や増加の擁護者になることによって、有益なものではなくむしろ国民やその経済にとって有害なものになりうるが、それは開発途上国の独裁体制が支配する国の状態である。しかし逆に先進国の国民の間では、政府がその利益を他の人々の利益以上に増加させない、すなわち全体の利益のより大きい減少なしにその利益と他の各個人の利益を増加させるという反対の理由で、その国にとって有益で必要なものになるということは否定できないであろう。

というのはたとえ政府が他の人々の財の同じだけの不足によるとしても他の人々の損害なしに政府自身の財を維持し増加させる自由を各人にとっても擁護するならば、それによりやはり財と人口は一定の土地において可能な限り維持され増加するからである。それゆえ私は一般に先進国の現今の全ての政治家が全体の経済的善を増加させるということ、すなわちたとえ非常に利己的な貪欲さと、私はそれが彼らのものであるとは決して言わないが彼らの側にいる人々の乏しい理解が時には彼らを彼らの意図そのものからそらすとしても、明らかに彼らの意図はそれを増加させることに向けられているということを疑わない。それゆえ右のティトゥス（VII）は全体の経済的善を増加させ、他の人とは違ってネロも同じように全体の経済的善を増加させたと言えるであろう。というのは前者は全体の利益の消滅なしに自分自身の利益を手に入れ、後者は全体の利益の消滅によって自分自身の利益を手に入れたので、それにより前者のおかげでローマの財は増加し、後者のせいでローマの財は減少したからである。しかし経済的善とその不足がその場合には前者の帝権下でも後者の帝権下でも同じことに帰したということは（IV）、ティトゥスが誰も不幸にせずに幸福な人々を生み出したことによって、そしてネロが自分自身を幸福にすることで不幸な人々を生み出したことによって、前者は永遠に幸福にすべき人を見出し、後者は永遠に不幸にすべき人を見出したということから明らかに証明される。

X　これらの考察が一国の財、その財から全体と個人に生じる経済的善と経済的悪に向けられたならば、それをいろいろな方法で理解された経済学に向けるのは容易であろう。経済学とは、各人が理解していること、すなわち生存のために必要な役に立つ快適になるための財のより良い使用法のことと私は理解している。というのは経済学はそのような財をより良い方法で使用するならばより良いものとみなされ、それをより悪い方法で使用するならばより悪いものとみなされるからである。それゆえ経済学が個人に関わるものであるならば、いろいろな方法でたまたま各人のものとなった財の規模は違うので、各人についての経済学もまた違わなければならないであろう。というのは全員の自然の必要は同じなので、多くの財を持つ人々は、それを消費する方法に関してそれをより少なく持つ人とは別の方法で管理されなければならないであろうからである。そして同じ方法に従うならば、人がいる状況はある時代と別の時代とでは違うので、この人についての経済学はある時代に行われた財の適切な貯蓄と、財が不足しなければ別の時代にそれによって行われたより大きい消費から成り立つであろう。それゆえ前者の貯蓄が後者の消費を上回るならば、経済は貪欲に変わり、多くの財を蓄積するであろうし、後者の消費が前者の貯蓄を上回るならば、経済は浪費に変わり、貪欲によって蓄積された財を消滅させるであろう。しかし経済学が全体に関わるものであるならば、ある人々にあり余る全てのものの合計は他の人々に不足する全てのものの合計に反対の方向に結びつけられ、これが経済の状態と状況を形成するものなので（V）、全体は財を消費する方法しか持ちえないであろうし、財の消費は全ての不足が全ての過剰によって厳密に満たされるので、一様に生じるであろう。したがって個人に関わる経済学は非常に違うものになりうるので、過剰や不足は莫大な規模になりやすいのに対して、全体に関わる経済学はより大きくもより小さくもあるが全員の厳密な需要に適合した財の規模に対する全ての貪欲、全ての浪費、要するに全ての個人に関わる経済学を含むので、ただ一つの方法としかみなしえないのであるから、その規模はある一定不変のものでしかありえない。それにより経済学は最初に仮定されたように（Ⅱ）財のより大きい供給に関わるものであるにもかかわらず、これ以上変わることも管理されることさえもできないであろう。またそのような全体に関わる経済の状態もこれ以上変わりえないので、その状態は嘆き悲しまれなければならないか、またはその状態に関する私の考察は、現在の状態に満足しているようにはとても見えないので全体の状態を変えようとする人々を絶望させるものとして、悲嘆の対象になるであろう。というのはそのような状態が改善されえないと信じさせる理由そのものがまたそのような状態が改悪すらされえないと信じさせるからである。そしてまた全体の経済的悪は合計においてそれを相殺する同じだけの経済的善によって常に均衡を保ち（V）、それゆえ前者の経済的悪は誤用としてしか後者の名称で呼ばれない。というのはそれは実際にプラスのものが何もないからであり、所有され消費された財に対して残る唯一のプラスのものである後続する財の同じだけの過剰によって満たされた先行する財の不足からしか成り立たないからである。全体の状態は常にその状態を全体が必要とし、その状態だけに全体が適合し、個人が自分の意志で余剰を全く獲得せずに余剰を必要としても、全体はやはり常に獲得する必需品しか必要としない状態であるのは明らかである。

XI　国民経済それ自身は賢者や立法者のどんな手腕によっても改善されえないようなものであることを観察した後で、私が国民経済について論じ始めるならば、それは俗論で良く言われるように国民経済を改善するための最善のまたはもっと適切な道を示すためでは全くなく、恒久不変の原因から生じる結果としてそれ自身から生じる現実の諸現象の中にいる他の人々に国民経済というものを示すためだけであるということを誰もが理解するであろう。というのはたとえ人々の全体に対して彼らに一国の不変の状態を信じさせるためには、最も先見の明のある最も慈善心に富む立法者の管理にもかかわらずその状態は全く改善されず、したがってまたどの時代にもどの場所でも改悪されていないというすでに指摘された理由（III）で十分でありうるとしても、それにもかかわらずそれは事実の理由を探求し、それらの理由によって事実を証明する賢者には十分であるはずがないからである。さらにそれにより私の考察が他の人々の考察よりも愉快でなく明瞭でないならば、そのために私の考察は明らかに正しくなく、全体の経済的善に配慮していないであろう。それでも私は国民の幸福にとって無駄な体制を提案するのではなく、その代わりに国民の不幸の理由を探求することにとどめるならばいくらかの称賛に値するとみなすであろう。しかし国民の不幸というのは、財がよりあり余る人々は幸福な人々と呼ばれ、財がより不足する人々はより不幸な人々と呼ばれるという全体の信じるところに従って私によってそのように呼ばれたが、全体のの体制を検討することを必要とするときは、私もまた全体の表現に従わなければならないであろう。最も賢明な先見の明に従えば、財がよりあり余る人々は近くの人々に背負わせざるをえない無駄な重荷を背負った人々にすぎず、財がより不足すると言われる人々は生存する間は財は決して不足しない（V）。したがってまた、たとえ私の考察が全体の悪として理解されているそのような悪を取り除くことに関して無駄なものであるとしても、私の考察は少なくともその原因を明らかにすることによって、たとえ本当のところはやはりどんなこともその理由を人が信じているならば悩ませることはできないとしても、想像によってその悩みを解消するのに役立つであろう。

このことについて私はそのような私の教義そのものが私には常に大きな慰めになったし、私の四体液の質（たとえ他の人々がそれをどのようにみなそうとも）よりもいっそう私の教義からより激しいより熱狂的な情熱とも、より乏しいより卑屈な情熱とも私を区別することを疑わない心の平穏が私に生じたということを保証することができる。それにより、まさにそれゆえに私はそれをさらに書物に書き、もしかして可能であれば私が証明し私自身のために証明する結果そのものをそのような手段によって他の人々に示そうと努める決心がついた。

XII

そのために私はそのような教義そのものを全員に共通の教義にするつもりはなく、それを商業出版によって公にするつもりはないということは全くの真実である。私は全員に語りかける人は誰にも語りかけていないことを知っているし、書物によって国民に語りかける著作者は、たとえ彼が書物によって国民を教育しようとするどんな著作者よりも明らかに良識のある賢明な尊敬すべき人であるとしても、国民は一般に文字を読むことができないし、なおさら文字を書くこともできないということを知っていなければならないであろう。それに加えて私は国民に示された全体の経済に関する書物に彼らはすでに憤慨しているに違いないと思う。というのは一世紀前から現在までに雇用、財、人口を増加させるためにそれが国民に示され、それに従って決定がなされたことによって研究が広まったのに、それら全てのものは同じ規模にとどまり、またはそのような決定によって増加したのではなくむしろ減少したのが見られ、したがって財の不足に対する国民と君主の不満はますます大きくなっていると思われるからである。確かにそのような財を増加させる方法についてはこれまで一度も述べられたことがなかったし、現在も学会や高等教育機関によっても、法規、論文、印刷物によっても、さらに言えば、この点について農業、工業、商業、財政において決定された問題や示された推計によっても述べられたことがない。しかもこれまでも現在も一国の全体と各人が生存する方法についてさえも一度も述べられたことはない。これはまたあらゆるものに優先すべき知識である。というのはまさに、例えばそれらの問題とそれらの推計は個人の対象に向けられ、全体に及ぼすその影響を考慮しなかったので、空想は前者に固定し、それを後者からそらしたからである。推計は人が意図し、そのために全員を推計し、全員を秩序づける証明の規則である。富豪は取り立てについて、商人は独占について、銀行家は利子について推計し、化学者さえも錬金術の万能溶剤について推計し、女性はそこから黄金や宝くじの番号を獲得するために夢について推計する。幾何学者だけは現実の真理について、全体の全員のために推計する。しかしそれら全ての前者の人々の推計はまさに個人の対象に関わるために、光り輝く空想で心を満たし、将来の富という見栄えのする期待で空想を満足させるので、それは全員に受け入れられ、称賛され、研究されるが、逆に最後者の人々の推計については、期待しうる以上のものを保証せず、富者にも貧者にも、君主にも国民にも同じように関わり同じように尊重するので、軽んじられ、誰からも重んじられも熟知されもしなかった、しかしこれはまさに、真理が満足させる以上のものを教え、喜びをもたらす以上のものを信じさせるときは偽りのものとされる真理の特徴である。というのは真理や理由は貧者よりも富者に帰属するものでは決してなかったし、人を区別するものでは決してなかったからである。

XIII

とにかく私は明らかに別の書物に書かれていたことをある書物で繰り返したり、騎士道物語の情熱で他人を楽しませたり、なおさら魅惑するように運命づけられているとは感じておらず、たとえそれを持っていたとしても私はむしろ私自身のために取って置きたいので、私は右の理由で私の教義を皆に公にするのを控えるであろう。

というのはやはり、一方からは追放され他方からは忌み嫌われ、ある人々からは有害と判定され他の人々からは有益と判断された多くの著作者の混乱の中で自分の意見を聞いてもらうことはできないであろうし、そのような混乱と騒音は速やかに静まろうとするとは思われないと考えるからである。他方で新たな書物の著作者に彼らが百冊の書物によってこれまで理解したことや、それらによって他の人々の中で知的能力の点で、または才能の卓抜さの点で抜きん出ておらず、また抜きん出ていないことが明らかな人々によって書かれた演説に適していない四つ折判の助けを借りて、集会、学会、議会における多くの演説を通じて彼ら自身がたまたま主張したことを放棄するように要求することは僭越なことであろう。それゆえ私は多くの人々の称賛や非難に身を委ねるのではなく、その代わりに読むときに非常に熟考するように思われ、他の人々よりもそれをよりいっそう理解するときにそれに利害関係がない人々のような公務からかけ離れ、それを検討し助言し指導するときに私的な観点からぶれない少数の人々だけに私を委ねることで満足するであろう。しかし本書が誰の手に入ろうと、たとえ通例のように読者に寛容を求めることが許されたとしても、読者が私を判定するときに、書いた人を判定するためのきちんとした肩書きを考慮することに急いで進まないのであれば、私は読者にそれを求めない。私が本書で説明していく諸命題は、十年以上に渡って私によって行われた諸現象の実際の動きと諸現象間の比較について証明された熟考に熟考を重ねたものである。私が四千日以上もかけて理解したことを同じ正確さで一日で理解したと自負する人は皆、才能の点でも刻苦勉励の点でも、どちらも同じように物事の理解に求められるとすれば、私に優ることに自信を持たなければならないであろう。しかし私は確かに才能の点で人々の全体の上に立たないが、才能の点で最も上位の人々に四千倍劣ると自分をみなす罪があるかもしれない。

国民経済学

第一編　一国における人々の区分と雇用の区分について

第1章　国民という名称によって理解されるもの

各人にその生存のために適切なものを供給するために必要なことは、まず人類を多くの国民に区分する必要であったと思われる。それにより各人が互いにより緊密に結びつけられたならば、ある人々はある土地において、またある人々は別の土地において互いに自分自身の財の供給に従事し、いとも容易に、いとも快適にそれを手に入れるとみなされるであろう。そのためにこれらの人々はまさに、たとえそのために他の全ての人々に依存しないとしても、各人によって個別に採用され、他の各人によっては同じように採用されない生存するための共通の方法を考慮すれば、やはり互いにより直接的に依存することを決意したと思われる。それにより、ある国民と別の国民を区分するものは、そのような必要とそのような財の供給にほかならないはずであり、したがってまたある特定の国民を明らかにするのに十分な人数は大いに制約されるはずも拡大されるはずもないと思われる。というのは少数の人々は全員の総需要を満足させるのに十分ではなく、非常に多くの人々はそのような需要に対して過剰になるからである。それどころか自然の成り行きと実際に起こったことに従えば、共通の言語またはその中で著しく異なる方言は国民の各々と他の国民を区分する証拠であるに違いないと思われる。というのは国民の言語の一致は互いに意思の疎通を図る非常に個人的な必要を示すためのものであると思われるからであり、逆に言語の違いはある人々が他の人々の需要を満足させるために合意する必要がほとんどまたは全くないことを示すと思われるからである。それゆえ一方ではどんな特定の政府も国民とは呼ばれえないが、自然の必要ではなく二次的な外部の理由で政府の下に集合した人々は生存するために他の人々に依存する必要に迫られるほど少数であるかもしれず、そのような場合には他の人々と共に国民を形成し、これが言語の一致の証拠であるとも思われる。あるいは前者の人々はある人々が他の人々に依存しないで生存するほど多数であるかもしれず、そのような場合には同じような政府の下で習慣についても言語についても一致しない多くの国民を形成するとも思われる。それにもかかわらず他方ではどんな政府も各人に理解され、他の全ての人々によってではなくある人々によって採用された特定の法律から明らかなように、他の全ての政府に依存しないために互いに依存する人々の総体としてふるまい、まさにそのような総体とみなされるということを観察するならば、私が国民について語るときは、国民の区分があたかも政府の区分に依存するかのように国民をみなし、どんな特定の状態も一人の国民とみなし、その国民について、その国民を区分しそれを他の国民と区分するより明確な特徴である自分自身の生存のために財を供給する際に自分自身に依存し他の国民に依存しないという右の主要原則に常に基づいて、その経済を検討するであろう。そしてそれが私によって行われれば行われるほどますます私の考察においては第一にあまり広くも狭くもない国を考慮するので、国民や政府が二次的な外部の理由で確定されたのではなく、自然の必然的な成り行きから生じたのであれば、その国を人数の点ですでに存在する国とあまり違わないものとみなすことができる。しかしどんな政府も自らに個別に定められ、自らに法律により課された規模ですでに存在する人数よりも大きいまたは小さい人数の全ての個人の生存に関わり、近隣の政府との外国貿易についてもまた、個人がどんな場合にも他人の利益を自らの利益とは区分されたものとみなし、またはあたかもただ一人の利益であるかのようにみなすことによって、自分と親しいまたは近しい自分と同様に、しかし自分とは異なる他人の財の供給に関わるのと同じようにしか、他の政府の財の総供給に比べて自らの財の総供給に関わらないということは明らかである。

第2章　さまざまな種類の就業者について

一国のさまざまな人々と雇用を区分するために、私は雲の上からある無人島に突然落ちて来た、または地上に突然姿を現したある数の人間を想像する。彼らは他の全ての人々の集団や知識から遠く隔たり、彼らの祖先によって整えられたあらゆる快適さを持たない人々であり、かなり肥沃で広いと仮定されるその無人島の生産物によって彼らの生存のために財を調達し、それらの生産物の中から経験により最善のものを選別し、それらを他のものと区別する。さらに無秩序を取り除き、対立を未然に防ぐために、私はその島をすでに存在する彼らの人数と同じだけの部分に分割し、各人が自分の部分に対して他の全ての人を排除する権利を獲得すると想像する。それらの人々は第一に土地の所有者または占有者すなわち**地主**であろう。私は続いて同じように偶然に別の人々がその島に不意に到来したと仮定する。彼らもまた生存するためのあらゆる必需品を持たない人々であり、彼らはそこで土地が第一の住民によって先取りされていることを見出し、第一の住民はその占有権と生産物を他の人々と分かち合おうとしないので、彼らはそれにもかかわらず生産物を互いに分かち合うということを条件に、そこからより多くのより良い生産物を獲得するために自分がそれらの土地を耕作すると提案した。それにより土地の所有権を失わず、しかもそれら第二の住民の労働によってより良い選別とよりいっそうの確実さで自分の土地の生産物がそのように供給されることに満足した地主は、そのような提案に同意した。この第二の住民は**農民**または土地耕作者と呼ばれるであろう。私はさらに別の多くの人々がその島に偶然やって来たと想像する。彼らは、たとえ他の人々には十分であるとしても同様に自分の土地または労働の生産物を無償で他人に分け与えることに満足しない他の人々によって、全ての土地が所有され耕作されていることを見出したので、それらの人々にまさにそれらの生産物に対して行われた分割においてやはりそれらの生産物を他の人々と分かち合うことを条件に、それらの生産物をより良いものにするといういくつかの条件を付け加えることによって、それらの生産物を加工または成形すると提案した。そしてまたそのような提案が第一の住民と第二の住民によって善意で受け入れられ、彼らの労働によってそれらの生産物をより心地よいより快適なより良い用途にするのに適したそれらの人々を、それらの住民はその余剰によって救済するのが有益だと判断した。そしてまたより未発達なものがまず用いられた植物と動物の屍骸はいろいろな方法で食物に加工され始め、布地に織られ始めた。そしてまたかつて小枝と葦で編んだ小屋はより耐久的な石灰と煉瓦の住居として建てられ始めた。そしてまた各部屋はさまざまな種類の家具によって徐々に整えられ装飾された。そしてこれは全て第三の住民の労働によるものであり、彼らは**職人**または生産物加工者と呼ばれるであろう。私はまた、第四の人々の流入によって島の人口がさらに増加し、それらの人々のためにさらに生産物を生み出し加工するには以前の土地、農民、職人で十分なので、それらの人々は他の人々には無用であるが、全ての人々には必要な生産物とその加工品を輸送し分配すると提案し、そのようにして彼らはやはりそれを他の人々と分かち合うための資格を手に入れると仮定する。たとえそれらの人々によって生産物の量と加工品の数が増加し、前者の人々に後者の人々によって常に新たな数多くの形態が与えられるのでそのような提案が他の人々によって適切なものとして受け入れられたとしても、多くの加工品はそれらを獲得するのに島の遠く離れた圏外の住民には知られないままである。それゆえ他人の労働と各人の特定の需要を十二分に理解している第四の人々は、生産物と加工品を結びつけ、それらを人々の隅々に輸送し、全体の欲望と総需要のためにそれらをどこでも用意しておくことによって、第四の種類の就業者を形成し、彼らは生産物と加工品の**分配者**または媒介者と呼ばれるであろう。最後に私は島の住民が非常に異なるさまざまな労働に従事したならば、例えばある職人が別の職人の労働よりも苦労する労働に従事したり、二人共分配者の労働よりも苦労する労働に従事したならば、彼らは過分な労働をさせられた人々と呼ばれ、同様に、その労働の違いのために農民が職人や分配者よりも過分な労働をさせられたり、職人や分配者が地主よりも過分な労働をさせられたならば、その違いは自然の怠惰、貪欲、高慢とうまく釣り合わないので、不和の原因になり、嫌がらせや仕返しを誘うと想像する。それゆえそのような経済的悪を避けるために私は、彼らの労働が他の人々には無用であるが、全ての人々にはいっそう必要ないっそう経験を積んだ新たな人々が島に流入したならば、彼らは他の人々には依然として十分な全体の財を分かち合うために全体の不和を利用するが、他の人々に対して貢献するような何らかの種類の役務がなければそれは彼らには分け与えられないであろうと想像する。そのような役務は社会を平穏に保つ役務と私は想像する。彼らのうちのある者は宗教上の尊重すべき諸原理との調和と一致を促し、またある者は愚者に道徳や自然の知識を教え、発生する訴訟においてより一般に認められた正しく公正な規則によって各人の権利を確定し、またある者は殺伐とした心を美しい芸術や無害な娯楽、等々の方法を用いて和らげる。それにより彼らは他の人々によって採集され加工され分配された生産物が分け与えられることを獲得するだけでなく、全員の尊敬と信用も獲得する。というのは、ある人々は素直でないことが考慮されたとしても、非常に異なる労働に従事している人々の間の右の不和や訴訟を宗教上の素直さによって、または教えによって、または哲学上の宥和によって阻止することに成功しないときは、文民の政府や軍人の政府の多かれ少なかれ絶対的支配者を自任することによって、やはり断固とした力で彼らの教えと理屈を守ることを獲得するからである。あらゆる種類の知識と真理によって人々を啓蒙することに熱中し、必要であれば帝権やその執行者の力でそれを有効にする権限が与えられた人々は全て、他の人々の教師であり教育者であり、国民経済に関わる第五の種類の人々を形成し、一般的な名称として全体の財の**管理者**または統轄者と呼ばれるであろう。

第3章　就業者は四階級に区分される

さてこれで国民は全て国民に必要な全体の財に関わる地主、農民、職人、分配者、管理者の五種類の人々に区分されたが、問題にしている全体の経済に関わるような労働から推定されたそれらの種類は、より厳密に言えば農民そのものとしかみなされえない地主のために四種類になるであろう。というのは地主は自分の土地に対する労働を命令し配分し管理し、その労働が全面的に土地に依存するからである。そして実際、他の全ての種類の就業には労働を統轄し命令し指図する人がいるし、その人に従って労働を実行する人がいるのと同じように、農業においても農民によって実行されるどんな労働も、地主によって命令されなければならず、直接的であろうと間接的であろうと地主に従わなければならない。というのは地主は、加工を命令し統轄する職人が彼の命令の下でそれを実行する人と違い、貨物の集荷と分配を命令する商人が貨物を輸送する船員や貨物を商店の消費量に応じて割り当てる番頭と違い、最後に、判決を言い渡す裁判官がそれによって判決を執行する役人と違うほどしか、土地を耕す農民と違わないからであり、これらの人々の各々は同じ職業、同じ役務、要するに同じ種類の就業に属するものとみなされなければならないからである。それゆえ地主は正当なものとして農民の中に含まれるので、右の五種類の人々は以下では常に四階級の就業者とみなされ、農民、職人、分配者、管理者と呼ばれるであろう。しかし右の階級やそれに続く労働の分析は想像上のものなので、これは役務の区分に関する真理には全く抵触しないが、役務の導入の段階の観点からよりも役務そのものの重要性の観点からある人々が他の人々に依存することを示すためだけに有効である。それにもかかわらず右の想像上の仮定が現実に存在するように思われるものにするためには、島に不意に到来した人々を別々にただ一つの労働に属するものであるとみなすのではなく、同時に全ての労働に属するものであるとみなせば良く、そうすれば同じことに帰すであろう。それゆえ互いに別々に偶然島にやって来た五種類の人々を考察することも、各々五種類に区分される人々が皆一緒に五段階に渡って偶然島にやって来たそれらの人々を考察することも同じように有効である。というのは前者の場合も後者の場合も人数や労働の量と質に違いのない同じ人々に帰すからである。結局、どんな国においても全てこれら四種類の就業者が常に存在するので、全体の経済または消費される財の観点からすれば、これら以外に他の種類の就業者は存在しない。鉱山労働者、塩山労働者、漁師、猟師は農民とみなし、私はこの名称の下に、むき出しの土地や岩に覆われたままの土地、または水中から生存に必要な基本的な財を獲得する全ての人々を含める。同様に私は職人という名称の下に、その労働によってそのような財をそのような用途に適したものにし、そのような財を存在する何らかの方法で加工し、成形し、または必要、便宜、快楽、錯覚のためにそのような財をそのような用途においてより良いものにする全ての人々を含める。そして私は分配者という名称の下に、そのような財を集積所に結びつけ、加工されたままたは加工されていないそのような財を貯蔵し、分配し、輸送することによってその加工と消費を促進する全ての人々のことと理解し、それゆえ私は分配者の中にあらゆる種類の直接的な商人だけでなく、間接的な彼の番頭、事務員、船員、御者、等々も含める。貨幣を持つ資本家は生産物を持つ資本家と違う人々ではなく、一定額の貨幣は一定量の生産物に常に等価であり、前者も後者も同じように自分の資本から自分の生存を引き出す。召使または下男は身なりや住居を整え、食物を用意し、調達し、それを買い、それを運び、等々のために雇われる。そのような観点からすれば彼らは生産物を消費に適したものにし、いつでも消費できるものにするので、職人または分配者の中に位置づけられる。あるいは彼らは他の人々のあらゆる種類の家来や従者のように、儀式や典礼を構成するものとして雇われる。そのような観点からすれば彼らの役務は装飾に関わる人々の階級に含まれる。したがってまた、的屋、役者、道化、その他の娯楽の技能を実行して心を和らげ、非道な行動から心を元に戻す全ての人は最も良識のある賢者と違わず、それゆえ御者が商人と区別されるようにしか家来は殿様と区別されず、道化は賢者と区別されない。貴族は、全て彼らの商売のコツや技能に対する適不適に関わる問題であるが、政府において管理者として他の人々を統轄するか、または地主として命令役の農民であるか、または彼らの生産物の商人でもある。要するに人は他の人々のために何らかの方法で就業し、または人は自分の労働によって全体の経済に何らかの影響を及ぼすので、彼は常にその労働を四つの肩書きのうちの一つに帰さねばならず、これらの肩書き以外には彼がその労働を帰す肩書きを見出さないであろう。

第4章　年齢のために就業する能力のない人々

どの就業者も右の四つの立場のうちの一つ、すなわちすでに指摘された四種類の就業（一-3）のうちの一つにしか社会に姿を現しえないので、誰もがそのような実際の姿になりうる、すなわち実際に就業者になりうるであろう。実際、右の階級の始まりのときに（一-2）私は空から降って来た全ての人々が不老不死で、性向の点でも体格の点でも気力の点でも全て等しいと仮定した。しかし現実問題として、彼らは同数の女性から成り立つ混成であり、彼らが女性と結びつき始めたならば彼らと同様の同数の人々を生み出すのが見られ、後者が生まれたときから他の人々のあらゆる必要にさらされたとしても、時がたたなければ自らそれを満足させる力または能力を獲得せず、後者が増加するにつれて他の人々は完全に消え失せ死ぬまで次第に力が衰えていき、そのような死はあらゆる年齢で起こるが、幼児と老人に多く、一五歳未満または七〇歳以上の人はほとんどまたは誰も四階級の役務、とりわけ農民や職人のような苦労する広範囲の役務に適さず、一部の女性は性差のために男性よりもいっそうそれが妨げられ、最後に急性のまたは慢性の病気が悪化したようなはるかにいっそう壮年の年齢の人々も同じことに帰す。これら全てのことから四種類の人々、すなわち子供と老人が年齢のために、一部の女性が性差のために、そして病人が虚弱のために右の四階級の実際の労働を免除されなければならないのは明らかであり、それらの人々を推計するためには、さまざまな状況、環境、習慣から得られる推測しか有効でありえない。私が何よりもとりわけ話題にしようとする私がいる国と環境が問題になるときに、年齢のために就業する能力のない人々に関しては、人口のうちのある集団、首都ヴェネツィアにおいては貴族の集団が考慮されたならば、去る一七六〇年一二月九日付の基準年のそれらの人々の年齢構成は次のように対応することを見出した。

年齢	男性
一―一五	五〇二
一五―七〇	一七〇四
七〇―一〇〇	一七四
計	二三八〇

これにより、経験と観察に一致すると思われるように、少なくとも同じ環境と政府の下で、同じ習慣を共有して、女性の数が男性のように増加し、四七六〇人または約一千世帯の貴族の集団が全国民の他の全ての世帯のように増加すると仮定されたならば、生きている全国民の百人当たり次のような基準年の年齢構成が存在するであろう。

年齢	人
一―一五	二一$\frac{11}{119}$
一五―七〇	七一$\frac{71}{119}$
七〇―一〇〇	七$\frac{37}{119}$
計	一〇〇

したがって一五歳以上七〇歳未満と仮定された年齢のために右の就業から排除される全ての人々は、百人当たり三〇人、すなわち全国民の$\frac{30}{100}$と推計されるであろう。

第5章　就業する能力のない女性

男性よりもいっそう就業から排除される女性に関しては、女性が習慣または抑圧のためにほとんど全く受け入れられなかったので、男性の農民、職人、分配者と一体としてしか就業せず、さまざまな種類の管理においても、たとえそれが一時的なものにすぎなかったとしても、土地や財の所有権さえも同様に男性と一体としてしか関わらないということが考慮されるべきである。しかし前者の三階級においてもまた就業することができる女性の数は男性の数によって多少減少する。というのは多くの女性が都会においては虚弱や見栄のために何かのことに就業するのを控え、そのために総失業者の中に含まれるということには触れずにおくならば、女性が分かち合う全ての時間は、衣服や調度を洗い、整え、清潔にし、食物を支度し、調理する女性の労働や彼女らのより日常的な同様の労働のために同じだけ取り除かれ、それにより女性は自然と人工の生産物を生存にとって日常的なものにすることによって、それらの生産物の加工者または分配者の中に位置づけられるからである。それに加えて、彼女らの余り強固でない体格は七〇歳のずっと前、例えば六〇歳で彼女らのより苦労する階級から彼女らを引退させる。それゆえこれら二つの観点から女性の就業の減少を明らかにするために、私はまず女性は妊娠の場合には常に連続的または断続的な一八日間就業することを停止すると仮定し、右の女性の数二三八〇人（一-4）から七八人の子供が男性と女性の間に生まれ、この数に病気で死んだ他の約二二人が付け加えられ、一般に妊娠のために同数の女性が差し引かれるので、百人が一八日間または五人が一年間停止する、すなわち百人当たり25/119人が労働を停止するであろうと仮定する。また、余り強固でない別の理由で、右の二三八〇人の貴族のうち二三二人は六〇歳から七〇歳までの年齢なので、貴族百人当たり、または普通の女性百人当たり、そのような年齢には九89/119人存在するであろうし、それは右の25/119人に結びつけられたならば、女性の全人口の百人当たり排除される約一〇人、または性差のために全国民のどんな労働からも排除される5/100人になるであろう。授乳し、子供の世話をする乳母の役務は、女性に属す役務なので、またはそれを実行する人を他人に対するものであろうと自分に対するものであろうと召使の身分に区分する役務なので、女性を総労働から排除しない。

第6章　就業する能力のない病人

何人かは右の階級に就業することが妨げられる右の第三の肩書きの病人に関しては、私は同じ年に同じ首都の約一六〇人の開業医が彼らの同様の推測により、より多忙な開業医とより多忙でない開業医が勘案され、本当の病の人と気の病の人が勘案され、ある季節と他の季節が勘案されたならば、各々日々四-五人、すなわち一人当たり四11/16人の病人の診察に従事しているとみなされたことを見出した。それゆえ医者を病気の性質、療法、期間を確定する人々とみなし、約一五万人の住民から成り立つ首都で理解されるならば、それらの住民のうち病人は概算で常に七五〇人と推計されなければならないであろう。そして盲人、不具、中風病み、さらに低能、狂人、その他の障害者のうち医者の治療を受けていない人々が同数と仮定されたならば、病気のために階級から排除される人々は一五万人のうち千五百人、すなわち百人当たり一人になるであろう。他の地域に比べて首都において病人を増加させ、それが自分自身の不十分な管理によるという原因が、病人を減少させ、それが十分な管理によるという原因と同じ力で作用すると仮定されるならば、同数の病人が都会においても、中都市においても、田舎においても同様に推定されうるであろう。このことはありそうなことのように見えるし、われわれの場合には首都でもその近郊の別の場所でも平均してあまり違わない生存期間から推測されうる。それゆえ病気のために四階級に就業する能力のない人々は全国民につき全国民の$\frac{1}{100}$に確定されうるであろう。

第7章　就業する能力のある人々とない人々の合計

一国において人々が就業するのを妨げられうるすぐ上で示された全ての肩書き（一-4、5、6）が結びつけられたならば、ある者はある理由で、またある者は別の理由で全国民の$\frac{36}{100}$がそのような状態にあるということになるであろう。しかしまたそれらの理由は時には互いに結合しうるので、あるいは右の全ての排除された人々のうち、ある人は女性であると共に子供または老人でありうるし、子供または老人であると共に病人でありうるし、女性であると共に病人でありうるので、右の数は同じ人々であるにもかかわらず、これらの状態のうちの二つの点で別々に排除された人々のために減少しなければならないであろう。それゆえ百人当たり三五人が年齢と性差の点で排除されたならば、病気の点で同じ百人から排除された一人当たりやはり年齢と性差の点で排除された人々$\frac{35}{100}$人が加わるであろう。そしてまた百人当たり年齢と病気の点で排除された人々が三一人であるならば、性差の点で排除された人々の五人当たり年齢と病気の点で排除された人々一$\frac{55}{100}$人が加わるであろう。そして最後に同じ百人のうち六人が性差と病気の点で階級から排除されると推計されたならば、年齢の点で排除された人々の三〇人当たり性差と病気の点で排除された人々は一$\frac{80}{100}$人と推計されるであろう。今やこれら全ての数$\frac{35}{100}$、一$\frac{55}{100}$、一$\frac{80}{100}$を合計するならば、右の三六から差し引かれるべき三$\frac{70}{100}$または$\frac{3600}{10000}$から差し引かれるべき$\frac{370}{10000}$が得られるであろう。これにより四階級の役務のうちの一つまたはそれ以上の肩書きに就業する能力のない全ての人々は国民の$\frac{323}{1000}$になるであろうが、これは全国民の⅓に近いと誰もがみなす。そしてまたそれらの人々の中で右の三つの例外の全てが当てはまり、病人であると共に女性で、老女または幼女であるような人々を考慮することはごく些細なことであると誰もがみなす。それゆえ就業する能力のない人々の数が全国民の⅓に確定されたので、結局、それにより全国民のうち就業する能力のある人々は全部で上で列挙された例外のうちのどれにも当てはまらない人々として全国民のうちの残りの⅔まで増加しなければならず、したがってまた全ての人々はまさにどの種類の就業にも就業する能力がある人々とみなされなければならないという結果になるであろう。それゆえ全ての就業する能力のある人々とない人々の割合が変わらないものとすれば、一国においては二対一の割合になる。たとえそのような能力のない人々自身は就業者ではないとしても、それにもかかわらずその各々は彼らの父親、息子、夫の就業で各々が生存するとしばしば知られているので、前者の人々は後者の人々が含まれるその階級に属するものであるとみなされなければならないという理由で、それらの階級のうちの一つにやはりしばしば還元されるということは全くの真実である。それにもかかわらず就業者の数としては実際の自分自身の行動によって階級に含まれる人々しか算定されえず、それらの人々に寄生するだけで階級に含まれる人々は全く算定されないと警告しても無駄である。

第8章　雇用の理由と必要

右のように全体の財の供給のためのさまざまな就業の種類とそれを実行するのに適した人々の数が確定されたので（一-2、7）、今や人口の⅔は就業するのに適しているために、このことからこれら⅔は全て就業者でありうるかまたは一国の全員が生存するための役務に配分されうるであろうということに気づかれるべきである。そしてこれは全員に財が供給されるあらゆる方法と方策を満たすには、それよりもはるかに小さい数で十分であるという乗り越えられない理由で、それによりたとえ就業するのに適しているとしても、それらの人々の中に必ず多くの失業者が存在しなければならないということである。しかし就業するのに適しているそれら全ての人々の中で、ある者は必ず就業しまたある者は必ず就業しえないかどうかを区別する前に、どんなことも十分な理由がなければ行われないので（序論の公理）、それによって右の労働はそれが実行されるために必要な理由または原因がなければならず、さもなければ労働が実行されるということは決してありえないであろうということが考察されなければならない。今やそのような理由はまさに、あらゆる労働の分析において見られたように（一-2）、その労働を通じて十分に揃えられ、十分に整えられた生産物の量によって自らの生存のために各人に財を供給するという理由であるということは否定できない。そして実際、そのような理由がなければあらゆる労働は停止するであろうし、生存するために何らかの種類の財、すなわち食べるための食物、着るための衣服、身を寄せるための家のような各人が暮らすことのできる財が必要でなかったならば、明らかに誰も土地を所有し、それを耕作しようとも、生産物を加工しようとも、それを分配しようとも、それを管理しようともしないであろうし、それどころかあらゆる労働は知られず、気づかれないままであろう。たとえおとぎ話のように全員の必要と欲望に従って食物、衣服、住居そのものが空から降って来たり、地から湧いて出たとしても、また同様に気づかれないままであろう。それゆえある人が自分の生存と、さらに可能であれば自分の子孫の生存について自分を安心させるのに十分なほどの財を持つならば、彼はそれらの労働から退き、そのような労働の必要に頼るときにしかそれらに再び頼らない。このことは右のどんな種類の就業もまさに全体の財の供給に必要な生産物のために行われるということを生ぜしめる。というのは農民は土地から生産物を獲得するにすぎず、職人はそれを食物、衣服、住居、多かれ少なかれ快適なさまざまな種類の役に立つ家具に加工することにしか従事せず、分配者はそれを手に入れ、集め、保存し、総需要のために至る所にいつでも用意しておくことにしか従事せず、管理者はそれを説得し、懐柔または力によって他国の侵入や略奪から守ることしか目的にしないからである。第一の人々がいなければ、生産物は生じえないかまたは地中に隠れたままになっているであろう。第二の人々がいなければ、それは全く使用されないかまたは雑に無駄に使用されるであろう。第三の人々がいなければ、それは職人の手元かまたは集積所の屋内で朽ち果てるであろう。そして第四の人々がいなければ、それは説得によって未然に防げないかまたは力によって抑止されない暴力によって常に争われるであろう。それゆえ、全てのことは全体の生存のためにそれらの雇用が必要であることを証明し、まさにこの全体の生存こそがそれらの雇用の唯一無二の理由である。こうして就業者の全体の目的から四種類の就業者の呼称を推定したので、就業者は全体の財の採集者、加工者、配分者、守護者に区分されうるであろう。この全体の財は以下では一般的な名称として**自然と人工の財**と呼ばれるであろう。

第9章　雇用の基本法則

右の全ての雇用の階級においては（一-2）職人は農民が職人のために生産物を採集することで満足する限り、生産物を加工することで農民に進んで協力し、分配者はやはり自分のために農民が生産物を採集し、職人がそれを加工する限り、そのような財をそれらの人々に分配することで農民と職人に進んで協力し、また同様に管理者は自分のために農民が生産物を採集し、職人がそれを加工し、分配者がそれを分配する限り、そのような財を守ることでそれら全ての人々に進んで協力するのが見られた。そのように全員が進んで協力することから、他人のために就業する人は誰でも騎士道精神からそれをするのではなく、他人が自分のために就業することによって総雇用から生じる財を彼らと共に分かち合うのはどうしてかが明らかになる。今やある人々から他の人々に与えられ、後者から前者に自己補填される労働は一つの規則によって、または一つの恒久不変の法則に従って生じなければならず、労働が時にはある方法から生じ、時には別の方法から生じる理由は存在しない。それゆえそのような交換される全ての労働についての基本的な主要な法則は、ある人は他人から自分にその役務が与えられるのと同じように自分の役務を他人に与えなければならないという法則であると私は言いたい。というのは人は自分自身の労働と引き換えに他人から獲得しうるものよりも多くの労働を他人から要求しうる理由は存在しないし、十分な理由がなければどんなことも誰かによって行われないからである（序論の公理）。明らかにこの法則は行動によっても言葉によってもこれまで一度も誰もあえて否定したことがなく、九しか与えなかった人または一一も与えた人からこれまで一度も誰も一〇を要求したことがないようなものである。結局、そのような互いに等価な役務を与えることは、それらの役務に等価な交換される財の厳密な必要または量からだけでなく、それらの財の有用さまたは質、すなわち必要についてであろうと有用さについてであろうと全体としてなされる評価からも推定されなければならない。それにより、例えば一袋の小麦は一本の切られた木と交換されうるし、一人の農民の一か月の労働は一人の彫刻家の一日の労働と、前者の労働は後者の労働よりもより苦労しより時間のかかる労働であるにもかかわらず、後者の労働が前者の労働を流した汗の量と時間の分だけ上回るのと同じように前者の労働よりも後者の労働に高い評価を与える限り交換されうるであろう。それゆえこのようにして全体の評価に従って職人が農民のために就業するのと同じように農民は職人のために就業するであろう。結局、これは全てある人々によって容易に想像されるように、偶然または誰かの恣意から生じるのではなく、徐々に明らかにされることから明らかになるように、それはまさに全体の各人にとっての理由と利益から生じる。今のところこの真理は二人の就業者が交換される彼らの労働の等価性に満足するはずであるということを確認するとしか理解されない。というのはさもなければ彼らは労働を交換しないであろうからである。そしてこれは、各人は他人の労働よりも自分の労働のために常に存在するという予測の下に、自分が常に他人と労働を交換しようとするときは、全体の評価によってそれらの役務が両者の共通の合意で互いに等しくなるまで、常に何度も自分の労働を減らし、他人の労働を増やさなければならないということである。

第10章　財の量に関わる雇用と財の質に関わる雇用

すでに指摘されたさまざまな種類の雇用（一-2）が考慮されるならば、その各々は同じように全体の生存に必要な財の供給に向けられているとしても（一-8）、あらゆる種類の雇用はそのような財の質に関わっているということも理解されるであろう。というのは農業は全生産物の中で他のものよりもより良いものとみなされる生産物を選別することによって、それらを他の質ではなくある質の生産物にすることを目指しているからである。同様に加工業は生産物に多様な形態を与えることによって、以前には持っていなかった加工の質を生産物に与え、同じことは、選別と加工という質に加えて、財をいっそういつでも用意された確実なものにすることによって、それら二種類の質が付け加えられ、それにより全生産物がより快適でより心地よいものになる分配と管理を行うのが常である。それゆえ全ての雇用は財を増加させるのに有益なのではなく、むしろその質を向上させることによってその量を減少させるのに有益であると言えよう。というのは何の雇用もなければ、財は、人間の生存のために雇用によって区別されるもっぱら有益で良質なものよりも明らかに大きな量で、有益であろうと有害であろうと良質であろうと悪質であろうと区別せずに存在するうと全ての植物由来の財と動物由来の財と同じだけのものになるからである。それゆえ雇用は人間の生存に必要であるとみなされる（一-8）。しかし本当のところは、あらゆる種類の雇用は財の質に関わるが、それにもかかわらず雇用のうち農業だけが質に加えて量にも関わるのであって、財が多いか少ないか、すなわち通常の生存をする方法を考慮するとき財がより大きい人数に生存を与えるかより小さい人数に生存を与えるかは、農業だけに依存するという著しい違いがある。その他の雇用は財の質だけにしか、すなわち財を全く増加させずに、または雇用によって人が一国において余分に生存せずに財を組み合わせ、いっそう快適な心地よい確実なものにする何らかの状態にしか関わらない。そのような違いの理由は、一定の品質の財の量は農業に依存するだけでなくそれが実行される一定の品質の土地にも依存し、それは雇用と同じようにどんな品質の財の量にも関わるのに対して、他の品質は対応する雇用からしか財にもたらされず、それが実行され、すでに獲得された生産物そのものの本質である土地の品質はそれに全く関わらないということである。実際、選別のない生産が問題であったならば、土地の自然の生産力すなわちどんな種子も繁殖させるという土地に付与された能力は全ての生産の原因ではなかったであろうし、それは温度や湿度、その他の季節と太陽の影響は生産を促進するにもかかわらず、その主要な唯一の労働者ではなかったであろうということは否定できない。というのは生産のために他の種類よりもある種類に属すものが必ず必要とされなければ、農業は全ての生産のための必要な原因として認められえないからである。このことは、農業を増加させるためには土地を増加させ、それにより農業によって増加するだけでなく土地によっても増加する大量の財を獲得せざるをえないということを生ぜしめる。というのは農業も土地も同じように財の生産に貢献するからである。それに対して他の雇用を増加させるためには、財の質の向上には全く貢献しない土地や土地において雇用が実行される生産物の品質を増加させる必要はない。それゆえ農業が二倍または四倍になるためには、やはり二倍または四倍の土地が必要とされるが、財の加工、分配、管理は二倍でも四倍でもない同じ生産物に対して二倍にも四倍にもなりうるし、百リッブラの亜麻に対して職人は四人でも一六人でもそれをキャンバス地やリーム麻に加工し、分配者は四人でも一六人でもそれを数マイル離れた場所またはインドから輸送するために就業することができる。このような農業とその他の就業の違いもまた、財に対するその他の質の向上とは逆に、ある与えられた人口による非常に厳密な需要の違いであるということを生ぜしめる。というのは人口が同じままであるとすれば、財に対するその他の質の向上のうちのあるものは他の減少または増加につれていろいろな方法で増加または減少しうるからである。これは農業や各人によってほぼ同量が消費されるような財の量に関しては起こりえないことである。というのは人々は実際、財に伴う何らかの形態または状態よりもそのような財の品質を必要とするからである。

第11章　国民に必要な財の質の向上

財の質の向上は、土地から偶然に湧いて出る財で生存することができないからではなく、財に対してまたは財のために何らかの選別、加工、輸送、保護が必要であり、さもなければ財は全く使用されないかまたは無用なものになるであろうというすでに示された理由で（一-8）一般に必要である。しかし一か所に集合した人々の間で、このことについての熟慮によってそのような質の向上が必要であればあるほどそれが次から次へと多くの人々に共有される。そして実際、はるかに多くの他の人々のために生産物を獲得するのに少数の人々で十分であるならば、そしてそれらの生産物が雇用を通じて少数の人々から他の多くの人々に分け与えられなければならないならば、それにより他の多くの種類の雇用が存在しなければならず、それらの雇用は量に関わりえないので、生産物が他の多くの人々にも分け与えられうるためには、まさにそれらの財の質に関わるであろう。それゆえ、例えば一万人に十分な財を獲得するのに一千人で十分であり、その一千人が残りの九千人にそれらの生産物または財を労働と交換に分け与えることが必要とされるならば、後者の人々はそれらを獲得することに従事しえないので、まさにすでに示されたように（一-2）それらが加工され、分配され、管理される他の雇用にしがみつかざるをえないであろう。さもなければ仮定に反してそれらは全く残らないか、または右で示された法則（一-9）に反してそれらを全く獲得しないであろう。それゆえ財は一国において必ず交換されなければならないか、またはやはりすでに見られたように多かれ少なかれ加工、分配、管理が付け加えられることによって質が向上する消費のために供給されなければならない。そしてそれゆえ労働の交換から推定される財の量は常に量だけでなく右のように（一-9）財に付け加えられた質からも推定されなければならないであろう。確かに一国を構成する全ての人々は一度に突然存在したのではなく、国外からの流入または国内におけるそれよりも大きい増殖のために徐々に集まったので、最初の人々がそこで全ての土地と土地から獲得されうる全ての生産物を、他の人々が彼らの手元にあるそれらを剥奪しにやって来る前に所有し、他の人々は最初の人々によって所有され、最初の人々には十分すぎるそれらの生産物を分かち合うというすでに指摘された目的のために、いろいろな方法で彼らに合流したにすぎないのはごく当たり前のことであり、さもなければ他の人々は明らかに自分のいた場所から動かなかったかまたは世代の進行だけで増加しなかったであろう。それゆえ国民の起源となり、土地と生産物を所有すると仮定される最初の人々は、自分が今まで自分のために就業していたのと同じように後続する人々が自分のために就業するという条件でしか後続の人々を自分たちの中に受け入れようとしない、すなわち彼らにそれらの生産物を分け与えようとしないので、後続の人々の労働は財の量に関わりえないから、彼らはやはりそれらの財の質の向上、すなわち最初の人々によって必要とされるものに従ってそれらに付け加えられる条件に関わるであろうと言わざるをえない。さもなければ土地の最初の住民は土地と生産物を所有せず、これは各人が他の人々によってそこから排除される前に自分の生存のために財を確保するという自然の本能と一致しないと言わざるをえないかまたは、最初の住民は自らによって獲得された財を自らと混ざり合った後で受け入れた他の人々に分け与えることで満足し、さもなければ最初の住民は他の人々に何も与えなかったであろうが、これは、たとえ訪問客や通過旅客、または何らかの理由で就業することができない他の人には全て起こりうるとしても、各人は他人に自分の労働を与えるのと同じように自分が他人から受け取った他人の労働を与えなければならないというすでに指摘された法則（一‐9）を考慮すれば、それは同志や同胞としては決して受け入れられえないと言わざるをえない。同時に、ある人々は他の人々から分け与えられる財が常に存在する場合には他の人々のために就業することに依存することから、一般に国民のある人々が雇用によって他の人々に対応するということを生ぜしめるためには、やはり財があり余る人々と財が不足する人々が存在せざるをえないのはどうしてかも観察されるであろう。というのは後者の人々は雇用によって前者の人々から財を獲得しうるからであり、さもなければ後者の人々のための前者の人々の雇用は全く生じえないであろうからである。

第12章　財の質の向上はどのように制約されるか

財の質の向上は、それがなければその財を使用できないので必要であり（一-8）、より多くの労働の交換を通じてより多くの人々にその財が分け与えられうるのでやはり必要である（一-11）ということが見られた。しかし各々の必要の間には、たとえ質の向上によって第一の観点が常に完全に満たされるとしても、第二の観点を完全に満たすことには決して繋がらない、すなわち財は、たとえそれに対するまたはそのための質の向上によって財が常にそれがもともとのものよりも日常的なより良いものになるとしても、それにもかかわらず財に対する質の向上の増加を通じて必ずしも全員に分け与えられうるとは限らないという違いがある。これは、財は右のように（一-11）獲得されるだけでなく、消費もされる財よりも常に大きな規模である人々によって質が向上するが、それにもかかわらず全体の財を分かち合うために何人もの人が携わる人知によって発明されうる財の質を向上させるどんな方法であろうと、他の多くの人々がそのような方法によって財を獲得することから排除されなければならないという理由で起こる。それゆえ右のように一万人のために財を獲得するのに一千人で十分であり、さらに財を消費可能なものにするために必要であろうと必要でなかろうと考えつくあらゆる加工、分配、管理の方法で財の質を向上させるのにもう四千人で十分であるならば、そのような方法では財を分け与ええない五千人がなお残る。それゆえ財を消費可能な日常的なものにする質の向上だけでなく、他人の財が分け与えられうる質の向上もまた、後者は前者よりもはるかに大きな数であるにもかかわらず制約されるのはどうしてかが明らかになる。これは結局、財を消費可能なものにするのに必要でない第二の質の向上が、それに必要な第一の質の向上以上に度を超すことによって、財をより快適な日常的なものにするどころか日常的な一定の限度を超えてより不快な嫌なものにするために起こる。それゆえ質の向上が財を全員に分け与えるという第二の目的を達成するために財を消費可能なものにするという第一の目的を消滅させざるをえないならば、それはやはり阻止され、財の質が向上するあらゆる種類の雇用は、それらの財を消費するのに必要な全員に及ぶ前に制約され停止せざるをえない。財が消費可能なものになる少数の質の向上と多くの人々に分け与えられる多数の質の向上を区別したければ、前者は誰でも他人が彼に取って代わらなかったならば自分のためにいつでも取って代わることができる質の向上であり、後者は誰も他人が彼の代わりに就業しなかったならば自分のためにあえて就業しない質の向上であると言えるであろう。それゆえ誰でも他人が彼の代わりにしなかったならば蕪や玉葱のようなより容易な生産物を求めて土地を耕作し、羊毛をより重い布地に織り、それを全て一定の近距離から輸送し、それを自分のために自分自身にとって可能な説得と力によって守るので、そのような質の向上には財が消費可能なよりいっそう日常的な快適なものになるために財に必要であると言えるであろう。しかし誰もやはり快適さを好むにもかかわらず他人が彼の代わりに全てのことをしなかったならば、自分のために枸櫞《シトロン》や鳳梨《パイナップル》を栽培しようとせず、より軽い布地は織られようとせず、非常に稀少な財を獲得するために過酷な長い航海を企てようとせず、他のどんな財よりもむしろそれらの非常に稀少な財を守るために生命を危険にさらそうとしないので、そのような財の質の向上はそれらの財に関わる多数の雇用を通じて多数の人々に財が分け与えられるためにしか導入されないと言えるであろう。そのような後者の質の向上が前者よりも多数存在するということは、通常誰でも自分にとってあまり稀少でない財よりもむしろ他人にとってより稀少な財の質を向上させるために自分の労働に従事するということから証明される。それゆえ最善とみなされるそのような快適さを好む人々もまた、財のいくらかの分け前を自分に引き寄せ、それを大量に所有するという同じ目的で彼らが求める要件ではなく彼らよりも豊かな他の人々も求める要件を財に与えるために他の労働を背負い込むならば、彼らよりも財を必要とする他の人々が、同じ雇用によって同じ必要のために彼らまたは彼らの祖先によって初めに大量に獲得された財と引き換えに（一－11）彼らの財を供給するということを辛抱強く待つのが見られる。そのような些細なことは全て財の質の向上が一定の限度を超えたならば全くの誘惑の手段にすぎないのはどうしてかを理解させる。というのはそれは財がいっそう不足する人々に財を分け与えるほど、したがってまた一国の多くの人々に財を分け与えるほど財があり余る人々を誘惑するからである。しかしそのような質の向上そのものは一定の限度を超えたならば財を現実のものではなく想像上の快適さを持つものにするので、したがって質の向上そのものは想像上の快適さが質の向上によって現実を超えないように制約されなければならず、したがってまた労働と交換に財を獲得するために全員を就業させるようにもたらされうるのではなく、然るべき場所で十分に説明されるように、善意、同情、喜捨、または同様の口実で人々から財を獲得する多くの人々がそこにとどまらなければならないであろう。それにもかかわらず財に対する行き過ぎた質の向上のために財の使用において想像上の快適さが時には現実を超えるということは、質が向上し過ぎた財の使用においてしばしば出会う明白な不快さから容易に明らかになり、確かに食物では右の枸櫞の方が蕪よりもしばしば選ばれ、正装の苦痛をあきらめる方が着やすい亜麻にそれを変えるよりもしばしば好まれ、女王陛下に召還される方がより窮屈でなくいわゆる高級家具に溢れていない居間でくつろがされるよりもしばしば好まれるが、これらは全てこれらを判定する際に習慣や堕落した教育を十分に捨象することができる人によって十分に理解されたことである。そしてそのような不快な質の向上に全員がそのために就業する前に至るということは、現在の先進国において、財に対する質の向上がもはや堪えられえないまでに至った国々の中に、常にまだ著しい失業の余地が残っており、実際に多くの人々が失業者であるという事実から明らかになる。

第13章　雇用は一つの方法で与えられ、あらゆる方法で受け取られる

各人は自分の労働によって自分にとって必要でありうるあらゆる種類の財を自分に供給するという理由以外に他に労働の理由はないけれども（一-8）、それにもかかわらず彼の労働は他の全ての人々に財を供給するためにはただ一つの方法でしか財に関わらない。それゆえ農民は自分の労働によって獲得された財しか他の全ての人々

に手に入れさせず、職人は加工された財しか彼らに手に入れさせず、分配者は分配された財しか手に入れさせず、管理者は保護された財しか手に入れさせない。というのはこれらの人の各々はあらゆる方法で獲得され加工され分配され管理された彼らに必要な財が他人の労働によって供給されるからである。本当のところは、ある人が他の人々のために就業するということが、他の人々が彼のために就業するということほど起こらないのは、たとえある人の労働が非常に特殊で一つの方法に属するものであればあるほど他の人々に適用され、他の人々の労働が多様であらゆる方法に属するものであればあるほど彼だけに限定されるということが考慮されたとしても、そのためではない。実際、ある人の農業という労働が十人の農業に対する需要を満足させ、十人の個人的なさまざまな需要のために彼に必要なさまざまな方法の同じだけの労働の1/10しかそれらの人々の各々から獲得しないならば、彼はそれにより他の人々が彼に全ての労働を供給するよりも多くも少なくもない労働だけしか他の人々に供給せず、したがってまた与えられる労働と自己補塡される労働の等価性はやはり当然のこととして（一―9）常に守られ同じままであると誰もがみなす。これは結局、全ての労働がより有益でより良く実行されるような先見の明のある規定によって起こる。というのは各人の人知には限界があり、何らかの労働を実行するためにはその労働についての一定の特別な知性が必要なので、各人がそのうちの一つだけを実行するときは、それによりいっそう必要とされる知性と知識によってそれを実行しうるからである。それゆえ各人が他の全ての人々に一人ずつ最善の方法で財を供給するならば、彼もまた同様に他の人々によって全ての人々にとって最善の方法で財が供給されるが、これは他の人々があらゆる方法で彼のために就業するのと同じように各人があらゆる方法で他の人々のために就業したならば起こらないであろう。そして実際、事態はそのようなものであったので、各人はあらゆる技能、労働、役務を所有するかまたはそれらを実行するあらゆる才能、年齢、能力、経験を自分自身の中に所有せざるをえないであろうが、これは明らかに不可能なことである。それゆえ各人はあらゆる種類の労働に従事しえないので、彼は全ての人々のために一つか二つくらいの種類の労働に従事し、その他の種類の労働による同じ規模の財の供給は他の人々に依存するということが必要であろう。そしてあらゆる農民、布地の製作者、その他同様の一つまたは二つの種類の労働に関わる就業者は、彼がそれらの労働について所有する才能に従って、やはり他の人々に財が供給されるそれに対応する能力や才能を彼が所有しないあらゆる種類の労働によって他の人々から彼が同じ規模で獲得する生存手段に等価な生存手段をそれらの種類の労働だけで供給すると言えるであろうし、あたかも彼が他の人々のあらゆる才能によって財を獲得したかのように財を消費するであろう。

第14章　雇用は総需要によってしか導入されない

各人は他の人々のために一種類の労働に従事しなければならず、他の人々は彼のためにあらゆる種類の労働に従事しなければならない（一-13）ということは、ある一種類の労働を確定するためには、それが他の人々から何らかの種類の労働の形で自己補填されるだけでなく、それが他の人々によって全体に需要されることも必要であるのはどうしてかを理解させる。というのは他の人々がそのような労働を望まず、受け入れず、需要しなければ、誰も自分の労働を他の人々の労働と交換しようとはしないので、彼らがそのような労働に対して対価を支払うためには、やはりそのような労働が彼らによって需要されざるをえないからである。それゆえどんな労働も一国に導入されるためには全体の需要がなければならないであろう。さもなければそのような労働は他の労働によって自己補填されないであろうし、すでに指摘され、労働が問題になるときは決して視界から消えてはならない法則を考慮すれば、労働はある人が他の人々から受け取るのと同じように他の人々に与えなければならないものにすぎないであろう（一-9）。実際、労働に従事する全ての人が考慮されるならば、各人は常に競って全体の需要により当てはまる労働に関わり、より需要される種類の財をより需要される方法で獲得し、加工し、分配し、管理するのが見られるであろうし、そのようなより大きい需要に関わる方法が満たされたならば、全く需要されない財とそれに関わる方法に到達し、彼がそれに従事することを完全に阻止されるまで、次第に需要されなくなる方法にしがみつくのが見られるであろう。というのは全くない需要に従って獲得され、加工され、分配され、管理される財は一国において無駄な全く日常的でない財になるのは確実だからである。さらに、労働に着手する全ての人は、最初に他の人々の労働によって彼に自己補塡されるのはどれだけか、または他の人々が彼に他の人々の労働によって自己補塡することによって彼の労働を需要するのはどれだけかを検討し、それに従事し過ぎない。というのはそれに従事した余分の労働は他人にとっても自分にとっても無駄で無用な労働になるのは確実だからである。それゆえ布地の製作者は彼がそれを一千反しか売り捌けないか、または彼の労働が他の人々の労働に対してまたはそれに等価な貨幣に対して一千反分しか彼に自己補塡されないと予測するならば、同様にそれを二千反製作することを断念するであろう。というのはその場合には彼の労働の$\frac{1}{2}$は彼に自己補塡されず全体にも需要されないので、全く無駄になるであろうからである。要するに、労働は全体に受け取られるのとちょうど同じだけ供給され、全体に需要されるのとちょうど同じだけ全体に供給され受け取られるであろう。このことは右の労働の分析（一-2）によっても明らかになる。それにより農民が土地を耕作することを地主が素直に聞き入れるのは、そこで農民によってよりいっそう需要される一定の生産物を栽培するからであり、したがってまたそれらの生産物を職人に、彼らによってよりいっそう需要される一定の方法でそれらを加工するという条件で分け与えるということが明らかになり、同様にこれら全ての人々が獲得され加工された財を、全体に需要され最善とみなされた方法で説得または力によって分配し管理する限り分配者と管理者に分け与えるということが明らかになる。第一の人々が小麦、葡萄酒、橄欖油《オリーブ》、その他よりいっそう需要される財を栽培するのではなくその代わりに燕麦、粟、馬鈴薯のような需要されない財を栽培したならば、第二の人々が需要された布地を製作するのではなくその代わりに需要された靴よりも多くの靴を製作したならば、第三の人々が需要された東方から財を持って来るのではなくその代わりに需要されない西方から財を持って来たか、またはすぐ近くに財を持って行くのではなくその代わりにずっと遠くに財を持って行ったならば、労働も財も供給されも自己補塡されもせず、国民もそれらの人々によって形成されないであろう。このことは個々人の労働がそれらの人々の滅多に完全に欠くことのない就業しようとする意欲に依存するのではなく、他の人々が彼らの何らかの労働に対していつでも需要して自己補塡することができさえすれば、多くの個人は競ってそれに関わり、誰も就業することを拒まないということから明らかになるように、それを非常にしばしば欠くことのある他の人々は全員そのような労働を受け入れようとする性向に依存するのはどうしてかを理解させる。それゆえ他の全ての人々の労働を拒むか、または彼らの同じだけの労働に対して彼らに労働を自己補塡することを拒む他の全ての人々や彼らと共に自分自身を非難しなければならないならば、失業者になるそれらの個人の怠惰を非難する人々の誤りが明らかになるが、そのような誤りは熱情の誇示による非難だけにとどまる限り同情に値しよう。最悪なのは、そのような人々が総需要を彼らや彼らの支持者の個人的な需要にすぎないとみなすという理由を思いつくことによって、総需要または総雇用の自由を総雇用の減少に結びつけるということである。総需要のための雇用は個人の推進力も示唆も必要としないし、然るべき場所でよりいっそう明らかになるように、たとえそれらを必要としたとしても、確実に全体には需要されないということは明らかである。

第15章　総需要はどのように理解されるか

この総需要という項目は総雇用と全体の財の動きにおいて非常に重要なので、もっとはっきり言えば、それらの雇用と財が依存する唯一のものなので、そのような需要はどのようなものか、すなわちそのような需要について私が理解していることを十分に明らかにしよう。それにより雇用とそれによる財が一国においてまさに需要に従って増加し、維持され、減少するのはどうしてかがやはり十分に明らかになるであろう。それゆえ総需要とは労働を供給する人の個別需要であるが、その労働が供給される他の人々の同じだけの需要を伴う需要、すなわちそれに一致する財を与え、それを受け取る人の需要のこと私は理解している。そのような個人的な需要は他の多くの人々の総需要によっては妨げられない。そのような需要は、与えられた労働と受け取られた労働の均等性の明らかな証拠であり、やはり労働についての他の人々の共通の合意の明らかな証拠である。すなわち労働と、量についても質についてもそれに一致する財との交換において、ある人々が他の人々のために就業し、他の人々がある人々のために就業し、他の多くの人々の間で出会う妨害がない場合に、そのような需要は総需要になる。それゆえそのような場合には雇用と財はそのような需要の増加につれて増加し、その維持につれて維持され、その減少につれて減少すると言えるであろう。実際、人は他人が等しい労働によって自分のために何らかの方法で質を向上させるだけの財しか他人のために自分の労働によって獲得しないであろうし、前者によって需要され質が向上し後者によって需要され獲得されただけの財しか前者は獲得せず後者は質を向上させないであろう。その場合に後者の各々の労働は自分の労働ではなく他人の労働に満足と結果を見出すとみなされる。結局、これら二人の総需要が同じままであるならば、二人の労働とそれによる財は同じまま維持されるであろうし、前者が増加または減少したならば、後者も同様に増加または減少するであろうし、それ以外にはありえないであろう。どちらも一方によって与えられもう一方によって受け取られる二人の労働について言えることは、同様に与えられ、受け取られ、自己補塡されなければ決して与えられない四人、六人、要するに全ての労働について理解されるべきである。これは二人の個人について語られることが他の人々の全体について語られることの妨害なしに、すなわち他の全ての人々の総需要があらゆる種類の就業者の各々二人の総需要を妨げないように理解されるということを理解させる。さもなければそのような場合にはそのような二人の労働とそれによる財は総需要に一致するとは言いえないであろう。それゆえ総雇用と全体の財はやはり総需要の増加、維持、減少に比例して増加、維持、減少するということは常に真実のままである。さらに各々二人の全体の労働と財の需要が他の全ての人々の総需要からの妨害に出会わないはずであるということは、そのような二人の全体の労働と財の需要が二人にとって有益なので、他の全ての人々にとっては有害ではないということを意味する。さもなければこの場合に限って他の全ての人々の総需要は二人の総需要を妨げない、すなわち後者は前者からの妨害をこうむりえないであろう。二人の個別需要が全ての人の総需要にとって有害でないかまたはそれを害さないならば、前者が後者によって妨げられる理由は全く存在しないであろうし（序論の公理）、二人の個別需要は他の全ての人々の総需要によっては妨げられないので、個別需要は総需要の一部であるかまたは総需要になるであろう。というのは二人の全体の労働と財の需要は最終的には総需要によっては妨げられない全ての個別需要の合計にすぎないからである。それゆえ例えば陶磁器、珊瑚、ヴェールの新たな製造法またはその他同様の製造法が樹立または導入されたならば、その製造法のための労働は他の人々によって自己補填されるかまたは受け取られるのと同じだけある人々によって与えられるであろうし、これがそれらの財の迅速な売捌きまたは売払いの証拠であろう。さらにその製造法が他の人々からの何らかの妨害または障害に出会わないならば、それによって他の何らかの労働は減少しないので、すなわち他の何らかの種類の財の売捌きや売払いは妨げられないので、そのような製造法のための労働は総需要に属すと言えるであろう。しかしそのような新たな財の売捌きが困難で時間がかかるか、または迅速であるとしても、そのような製造法が増加すればますますそのための他の労働が妨げられるかまたは阻止されるならば、そのような製造法のための労働は、与えられも受け取られもせず、さらにある人々によって同じように与えられ受け取られたとしても他の人々の共通の合意には属さないので、総雇用を増加させるのではなくむしろ妨げる労働、すなわち総雇用が増加するのではなくむしろ減少するような労働として、総需要に属さないと言わなければならないであろう。

第16章　就業者は階級ごとに最適に配分される

人は自分が他人の階級において他人から獲得する役務と同じだけの役務を自分の階級において他人に供給し（一-13）、各人の労働は全員の総需要に従わなければならない（一-14）という右の法則は、一般に考えられるあらゆる就業者が最も有利な最適な配分に従ってすでに指摘された四階級に配分されなければならないのはどうしてかを理解させ、そのような配分が生存に必要な財の供給の点でも、さらに取るに足らないその他の需要の点でも、全体に不可欠なものが需要される限り、総需要に最適に一致するということを理解させる。実際、どの階級も総需要が許容する以上には満たされえない。というのは余分な人々はそこに無駄に就業しても、彼らの労働は他の人々の労働によっては自己補塡されないので、すなわち他の人々の労働とは交換されないので、無駄で無用なままだからである。しかしどの階級もより少なくすらなりえない。というのはその労働が他の階級においてはあまり需要されないような人々がそこに残った空席を満たさざるをえないからである。というのは各人は労働の供給をより良い方法で労働の需要に等しくするために、より需要され、他の人々によってはより実行されないような種類の役務に従事しようとするからである。それゆえどの階級も、またはその中のどの特定の役務も総需要が許容する以上にも以下にも満たされえないので、就業者は全員の欲望、必要、需要に正確に比例して、すなわち最適な配分に従って四階級全てと役務の全てに配分されざるをえず、それにより総需要は総雇用によって等しく満たされるであろう。それゆえ自分や他人の労働に好意的な先入観を持つために就業者がほとんどまたは全く就業したことのない他の階級に就業するのを阻止または妨げることによって自分の階級の就業者を増加させることができると想像する人々の自惚れが明らかになる。というのは、たとえそのような就業者が自分のいる階級に少しの間しかいないとしても、それにもかかわらず自分のいない階級に、よりいっそう需要されるからと言って自分のいる階級以外に就業する場所を見出すことはほとんどないということは明らかであるが、総需要にとって彼らが後者よりも前者において最適であるときは、誰かがそこに彼らを配分するのを、すなわち彼らに最適な階級に就業させるために彼らに最適でない就業から彼らを移動させるのを妨げなければ、彼らが自らそこに受け入れられ、そこに配分されるであろうということは明らかだからである。結局、それらの人々が後者の側でも前者の側でも需要されなければ、常にあまり就業しなかった前者の側で就業したのと同じように後者の側で就業する場所を決して見出さないであろう（一－14）。他方、それらの人々が全体として農民や兵士により需要されたのにむしろ例えば職人や賢者に従事したならば、これはかなり信じられない不合理なことである。それゆえ誰かの配分によってそれらの人々がそれらの役務に就業するのを妨げられるときは、確かに雇用は後者の側で不足するであろうが、そのために前者の側で増加し、職人や賢者が消滅するのではなく、そのために農民や兵士は生み出されないであろう。それゆえ妨げられない雇用または各々の役務において妨げられない就業者は、多数の人々の流入によって支援されなければ一人または少数の人々の需要が残りの人々の総需要に、すなわち前者の最善の快適さが後者の最善の快適さに適さないためにある役務をもっと値打ちのあるものにすることもそれを増加させることとさえも達成しない一人または少数の人々の反対の確信にもかかわらず、常にそれらの役務において最適な状態の全体の配分によって配分されるであろう。

第17章　一次的就業者と二次的就業者

あらゆる種類の労働は、それが行われ実行されるストックを見分けなければならないのは明らかであり、さもなければ労働が実行されるということは決してありえないであろう。それゆえ農業は、使用されるかまたはあらゆる種類の生産物を獲得する一定の面積の土地を必要とする。加工業は、植物由来であろうと動物由来であろうと鉱物由来であろうと、それらを多くの種類の食物、衣服、家財に加工または変形するために、一定のストックのそれらの生産物を必要とする。財の分配業と管理業は、それらの労働によって輸送され、輸出され、分配され、またはすでに示された方法で（一－2）説得、懐柔、力によって保護され保障されるそれらの財を必要とする。

しかしこれら各々のストックがなかったならば、これら全ての労働はありえず無駄になるであろう。さらにこれらのストックそのものもまた全員によってではなく誰かによって所有されなければならないのは明らかである（一－11）。しかしそれらのストックによってまたはそれらのストックのために実行される労働は、たとえ同じ種類であっても、またストックそのものの所有者だけによって全て実行されうる労働よりもはるかに大きい労働であっても多様なので（一－13）、したがって何らかの種類のストックの所有者は全て、自分と共にそのストックに従事するかまたは自分の代わりに彼らだけが従事する、ストックの所有者でない他の多くの人々に自分と共に助けを求めなければならないであろう。それゆえ獲得可能な生産物を獲得するために一定の土地の上で実行されるのに必要な農業は、地主だけによっては全て実行されえないので、彼はその役務において彼を支援するかまたは彼の代わりにそれを供給する、地主でない他の多くの人々に助けを求めざるをえないであろう。そして同じことは、羊毛であろうと絹であろうと動物であろうと鉱物であろうとその他の農産物であろうと、それらに対して実行されるその他の労働の観点から、その他のあらゆる生産物のストックについても言いうるであろう。というのは、それらのストックの所有者がそれらを日常的なものにするために必要なあらゆる種類の加工、分配、管理を満足させるのに明らかに自分だけでは十分でないならば、やはり彼は彼にとって自分だけでは実行するのに適さないような労働または分配や管理の方法の相棒、管理人、実行者として、それらの資本を持たない他の多くの人々に助けを求めざるをえないであろう。これは、総雇用を確定するためには財はある人々によって過剰に所有されなければならず、他の人々は全く不足しなければならないというすでに述べられたこと（一－1）と一致する。それゆえそれらのストックの所有者は、自分のストックに対して何らかの労働をまず構想を立て、配分し、指図する人々として、以下では**一次的就業者**と呼ばれ、彼らがいなければどんな労働もありえないであろう。そのような労働のその他の単なる実行者は、それらの人々によってすでに構想が立てられ、配分され、指図された労働に手を貸すことしか任されない人々として、**二次的就業者**と呼ばれ、一般に日雇い就業者または日雇い労働者という名称で呼ばれ、知られている。そのような就業者間の区別は、各人は一つの方法だけで他の全ての人々のために就業せざるをえず、その労働によって彼が必要とする小さい質の向上ではなく他の人々が必要とする大きな質の向上をもたらさざるをえないとしても（一-14）、確かに各人は自分の必要を十分に理解しているが誰も全体の必要を全く十分に理解していないので、他の人々を指図し、彼らを彼らが就業するより良いより全体の必要に属すストックに配置する、総需要をより熟知しより理解している人がやはり各種の労働に存在せざるをえなければえないほど必要である。それゆえこのような全体の必要と総需要を十分に理解している少数の人々は一次的就業者であり、彼らにもストックの所有者と同様に全ての労働が依存するであろう。その他の人々は、そのような知識ではなく前者の人々によって命じられた労働の実際上の実行だけが必要とされる二次的就業者にすぎない。実際、ある人によって所有されたどんな土地にも、またはどんな量の特定の生産物にも、その人によって命じられた方法に従って、就業するために常に他の多くの人々が関わり、その人が経験により知っている総需要を満足させるのに最も適した労働を彼らに命じるのが見られる。それゆえ前者の人数は後者の人数よりもはるかに少なく、それ以外にはありえないであろう。これら全てのことにおいてとりわけ考慮されるべきことは、第一の種類の就業者も第二の種類の就業者も同じように労働に関わるとしても、それにもかかわらず全ての労働は第一に一次的就業者に配分されなければならないということであり、厳密に言えば、全ての雇用と全ての労働は、土地に対してであろうと、生産物に対してまたは生産物のためであろうと、一次的就業者すなわちそれらが実行されるストックに関わる人々に帰せられなければならず、彼らがいなければそれらが実行されるということはありえないであろうということである。そしてこれは労働を実行することが常に必要とされるならば、誰もが一つの労働に均等に従事しなければならない、すなわち一つの労働だけに従事する不可欠な必要のためである。これもまた、二次的就業者が実際上の労働に関わらなければ、全ての労働は一次的就業者の手に落ち、可能であれば彼らだけがそのような労働の実行を満足させなければならない明らかな証拠である。これは、そのような一次的就業者自身が統轄者や調整者であるだけでなく、たとえ二次的就業者の手によるとしても、それらの労働の実行者でもあることを示す。それゆえ前者は直接的就業者とも呼ばれうるし、後者は間接的就業者とも呼ばれうるであろう。それゆえ獲得された全ての財は地主によって、あたかも彼の農民によってではなく彼によって獲得されたかのように受け取られ、みなされ、羊毛や絹の製品はその製造法の立案者によって、あたかも彼の二次的労働者ではなく彼によって織られたかのようにみなされ、さらに東方や西方の加工品は船や貨物の所有者によって、あたかも彼の船員ではなく彼によってそれらを輸送したかのようにみなされ、軍事作戦の手柄はそれを実行した部下にではなく将軍に帰せられ、他の場合についても同様である。

第18章　土地は雇用に先行する

土地が雇用に先行するということは、労働は土地またはそこから獲得された生産物に対してしか実行されえない、したがってまた、建物の基盤は先行してそれが基盤になる建物の用意が建物に着手する前にできていなければならないのと同じように、土地は先行して各種の労働の用意が労働の前にできていなければならないとみなされさえすれば、それを信じるのに何の困難もないであろう。もっとはっきり言えば、その他のどんなストックであっても、それによって実行される労働に先行しなければならず、例えば小麦、羊毛、鉄は、これらの財が消費可能なものになる製粉、機織、焼入れ、その他あらゆる加工と質の向上の各々の労働に先行しなければならない。しかしこれらのストックと土地の間には、前者はそれらが基盤になる労働だけに先行するのに対して、後者は全ての労働に先行し、前者は農業の労働に先行せず、むしろそれに後続するのに対して、後者は農業そのものに先行し、したがってまた他の全ての労働のためのストックは一般に全ての労働に最も必要な全てのストックのまさに基盤になるという違いがある。それゆえ、あらゆる種類の生産物はそれらが獲得されるための労働を必要とし、それはそれに先行するそれらに対応する土地に対して実行されるので、それらの生産物の量は先行する土地の量に依存せざるをえず、前者は後者の面積と肥沃さの大小の結果として大量にまたは少量で獲得されうるにすぎないであろう（一-10）。それゆえ生産物は二倍または三倍の広さの同じ肥沃さの土地、または同じことであるが二倍または三倍の肥沃さの同じ広さの土地の結果として二倍または三倍の労働によってやはり二倍または三倍に獲得されうるにすぎない。このことから、全員の自然の必要は同じものであり、各人はほぼ同じ量の労働によって同じ規模の土地から獲得された同じ量の生産物を消費するので、一定数の人々に対しては一定量の生産物が存在するのと同じように一定規模の土地が存在せざるをえないであろうということになる。実際、すでに提示された島には（一-2）何人もの人がそこで生存するために次第に流入したために、土地はそれに対応する生産物を供給しうるようなものでなければならないということを誰もが知っており、さもなければ後続する人々は先行する人々に、後者によってはやはりそれに対応する土地から獲得されえなかったような生産物をいろいろな方法で質を向上させたり彼らによって獲得するために彼らの労働を供給しなかったであろう。それゆえそのような土地は一国が生存する全ての生産物の基盤なので、そのような土地がその国民の基盤であるのはどうしてかが明らかになり、一国を形成する諸条件のうちの一つが、一国は一つの同じ政府に依存するという右の特徴（一-1）に加えて、やはりその生存に必要な全ての生産物を一国に供給するような土地に位置づけられるというものでなければならないのはどうしてかも明らかになる。一国が時には他国の土地の生産物を消費する、すなわち一国によって他国の生産物がそれに等価なそれに代わる自国の土地の生産物と交換されなければならないならば、または他国の生産物が一国の財の加工品や輸送品と交換されるならば、この一国は、同じ財の量に対してこの一国によって与えられたよりいっそうの質の向上と交換に他国に必要な生産物の量が必要であるのと同じだけ減少または縮小するとみなされなければならないであろうし、その場合にはその一国について後者の側ではその生存のために他のあらゆる国に依存しないということは起こりえないであろう。そして実際、生存するために全ての土地の生産物を自国の土地から全く獲得せずに他国に依存せざるをえない国は全て、たとえ加工品やその他の財に対する質の向上を他国の小麦、葡萄酒、その他の生産物と交換するとしても、他国に依存しないとは決して言いえないであろうし、国とは呼びえないであろう（一-1）。というのは、その国を財を持たず消滅する国にするには、他国がその国への土地の生産物を延期し遅滞させれば良く、したがってまたたかだかそこからそれらの財を受け取る国の一部とみなされうるからである。それゆえ、国民には財そのものの実体ほど財に対する質の向上は必要ではないというやはりすでに別の場所で示された理由で（一-10）、同じことは一国がもっぱら財の質の向上と交換に他国から受け取る土地の生産物の部分についても理解されなければならないであろう。

第19章　雇用は財に先行する

土地は総雇用に先行するのと同じように、総雇用は全ての財に先行する。というのは財はその原因の結果として雇用から生じ、あらゆる原因はその結果に後続するのではなく常にそれに先行しなければならないということは明らかに否定できないからである。それに加えて、土地は他の全てのストックに先行し、ストックのうちで最も必要なものなので（一-18）、農業は他の全ての就業に先行する。というのは、それによって労働が実行される生産物に先行し、同様に他の就業よりも必要なものであり、他の全ての就業に結びつけられる農業は、獲得された質が向上した全ての財に先行するからである。結局、そのような雇用の先行は、それによって獲得され質が向上した財に関わるのであって、それに先行した雇用によって獲得され質が向上した財に関わるのではない。というのは雇用と同じ期間に財を消費しなければ就業することはできないが、このことから財は実際に雇用に先行し、雇用が後続するのが見られるので、雇用に後続するのではなくそれに先行するように思われるからである。しかし他の財を獲得し、その質を向上させるために就業するのと同じ期間に消費される財は、やはりその財に先行する他の雇用によって獲得され質が向上したまさにその財である。現実に消費された財に先行する労働がこれから消費される財に先行する現実の労働よりも小さいということは全くの真実であるが、後者が前者よりも大きかろうと小さかろうと、どちらもそれらによって何らかの方法で獲得された財または何らかの方法で質が向上した財に常に先行しなければならない。それゆえ右の島（一-2）の最初の少数の住民によって消費された財は、他人の何らかの労働によって彼らに用意されてはいないけれども、そこで増加した多数の住民によって消費される財が他の人々のはるかに多数の労働によって先行されるので、財に向かって進み、それを木からもぎ取り、それを選別し、その皮をむく等々の彼らの先行する何らかの労働がなければ彼らによって消費されえなかったであろう。それゆえ最初の人々が財に先行する他の何らかの選別または労働なしに財を使用するならば、彼らは甘藍《キャベツ》も毒人参も、団栗も栗も、栗もその毬《いが》も同じように食べたであろうし、したがってまた刺草《いらくさ》や茨のような木の葉を身に纏ったであろう。これはどんな財もそれが存在する前に少なくとも熟達した経験のような何らかの労働によって常に先行されなければならなかったのはどうしてかを証明する。それゆえ、たとえあらゆる就業者は就業するのと同じ期間に財で生存するとしても、それらの財は労働に先行しないので、それらによってそれらの財が生み出された他の労働に先行し、したがってまたあらゆる種類と品目の財はそれに対応する労働によって先行されざるをえないであろう。このことが真実であればあるほど、また容易に起これば起こるほど、同じ期間に消費されうる財よりもはるかに多くの財が獲得され、その質が向上し、したがって財が全く獲得されえず、その質を向上させえない多くの人々のために財を獲得し、その質を向上させるには少数の就業者で十分である（一-12）。それゆえ一度何らかの財が、それらが消費されるのと同じ期間に何らかの労働によって獲得され、その質が向上したならば、はるかに多くの他の人々にそれが獲得され、その質が向上しうる。これが、すでに形成され確定された国々において各人が別々の異なる労働によって他の人々に一つだけの方法でもたらし（一 - 13）、財に対する質の向上が行き過ぎることで迷惑をかけさえしなければ（一 - 12）、さらに大きな規模でもたらしうる財があらゆる方法で各人によってすでに供給された他の人々のために就業しうる理由である。

第20章　財は人口に先行する

人間を形成する財は人間の形成に先行するので、その形成を維持する財はその形成の維持に先行しなければならない。人間は、その両親を生存させることでやはり両親の財によって彼を生存させるその財に先行して母親の子宮に宿され形成されたのではない。人間は、彼を育てることになる乳が乳母の乳房を満たすのに先行して、また彼を包むことになる産着や彼を容れることになる揺籃がやはり用意されるのに先行して日の目を見たのではない。要するに彼の生存に必要なものは全て彼が他の人々と共に生存するために彼がすることになるその使用に先行する。人生最初の年齢のただ一人の人について言えることは、全ての年齢の全ての人々について証明されるであろう。それゆえ、どんな建物もそれが維持されうる材料の前に維持されないのと同じように、誰もその生存に必要な財の前に生存しないであろう。孤立した未開の状態においては植物や果実、またせいぜい動物の乳や死骸であり、社会的な国民の状態においては多かれ少なかれ各人にとってそのさまざまな状態に応じて日常的な食物、衣服、住居であるような財、すなわち選別や加工、分配や管理によって質が向上した生産物は、その状態に必ず必要であり（一 - 11）、したがってそれらの前に人が一国において生存することはやはりできないであろう。

右の島（一 - 2）において第一の住民が土地に生えた生産物を見出さず、第二の住民が第一の住民によって採集されたものを見出さず、第三の住民が第一の住民と第二の住民によって採集され加工されたものを見出さず、第四の住民が第一の住民と第二の住民と第三の住民によって採集され加工され分配されたものを見出さなかったならば、誰もその島には流入しなかったであろうし、どんな国もそこに定着しなかったであろう。それゆえローマ人が言われるようにサビーニ族の女性を略奪する前にローマで女性や将来の子供のために必要な財を用意しなかったならば、それらの娘たちを彼らの腕の中で衰弱死させるしかなかったであろう。同じことはその労働によってそこで財を増加させる目的で、ある土地から他の土地に移された多くの人々から成り立つ植民地についても理解され、それらの人々のために先行して財が用意されなければ、そのような移動はそれが行われた場所に飢餓をもたらし、それが行われた場所の荒廃をもたらすのにしか有効ではないであろう。これはそのような移動がそれによって見込まれる結果に滅多に完全に一致しないのはどうしてかを理解させる。というのはまさに移された人々に必要な財がそれに先行して十分に用意されないからである。そして財が先行して十分に用意されないということは、その前に近隣の地域から自発的にそこに流入したかまたはひとりでにより増殖した人口に先を越されたために、たとえ用意されていたとしても、そのような移動は余計なものになり、さもなければ第三者がわざわざ海や山を越えてそこに人々を石ころや家財道具のように移動しないということから大いにありそうなことである。しかし移された植民地のために必要な財は移動が行われる人口の多い地域よりも移動が行われた人口の少ない地域において用意されるということ、すなわち財は多数の人々の大きい労働よりも少数の人々の少ない労働によってより容易に獲得されるということ、これはそれほど容易に信じられることではない。この点について別の方法で信じさせることは、財はそれがどんな規模であろうと誰かによって生み出されなければならないということ、したがってまたやはりそのような財が必要とされるならばそのような人々が存在しなければならず、まだ存在しないときは輸送されなければならないということを理解することである。しかしそのような論点の誤りはまさに労働の後で消費される財をその労働と同じ期間に消費される財と混同することにあり、前者の財は確かに人口に後続しなければならないが後者は全く後続しないということに気づかないことにある。というのは過去の人々の労働によって現在財が供給されなければ、現在の人々がその労働によって将来財を供給するということはありえないからである。これは、同じ期間の維持を満足させる財よりも多くの財を獲得し質を向上させるのに十分な少数の人々の労働によって起こりうるということがすでに見られた（一―12）。それゆえこのことから、後続するより大きい人口のための財は先行するより少ない人口によって獲得され質が向上しなければならず、雇用が財に先行するのと同じように財は常に人口に先行しなければならないということになる。ある国において右のようにに（一―19）先行する自分のまたは他人の労働によってやはり先行する財が供給される就業者が、自分の一年間の労働によって全体に需要される財を獲得し質を向上させると仮定しよう。そのような財は同じ期間の彼らの需要を上回るので、それにより余るであろうそのような財の余剰は彼らに加えられるあらゆる人口に供給されると言わなければならないであろうし、したがってまたより大きいあらゆる人口のための財は、そのような人口のためのより大きい財に先行するより少ない人口であるが、まさにその人口に先行すると言わなければならないであろう。そしてこれは財の供給を求める各人の需要を上回る自然の力のためである。同様に、鶏は全て最初に卵から生まれるが、卵の数が鶏の数を上回るために、卵は鶏に先行すると言えるであろう。

第21章　社会的な状態と孤立した状態の違い

右の土地が雇用に先行し、雇用が財に先行し、財が人々すなわち財を消費しなければならない人口に先行するということは、本章では無駄に説明されることも明らかになることもない。というのは全体の経済を管理しようとする人々が常に犯す誤りの大部分は、一部はすぐ前で指摘されたように（一―20）、またその他の部分については以下で理解されるように、まさにこれらの要素の順序を全く区別せず、先行する要素の基盤が後続する要素にないことに気づかずに、後続する要素のために大変な苦労をするということから生じるように思われるからである。とりあえず本章では、それらの要素の順序は自然の必要性に属すので、それが孤立した未開の状態においてもすでに形成されているあらゆる国民の社会的な状態においても保たれなければならないのはどうしてかが観察され、人が存在するどんな状態または状況においても人は財によってしか生存することができず、財は労働によってしか得ることができず、労働は土地によってしか得ることができないということが観察されるであろう。しかし前者と後者の状態の違いは、孤立した状態においては全ての状態は孤立した人それ自身に関わるものでなければならないのに対して、社会的な状態においては全ての状態は各人に自分自身のためではなく他人のために共通に関わるものであるという違いである。それゆえ砂漠で孤立した人は自分自身によって自分自身のためだけに財を獲得し、加工し、輸送し、保護するのに対して、国民の社会においては各人はやはり自分のものではない土地に対してただ一種類の労働にしか従事しないが、これは自分自身のためではなく他人のためであり、他の全ての人々に彼のために他の全ての種類の労働にわざわざ従事させる（一-13）。これは全員に十分な財が各々に分け与えられるということがやはり好ましければ、後者の状態においてはある人々が他の人々のために就業しなければならない必要性のために起こる。このことはすでに見られたように（一-11）社会的な状態における労働が必ず多様であるということを生ぜしめ、したがってまた各人によって各々実行される労働による財に対する質の向上がただ一人によって全て実行される未開の状態において予期または期待される度合いよりも高い完成度まで高められるということを生ぜしめる。というのは、やはりすでに見られたように（一-13）、各々の労働は十分に実行されるために個人の心身の活気、才能、力を必要とし、その一人だけでは各人に匹敵する全ての活気、才能、力を所有できないので、人は他の全ての人々が社会的な状態において彼のために財を用意するのと同じように未開の状態においては十分に獲得され質が向上した財を自分のために手に入れようとすることはできないであろうからである。あるいは彼は後者の状態において一つの方法だけで財を他の人々に手に入れさせるのと同じように前者の状態においてあらゆる方法で財を十分に手に入れることはできないであろうからである。というのは孤立した状態においては一種類のどんな才能も自分自身にとっては全く無益になるのに対して、社会的な状態においてはあらゆる種類の才能は全て、すなわち全ての人間に分配され配分される心身の活気、才能、力は全て誰にとっても等しく有益だからである。それゆえ、各人が孤立した状態よりもいっそう社会的な状態にいる条件は、人々を彷徨《さまよ》い分散した人々の状態から社会的なまとまった国民の状態に導き（一－1）、悪質な財よりもむしろ良質の財を消費することが明らかにより良いと誘うような条件であり、さらにとりわけより質が向上し、良質の、社会的な生活において消費される財を消費するのに慣れた後では、土地から生える非常に粗野な、優雅さを欠いた財を砂漠において一人だけで消費することを誰も受け入れないという状況を考慮すれば、教育とそれに伴う習慣によって人々をそのような状態に引き留めるような条件であるに違いないと誰もがみなす。さらに未開の状態においては各人によって自分自身のために用意された悪質な財は全て自分自身の権利に属するものであり、それを獲得するのに他人に頼る必要はないのに対して、社会的な状態においてはより良く質が向上した財は常に他人の、しかも少数の人々の管理下にあり（一－11）、それらの人々によって実行されるのが必ずしも容易でも可能でもない労働によってしか他人から獲得されえず、それどころか時には財を所有する人々とのそれよりもさらにいっそう屈辱的な堪えがたい従属関係によってしか獲得されえず（一－12）、これは後者の状態に反して、また前者の状態に有利になるように、非社会的な人々の傲慢と邪悪な体液を増長させるということは真実である。それにもかかわらず、社会的な状態においては財はいろいろな方法で結局より良く質が向上した財を消費する各人の手元に帰属し、したがってまたより良い財を消費する誘惑は財を獲得するためのよりいっそうの従属関係に対する不愉快さや悔しさに優先するということは否定できない。それによりさらにいっそう傲慢な非社会的な人々は、社会的な状態に対する彼らのあらゆる不満にもかかわらず、そこから離れることもできず、むしろそこにしっかりと結びつけられ統合されればされるほど、ある人々は性質によっていっそう怠惰な人々になり、またある人々は体液の質や教育によって財の使用に満足することがいっそう困難な人々になる。

第22章　非経済的雇用について

これまで全体の経済に関わり、その目的と理由が一定の総需要に従って一国の全員と各人に財を供給するということだけと論じられてきた雇用以外に、そのような目的を目指さず、国民経済に関わらないが、ある人々が他の人々に対してより良いかまたはより悪い方法で実行するような無欲の役務や習慣に関わる雇用が他にもいくつか存在することに気づかれるべきである。後者の理由と目的を理解するためには、はるかに少数の就業者がいれば、全員すなわちそれらの就業者よりもはるかに多数の人々のために考えつくあらゆる方法で財を獲得し、その質を向上させるのに十分であるはずであるということが、すでに見られた必要性（一-12）とみなされなければならず、国民の中に能力のない人々の中だけでなく役務に従事する能力のある人々の中にもかなりの数の役務の失業者が存在するということが起こるのは、まさにこの必要性のためである。全員に十分な財を生み出すのには必要でないが、それにもかかわらず前者のある人々の労働によって財が供給されるそれらの余分な人々は、明らかにそのような労働に余地がなく、必然的にそこから排除され、失業者になる。例えば想像しうる全体の総需要に従ってある人々は財を獲得し、ある人々はそれを加工し、ある人々はそれを分配し、またある人々はそれを管理するのに従事している一千人がいれば三千人の供給に十分なだけのものを生み出すのに十分であるとしよう。全人口のうち、すなわちその各々の役務のうち⅔すなわち二千人だけしか経済的役務に従事する能力のある人々がいないけれども（一-7）、それらの人々自身はその全時間ではなく $1000\times1=2000\times\frac{1}{2}$ になるので、その½の間しかそれに従事することはできず、それによって残りの½については そのような役務の能力の全くないその他の一千人と共に失業者になるであろうということは明らかである。しかし後者の老人、子供、女性、病人であるために経済のより苦労する役務の能力のない人々（一-4、5、6）はそのためにそれらの他のあまり苦労しない役務の能力のない人々ではないので、したがって国々には財の獲得や維持には関わらないけれども、それにもかかわらずそれらの人々の心身を何らかの役務に引き留め、彼らの時間の½の間であろうと全時間の間であろうとそれによって財の獲得をしないような他の雇用が存在しなければならないであろう。それゆえそのような雇用は非経済的雇用と呼ばれうるであろうし、先進国が問題になるならば、そしてそこにより良い宗教が存在するならば、それはまず第一にそのような宗教の真理の尊重、教会の維持、同様の信心や信仰の役務に関わる雇用であろう。それは第二に自然の真理や文学と呼ばれるもの、そしてまさに経済的雇用になるような職業のためでなく自分自身の娯楽や快楽のために実行されるその他の同様のことに関わる就業に及ぶ雇用であろう。そして最後に倦怠に備えて労働が倦怠に変わらないために文化的な会話や愉快な無害の娯楽や遊戯で時を過ごすような雇用であろう。

しかし**経済的**雇用と**非経済的**雇用の違いは、やはり常に前者がそれによって同じ規模で獲得された財と交換に同じ規模で与えられ受け取られる（一－13）のに対して、後者が財の交換も獲得もなく実行されるという違いであろう。職業としてより良い全体の教育や娯楽に向けられた他のあらゆるものの管理と運営は前者の雇用よりも後者の雇用の管理にいっそう関わるが、以下で詳しく証明されるように、十分熟慮しなければ後者に向けられてはならない。しかし後者の雇用については、私は本書でもっぱら論じるつもりである全体の経済に関わらない雇用として論じるつもりはなく、ただそれをまさに経済的雇用と区別するために、そして後者の雇用もまた一国において前者の雇用に劣らず必要であるということが知られるために指摘するだけである。実際、そのような非経済的雇用がなければ、経済的な全体の役務に従事することができない全ての人々は、想像しうる最も悲惨な状態であり、人が自分自身の重荷に堪えられなかったならば倦怠や憂鬱のために憔悴せざるをえない怠慢に陥らざるをえないであろう。生存またはその欲求は持続する四体液の正しい運動から成り立つので、それに対応する心身の運動からも成り立つはずであり、そのような運動が剝奪されたならば人間は倦怠によって、その肉体の消滅に後続し、一時的な失業が明らかな幻影であるような永遠の失業に自分自身で先行すると言えるであろうということは明らかである。したがって右のより正当でより賢明な非経済的雇用がなければ、人間は背徳的な誤った思想と行動に依存しない限り、また野蛮でより良い教養を持たない国々の習慣のように、紛争、戦争、あらゆる種類の悪意や悪徳に従事しない限り存在しえない。

第二編　一国を維持する財と、それを生産する土地について

第1章　仮定と定義

一国における人々のさまざまな階級と、一国において ある人々が他の人々のために就業することで全員が財の供給によって総需要を満足させることができるさまざまな方法が列挙され区分されたので、それらの人々が実際にそのような需要をどのように満足させるのか、すなわち国民経済がそれらの人々の間でどのように生じるのかを検討し続けるためには、他のあらゆることの前にそれらの財の内訳を確定することが必要である。というのは財はやはり各人がそれに対してまたはそのために就業しなければならず、その量と質に関して国民経済がひたすら関わる唯一の材料だからである。またそれらの財は人口のために用意されなければならず、人口はそれに先行して増減した財に応じてやはり増減しなければならないので（一-20）、人口が同じままであるとすれば、すなわち一国が定常状態にあるものとすれば、総雇用によって人口のために生み出されるそれらの財は、同じ期間に人口によって消費されるかまたは使い尽くされるのとちょうど同じだけのものでなければならないであろう。それにより一国にとってその維持のために必要な財を確定するためにはその人口を確定すれば良いであろうし、人口が定常状態にあるものとすれば、一定の期間にどれだけの財がその人口によって消費されるかを検討すれば良いであろう。というのはそれらの財は明らかに人口を維持

する、すなわち人口に必要な、したがってまた同じ期間に総雇用によって人口のために用意されなければならない財だからである。それに加えて次々と消費される同じだけの財の自己補塡のために総雇用によって次々と生み出される財もまた、人々が全体として質素に慣れているか否か、財の使用の贅沢に慣れているか否かというような環境、性向、習慣、教育、要するに総需要に従って（一―14）、実際に同じ人口によってある国ではより多くの、またある国ではより少ない財が消費され、技術によってある国ではより多く、またある国ではより少なく加工されることによって限りなく変化しうるので、したがってこれら全てのことを然るべく確定するためには、事実から話を始め、とりわけある特定の人口、環境、習慣、教育に狙いを定め、やはりある与えられた期間にそこではどんな財がどれだけ総需要によって消費されるのかを検討すれば良いであろう。というのはそのような財はまさに同じ期間に総雇用によって人口に自己補塡されなければならず、その生存に厳密に必要な財であるのは確実だからである。それゆえ私が検討するために選び、以下で私の考察の対象となる人口は、イタリアに位置づけられ、そこで総需要によって全体として実践されるのを見た財の使用の習慣を持つ三〇〇万人の人々と今後ずっと仮定されるであろう。それらの人々はその中で私が生まれ、ほとんどの習慣を持ち、教育を受け、要するに私がその一つの平均的な状態にある人々として私が非常に良く知っている人々である。そして最後に一国にとって必要とされ、一国によって一定の雇用で生み出される財の規模は、すでに述べられたようにそのような需要と雇用の期間に依存するので、私はそのような期間を一年間と仮定し、それにより供給される財は右の人々の一年間の需要を満足させるためのものになる。それゆえそれらの人々によってどれだけの財が消費され、総雇用によって自己補塡されるかを知るために、私はそれらの人々の各人によって一年間におよそどれだけのものが消費されるかを検討するであろう。各人は子供と成人、成人と老人、老人と病人、男性と女性、都会の人と田舎の人、最も少食な人と最も大食な人の平均とみなされるが、一般にある人の胃は他の人の胃よりも多くの食物を消化できず、ある人の体格、暮らし向き、竈《かまど》は他の人の体格、暮らし向き、竈よりも多くの衣服、家財、薪《たきぎ》を消費できないとみなす。次に私は検討するために全ての財のうち穀物、葡萄酒、羊毛等々のわれわれによってごく普通に需要され使用される財を選び、ノルウェーでは多くの麦酒が消費されるとか、アルジェではあまり薪が消費されないとかをほとんど配慮しないであろう。さらに消費される財は、やはり植物の原料としての鉱物を含む植物または動物に全て由来し、食物、衣服、家財を含む住居用に消費されるので、私は右の三つの用途の各々について、右の一年の間にそれらの種類の財の各々のうちのどれだけが各人によって消費されるかを検討するであろう。重さに関しては、一リッブラとは常に一二オンスの重さを意味し、一オンスとは最も流通し、イタリアで一年間に平均的な大きさの犂《すき》で収穫される一〇〇〇グレインの小麦の重さを意味し、このリッブラはヴェネツィアでグロッサと呼ばれる一般的なリッブラとあまり違わない。広さに関しては、一エーカーまたは一カンポの土地とは常に一二五〇平方ペルティカの面積を意味し、一ペルティカの縦横の長さは私の歩幅で三歩、普通の人の足で五歩分なので、一カンポは人の足で三万一二五〇平方歩の広さに等しい。一カッロの土、または薪を除く住居の建築のためのそのような一カッロの原料とは人の足で一二五立方歩の立方体の体積のそれらの塊を意味し、一カッロの薪とはその二倍すなわち人の足で二五〇立方歩の薪の山を意味する。最後に同様に一カッロの秣とはその四倍すなわち人の足で一〇〇〇立方歩の立方体の体積の量を意味する。

第2章　植物由来の食物

いろいろなことが右のように仮定されたので、食物から始めるならば、私は植物に関しては、すでに提示された三〇〇万人の人口に対して、すでに述べられたように最大と最小が勘案されたならば（二-1）、毎年各人に五二五リッブラ分の小麦が供給されなければならず、一部は一七五リッブラ分の純白小麦が、また一部は三五〇リッブラ分の低級小麦が一対二の割合で供給されなければならず、そのうち七五リッブラ分は翌年の収穫のための播種用に当てられ、その他の四五〇リッブラ分のうち1/9は麩《ふすま》として脱穀され、残りの四〇〇リッブラ分が各人に食物として必要であると仮定する。さらに私は、各人が一〇〇リッブラ分の豆類、三〇〇リッブラ分の葡萄酒、一〇〇リッブラ分の野菜と果物、食物の調味用の五リッブラ分の橄欖油、一リッブラ分の砂糖、珈琲、香味料、香辛料、護謨《ゴム》、さまざまな種類の薬剤、等々のようなアジア産やアメリカ産のさまざまな植物、八リッブラ分の薬用の塩を含むやはり食物の調味と保存用の普通の塩、これもまた栄養物とみなされる二リッブラ分の煙草を各人は消費すると仮定する。それゆえそれらの財を三〇〇万人の人々に供給するためには、植物由来の財に関しては、食物の名目だけで毎年次のものが必要であると言わなければならないであろう。

小麦	一二億リッブラ
豆類	三億リッブラ
葡萄酒	九億リッブラ
野菜	三億リッブラ
橄欖油	一五〇〇万リッブラ
外来植物	三〇〇〇万リッブラ
塩	二四〇〇万リッブラ
煙草	六〇〇万リッブラ
計	二七億四八〇〇万リッブラ

第3章　動物由来の食物

動物由来の財と動物の栄養物質に関しては、各人は毎年平均して七〇リッブラ分のさまざまな種類の四足獣の肉、三〇リッブラ分の家禽類、二〇リッブラ分の野獣類と野禽類、少数の甲殻類を含む四〇リッブラ分の魚類、さらに二〇リッブラ分、約二〇〇個の卵、そのままであるかまたは牛酪《バター》、乾酪《チーズ》、その他の製品に加工される八〇リッブラ分の牛乳、蜂蜜、その他の動物の栄養抽出物を消費すると仮定されるので、すでに提示された全人口には次のものが必要であるのは明らかである。

四足獣の肉	二億一〇〇〇万リッブラ
家禽類	九〇〇〇万リッブラ
野禽獣	六〇〇〇万リッブラ
魚類	一億二〇〇〇万リッブラ

卵	六〇〇〇万リッブラ
乳製品	二億四〇〇〇万リッブラ
計	七億八〇〇〇万リッブラ

第4章　植物由来の衣服

人々に着せるための必需品に移るならば、植物由来の財に関しては、私は例によって富者と貧者、子供または老人と成人が勘案されたならば、各人は一年間に全て平均的な品質と耐久性を持つ原料とみなされる三リッブラ分の亜麻、麻、綿を消費すると仮定し、各人によって衣服の尾錠や飾り、布地の染色、等々、誰かの顔の彩色に至るまで概算で消費される数オンスの鉱物や染料に関しては、消費されないけれども褪色し、それでも維持することが望まれる多量の宝石に関しても同様に、これらは全てあらゆることを考慮すれば数スクループルの宝石を含む一人当たり四オンス分の染料と鉱物になりうると仮定する。これにより衣服の名目で毎年次の種類のものが全国民の供給に帰せられなければならないであろう。

亜麻	九〇〇万リッブラ
鉱物	一〇〇万リッブラ
計	一〇〇〇万リッブラ

第5章　動物由来の衣服

動物由来の財に関しては、私は各人は一年間に衣服に平均して二リッブラ分の羊毛、3/5オンス分の絹またはその釜糸、若干の量の毛、羽、骨、等々の物質を含む三リッブラ分の動物の革を消費するとみなしうるとみなすであろう。それゆえ全国民には次の種類のものが衣服用に必要であろう。

羊毛	六〇〇万リッブラ
絹と釜糸	一五万リッブラ
革等	九〇〇万リッブラ
計	一五一五万リッブラ

第6章　植物由来の住居

国民に栄養を与え、国民に着せる二種類の財の必要な内訳が確定されたので、国民に住まわせるために必要な内訳を確定することが残っている。私は住居とはその建物の部分だけでなく、全てそれに含まれるのが常であり、器械、器具、等々のような生存とそれに関わる技術に関する全てのさまざまな活動や充実に必要な家財道具のことでもあると理解している。それゆえ住居の建物の部分に関しては、私は既やその他の動物用の部屋や何人かの人を泊めるのが常である部屋を含む一人当たりの部屋が公私を問わず平均して縦横高さがそれぞれおよそ三〇歩とみなされると仮定する。私はそのような部屋が三〇〇万人の人々について同じ数に及び、一世帯当たり五人から成り立つ同じ数の世帯を示す六〇万軒の住居または戸数に配分されると仮定する。家財に関しては、私はそれらの六〇万軒の住居に一般に平均して実際に使用されるのが常であるあらゆる種類の全ての道具、器具、工具が備え付けられていると仮定する。それゆえそれらの住居の各々はあらゆる種類の家財、調度、用具、道具、器械、さらに荷車、船、工具、要するに公私を問わず日常的に国民の見える所にあり、国民の誰もが知っているものを含み、これら全ての種類が六〇万軒に配分されると仮定する。これを前提とすれば、これら全ての建物を建て、右のようにそれらにあらゆる家財を備え付け詰め込むためには、例によって植物由来と動物由来の二種類の財から獲得されるさまざまな種類の原料が必要であろう。そして前者に関しては、絞り出されるのに適した植物と糸にされるのに適した植物、薪、あらゆる種類の金属のような固い鉱物とあらゆる種類の土のような固くない鉱物に分けられ、私は前者の植物に関しては六〇万軒の住居の各々において毎年概算で四一⅔リッブラ分のさまざまな種類の油が蠟燭や燈明、工芸や用務その他の用途に消費され、五リッブラ分の亜麻、麻、綿があらゆる種類の道具や同様の種類の太綱の維持のために消費されると仮定する。薪に関しては、私は各住居において毎年一カッロが匙から主力艦に至るとみなされる建物の労働と、右のような全ての家財の労働に消費され、三〇カッロが食物を調理したり人を暖めたり工芸や用務のために竈で燃やすために消費されると仮定する。これは毎年前者の項目のために六〇万カッロ、後者の項目のために一八〇〇万カッロの薪が必要であることを示すであろう。しかし使用される薪の中には仕事に費やされる薪も仕事に費やされない薪もあり、後者の薪は建物用でも家財用でも消滅するのではなく、一部は朽ち果て消耗し水に浸され、また一部は竈に投げ入れられるということを考慮すれば、前者の部分が全体の⅓、後者の部分が⅔と仮定されたならば、右の量は仕事用に六〇万カッロ、竈用に一七四〇万カッロだけになり、毎年全部で一八〇〇万カッロほどが森や野原から伐採されなければならない。鉱物性の植物に関しては、私は右の六〇万軒の住居がそれぞれ勘案されたならば一二〇年間堪え、その後全て自己補塡されなければならないかまたは毎年五千軒が自己補塡されなければならないような平均的な耐久性で建てられたと仮定する。それにより良くある耐久的でない小屋からより稀少なより耐久的な宮殿に至るとみなされる六〇万軒の住居を全て維持するためには、五千軒の住居を完全に自己補塡するのに必要なだけの鉱物原料が毎年必要でなければならないということにほかならず、それゆえ自己補塡のためであろうと他の住居の修理や維持のためであろうと全ての住居に配分される原料は平均して各住居当たりそれを建てる全ての原料の1/120と推計されなければならないであろう。それゆえそのように毎年自己補塡される五千軒の住居の一軒当たりの全ての原料の量が一〇〇カッロ（それらの住居のうちその建築が全て木から成り立つ約⅔を常に考慮し、やはり少数の大聖堂と大多数の庶民の苫屋を勘案すれば）と仮定されたので、六〇万軒の住居の全ての毎年の自己補塡または維持や修理のために、煉瓦、石灰、瓦、その他大理石、漆喰、粘土、等々の製品のような五〇万カッロ分のさまざまな原料が必要であろう。そのうち新たな建物には中古品の部分が使用されるのが常なので、この部分は合計から差し引かれうるが、鍋、鏡、硝子器、陶磁器または壊れやすく各住居で各々保たれるべき家財や土の食器の勘定に再び付け加えられると仮定されるので、合計は右のものと違わないであろう。その他の鉱物に関しては、私は日常的な損耗のためであろうと流行の変化のためであろうと全ての固定または可動の金属工具、鉄器、銅器、錫器、標札等々を自己補塡または修理するために、毎年各住居で布地、革、建物や家財の塗装用の自己補塡または維持のための若干の量の染料を含む五リッブラ分が消費されると仮定する。これは合計三〇〇万リッブラの鉱物と染料になるであろう。今やあらゆるものを合計し寄せ集めるならば、実際に見られるように一国にとっての住居を維持し、あらゆる種類の家財道具がそれに供給されるために毎年必要な植物由来の財の全ての原料は次のものになるであろう。

油	二五〇〇万リッブラ
亜麻	三〇〇万リッブラ
鉱物	三〇〇万リッブラ
計	三一〇〇万リッブラ

薪	一八〇〇万カッロ
鉱物原料	五〇万カッロ

第7章　動物由来の住居

動物由来の財に関しては、六〇万軒の住居の立体建築のためには全く必要ないが、それらの住居の各々の家財道具の維持または自己補塡を満足させるために私は各々に毎年平均して三⅓リッブラ分の羊毛、一オンス分の絹、二三リッブラ分の干した革と鞣した革、家庭用や機械用等々の獣脂、蜜蠟、毛、角、腸、その他内臓等々の財で十分であると仮定する。それゆえこれら全ての住居のためには次のものが必要であろう。

羊毛	二〇〇万リッブラ
絹	五万リッブラ
革等	一三八〇万リッブラ
計	一五八五万リッブラ

第8章　国民のための食用動物

これまで国民の直接的な維持に必要な全ての財が配分された。しかしそれらの財のうち動物由来の財は動物自身によって消費される別の財、すなわち植物由来の全ての財に代わるので、動物に必要な後者の財自身も国民自身に必要とみなされなければならず、その勘定に付け加えられなければならないであろう。それゆえ後者の財を配分するために、食物が供給され、右で配分された動物由来の財が獲得される動物の数が最初に確定されるであろう。これらの動物は、あらゆる種類の鶏のような家禽類、肉、革、毛によって国民の役に立つ牛、羊、豚、並びにそれらの財や同様の財の輸送によって国民の役に立つ馬、その他の驢馬《ロバ》や騾馬《ラバ》のような家畜類、やはり肉や革が獲得される野兎、鹿、森の獣や野鳥のような野獣類、そして魚類に分けられる。野獣類と魚類に関しては食物を用意する必要は全くなく、森の中で、または弱者が強者に貪り食われることによってそれら自身に食物が供給される。同じことは絹や蜂蜜を供給し、その食物を植物の葉や花から獲得し、それゆえさもなければその量が減少するかまたはさもなければその限界までしか増加しない蚕や蜂に関しても言わなければならない。それによりこれら全ての動物の数はそれらの動物から獲得される財に比例して増加しうるであろうし、それゆえさもなければ一国の財またはそのための雇用は増加しないであろう。

しかし右の家禽類と家畜類に関しては、国民によって食物が与えられ育てられなければ国民の役に立ちえず、常に役に立つわけではない。そしてそれらに食物を供給する前にそれらを推計するためには、それらはさまざまな用途に同時に役に立つので、それらの数は各々の用途の多様性に比例して減少するということが考察されなければならない。例えば牛は肉以外に役務も供給し、羊は羊毛以外に肉も供給し、馬は役務以外に革も供給し、他のものについても同様なので、これらの動物の数は、牛が肉だけを供給し、羊が羊毛だけを供給し、馬が役務だけを供給し、等々の場合の数から減らされなければならないであろう。それにもかかわらず同じ動物から可能な限り最多の用途を獲得する習慣も考慮すれば、それらから右で配分された全ての動物由来の財が獲得されることを必要とするならば、（二―3、5、7）、やはり当然のこととして、少なくとも必要な限り土地を耕し子を生むのに割り当てられた七六万頭の牛の群れしか想像されえないであろう。そのうち五六万頭は三歳のときに犂を引かされ、およそ十歳のときにそこから解放され、太らされ、屠畜場に連れて行かれ、各々七年間しか軛をかけず、残りの二〇万頭も三歳のときに数か月以内に屠畜されるならば、毎年前者のうちの八万頭と後者のうちの七万頭が食物として役立てられるために存在するであろう。次に全ての前者のうち四〇万頭が雌であると仮定されたならば、満九か月以上で三か月以内に病気で死んだ子も考慮すれば、それらによって毎年同数の子が推計されうるであろう。それら四〇万頭の子のうち大部分雌の一五万頭は屠畜される牛を自己補塡するために取って置かれるので、残りの大部分の雄の犢《こうし》の二五万頭は、やはり同様に牛を配分された数に維持し、さもなければその数を上回るために、角が生える前または草を食べる前にやはり食物として供給されうるであろう。さらに満二歳または三歳のとき、実際にはおよそ二歳半のときに全て屠畜場に連れて行かれる二五〇万頭の雌羊、雌山羊、雄羊、雄山羊の群れが仮定されたならば、そのような条件では毎年一〇〇万頭のそれらが存在するであろう。そしてそれら全ての数のうち$4/5$が毎年生まれる雌羊または雌山羊の子二〇〇万頭であり、そこからこの群れの維持のために大部分雌羊の一〇〇万頭を差し引くならば、残りの大部分子羊のやはり一〇〇万頭もまた草を食べる前に食物として割り当てられるであろう。これらの肉に、さらに三〇万頭の豚の肉と、右で配分されたそれらの重さをもたらすのと同じだけの四足獣や鳥類等の野獣類、魚類の肉が加えられ、右の家畜類の食用の肉が以下の重さを持つと仮定されたならば、国民のための食物に配分される合計四億八〇〇〇万リッブラ分のあらゆる種類の動物の肉の重さは（二-3）次のように配分されるであろう。

	頭数	重さ（一頭当り）	食物の重さ（リッブラ）
牛	一五万	五二〇	七八〇〇万
犢	二五万	一二〇	三〇〇〇万
羊・山羊	一〇〇万	三〇	三〇〇〇万
子羊	一〇〇万	一二	一二〇〇万
豚	三〇万	二〇〇	六〇〇〇万
家禽類			九〇〇〇万
野獣類			六〇〇〇万
魚類			一億二〇〇〇万
		計	四億八〇〇〇万

右の雌羊二〇〇万頭と雌の家畜四〇万頭から、とりわけ驢馬や騾馬のいくらかの乳がそこに加えられ、総重量に含まれる蜂蜜やその他のごく微量の動物の食用の抽出物がそこから差し引かれたならば、然るべき場所で配分されたような（二-3）二億四〇〇〇万リッブラの乳もまた搾り取られるのは明らかである。六億個の卵もまた右

のその種の肉を供給する家禽類から獲得されうるのは明らかである。さらに一頭の雄羊、一頭の雌羊、一頭の雌山羊、一頭の雄山羊から布地に織られるのが常であるおよそ三⅕リッブラ分の脱脂された純白の羊毛が毎年刈り取られると仮定されるならば、右の全てのそれらの動物二五〇万頭から全て推計されたように（二―5、7）衣服や調度用の八〇〇万リッブラがそこから刈り取られなければならないのは明らかであり、衣服や調度用の革、獣脂、毛、羽、等々の二二八〇万リッブラも同様に、夥しい鳥類や魚類に加えて、また馬や森の獣に加えて人間の食物のために毎年屠殺される二〇〇万頭の四足獣よりもいっそう選ばれうるのは明らかである。次に、さまざまな用途のために国民にとって必要な馬、並びに驢馬と騾馬に関しては、私はそれらを一〇万頭の郵便業務や軍隊に配分されたものや個人的な役務や殿様の快楽に割り当てられたものと仮定する。したがって国民に必要なこれら全ての動物のうち、人間のために食物を用意するのが常であるのと同じように特別の食物を用意する必要のある動物はほぼ次の一覧に限るであろう。

牛	七六万頭
羊・山羊	二五〇万頭
馬・驢馬・騾馬	一〇万頭
豚	三〇万頭
家禽類	

第9章　動物のための植物

右のような食用の一億五〇〇〇万リッブラの毎年の重さを必要とするそのような数の豚と家禽類に関しては（二―8）、私は食物としては三億リッブラ分の麩や粟、ライ麦、燕麦、等々のような低級穀物、並びに非常に多くの屑、他の穀物の滓、傷物の果物、腐った野菜、根、それらの動物がその明白な消費としては供給も獲得もされない食事のために自ら手に入れようとするのが常である全てのもので十分であると仮定する。この重さは、それらの動物が常に数か月間しか、または一年間は滅多に食物で生き延びるかまたは食物を食べるわけではないということを考慮する人にとって少ないと思われないであろう。右のようなその他の四足獣に関しても（二―8）

六カッロの秣が一年間一頭の馬またはその他の驢馬や騾馬を維持し、四$\frac{4}{32}$カッロの秣が一頭の牛を維持し、そのうちの一カッロだけが四頭の羊またはその他の同様の動物の維持に十分であると仮定されたので、そこに牛と羊に関してはそれらのために明白に栽培されるわけではない多くの藁、玉蜀黍《トウモロコシ》、木の葉、樹皮が付け加えられたならば、食物としては第一の獣には秣《まぐさ》六〇万カッロ、第二の獣には三二七万五〇〇〇カッロ、第三の獣には六二万五〇〇〇カッロが必要であるのは明らかである。これにより国民に食物を与える動物に食物として用意されなければならず、したがってまた国民にとって間接的に必要とみなされなければならない全ての植物は次のようになるであろう。

低級穀物　三億リッブラ

秣　四五〇万カッロ

その他の植物に関しては、食物として必要なもの以外に動物のために用意する必要はない。というのは自然が動物に毛皮または羽として供給する衣服以外には動物は衣服を使用しないからであり、すでに右で一般に部屋の中で推計された家畜小屋にしか動物は住まないからであり、そこには動物に寝藁として必要ないくらかの葦や藁の供給以外に動物の個別的な用途のための家財はないからである。

第10章　一国に必要な財の合計

今やあらゆるものを合計するならば、一国によって消費され、したがってまた一国においてその総雇用にによって維持されなければならない日常的な全ての財は、常に三〇〇〇万人の人口を考慮し、それらの財が植物由来の財と、それに還元される鉱物由来の財と、それに依存し由来する動物由来の財から推定される食物、衣服、住居から成り立つということを考慮すれば、量、質または種類について直接間接に次の重さに一致すると結論づけられるであろう。

直接的植物

小麦　一二億リッブラ

葡萄酒　九億リッブラ

豆類　三億リッブラ

野菜・果物　三億リッブラ
橄欖油　四〇〇〇万リッブラ
外来植物　三〇〇万リッブラ
塩　二四〇〇万リッブラ
煙草　六〇〇万リッブラ
亜麻　一二〇〇万リッブラ
鉱物　四〇〇万リッブラ
薪　一八〇〇万カッロ
鉱物原料　五〇万カッロ
直接的動物
四足獣の肉　二億一〇〇〇万リッブラ
家禽類　九〇〇〇万リッブラ
野禽類　六〇〇〇万リッブラ
魚類　一億二〇〇〇万リッブラ
卵　六〇〇〇万リッブラ
乳製品　二億四〇〇〇万リッブラ
羊毛　八〇〇万リッブラ
革等　二二八〇万リッブラ
絹・釜糸　二〇万リッブラ

間接的植物
低級穀物　三億リッブラ
秣　四五〇万カッロ
計　三九億リッブラ
計　薪　一八〇〇万カッロ
計　鉱物原料　五〇万カッロ
計　秣　四五〇万カッロ

第11章　右の財を生産する土地について

観察によって得られた推測から、仮定された一国の人口を総需要に従って実際に維持する財であると思われる財の量と種類が確定されたけれども、それらの財を生み出すためにあらゆる階級で別々に必要とされる就業者の推計に着手する前に、それらの財が獲得されうる土地を配分することが必要である。というのは人口はそれらの財の結果として生じるのと同じように（一-18、20）、雇用も土地の結果として生じるからである。それゆえ分析によって常に真理に出会うためには、人口が仮定されたとしても、それを確定する前にそれが生存しうる財が配分されたのと同じように、雇用が仮定されたとしても、就業者を確定する前に彼らが就業し、それに対してまたはそのために彼らが就業しなければならない生産物を獲得する土地を配分する必要があろう。さらにすぐ前で列挙されたそれらの財は（二－10）同じ雇用によって土地の肥沃さが小さいか大きいかに応じて、また逆にある国では大きい土地からまたある国では小さい土地から獲得されうるので、一国を生存させうる全ての質と量の財の中から私は私が非常に良く知っている国を生存させるような財を選んだのと同じように、それらの財を生産するのに適した土地の全ての広さの中から私はそのような国において実際に平均してそれらの財を生産するような広さを選ぶであろう。それにより私はそのような国について耕作に適した、同じように肥沃な、平均的な肥沃さを持つ、イタリアとりわけロンバルディアに非常にしばしばある土地を仮定するであろう。それゆえ耕作に適したイタリアまたはロンバルディアの土地の一カンポ当たりの肥沃度の全ての合計をその全カンポの合計で割ったものが私によって常に仮定される肥沃度であり、しかもこれは、穀物であろうと果物であろうと秣であろうと他のどんなものであろうとそのような土地から獲得される財の種類を考慮すれば、各人がそのような土地を総需要だけでなくそこからいっそう容易に獲得される生産物にももっぱら従って耕作するということが満足させられる肥沃度である。それに加えてある種類の財の生産に割り当てられた土地から同時に主要な財を減少させずに非常にしばしば別の種類の財も獲得されるのが常なので、また例えば耕作に適した土地から穀物と共にいくらかの薪も伐採されるのが常なので、または森としての別の土地から同時に野禽獣の肉も獲得されるのが常であり、他の多くのものについても同様なので、各々の種類の財にそれらを生産するのに適していると私が思う土地の面積を配分するときに、私は同じ土地から同時に直接間接に別の種類の財が獲得されるということを知っている財をそれに付け加えることを省略しないであろう。そしてこれはごく日常の経験に従って、それにより同じ土地から可能な限り最小の雇用で一次的な直接的な財に加えて可能な限り最大の二次的な間接的な財を手に入れるということも満足させるものである。さもなければ生産されなければならないそれらの財の合計のために非常に大きい面積の土地が必要とされるであろう。

第12章　植物由来の財のための土地

さて穀物に割り当てられた右のような肥沃さと性質を持つ一カンポの土地から（二—11）、私は十年間に三回の早生の純白小麦の播種ごとに二一〇〇リッブラ分が獲得され、三回の同様の低級小麦の播種ごとに二八〇〇リッブラ分が獲得され、さらに同じ年に繰り返されるかまたは翌年に行われる六回の奥手の下級と言われる低級小麦の播種ごとにやはり二一〇〇リッブラ分のそのような種類が獲得され、四年ごとにまたは八回の播種ごとに土地を休ませると仮定する。これにより穀物に割り当てられた一国のそのような一カンポまたは他のどんな一カンポも、一方と他方が平均して勘案されたならば、毎年二一〇リッブラ分の純白小麦と、四九〇リッブラ分の低級穀物、インド小麦、ライ麦、また粟、燕麦、等々を三対七の割合で生産すると言いうるであろう。これら全てのものから翌年の播種用に⅐が脱穀されたならば、播種用に加えて早生の穀物のうち一八〇リッブラ分と奥手の穀物のうち四二〇リッブラ分が一国の消費のために残るであろう。

それゆえそれらの二五〇万カンポが考慮されたならば、それは毎年播種用に加えて四億五〇〇〇万リッブラ分の純白小麦と一〇億五〇〇〇万リッブラ分の低級小麦を生産すると言わなければならないであろう。さらに早生の穀物から⅑の麩が脱穀されたならば、一国にとって必要なそして一国に食物用に配分される（二—10）四億リッブラ分の純白小麦が獲得されるであろう。

また九億リッブラとみなされる奥手の穀物からやはり⅑の麩が脱穀されたならば、同様に一国に配分される八億リッブラ分の低級小麦が獲得されるであろう。

この後者の小麦の一億五〇〇〇万リッブラ分の残りは、すでに指摘された小麦から脱穀された同量の麩と共に動物用にそのような目的でそこに割り当てられた三億リッブラ分の低級穀物と推計されうるであろう。

さらにそれらの土地に基づいてそれらの動物から一国

に間接的にやはりそこに大部分の四足獣の肉、豚肉、等々に加えて配分される九〇〇〇万リッブラ分の家禽類の肉と六〇〇〇万リッブラ分の卵の全量が生じるであろう。

さらにそれらの土地にイタリアに良くある習慣に従って葡萄の木も植えられているならば、一カンポ当たり毎年三六〇リッブラ分の絞られた樽詰めの、最良の葡萄酒と最悪の葡萄酒が勘案され、早生の葡萄酒と奥手の葡萄酒が勘案され、その生産に適した土地とあまりまたは全く適さない土地が勘案された葡萄酒を生産すると仮定されるときは、それらの土地は全体でそこに配分される九億リッブラ分の葡萄酒を生産するであろう。

そして最後に五カンポから伐採される薪が毎年平均して合計四カッロになるならば、毎年全カンポから伐採される薪は二〇〇万カッロ分の薪になるであろう。

その他の食用の植物やさらに衣服として必要な植物に関しては、それらが植えられたまたは播種された一カンポの土地が一回または数回の播種ごとに（播種のために取って置かれるものに加えて）毎年四四〇⅔リッブラ分の実だけのまたは絞られたまたは干した植物を供給し、それらが豆類であろうと野菜や果物であろうと橄欖油であろうと、さらに右のような芳香植物や薬用植物であろうと煙草であろうと、最後に麻、亜麻、綿であろうと最も容易な栽培と最も困難な栽培が勘案され、最も多産な栽培と少産な栽培が勘案されたそれらの違いに従って各々使用されるということが受け入れられるならば、これら六品目に関しては一五〇万カンポが必要とされ、それゆえこれら全ての品目を確定した量は次のようになるであろう。

豆類	三億リッブラ
野菜・果物	三億リッブラ
橄欖油	四〇〇〇万リッブラ
外来植物	三〇〇万リッブラ
煙草	六〇〇万リッブラ
亜麻・麻・綿	一二〇〇万リッブラ

この一五〇万カンポからやはりいくらかの薪が獲得され、三カンポから平均的な規模として毎年四カッロが伐採されるならば、全カンポから毎年二〇〇万カッロ分の

薪が伐採されるであろう。

さらにこの薪に関しては、それに直接割り当てられた土地は森であることを誰もが知っている。しかしやはりたった今観察され、以下で観察されるように、開墾された土地は存在しないので、またはどんな量も伐採されないまだ開墾されていない土地は存在しないので、明白に薪に配分される土地を配分するために私は最も密生したまたはかなり密生した一カンポの土地から五½カッロ分の最長の長さと最短の長さの間の薪が伐採されると仮定する。それゆえ全てそのような森が二〇〇万カンポの面積に広がると仮定されたならば、この全カンポから一一〇〇万カッロ分の薪が伐採されると言いうるであろう。

この土地やその他の木が非常に良く生えているどこかの土地に、薪以外に全ての野鳥や野獣の肉もまた由来し、それゆえこれらの土地からすでに配分された（二-10）六〇〇〇万リッブラ分のそれらの野禽獣の肉の合計と、絹に適した蚕を育てるのに十分な他の種類ではなくむしろ黒桑か桑の種類の木の地域を仮定するだけでやはりそこで確定したような二〇万リッブラ分の絹も獲得されると言えるであろう。

第13章　動物由来の財のための土地

国民によって消費される動物由来の財のために国民にとって必要な土地は動物そのものが生存する土地でしかありえないが、そのうちのいくらかの土地は森の薪のために直接国民の役に立つので右で配分されたけれども、全ての野獣類には間接的に必要な土地でしかありえず、逆に家畜に直接割り当てられたので今や国民に間接的にしか付け加えられえない土地が配分される必要がある。そのような土地は第一に全ての牧草地であり、そこからまさに家畜類の維持のための秣が大部分獲得される。しかしそれらに必要な全ての秣が牧草地から刈り取られるのではなく、一部は馬、驢馬や騾馬、山羊、羊が非常にしばしば餌を採る開墾されていない野原、非常に乾いた土地、道や山の上にもあるので、私は厳密に牧草地と呼ばれるものからは秣は全体の⅔までしか獲得されないと仮定するであろう。それゆえ一カンポの牧草地から毎年一回または数回の刈り取りごとに二カッロの秣が刈り取られまたは獲得されるとみなされるので、同じ一五〇〇万カンポが仮定されたならば、この全カンポから右の規模の三〇〇〇万カッロ分の秣が毎年獲得されると言えるであろう。

さらにそれらの土地または動物用に獲得される秣によって、すでに配分された（二−10）二億一〇〇〇万リッブラ分の四足獣の肉、動物の栄養抽出物である二億四〇〇〇万リッブラ分の乳製品、衣服や調度のための抽出物である八〇〇〇万リッブラ分の羊毛、そして最後に二二八〇〇万リッブラ分の革等が獲得されるのもまた明らかである。

そしてまたそれらの土地から三カンポ当たりおよそ二カッロの割合で薪が伐採されると仮定されたならば、この全カンポから一〇〇〇万カッロ分の薪が伐採されるであろう。

それら以外の土地は、動物由来の財に関しては、水生動物の肉を獲得する海や川の土地以外は国民に必要ない。そのような土地に関しては、これまで指摘された耕作可能な土地の中にずっと一続きのまとまった面積を見出すことはできないが、それらの土地は必ず不毛な土地や岩山、それらの間にある不毛な砂地と混ざり合い交差しているはずであり、またさらに前者と後者の土地はやはり川、湖、池、沼によって分断され分割されているはずなので、それらの土地はそれらの種類の肉を獲得する土地であり、それゆえそれらの土地は他の土地の余りとして生じるであろうということが考慮されなければならない。それゆえイタリアで一般的に見出されるような土地の性質を持つ十分に広い土地のあらゆる面積が考慮されたとしても、その面積の二四の部分のうち一五が耕作可能で、八が岩場で耕作不能で、一が流水域または澱水域から成り立っているならば、すなわちその陸地のうち乾いた部分の面積と湿った部分の面積が二三対一の割合であるならば、われわれの場合には耕作可能な土地が七五〇〇万カンポの面積と配分されたので（二−12、13）、不毛な山の多い土地は四〇〇〇万カンポと推計されなければならず、それらの土地の間に流れるかまたは澱む、あるいは時には海域のどこかの縁の辺りまで浸す水域は五〇〇万カンポの湿った土地を占めなければならないのは明らかであり、それらの土地から国民はその目的に最も適した土地を選ぶので、然るべき場所で配分されたような（二―10）一億二〇〇〇万リッブラ分の魚類と甲殻類を獲得するのは明らかである。

さらにそれらの土地から、あるいは自然によって整えられたまたは製塩の技術によって加工された土地の部分から、そこで配分された量のような二四〇〇万リッブラ分の塩もまた獲得されるのは明らかである。

第14章　耕作不能地

これまで検討された、その耕作から国民が生存手段を獲得する土地は八〇〇万カンポと推計された。そしてそれらの土地は一続きではなく、すでに観察されたように（二―13）、四〇〇万カンポの広さの岩場や耕作可能でない土地と、すなわち二対一の割合で混ざり合い交差しているので、そのような耕作不能地は全く無駄ではなく、逆に国民にとって日常的なものであり必要であるとみなされるべきである。というのは、まずそれらの中に人々が獲得する建物や住居が位置する全ての土地が含まれるからであり、またさらに全ての土地と全ての住居を分割し、また各々を繋ぐ全ての道、橋、広場が含まれるからである。それゆえそれらの耕作されていない土地とこれら二項目のために必要な土地を区別したければ、第一の項目に関しては、国民の全ての住居は平均的な規模として縦横がそれぞれ三〇歩の三〇〇万の部屋になるので（二―6）、全ての部屋のうち第四の部分が三階またはそれ以上の他の部屋の上に建てられるならば、二〇億二五〇〇万平方歩を一カンポの広さの三万一二五〇平方歩で割ったもの（二―1）当たりの残りの部屋によって占められる一階の広さは、二二五万部屋当たり六万四七〇〇カンポまたはそれらの部屋の壁の厚さが考慮されたならばおよそ六万五〇〇〇カンポの面積が確定するであろう。そしてそれらの全ての住居を繋ぐ全ての道、橋、広場が一国の水域が占める面積のほぼ三倍の面積、すなわち一四三万五〇〇〇カンポに及ぶならば、それは右の耕作不能地一五〇万カンポとみなされ、それは全ての住居とそれらを互いに繋ぐ全ての道のための土地としてはすでに提示された（二―6）合計六〇万軒の住居に十分であろうし、それらの道にはさらに何かの木が植えられるのが常であり、右の合計一四三万五〇〇〇カンポを全ての平均的な幅で割ったものがもたらすのと同じだけのものに及ぶ全ての道の長さから、毎年一〇〇万カッロ分の薪が伐採されると仮定されうるであろう。

山の多い地域や砂地、その他の犂の歯の立たない土地から成り立つ残りの耕作されない土地は合計二五〇万カンポになるであろう。

生者を保護し死者を庇護する利益以外に何の利益も獲得されえない全く不毛な土地は自然界に存在しないので、土地がある適切な性質を持つと仮定されるならば、その奥底からすでに提示された（二―10）四〇〇万リッブラ分の鉱物をもたらすだけのさまざまな種類の金属原料や鉱物原料が毎年あちこちで獲得されうるということは明らかであるということは全くの真実である。

同様に右の住居とそこに含まれる家財をそこに配分された合計五〇万カッロ分の鉱物原料で獲得するのに十分なだけの玉石、白粘土、粘土、要するにあらゆる種類の土と原料が毎年尽きることなく山地から取り出され、平地から掘り出されうるということもまた全くの真実である。

最後にそれらの土地はたとえ乾いた不毛な土地であっても植物を生長させる性質は決して失わないので、後で推計された非常に密生した森とみなされるそれらの土地のうちの一つから全く何も生えない砂漠に至るまで、それらのうちの前者から後者まで徐々にしか変わらないとすれば、毎年平均的な規模としてたかだか一カッロの薪の⅔が伐採され、全カンポから毎年一〇〇万カッロ分の薪が伐採されるであろう。

また同様にやはり平均して後ですでに指摘された牧草地とみなされるそのような土地のうちの一つから全く何もない砂地に至るまで、動物が毎年平均的な規模としてたかだか一カッロの秣の⅗を餌にしうるとすれば、全カンポから一五〇万カッロ分の秣が餌にされるであろう。

第15章　右の財を生産する土地の合計

今やあらゆるものを合計すれば、検討されている一国によって常に使用されるような、右で列挙された全ての財が直接間接に獲得される全ての土地は、耕作に適した土地、葡萄畑、野菜畑、橄欖畑、牧草地、森、亜麻・麻・綿・絹のための植栽、塩山、鉱山、さらに川、湖、養魚池、その他あらゆる種類のある土地と他の土地が勘案され、一方が他方に含まれた乾いたまたは湿った、肥沃なまたは不毛な土地に区分され、食物用であろうと衣服用であろうと住居用であろうと、財の量と種類に次のように対応することに気づくであろう。

カンポ		リッブラ		カッロ
二五〇万	小麦	一二億		
	葡萄酒	九億		
	低級穀物	三億		
	家禽類	九〇〇〇万		
	卵	六〇〇〇万		
			薪	二〇〇万
一五〇万	豆類	三億		
	野菜・果物	三億		
	橄欖油	四〇〇〇万		
	外来植物	三〇〇〇万		
	煙草	六〇〇〇万		
	亜麻・麻・綿	一二〇〇万		
			薪	二〇〇万
二〇〇万			薪	一一〇〇万
	野禽獣の肉	六〇〇〇万		
	絹	二〇万		
一五〇万			秣	三〇〇万
	四足獣の肉	二億一〇〇〇万		
	乳製品	二億四〇〇〇万		
	羊毛	八〇〇万		
	革等	二二八〇万		
			薪	一〇〇万
五〇万	魚類・甲殻類	一億二〇〇〇万		
	塩	二四〇〇万		
一五〇万			住居・道	
			薪	一〇〇万
二五〇万	鉱物	四〇〇万		
	鉱物原料	五〇万		
			薪	一〇〇万

秫　一五〇〇万
計一二〇〇万　計三九億　計　薪　一八〇〇〇万
〃　秫　四五〇万
〃鉱物原料　五〇万

これらの各列から、イタリアでごく普通にみられる性質と種類を持つ一二〇〇万カンポは三〇〇〇万人の人口に、それに必要な、それによってその習慣、その必要、要するにその総需要に最も適した量と種類が実際に消費される全ての財を供給することができ、したがって全国民の一人一人の平均的な維持のためには四カンポの土地が推計されるということが明らかになる。そのような習慣、必要、需要が変化するにつれて、この規模もまた変化しなければならないであろうが、その変化は、自由、政府、贅沢の状態と種類に依存するけれども、それらについては私はここでは述べていない。というのは私は現在私が実際に見出したことしか検討しておらず、それらについては然るべき場所で明らかにするために私に取って置かれるからである。

第16章　財と土地に関する推計について

右の推計は、たとえ真でも偽でもありうる諸仮定に基づいて行われ確定されたとしても、それでももしそれらを推定する方法に正当に着手したならば、誰もがみなすようにそれらから推定された諸命題を嘘偽りのものにしないが、それでもそれらの諸命題の偽りは、もしあるとすれば、まさにそれらを推定する常に確実な疑う余地のない方法である仮定の違いに依存し、その違いから生じるということを生ぜしめるだけである。それゆえそれらの全ての仮定は検証されうるので、それらに対する疑いやそれらの偽りについてより入念な検討やより行き届いた情報によってそれらが検証されるたびに、諸仮定したがってまたそれらから推定される諸命題は、たとえ私が最初に述べたと思われる論題において私が深く関わろうとしないものを違ったものにするのに適したいくつかの条件を私が真理を探究する方法において常に私が見落とさないとしても、右の推計において仮定された数字を真理により一致すると思われる数字に置き換えるだけで真理になる。それはまたたとえそれらの条件のうちのどれかを私が見落としたとしても、明らかにすることができ、これまで全く明らかにされなかった真理を明らかにするためにそこから生じた結果として、それを私の条件に付け加え、私の条件と組み合わせることは、私よりもずっと聡明な他人にかかっているであろう。私にとってはそのような論題と関わる中でこれまで用いられたものよりもずっと確実な疑う余地のない方法を他人に示したことで十分であり、私の諸仮定に関しては家庭経済学と田舎の諸事情について私よりもずっと教養のある著名な人々の諸仮定についての情報にとどめたことで十分である。それらを理解する方法に関しては、最初に私の心に浮かび常に浮かんでいるすでに提示された問題に対する全ての条件を含むとかつて思われ常に思っている方法が、私自身徐々に最も単純な、すなわち最良のものと想像しうるのではないかということが私の心に形成されたと言うことができる。右の情報に関しては私はそれらがたとえ事実に全く一致していないとしても、ここでは一般に一国に必要な財の量を配分することしか問題にしておらず、個人のうちのより多くのまたはより少ない誰かには全く関わらないので、一国はたまたま例えばより多くの穀物とより少ない野菜、またはより多くの野菜とより少ない肉、さらにまたはそれらの財のうちのより多くのある種類のどれかとより少ない他の種類のどれかを消費するが、全ての過剰と全ての不足が相殺されることによって合計は同じになりうるということを付け加えておく。同じことは各財の生産のために配分された土地に関しても理解されうる。というのは土地を穀物に配分するのに度が過ぎたならば、同じことは偶然に植栽のための土地には起こらないであろうが、やはり後者においても度が過ぎたならば、他の土地に波及することによって最終的には不足するいくらかの土地が存在するであろうからであり、多くの人々によって多くの項目について与えられ選ばれた情報が誤って全て過剰の勘定として与えられみなされ、不足の勘定としては全く与えられもみなされもされないということは信じられないからである。それゆえ、たとえ本当のところは穀物、果物、薪、等々が各々確定した量で消費されるということではないとしても、またはそれらが各々に別々に配分された土地の面積から獲得されなかったとしても、合計の推計を検証するためには、またはその誤差を小さくするためには、全ての土地が合計されたならば配分された量で消費されるか、または全ての土地に配分されたカンポの合計から獲得されれば良い。もっとはっきり言えば、たとえ次第に財を獲得しなくなるにつれて突然にではなく徐々により肥沃な耕地からより不毛な耕地に移るとしても、耕作可能な八〇〇万カンポがそれに混ざり合う耕作不能な四〇〇万カンポに比べて過剰になるかまたは不足すると思われたならば、多かれ少なかれ肥沃な前者と多かれ少なかれ不毛な後者がどちらもより適切な規模まで縮小または拡大されうると仮定することによって、それらの財の生産を確定するためにはどちらも合計においては同じままである。これはその需要に着手するために必要な全ての技法を隠さないために言うのであり、さまざまな数多くの情報から獲得された多くの量からただ一つの仮定を形成することはそれほど容易ではなく、定義するのが非常に困難なので意見が一致するのが容易でない一定の判断の水準に常に依存しなければならないということが知られるために言うのである。最後に、それらの推計の数字に関しては、端数を避けることで最も使いやすい数字を私が選び仮定したことに誰もが気づくであろう。しかしその場合、最も正確な数字との差が各々の結果において最大で百当たり四か五の誤差を生じるということがない場合に、それが行われたということを誰もが理解するであろう。これらの考察は同様の場合に必要であれば以下でも行われるので、そのためにここで説明された。

第17章　消費される財は自国の土地からどのように獲得されるか

たとえ右の土地の面積から、すでに提示された国のために右のそれに一致する財が獲得されることがあり、実際に獲得されるとしても（二-10、15）、だからと言ってその国は常に実際に財を全て自国の土地から獲得するのではなく、むしろ他の国々との外国貿易を通じて他国の土地から獲得された財を消費するのを好めば好むほどますます財を自国の土地から獲得しなくなるのが常である。これは外国の財を消費する喜びのためというよりむしろ必要のためであり、より良い財またはさらにより容易に獲得される財を消費する便宜のために起こるのが常である。実際、右の財は一国によって消費される財であり、右の土地はそれを獲得する土地であるということは真実であるが、前者の各々を生産するのに適した後者の各々は全ての財がその自国の土地から獲得されるために必要であるように全ての土地が一続きの、すなわち全ての土地がその国によって所有されているということは全く真実ではない。また、そのような全て一続きの土地からそれらの財が全て最良の品質で、または最善の方法で獲得されうるということさえも真実ではない。それゆえ例えばイタリアで消費されるいくつかの芳香植物や鉛や錫のようないくつかの鉱物が右の面積の土地から獲得されるということは真実であるが、そのような土地がイタリアにあるということは全く真実ではなく、むしろインドやスウェーデンにある。また同様にいくらかの肉またはいくらかの羊毛は刈り取られる株によって右に一致するイタリアの牧草地から獲得されうるということは真実であるが、それらの肉またはそれらの羊毛がハンガリーの同等の牧草地からより良い品質で獲得されうるならば、イタリアの国民にとってはハンガリーの土地から獲得されるそれらの財を消費することが有益であろうし、そのようにすればイタリアの国民は自分たちによって所有された右の土地からではなく、その代わりにハンガリー人やスウェーデン人やインド人によって所有された土地から全て獲得されるそれらの財を消費すると言いうるであろう。しかし一国にとって、他国の土地から獲得された財を自国の土地から獲得され他国によって消費される他の財を交換しなければそれを消費することはできないとみなされるならば、その国で自己補塡されなければならないより時宜を得たまたはより良質の必要な財のために非常に多くの土地がその国によって余分に耕作されなければならないので、他の国々から獲得されるやはりより良質なまたはより時宜を得た必要な財のおかげでどれだけの土地がその国によって節約されるかが明らかになるであろうし、したがってまたすでに提示された国によって消費される財のためにその国に必要な土地の面積は財の量と質の交換が問題になるまでは右で配分されたものと少なくとも大して違わないということも明らかになるであろう。そして実際、例えばインドやスウェーデンの一〇〇カンポの平地または山地から獲得されイタリアで消費される砂糖や錫と引き換えにインド人やスウェーデン人がイタリアの一〇〇カンポの葡萄畑または山地から獲得される火酒を獲得し消費するならば、あるいはハンガリーの一〇〇カンポの牧草地から獲得されやはりイタリアで消費されるより良質の動物由来の財と引き換えにハンガリー人が自国のそれと同等の土地から獲得されるやはりより良質の消費用の財を交換を通じてイタリアから獲得するならば、インド、スウェーデン、ハンガリーで鉛または羊毛を生産する一〇〇カンポは、イタリアの同じだけの土地がそれらの国々のために獲得される火酒またはその他の植物由来の財と引き換えにインド人、スウェーデン人、ハンガリー人の国々に付け加えられるためにイタリアから差し引かれるので、イタリア人の国に付け加えられるということは全く矛盾しないであろうし、したがってまたこれらの国々は互いにより必要なより良質の財も、より必要なより良質の財が獲得される土地も同じように交換し、一国によって消費される財と、あたかも土地がその国によって耕作され所有されているかのようにして財が獲得される土地との右の間の一致が常に維持されるということは全く矛盾しないであろう。それにより一国が右の通常の方法で財で生存するためには、その国の財の量と他国の財の量しか他国と交換しない限り、右の面積（二－10、15）を下回らない面積の土地を所有せざるをえないであろうし、その国が配分された規模に比べてそれ以上に例えば穀物のために土地を耕作すればするほどますます秣のためには土地を耕作しなくなり、秣のために土地を耕作すればするほどますます薪のために土地を耕作しなくなり、等々とみなされるが、さもなければあり余る穀物または羊毛を不足する羊毛または薪と引き換えに他国と交換する余地はないであろうし、その他の財またはその他の財を生産するのに適したその他の土地についても同様に、他国の財の余剰が自国の財に不足していなければ、自国の財の余剰を他国の財の余剰と交換することはできないであろう。

第18章　消費される財は他国の土地からどのように獲得されるか

一国によって消費される右の財は、多くの財が他国によって消費のために与えられ獲得される外国貿易にもかかわらず、それらを生産するのに適した右の土地においてその国によって獲得されるので、他の国々と行われるそのような財の交換は右のように（二―17）財の量だけに関わらざるをえない、すなわちある財が他の財に対して品質の分だけ価値が増加することが全くなければ、量だけが考慮された財を他の国がある国から受け取るのと同じだけ財がある国から他の国に与えられざるをえないとみなされる。それゆえこれは、財の交換が財の質と量の間で行われるならば、たとえ一国が財を獲得しうる土地よりもその国によって所有されている土地の面積が小さくても、それらの財はその国によって消費されうるであろうということを理解させる。そして逆に財の交換が財の量と質の間で行われるならば、その国によって消費される財はその国の手で獲得される財よりも少なくなりうるかまたは、その国によって耕作される土地またはその国によって所有されている土地よりもはるかに小さい土地から獲得されうるであろう。実際、財は量だけでなく質によっても制約されるので（一―11）、または財はそれを獲得する労働だけでなくその質を多くの非常に異なる方法で向上させる労働によっても獲得されるので、ある国が財の質を向上させるよりも財を獲得することにいっそう従事し、他の国が財を獲得するよりも財の質を向上させることにいっそう従事するならば、それらの国々の間の労働と財の交換においては、前者の国は受け取る少量のより質が向上した財と引き換えに、大量の少しも質が向上していない財を消費用に後者の国に与えなければならず、したがってまた前者の国は各々の国によって消費される財またはそれらの財が獲得される土地に一致して後者の国よりもはるかに大きい土地を所有しなければならないと誰もがみなす。それゆえ、ある国は他の国のために財の質を向上させるためのより大きい労働によって前者から財を獲得するならば、その土地から獲得されうる財よりも大量に財を消費しうるのは明らかであり、逆に他の国はより質が向上した財を消費するために自国で獲得され、前者の国に大量に供給される財と交換してまでそのような財を獲得するならば、自国の土地から獲得する財よりも少ない財を消費しうるのは明らかである。それゆえ、ある国はその一〇〇カンポの耕地または牧草地から獲得された穀物または羊毛を、他の国のおよそたかだか六カンポから獲得された麻または羊毛の加工品と交換しうるであろう。それは前者の財よりもはるかに大きい後者の財に対する質の向上のためである。これがある国々がたとえ沼の多い、不毛な、自国を維持しうるだけの財を生産するのにあまり適さない土地に位置づけられていたとしても、それでも交換に受け取る少しも質が向上していない大量の財と引き換えに、少量の財を加工し輸送し質を向上させることに従事することによって他の国々の財で生存する理由であり、逆に他の国々がたとえより肥沃なまたは広大な、消費する財よりも多くの財を獲得するような土地に位置づけられていたとしても、またたとえ財の質と引き換えに量を受け取る国がすでに別の場所で指摘されたように（一-18）それらの質を交換する国の一部とみなされたくないとしても、それらの国々がまさにそれらの財をより質が向上した、少量しか受け取られない財と交換することによって、獲得されたそれらの財に比例して決して成長しない理由である。結局、これが右の前者の国々がそれらによって所有されている土地に比べて人口の多い国々であり、それらの国々が他の国々にもたらす奢侈をそれほど好まない国々であるのに対して、後者の国々が奢侈を非常に好み、それらの国々が他の国々にもたらす人口増加をそれほど重んじない国々である理由である。前者の種類には例えばオランダ人やスイス人が属し、後者の種類にはハンガリー人やポーランド人が属す。したがってまた同時に、一つの国において量についても質についても同じように財を増加させること、または個別に獲得されることが可能な全ての財を自国の土地から獲得しそれをまた質が向上するために必要なあらゆる方法で質を向上させることはできないが、それにより一続きの土地から全て獲得されえないかまたは非常に適切に獲得されえないあらゆる財または品目のために妨げられないことが常に必要なあらゆる外国貿易が妨げられるであろうということが明らかになる。それゆえ一つの国において農業も工業も同じように高められうる水準まで高めることは、外国貿易を考慮すれば、常に無駄で矛盾した不可能な提案であろう。というのは一つの国にとっては他の国々の減退によってしか成長することができず、逆の場合は逆だからである。全てのものが自国にあるならば何も他国に求めようとはしないであろうし、何も他国に求めなければ何も他国から自国に求められないであろう。

第19章　消費される財は自国の土地に一致する

一国にとって全て自国の土地から獲得された財を右の量で右の種類または品目ごとに消費することは、少なくともより良い種類または品目に関しては一続きの土地から全ての財を獲得することができないためにできないので（二-17）、またさらに一国は他国の土地から獲得された財をより多く消費し自国の土地から獲得された財をより少なく消費しなければならないほどますます一般に自国のために財を獲得するよりもいっそう他国のために財の品質を向上させることに従事するので（二-18）、そのような財の質の向上に関わる雇用と財の量だけに関わる雇用の交換がそれほどまでに及びうるか、またはある国が自国の土地から財を獲得するという事実に基づいてどれほど他国のためにいっそう就業し自国のためにいっそう就業しないかまたはその逆であるかを観察しよう。その場合に他の事情が全て等しければ、また今のところとりわけ総雇用と全体の財が法律と政府の自由の大小によって増減するという理由を考慮に入れなければ、一国において財の質を向上させるための雇用が財を獲得するための雇用以上に増加すればするほど、または逆であればあるほどますますその国を形成する人数で割った右の肥沃さと不毛さを持つその国の全ての土地の四カンポ以下、または四カンポ以上が各人に帰属するようになるのは明らかである（二-15）。というのは右のような財を生産するのに適した全て一続きの土地と、全ての財を自国で自国だけの消費用に獲得することに従事し、その土地の四カンポが各人に帰属する国が仮定されたならば、やはりその土地が縮小されるかまたは拡大されるほど、すなわち財と人口が同じままであるとすればその四カンポ以下または四カンポ以上が各人に帰属すればするほどますますその国は他の国々よって大量に需要される他の財と交換にその国によって他の国々に供給されるための財の質を向上させることにいっそう従事するかまたはいっそう従事しなくなるはずであり、逆の場合は逆であると言わざるをえないからである。それゆえオランダ人またはハンガリー人の国がそれらの国々によってイタリア人の国と交換される財の質の向上に従事すればするほどまたはしなければしないほど、オランダまたはハンガリーにおいて全ての土地の不毛さと肥沃さがイタリアと同じようにみなされ、前者の国または後者の国の人口で割られたならば、一人当たりの広さはオランダにおいては四カンポよりも小さくなり、ハンガリーにおいては四カンポよりも大きくなるであろう。ここで大いに考慮されるべきことは、まさにすでに提示された国においてその国によって所有され耕作されている土地に比べて、その国による他の国々との財の交換が財の質と量の交換にいっそう関わるのかそれとも量と質の交換にいっそう関わるのかを検討したければ、その違いは著しいものではなく、したがってまたその国の農業のための雇用も工業のための雇用も同じであり、ある国の一人当たりが他の国の一人当たりよりも大きいか小さいかにすぎないということである。というのは、すでに見られたようにその国は他人のために財を獲得もせず他人によって獲得された財を受け取りもしなければ自分自身のために必要な分だけ財を獲得するようにしなければならないので、その国によって所有され耕作されている土地がその人口の各人にちょうど四カンポずつ付け加えられると言いうるからである。実際、一マイルの長さが私の歩幅で三〇〇〇歩分または普通の人の足で五〇〇〇歩分と仮定されたならば（二－1）、一平方マイルは二五〇〇万平方歩を意味し、これは一カンポ当たり一二五〇平方歩を意味するので八〇〇カンポになるであろう。それにより右の一二〇〇万カンポは一万五〇〇〇平方マイルになるであろう。今やすでに提示された国の全ての土地の平均的な縦の長さは一九〇マイルとあまり違わず、横の長さは八〇マイルとあまり違わないとみなされうるし、これは一万五二〇〇平方マイルの面積を示し、この広さは右の面積とあまり違わない。しかしそれにもかかわらずそのような違いは、たとえ他の国々においてはより大きいとしても、あらゆる国において自国の土地から獲得される非常に多くの財に比べて他の国の土地から獲得される財の消費量が少ないことを考慮すれば、そのような違いは全く無視できない規模には決して及ばないであろう。そして実際、右の財の一覧を見れば（二-10）、それらはヨーロッパの他のあらゆる国によってもほぼ消費される財であり、穀物、葡萄酒、野菜、豆類、生肉、薪、秣のような自国の土地から直接獲得される財が、少量の芳香植物や薬用植物その他の外来植物、いくらかの羊毛、亜麻、鉱物、また望むならば前者の財の、しかし全体の合計とは比較されないほどの若干の部分から成り立つ他国で耕作され獲得される財を比較にならないほど上回ることが明らかになるであろう。そのような財は、たとえ自分自身または首都にしか狙いを定めない人が全国民に利益が及ぶと想像するとしても、それにもかかわらず彼がそのような財は全国民のうちのいくらかのわずかな部分にしか広まらないとみなすならば、そのような利益は恐らく全国民のうちのたった1/10の部分にしか狙いを定めないと理解するであろう。それゆえ、たとえある国が他の国のために財の質を向上させ、後者の国は前者の国のために土地を耕作し、前者の国は虚栄に役立て、後者の国は他の国の必要に役立てるとしても、非常に限られた規模でしかその寿命または虚栄を他の国の選択の自由に委ねるほど前者の国は決して極貧の国にならず、後者の国は決して下賤な国にならないであろう。それゆえ、一国がそのようなものであると呼ばれうる条件の一つは、やはりその国がその生存のための財をその国に供給する土地に位置づけられているという条件であるということはほとんど常に真実のままである（一-18）。

第20章　土地は動物由来の財用よりも植物由来の財用の方が広くない

財とそれを生産する土地との右の関係を証明するための必要条件は、財の使用において植物由来の財と動物由来の財の間に、すでに提示されすでに経験に非常に一致するとみなされた一定の割合が保たれるという条件である。この割合が違うものであったならば、財とそれが獲得される土地との関係もまたやはり違う関係になっていたということは明らかである。例えば

財	一人当たり（リッブラ）	全員（リッブラ）
植物由来	九二九・八	二七億八九〇〇万
動物由来	二七〇・四	八億一一〇〇万
計	一二〇〇	計　三六億

の食物、衣服、住居と、一八〇〇万カッロの薪、全員の間で消費される前者の財のための五〇万カッロの全鉱物原料が毎年必要であると仮定された（二-10）。列挙されたその他の三億リッブラの植物由来の財と四五〇万カッロの秣から成り立つ財に関しては、この国にとっては間接的にしか、すなわちこの国が植物由来よりも動物由来の直接的な前者の財を消費することに満足している限り必要ない。今やそれらの財を生産するのに必要な土地がそれらの各種の財と比較されるならば、そのような土地の各々はこの国に直接的な財を供給するとしても、それにもかかわらず植物由来の財のためにこの国の直接的な使用に割り当てられた土地は、動物由来の財のためにこの国の間接的な使用に割り当てられた土地よりもはるかに大量にそれを生産するということが理解されるであろう。それゆえ例えば右の合計において（二-15）、財に対応する土地のうち穀物と植栽のための最初の二項目が合計四〇〇万カンポとみなされたならば、この国はそれらの土地から自国のために直接的な二七億六一〇〇万リッブラ分の植物由来の財と一億五〇〇〇万リッブラ分の動物由来の財を、自国のために間接的で動物由来の財のために直接的な三億リッブラ分の低級穀物と共に獲得するであろう。次のこの国は秣に割り当てられた一五〇万カンポから四億八〇八〇万リッブラ分の動物由来の財しか直接獲得しないであろうし、それらの土地の残りの全ての使用は動物由来の財のために直接的に、またこの国のために間接的にのみ残るであろう。これはこの国が植物由来の財よりも動物由来の財で生存することに満足している習慣にうんざりしたならば必要とされる通常の方法で、動物由来の財よりも植物由来の財で生存するためにはより少ない土地がこの国に必要とされるということを理解させる。というのは穀物と植栽のための四〇カンポ

が二万九一一〇リッブラ分の財の直接的な使用のためにそれを供給し、秣のための一五カンポが四八〇八リッブラ分しか直接的な財のためにそれを供給しなければ、前者のうち一〇カンポは七二七七½リッブラ分の直接的な財のために穀物と植栽を生産し、後者のうち一〇カンポは三二〇五⅓リッブラ分しか、すなわち前者の半分以下でしかそのような財のために秣を生産しないであろうからである。それゆえこの国が現在よりもさらにいっそうピタゴラス的な菜食主義の食事を採用し、動物の血にあまり手を触れず、乳、毛、等々のような動物の抽出物だけで生存することに満足する場合には常に、土地が存在しうるよりもさらに大きい節約が推定されうる。逆に生存の必要のために多くの人々が植物の使用を放棄することによってよりいっそう肉を食べ動物の屍骸を身に纏ったならば、必要とされるのは同様により大きい面積の土地であろう。これが同じ肥沃さと面積当たりヨーロッパ人がアジア人やアメリカ人よりも人数が多い主要な理由のうちの一つであるのは明らかである。というのは前者の間では牧童生活よりも農耕生活が好まれ、後者の間では農民よりも牧童であることに満足し、また時には牧童よりもむしろ猟師であることに満足し、そのような場合には土地はこの上なく大きい面積まで増加しなければならないからである。そしてここでは右のさまざまな国々の間の財のある量と他の量の交換において（二-18）その交換が動物由来の財の量と植物由来の財の量の間で行われるときに、同じ土地が時には他の部分よりも大きい部分のために必要とされるのはどうしてかに気づくことも放置されない。というのはそのような場合には、動物由来の財を植物由来の財と交換する人は、ここで述べられたことによって他国の一カンポによってしか自国によって維持されないので、二カンポ以上によってこの国を維持しなければならないからである。それゆえそのような場合に、この国が消費する自国の土地から獲得される非常に大量の財に比べてこの国が消費しうる他国の土地から獲得される少量の財をまさに考慮すれば（二-19）、土地はほとんどの国々の間で交換されると言いうる（二-17）のは明らかである。とにかく、動物由来の財を植物由来の財と交換する人はその場合に他人よりも多くの土地を所有し、それをより少なく耕作しなければならないので、一般に前者がより好戦的な人口の少ない、しかしより大きい土地に位置づけられた国々の条件になるであろうし、後者がより平和的な人口の多い、しかしより小さい土地に位置づけられた国々の条件になるであろう。

第21章　必需品と余剰の財について

右で推計され区分された全ての財（二－10）すなわち全ての植物由来の財と動物由来の財の全体を、私は全国民の必需品と呼び、実際に全国民の総需要を満足させ、すでに見られたように全国民の完全な維持に必要なものである。この財の全体は、誰に帰属するかが問われるならば、それは全国民に帰属する、すなわち全国民がその所有者である、言い換えれば国民の全ての財の合計はその全体である一国の全ての個人の合計によって所有されると言えるであろう。そしてその理由は、財はそれを消費する人々に帰属し、したがってまた財は実際にそれを消費し、それを所有しなければそれを消費することは全くできない全ての個人に正当に帰属するという理由である。というのは全体は各人がそれ自身によって個別に消費される部分に対して持つような部分を全ての財に対して持つからである。そしてここで個人の財と全体の財に関してより良く明らかにすることが最初に提示された（序論）のを理解し始めるであろう。それゆえこのことを十分に考慮する人は全体の財すなわち全員のための財の規模がまさにその必需品であり、この必需品はただ一種類しかありえないので一定不変であるということを理解するであろう。実際、財が一定規模から増減するにつれて全員もまた同様に増減しなければならず、例えばある人が一国に付け加えられるかまたは一国から差し引かれなければこの人の必需品もまた同様に右の財の全体に付け加えられるかまたは差し引かれえないであろうが、前者の場合にたとえこの人が付け加えられなかったとしても、この人のための余分な必需品は生み出されたかもしれないが、これはありえない（序論の公理）。また後者の場合にこの人が差し引かれなかったとしても、この余分な人はその国で財を全く持たずに生存するかもしれないが、これもまたありえない。それでは財の余剰に関しては、私は自分自身が生存するためにある人々にあり余り、そのある人々が他の人々の生存のために他の人々に移転する全てのものをこの名称で呼ぶ。そしてそれが誰に帰属するかが問われるならば、それは常にその国の他の個人のことを考慮するその国の個人に帰属すると言えるであろう。さもなければ、必需品が供給されたとしても余剰を考慮せず、他の人々の同じだけの過剰によって厳密に満たされるにもかかわらずある人々の全ての不足が存在するような全体には余剰は決して帰属しえないであろう。このことを考慮する人は、ある人々の余剰は全ての人々への必需品の一定の配分からしか成り立たないということを理解するであろう。というのは、そのような必需品はまさに一定不変でただ一種類しかありえないために（二-21）他の人々の手元で同じだけ不足しなければある人々の手元にあり余りえないので、他の人々の手元よりもある人々の手元に多く存在するからである。実際、国全体またはその全ての個人の総体がなかったならば、ある人々の財の余剰は財が不足する他の人々に常に移転し、したがってまたその余剰はある人々の必需品から差し引かれるのが見られる。というのは全ての過剰と全ての不足がまとめて合計されたならば、そこから右で提示された（二-10）国全体の必需品を形成する財の全体が生じるからである。結局、全ての人々にとって同じ必需品はある人々にとっては多かれ少なかれ過剰または不足しうるので、余剰は多量になりやすいであろうし、財そのものはある人々にとっていろいろな種類について増減しうるであろうし、実際に見られるように、いろいろな種類についてある財は十人にとってあり余り、ある財は百人にとってあり余り、ある財は一千人にとってあり余り、等々。それゆえ一国において必需品は常に全体に帰属すると言えるであろうし、その国を形成し、その需要を満足させる人々の数と同じだけの一定不変のただ一種類しかありえないであろう。そして余剰はもっぱらその国の個人に帰属するものであると言えるであろうし、非常にさまざまなので全ての人々に十分な財そのものはいろいろな方法で少数の人々の手元に蓄積されうるであろうが、ある人々の財の余剰が大きくなればなるほどますますそれによって他の人々の財の不足が生じるであろうし、一国に例えばそのような財が不足する一千人がいなければ一千人当たり十人の財の豊かな人々は存在しえないであろうということを常に考慮したとしても、たとえ財を所有する一千人がいなくても一千人当たり十人が財を所有すると言うことは全く矛盾したことである。

第22章　一国の財は必需品だけによって制約される

右のことにより全体の財は全く不足もしないしあり余りもしないということが見られた（二-21）。というのは、たとえ右の財の全体の増減が必要とされたとしても、全体は厳密に同じように増減し、それゆえ事前に存在した財と同じだけ財が事後に十分に供給されるからである。次に個人は実際に時には財がその必需品以上にあり余るが、これは他の人々の必需品の同じだけの不足によってしか、すなわち前者の余剰が後者の必需品であるためにしか起こりえないということが見られた。それゆえ、ある個人と他の個人が勘案されたならば、各人に関しては、その全体よりも多くも少なくもない必需品しか供給されない。それゆえこれは一国の財は必需品を上回ることも下回ることもできず、一国においては、しかも全体においても個人においても余剰の財が存在することも財が不足することもありえないということを理解させる。というのはある人の余剰とみなされるものは常に他の人に不足する必需品であるが、一国においてある人がその生存に十分な財よりも多くのまたは少ない財によって生存することはありえないからである。実際、全体が必需品で満たされるのは各個人が必需品で満たされるからであり、それ以外にはありえない。というのは全体は全ての個人の合計または総体にすぎないからである。前者と後者の唯一の違いは、全体はそれを構成する個人の数につれて増減し、その財はそれに一致してその需要につれて増減するのに対して、個人は常に同じ個人であり、その必需品として同じものがある人々から他の人々に分け与えられなければならない財は全体につれて増減し、それによりある人々においては余剰として増加し、他の人々においては必需品として不足しうるということである。このことは全体はその需要とそれ自身につれて増減する財が自らに不足することしか恐れないのに対して、個人はたとえ同じ理由で財が常にあり余ることを期待するとしても、自分の需要が同じままなので、全体につれて財が増減することによって財が不足するのを常に恐れるということを生ぜしめる。したがってそのような期待と恐れの間であらゆる個人は必需品を確保するために余剰を所有することを必要とし、彼に必要な少数の財が確保されたと彼が自分で判断すればするほど、他の人々に不足するものの自己補塡のために他の人々に分け与えるべきものが手元にあることに気づくということである。それゆえ余剰を所有する切実さは個人においては必需品が彼に不足するのではないかという恐れから生じるが、全体には必需品は決して不足せず、その需要は財が減少するにつれて減少するとしても、個人のように常に同じままではない。それゆえ前者に関しても後者に関しても一国の財は常に総需要によって制約されると言え、それに応じて他の人々の手元で不足するにつれてある人々の手元で過剰になりうるにすぎないであろう。結局、私が理解する需要とは、正真正銘の財である生存、繁栄、健康に関わる自然の必要である。需要という名詞は我儘の快適さ、快楽、快感、等々の名詞のことと理解した人またはそれをそれらと区分した人は、私が話題にしている国の現実の経済学から彼が自分だけで論じることのできる、または彼の仲間と共に論じることのできる彼の頭の中の架空の経済学に移動するであろう。我儘の快適さ、快楽、快感は生存のための方法または口実にすぎず、それによって財が他の人々に分け与えられるかまたは財を分かち合うために他の人々の代わりにある人々が用いられる口実にされる。というのはそれは以下で明らかになるが、今のところ他人に自分の余剰を分け与える人も、他人から自分の必需品としてそれを受け取る人も、長い帯状の布からとても上等な衣服を織る人も、それが引き裂かれたとしてもそれに身を寄せそれを身につける人も、多かれ少なかれ存在しないし、多かれ少なかれ壮健ではないし、多かれ少なかれ自分の生存の方法によって自分の欲望を満足させていないということから明らかになるからである。

第三編　一国の就業者と失業者について

第1章　人口は地域ごとにどのように配分されるか

すでに提示された一国によって日常的に消費される財の量と種類または品目がわかり確定され、それらの財が一年間にもたらされうる土地が配分されたので（二-10、15）、私はそれらの土地からそれらの財を獲得することによろうと、右の方法の各々でそれらの財の質を向上させることによろうと、それらの財が消費に適したものになるまでそれらの財をもたらすのに必要な就業者の数を検討することに着手するであろう。そのようなものに関しては、一国を構成し、それらの財を消費する生きている全ての人々のうち、⅔だけがそれら全ての役務に従事するのに適した人々としてその数に採用され（一-7）、さらにこの⅔のうち、たとえ就業するのに常に適しているとしても実際には誰もが常に就業しているわけではないということがすでに見られた（一-8）。それゆえ今やこれら全ての就業に適した人々のうち実際に就業に従事する人々を特定し、全ての就業がそれらの人々の間に配分される方法を区分することが問題になる。そのためにはすでに提示された三〇〇万人の人口のうち、経験からどれだけの人々が右で配分された生産物を総需要に従って土地から発掘し、それを加工し、それを分配し、その所有を管理するのに割り当てられるかを検討すれば良いであろう。というのは、たとえ必要に迫られた人または四階級（一-8）のうちの一つに直接間接に関わる労働に従事する必要または機会に駆り立てられた人以外に誰も経済活動に従事しないとしても、それらの人々が全て配分されたならば、国民経済の観点からすれば必要とされる全ての就業者の数は配分されたことになるであろうからである。これは誰もがみなすように然るべき場所で配分された四階級（一-3）の各々においてそれを満たす人数を確定することや、各階級において実際に就業している人々と、実際に就業していない人々や時には前者の人々に寄生するだけで各階級に含まれる人々を区分すること（一-7）と同じことになる。そしてたとえ各階級におけるそのような人数の配分に関わることは成功するのにそれほど容易ではない試みであるとしても、それにもかかわらず暇潰しにまたは気晴らしにそれを試みたければ、まず就業者間の最大の最も一般的な区分はその中に一次的就業者と二次的就業者がいなければならないという区分であり（一-17）、それが全階級に及ぶために、各階級において就業するための土地または生産物を所有する人々と、土地も生産物から成り立つ資本も所有せず、それらを持たないので就業することはできないが、土地または生産物の所有者によって全て実行されるべきであるが明らかに全て実行されえない労働をほとんど全部または一部引き受けることによって、前者の人々に手を貸すその他の人々がいるということが考慮されるべきである。前者と後者の種類の就業者の数は、人口が同じままであるとすれば、総需要に対して財をより満足のいくものにするために、すなわち財が消費されるのにつれてそれを自己補填するためにそれらの消費される財に対して何度も繰り返されることが必要な就業に比例してより大きくまたはより小さくなりうる。しかしそれらの就業者、とりわけより多くの財の一次的所有者は大多数が都会や人口がより密集したその他の地域に流入するのが常なので、またそこでは彼らの二次的就業者がやはり大多数が彼らに手を貸すのが常なので、前者と後者の就業者の推計に進む前に、それらの地域を区分する、すなわちどのようにすれば人口が全てそれによって覆われる土地に配分されたとみなされうるかを検討する必要があろう。というのは人口がいっそう集中する場所にはあらゆる種類の就業者もまた大多数が集中するであろうというのは確実だからである。それゆえそのような目的で、たとえ多くの人々の集団が見られる場所に全員が後続するというなにがしかの盲従主義が、多くの人々の集まる場所の人数がその土地の肥沃さや適切さを必要とする割合よりもはるかに大きい割合に対応するということを生ぜしめるとしても、人々は砂浜の上や航行可能な川沿いやいっそう肥沃な平地のような財がいっそう容易に獲得される場所にいっそう集中するのが常なので、そこで他の事情が全て等しければ彼らは都会や広い土地にいっそう集中し、いっそう険しい不毛な土地においては同じだけいっそう過疎化するとみなされるべきであろうということが考慮されなければならない。われわれの場合には私は常に私の記憶にある印象や狙いを定めた国（二‐1）の全体の必要、要求、経験に従うならば、私は人口の3/60が首都に集中し、4/60が少数の主要な中都市に集中し、2/60がその他のいくつかの小都市に集中し、6/60がその他の多くのそれらよりも小さい都市、村落、地域に集中し、45/60すなわち人口の¾がその国の全ての田舎と集落に分散すると想像するであろう。それにより仮定された三〇〇万人の人口は次のように配分されると理解されるであろう。

一五万人が一の首都に集中し

二〇万人が八の主要都市に平均して分散し

一〇万人が十の小都市におよそ分散し

三〇万人が百のそれらよりも小さい地域に分散し

二二五万人がこれら全ての地域、村落、小都市、大都市を首都と繋ぐ田舎、山地、渓谷、平地に分散する

計三〇〇万人

第2章　仮定と定義

就業者、とりわけ一次的就業者がいる地域がこのように確定されたとしても、一方では就業者を全階級に別々に配分しなければならないので、各階級の一次的就業者から始まり、その結果として二次的就業者が生じなければならず、後者はそれらの一次的就業者によって所有されたストックに基づいてしか就業することができない（一‐17）と思われるかもしれない。しかし総雇用と総労

働、とりわけ農民と職人の総雇用と総労働が、たとえ一次的就業者に帰属するものと考えられ、彼らによってあたかも彼らのものであるかのようにして需要されたとしても、実際にはほとんど二次的就業者によって実行されるとみなされるならば、明らかに二次的就業者でもある多くの一次的就業者がいるし、二次的就業者の中にも一次的就業者の数に入るごく少数の就業者がいるので、二次的就業者の種類は一次的就業者の種類よりもはるかにいっそう広く一般的なものであると理解されるであろう。それゆえ、より一般的なものからより特殊なものに進むならば、私はまずより大きい階級において全ての二次的就業者を推計し、次にそれらと一次的就業者である人々を区別し、またはそれらの種類のうち後者の種類に属す人々を区別し、それをそれらの人々に付け加える。次に就業者数は、一次的就業者であろうと二次的就業者であろうと、間接的就業者であろうと直接的就業者であろうと、各階級で各人ができる労働や役務が増加するのと同じだけ、またそのような労働や役務が実行されることで各人が満足する時間があるのと同じだけ各階級で減少しなければならないので、私はここイタリアで一般にごく普通に意見が一致する就業を仮定するであろう。それゆえ私によって常に仮定される労働や役務は各人の全て異なるさまざまな個別のそれらの合計をそれらの全ての数で割ったものである。そして時間に関しては私は各人の労働や役務は、彼が日雇い労働者とみなされるときは彼の全時間の⅓までしか延長されないと仮定するであろう。というのは私には一般に通常一日すなわち太陽の一回転の二四時間のうち八時間は睡眠に当てられ、八時間は娯楽や休憩に当てられ、八時間は何かの労働や役務に当てられ、それはそれらの人々に決して欠かせないと思われるからである。また就業に関してはそれを年間三〇〇日と推定し、残りの六五日を経済的な役務の空白と推定するであろう。次に通常の方法（二−1）で進むならば、私はまず植物由来の財に関わる就業者を配分し、次に動物由来の財に関わる就業者を配分するであろう。さらに人々は自分の生存のために就業する際に、彼らに提示される雇用に非常に異なるあらゆる方法で関わろうとするので、すなわち同じ人が農民と同時に職人として、または職人と同時に商人として、または商人と同時に裁判官として、また同様にいろいろな方法で何度も姿を現すので、私は各階級の就業者を確定する際に、それを労働の継続時間、すなわち人が各種の労働に従事した時間から推定するであろう。それにより、たとえある人がさまざまな役務に採用されたとしても、その人はそれに従事した時間しかどれかの階級に付け加えられえず、残りの時間は彼が雇われた各々の役務の他の階級に付け加えられるか、または残りの時間を無為に過ごすならばどの階級にも付け加えられないであろうし、同じ人が同時に異なる階級の二つの役務に従事することも、同時に就業者でもあり失業者でもあることもできないであろう。それゆえ例えば一〇〇人が右の日雇い労働の八時間のうち4/10を土地を耕作するのに当て、3/10を生産物を加工するのに当て、2/10をそれを分配するのに当て、1/10を何かの軍事作戦の模擬演習をするのに当てるならば、私はこの一〇〇人をあたかも四〇人の継続的な農民、三〇人の継続的な職人、二〇人の継続的な分配者、一〇人の軍用の財の管理の継続的な担当者であるかのようにみなすであろう。というのはこのようにしてもそれらの人々の数も、それらの人々の労働の量も質も目的も全く違ったものにならないからである。私は各階級の一次的就業者を二次的就業者と区分する際にも同じことと理解するであろう。というのは例えば二〇人が彼らの時間の¼すなわち二時間の間は彼らの土地で他の人々によって実行されるべき労働を命令し指図し指令することに従事し、残りの¾すなわち六時間の間は彼ら自身が他の人々と同じようにそのような同じ労働の実行に従事するならば、私がそれらの人々をやはり同じ階級における五人の継続的な一次的就業者と一五人の継続的な二次的就業者であるかのように推計しうるということは明らかだからである。最後に一国によって消費される財を生み出すために就業する人々は、しばしば他国で消費される財が獲得されその質が向上する外国貿易や、逆に他国によって獲得され質が向上した財が消費される外国貿易のために同じ国で就業する人々とは時々違う人々なので、私はここで財に関わる就業者を配分する際に、前者の人々、すなわち右で列挙された財（二-10）を獲得し、すでに提示された国によって消費されるためにその質を向上させる人々を配分するつもりであるが、外国貿易が問題になるときに明らかになるように、ある国は他国がその国のために就業しようとするのと同じだけしか他国のために就業しようとしないことが考慮されたならば、それらの就業者は数の上で二次的就業者と全く違ったものにすることはできないであろう。

第3章　植物由来の財に関わる農民

　これらの考察を前提として、就業者の推計に着手するために私は第一の階級の農民、すなわち土地に関わる労働者から始めるであろう。そして植物に割り当てられた土地に関しては、そこから他の二次的生産物と共に全ての穀物、葡萄酒、豆類、固有種と外来種の植物、煙草、亜麻、油、果物を獲得する土地の量は四〇〇万カンポに及ぶので（二‐15）、そのうちの一〇〇カンポの耕作のために一五人の人と一五頭の牛またはその他の動物の、生産物を耕作したり、その種を播いたりそれを植えたり、後でそれを収穫する三か月間の継続的な労働が必要とされるならば、これら全ての作業には六〇万人の労働者と同数の動物が同じ期間必要とされるであろう。そのような三か月の継続的な労働は一年では四倍の継続的な労働ともみなされるので、逆にそれらの農民を全体の¼まで減少させるであろう。それゆえそれらの農民を毎年継続的な労働者一五万人に確定する。

　薪に関しては一〇人が一日に一〇カッロ分を伐採し、その後必要であればそれを植え、そしてまた必要であればその皮を剥ぎ束ねるとするならば、これらの人々は一年間すなわち三〇〇日間の耕作で三〇〇〇カッロ分それを伐採しそれを植えるであろう。それゆえそこに必要な一八〇〇万カッロについて同じことをするためには毎年同様の継続的な労働者六万人の手が必要とされるであろう。

　秣に関しては一〇人の労働者が一日に一〇カッロ分を刈り取り収穫しうるとすれば、これらの人々は一年間にやはり三〇〇〇カッロ分それを刈り取り収穫するであろう。それゆえそこに必要な秣四五〇万カッロを刈り入れるためには毎年継続的な労働者一万五〇〇〇人が必要とされるであろう。

同様に鉱物性の植物や塩に関しては鉱山や塩山で苦労する一〇人の労働者が一日の継続的な労働によって、ある種類と他の種類、より肥沃な鉱山とより肥沃でない鉱山をおよそ勘案して、八〇〇リッブラ分の精製塩と粗塩を収穫し、一三三⅓リッブラ分の金属、非金属、染料を別々にまたは粗鉱のまま採掘するとするならば、これらの人々は一年間に二四万リッブラ分の塩と四万リッブラ分の右の金属原料を収穫するであろう。それゆえそこに必要な塩二四〇〇万リッブラと後者の財四〇〇万リッブラのためには一〇〇〇人ずつ、全部で毎年継続的な労働者二〇〇〇人が必要とされるであろう。

また同様に一〇人の労働者が一日の労働によって、一方と他方が勘案された五5/9カッロ分の岩、石、砂、粘土、大理石、等々の原料を一緒に生み出すか道端から選び出すかまたは土地から掘り出すか山から取り出すことができるとするならば、これらの人々によって一年間に一緒に生み出される一六六六⅔カッロは、住居や家財の自己補填用に使用される、そこに必要なすでに配分された五〇万カッロ分を収穫するために毎年継続的な労働者三〇〇〇人が必要とされることを示すであろう。

それゆえこれら五項目が全て集計されたならば、一国の全ての用途のために必要とされる植物由来の全生産物を土地から収穫するためには、毎年継続的なあらゆる種類とあらゆる品目の財の二次的採集者すなわち農民二三万人が必要とされるであろう。

第4章　動物由来の財に関わる農民

動物由来の財に関しては、それらからも国民の維持のための財が獲得されるので、それらの世話や管理に従事している人々は土地から財そのものを収穫する同数の土地耕作者と同様にみなされるであろう。それゆえそれらの人々の数を確定するためには、ありとあらゆるこの種の財が生じる生きた家畜のストックが次のようにすでに配分されているということを思い起こさなければならない（二-8）。

牛	七六万頭
羊・山羊	二五〇万頭

馬・驢馬・騾馬　一〇万頭
豚　三〇万頭
家禽類

今や四足獣は、役務に配分され、そのような場合には土地耕作者、馬丁、その他の召使の世話になるか、あるいは大勢で群れをなして牧童に管理されるかのいずれかである。第一の場合には土地の耕作に用いられる五六万頭の牛がいるということがすでに見られ（二-8）、馬と驢馬や騾馬はちょうど一年半の役務に関わり、それらの寿命はおよそほぼ一五年に及び、それゆえ二万頭が三歳までの年齢であり、同数が六歳、九歳、一二歳、一五歳の年齢であると仮定されたならば、右の全ての一〇万頭のうち実際の役務には九万頭がいるであろうし、それにより農民や馬丁によって世話をされる全ての四足獣は六五万頭になるであろう。全部で二一万頭のその他の牛と馬に関しては牧童が管理するであろう。それゆえ前者の人々に関しては、四足獣から人間に与えられる役務と引き換えに人間から四足獣に与えられる世話は四足獣一頭当たり一日におよそ二$6/13$時間になるとするならば、そのような時間のために一日当たり三二万五〇〇〇人を用いるであろう。すなわち（$2\frac{6}{13}\times325000=100000\times8$になるので）ちょうど八時間の労働のために毎年継続的な日雇い労働者一〇万人を用いるであろう。

後者の人々に関しては、四足獣の管理のために牛または馬二一頭当たり二人の牧童が必要とされるとするならば、牧童は全部で二万人に及ぶであろうし、一〇〇頭の羊または山羊の世話のためにおよそ二人の人間が必要であるとするならば、右のすでに配分された羊または山羊のためにはもう五万人、全部で七万人が必要であろう。さらに豚、鶏、その他の多数の、卵や蜂蜜を集め、乳を搾り、羊の毛を刈る世話や同様の役務も任されている羊飼いの少年少女によって管理されるのが常であり、それによりそれらの人々の数は、とりわけ猟師として四足獣や鳥類の野禽獣の肉を供給する全ての人々と、動物を屠殺し、そこから肉以外に革、獣脂、等々の生産物を獲得することに従事する全ての人々をそれに付け加えることによって増加するとみなされる。しかしそのような牧童の労働は全く継続的なものではなく、同じ人の別の労働と両立するということが考慮されるならば、継続時間から推定されたそれら全ての人々の数は著しく減少するとみなされるであろう。それゆえその数は名目的には増加するにもかかわらず、実質的には一日におよそ多かれ少なかれ五-六時間しかかからないので、その数は、各々が時には右の労働のうちのあるものに、また時には他のものに一年間に一日当たりおよそ五⅓時間従事している右の七万人と、付け加えられるもう五万人、全部で一二万人を上回りえないと推測され、したがってまた（$120000 \times 5\frac{1}{3} = 80000 \times 8$ になるので）毎年継続的な労働者八万人にほぼなるであろう。

絹に関しては、それもまた動物由来の財であるが、桑の葉を採集し選別し、その全ての変態をする蚕の世話をし、およそ四リッブラ分の絹になる二〇リッブラ分の繭を獲得するのに至るまでに、年間六〇日、毎日二時間の二人の田舎娘の世話が必要とされるとするならば、$60 \times 2 \times 80 = 300 \times 8 \times 4$ になるので、これら二人の田舎娘は毎年継続的な労働によって八〇リッブラ分の絹を獲得するであろう。これは必要な二〇万リッブラ分（二-10）を全て獲得するのに毎年継続的な労働者五〇〇〇人が従事しているとみなされるべきであるということを示す。

最後に魚類に関しては一億二〇〇〇万リッブラがそこに必要なので、多かれ少なかれ都合の良い時間と場所で川や沼からそれを獲得するのに従事している一〇人の漁師が一日八時間でおよそ八〇〇リッブラ分を獲得するとみなされるならば、これらの人々は一年間にそれを二四万リッブラ分獲得するであろう。それゆえ右の量を獲得するためには同様に毎年継続的な労働者五〇〇〇人が必要とされるであろう。

それゆえこれら四項目を合計するならば、第一の動物由来の財を供給するために就業する全ての人々は毎年継続的な二次的農民一九万人の数になるであろうし、それが第二の植物由来の財に関わるこれらと同様の農民二三万人に結びつけられたならば（三-3）、土地またはその他の場所に関わる全ての二次的就業者の労働者の数は一般に農民四二万人になるであろう。

第一と第二の財に関わる一次的農民に関しては、それらの農民はそれらの人々のためにまたはそれらの人々の土地のためにすでに推計された二次的農民（三－2）が就業する全ての人々なので、それらの人々は全て地主でなければならないと誰もがみなす。というのはそれらの人々は自分自身によって、または彼らの小作人、代理人、差配人、その他の農地管理人を通じて全ての人々に対して野良仕事を命令し指図し統轄するからである。それゆえ地主またはそのようにして彼と同様にみなされる他の人が農業や牧童その他の右のようなさまざまな役務のために彼の一五人の二次的労働者を一緒にまたは別々に統轄または監督するとするならば、または彼が四〇〇カンポの管理をそのさまざまな性質に従って耕作されるかまたは何か他の方法で利益が生まれるように統轄するとするならば、さらにまたその四〇〇カンポに平均して一五人がその手によって従事するのと同じように彼がその頭脳によって継続的にその世話に従事するとするならば、これら全ての一次的就業者の数は毎年継続的な農民三万人になるであろう。

それゆえ最後にあらゆるものを推計するならば、この第一の階級の全ての一次的就業者と二次的就業者は、植物由来の財に関わろうと動物由来の財に関わろうと、毎年継続的な農民四五万人になると結論づけられるであろう。

第5章　植物由来の財に関わる職人

同様の必要により先に進む前に、全体の財に対してそれらを消費に適したものにするためにあらゆる方法で従事する全ての人々が推計されなければならないので、多くの人々が普通はそのような人々、とりわけ職人や財の分配者と見分けられないような人々の中に含まれるということに気づかれるべきである。そのような人々は全て、自分の家で自分自身または家族のために食物を用意し調理し、掃除し、衣服や調度を整え、自分の消費のための財や他の同様の財をそこに運ぶ人々である。というのは全体の生存に関わる全ての就業者が配分されることが問題になるときは、この種の家事労働はそのうちの一つの数を示し、他の労働が小さくなればなるほどますますこの種の労働はなお大きくなるのは明らかだからである。そして実際、食物を調理し、衣服を整え、財を運ぶそのような労働が雑貨屋や酒屋、その他全ての経済的商業的労働に対価が支払われるのと同じように家の外で行われる飲食店、仕立屋、担ぎ人夫の労働に等価な貨幣で対価が支払われるとするならば、もっとはっきり言えばより裕福な家庭で起こるように自分の家で召使によって行われる労働にもまた貨幣で対価が支払われるとするならば、やはり自分の家で自分自身によって自分自身に対して行われる労働もまた経済的商業的労働であると言わざるをえない。というのはそれらの労働は同じものであり、どんな方法で行われたとしても本来変わらないものだからである。他方、総雇用によって手に入れた財の使用や生活の全ての充実による各人の整然さと清潔さは他人の世話や労働よりも自分のそれらにいっそう依存し、一家の父親と母親が自ら家や家人の清潔さと整然さにいっそう気を配る国々は常により清潔なより整然としているのに対して、家長が全て金銭目当ての外国の専門の職人や分配者の労働に依存する他の国々は非常にしばしばより不潔なより堕落した国々になるのは明らかである。また自分自身によって行われる同じ労働に貨幣で対価が支払われないということは、それも他人によって貨幣と引き換えに行われる労働と違うものとはみなさない。もっとはっきり言えばこのことがその労働をそれ自身によって特徴づける。というのはその労働が他人によって行われたならば必ず他人に支払われなければならない貨幣は、それが自分自身によって行われるならばちょうど同じだけ自分自身によって節約され、したがってまたあたかも自分自身に対価が支払われたかのようになり、それはまさしく問題にしている経済の、しかも総雇用の一項目になるからである。それゆえ以下で職人または何らかの種類の就業者を推計する際に、役務のために他の人々に対して姿を現す人々だけでなく、自分の個人的な労働のために自分自身に対して姿を現す人々にも狙いが定められるであろうし、総雇用は前者だけでなく後者の合計からも生じるであろうし、各人に他人のために従事すべきことが少なくなればなるほどますます他人は自分自身のために従事することが多くなるであろう。これを前提として、職人を推計するために植物由来の財に関わる職人から始めるならば、一台の石臼が一日に一五〇〇リッブラ分の小麦を一人の人の立会いの下に碾《ひ》くとするならば、そこから食物のためにすでに確定した一三億五〇〇〇万リッブラ分の小麦（二―2）を碾き、分けるためには年間三〇〇日間に三〇〇〇台の石臼と、同数の粉屋が必要であろう。そしてまた一人の人が純白小麦を練り上げるさまざまな役務によって、一日八時間で六六⅔リッブラ分のコムーネ型のパンまたは特製の菓子や飴に練り上げるとするならば、そこからすでに指摘された四億リッブラ分（二―10）を練り上げるためにはやはり三〇〇日間に二万人の継続的な労働が必要とされるであろう。そしてまた一台の竈が一日に二九六 $1/27$ リッブラ分のそれらの練り上げられた小麦を二人の人の監督の下に焼くとするならば、そこからそれを全て焼くためには同じ年に四五〇〇台の竈と九〇〇〇人のパン屋が必要とされるであろう。そしてまた一六六⅔リッブラ分のその他の低級小麦をいろいろな方法で焼くためには一人の人のおよそ一日の労働が必要とされるとするならば、そこからそのような小麦八億リッブラ分について同じことをするためにはやはり三〇〇日間に継続的な一万六〇〇〇人が必要であろう。そしてまた一人の人が葡萄を選別し、洗い、まとめ、それを桶で押し潰し、一日に一五〇〇リッブラ分の葡萄酒を樽詰めまたは瓶詰めにするとするならば、そこからそこに九億リッブラと配分された全ての葡萄酒に対して同じことをするためには、そこにそれをロゾリオ等々の蒸留酒に蒸留する労働がやはり例によってわずかな部分とみなされるならば、一年間に二〇〇〇人の同様の人が必要とされるであろうし、小麦と葡萄をあらゆる種類の食物と酒に加工するためには右の五つの労働の合計として毎年継続的な加工者五万人が必要とされるであろう。

豆類と野菜に関しては、それらに対する加工は各家庭におけるそれらの一般的な料理だけに及ぶので、それらの皮をむき、下ごしらえし、調理し、味を調えることに誰かが各家人のために自分の家で、また時には他人のために家の外で毎日およそ一時間従事するとするならば、それに毎日六〇万人の料理人を同じ時間従事させるか、または $600000 \times 1 = 75000 \times 8$ になるので、そのような一日八時間の労働に毎年継続的な加工者七万五〇〇〇人を従事させるであろう。

橄欖油を絞り、砂糖や塩を精製し、果物を干したり砂糖漬けにし、薬草を煎じ、煙草を乾かし、チョコレートや糖菓を作り、珈琲を飲料として煮たり提供し、喫茶店主や糖菓店主に固有の同様の全ての労働に従事しているその他の食用の植物に関わる加工者は、それらの植物が七五〇〇万リッブラ分と推計され、それを各人が、同じ財に対して繰り返されるかまたは違う財に対して実行されるどんな種類またはどんな品目のための労働であろうと、一六⅔リッブラに対応する年間毎日の労働すなわち三〇〇日間の絶え間ない継続的な労働をするとするならば、やはりこれら全ての人々はほぼ毎年継続的な加工者一万五〇〇〇人になるであろう。

糸にするための植物に関わる職人に関しては、私は一〇〇〇リッブラの亜麻、麻、綿に対応して労働を配分し、糸にし、撚り合わせ、織り、要するに何かの方法に従事するには、係留索からキャンバス地まで非常に重いあらゆる製品として土地から収穫されるので、そこに平均して年間三人が従事すれば十分であると仮定し、それをキャンバス地からリーム麻までのあらゆる種類の布に加工するために一二人が必要とされると仮定し、それをリーム麻からモスリンや極薄レースまでの非常に軽い布に加工するための同じ時間に一〇〇人が必要とされると仮定する。それゆえさらにそれらの製品のために必要な一二〇〇万リッブラ（二-10）に対して、それら全ての製品のうち155/200が第一の種類の製品に加工され、44/200が第二の種類の製品に加工され、1/200が第三の種類の製品に加工されるとすれば、九三〇万リッブラに対応する第一の項目のために労働者二万七九〇〇人が必要とされ、二六四万リッブラに対応する第二の項目のために労働者三万一六八〇人が必要とされ、六万リッブラに対応する第三の項目のために労働者六〇〇〇人が必要とされ、全部で毎年継続的な加工者六万五五八〇人が必要とされるであろう。これらの人々に、一世帯当たり家の中または外の平均して毎日⅔時間の一人の就業者または毎日ちょうど八時間の五万人の数の就業者と仮定される、布を衣服や調度に加工し、後で洗い、繕い、次々とたたむ全ての人々が付け加えられたならば、もっとはっきり言えば、その全時間用いられる四四二〇人の数の就業者と仮定される、ぼろきれを紙、新聞雑誌、書籍、等々の植物由来の製品に加工する全ての人々も結びつけられたならば、右の亜麻、麻、綿からあらゆる方法で衣服や調度に加工するためにあらゆる種類の加工者一二万人が毎年継続的に就業するであろう。

薪に関しては然るべき場所で配分された森や野原から伐採される一八〇〇万カッロ（二―6）のうち一七四〇万カッロは何の人為的な加工もなく竈で終わるので、やはりそこで推計された残りの六〇万カッロに対してしか従事する職人は残らないであろう。今やそれらの薪に関わる労働は、樵《きこり》、植木屋、彫板工、箱屋、樽屋、馬車大工、車大工、船大工、その他多くの同様の木に関わる職人としての数多くの人々の手から生じるので、それらの人々の各々のうちの一人が推定されうるであろうし、それによって工芸や役務に従事する人々だけでなく、一国において六〇人または一二世帯のために従事するそれらの人々に頼らずに右のように（三―5）自分の家において自らそれらを実行するのが常である人々からも数が推定されうるであろう。これは、それらの人々の各々の一二世帯のための労働が木に関わる全種類の職業を乗じた一種類の毎年継続的な労働であると仮定するのと同じことである。それにより、一二世帯の需要を満たすのにただ一人が必要であるとするならば、六〇万世帯から成り立つ全国民の需要を満たすのに同様に毎年継続的な木に関わる職業の加工者五万人が必要であろう。

同様に、一国において鉱物や染料に関してそれらを溶解し、混合し、そしてまた繰り返し何度も加工することに従事する全ての人々も推計されうるが、それらの人々の労働は鉱山から毎年獲得される四〇〇万リッブラのそれら（二―10）だけでなく、非常にしばしば前者の労働の後で別の労働によって再び溶解され自己補填された他のものにも関わるということに気づくであろう。というのは、全ての鍛冶屋、鋳掛屋、甲冑屋、研ぎ師、銀細工師、金細工師、金箔師、また画家や絵師、その他同様の鉱物や染料に関わる就業者や工芸に従事するかまたは自分の家で自分のための手仕事のような非常に容易な労働に従事する人々が集計されたならば、そしてそれらの人々の各々がすぐ前のように一五世帯または七五人のためにこれら全てのものに継続的に従事するとするならば、これは残りの毎年継続的な加工者四万人を確定するであろう。

同じ方法でそこに提示された五〇万カッロの土地その他の資材に関わる全就業者が明らかになるであろう。というのはこれら全ての人々が石灰、石、瓦、鍋、皿、陶磁器、硝子器、等々を作るためにそれらを焼くか、または瓦屋、硝子屋、左官、等々として役務を果たすためにそれらに従事するとするならば、またそれらの労働において国民の一人が六〇世帯または三〇〇人のために従事するとするならば、これら全てのことにおいて全ての人々のために従事する人々は毎年継続的な加工者一万人になるであろうからである。

それゆえこれら七項目を合計するならば、あらゆる植物由来の財に関わる全ての二次的就業者は全国民当たり毎年継続的な加工者三六万人に及ぶであろう。

第6章　動物由来の財に関わる職人

肉その他の動物由来の財の食物は料理による加工以上の著しい加工を被りにくいので、植物由来の財に関して仮定されたように（三-5）、六〇万世帯と推計された各世帯のために一人が動物由来の財に関してそのような労働にやはり一日に一時間を消費するとするならば、あらゆる料理の調理と配膳にかかる全時間は全国民のうち都会にいる少数の非常に多忙な世帯と田舎のそれほど多忙でない世帯の平均では一日に二時間ほどであろうから、これはその他の毎年継続的な加工者七万五〇〇〇人を確定するであろう。

これらの人々に、肉を塩漬けにし、燻製にし、干し、等々に従事する全ての人々と、酪農場で牛乳を牛酪、乾酪、その他の栄養抽出物に加工する人々が結びつけられ、それらの人々がおよそ一五〇リッブラ分のそのような製品に関わる各人の一日の継続的な労働から推定され、それら全ての製品が同様の推測により一億八〇〇〇万リッブラと推計されたならば、全ての人々は毎年継続的な加工者四〇〇〇人になるであろう。

羊毛、革、等々に関しては私はまず製品の下準備をし、糸にし、織り、要するに一〇〇〇リッブラ分の羊毛に対してそれを日常的なあらゆる種類の布地にするために必要な全ての作業を満たすためには、一年間に平均して五人の労働が必要とされ、それを呉絽、サージ、旗布、その他の非常に軽い毛織物に加工するために同じことをするには、やはり平均して一六人の労働が必要とされると仮定する。それゆえ国民の需要に配分された八〇〇万リッブラの羊毛（二－15）を日常的なあらゆる種類の布地にするためにさらに¾が一級の布地に加工され、¼が二級の布地に加工されるとするならば、第一の項目には一年間に職人三万人が必要とされ、第二の項目には職人三万二〇〇〇人が必要とされ、全部で毎年継続的な加工者六万二〇〇〇人が必要とされるであろう。さらに皮を鞣し、洗浄し、獣脂、蜜蠟、腸、爪、角、その他の動物の内臓や表皮を加工するのに五四²⁄₇リッブラ分のある労働と他の労働が勘案された一人の一日の継続的な労働が必要であるとするならば、それをするのに、またはそこに配分された合計二二八〇万リッブラ分のそれらの財を日常的なものにするのに一年間に同様に従事している一四〇〇人が必要であろうし、それらの人々が右の人々に付け加えられたならば毎年継続的な加工者六万三四〇〇人になるであろう。

絹に関わる労働に関しては五〇〇リッブラ分の絹を収穫し、それを巻き、織り、必要であればあらゆる方法で釜糸の糸にし、より単純で簡単な労働によってそれに関わる全ての作業を満たすために一年間に一二人の継続的な労働が必要とされ、あらゆるより複雑な方法の労働によってそれを反物、緞子、別珍、紗、レース、その他の非常に軽い女性用の装飾品として加工するために平均して四〇人が必要とされ、さらにそこに配分された二〇万リッブラ分の絹と釜糸のうち¾が前者の種類の製品に織られ、¼が後者の種類の製品に織られるとするならば、前者の項目に従事する全ての人々は三六〇〇人、後者の項目に従事する全ての人々は四〇〇〇人、全部で毎年継続的な加工者七六〇〇人になるであろう。

右の羊毛、絹、革、等々の動物由来の原料を衣服、靴、調度、等々に裁断するのに従事する仕立屋、鬘屋《かつらや》、鞄屋、壁布屋、毛皮屋、靴屋、等々は右で示されたように推定され、それらの人々の各々をこれら全ての種類の継続的な労働として推計するならば、一国のおよそ二四世帯の需要を満たすことができる。それゆえ全世帯六〇万のそのような需要を満たすためにはそのような継続的な加工者二万五〇〇〇人が必要であろう。しかし羊毛と絹に関しては、それらもまた衣服や調度に裁断されたならば、それらを維持するために家事労働は全く無視できないので、亜麻に関して毎日⅔時間従事させると仮定された（三-5）のと同じように、一世帯当たり毎日⅓時間一人をそれに従事させるとするならば、それによりあらゆる種類の男性用衣服と女性用衣類を整え、洗い、たたむための総家事労働は一日当たり一時間で完了し、古着が流行の大多数の貧しい世帯と新しい流行を彼らに見せびらかす少数の豊かな世帯が勘案されたならば、これは $600000 \times \frac{1}{3} = 25000 \times 8$ になるので、もう二万五〇〇〇人の継続的な就業者を確定し、右の人々に結びつけられたならば毎年そのような継続的な加工者五万人になるであろう。

今やこれら五項目が合計されたならば、あらゆる種類の動物由来の財を生存のために日常的なものにすることに従事する人々は毎年継続的な二次的加工者二〇万人と推計されるであろうし、三六万人の加工者と推計された植物由来の財に関わる同様の人々（三-5）に結びつけられたならば、両方の財に関わる人々は全部で毎年継続的な二次的職人五六万人になるであろう。

次にこの階級の一次的就業者を確定するためには、それらの人々は全て労働を二次的就業者に委ねる工芸や用務の管理人なので、時には彼ら自身がその労働に着手し、また時には彼らの手元にある職業を実行せずに、もっぱら労働を監督し、指令し、たとえそれが他人の手によって実行されたとしても自分のものとみなすということが観察されなければならない。それゆえそれらの人々は第一の観点からすれば右の二次的加工者の中にすでに列挙されているとみなされるべきであろう。というのは彼らは労働を委ねるだけでなくそれを彼らの二次的労働者と共に分かち合うときは、一次的就業者であるだけでなく二次的就業者でもあるからである。それゆえ第二の観点から彼らを推計せざるをえない。それにより自分自身は加工しない工芸の管理人は各々六人の他人の労働を統轄

し、各々同じ頭脳の継続時間で労働を監督し、それによ
り二次的就業者はそれを手の継続時間で実行するならば、
それによりそれらの一次的就業者は毎年継続的な九万人
と推定されうるであろう。
それゆえ結局あらゆる観点からこの階級の全就業者は
職人六五万人と推計されるであろう。

第7章　財に関わる分配者と管理者

いっそう困難なことは、財に関わる分配者と管理者を推計することである。というのは彼らの役務の違いと多様性が考慮されるからであり、彼らがその役務を実行することに注意を払う立場にあるだけでなくそれを実際に実行する立場にもあり、それにより右の職人と農民に準じて推計されなければならないと思われるということが考慮されるからである。そしてそれが拡大すればするほどますますそのような労働は大部分頭脳労働なので、それに消費される時間は農業や加工業のような肉体労働に消費される時間ほど十分に確定されえない。というのは一人の就業者がある労働を手の運動によって行う時間を配分する方が、もう一人の就業者が頭脳の回転によって売買を交渉し、商談をまとめる時間を配分するよりもはるかに容易だからである。それにもかかわらず私は躊躇せず私が最善と理解する方法で私の研究を続けるであろうし、たとえそれらの困難が考慮されたとしても、私はまず財に関わる分配者または管理者の各々がその職業の実際の実行に彼の全時間の½を配分し、残りの½の時間はそれを実行することに注意を払い、そしてこれは最も多忙な人々と最も多忙でない人々が勘案されると仮定するであろう。それゆえ私はあらゆる卸売商、小売商、担ぎ人夫、弁護士、医者は一日四時間は売買を交渉し、細々とした財を売り、重い物を運び、訴訟に助言し、処方箋を走り書きし、残りの四時間はこれら全てのことを実行するために自分のところに偶然やって来る人に注意を払うために、出入口、取引台、事務所、席にとどまるとみなすであろう。それらの人々が全て常に彼らの職業を実際に実行する立場にないということ、そしてまた確かに経験により彼らの中には四時間から八時間従事する多くの人々がいるとしても、四時間から数時間または0

時間従事する多くの人々もいるということに同意が得られたならば、それにより全ての人々の実際の平均的な労働は一人当たり四時間の継続的な労働に確定されうるであろう。実際それらの人々の実際の労働の平均時間が一人当たり四時間を超えたならば、他のより就業していない人々は彼らよりも多忙な人々の中で就業するために流入するであろう。すなわち他の労働から彼らの労働の部分を差し引かざるをえないであろう（一-16）。またそのような時間が四時間よりも少なかったならば、それらの人々の中で少数の就業者しか労働をやめないであろう。すなわち店、屋台、事務所をたたまないであろうし、無為に過ごすことが彼らにとって有益であった席を立ち去らないであろう。それゆえ両者の間では前者の時間は後者の時間に等しい、すなわちそれら全ての人々の各々四時間の平均的な就業と失業は等しくならざるをえない。しかしそれらの人々の各々はもう四時間それに注意を払わなければ四時間就業することはできず、他方でそれらの人々は屋台、店、事務所、席においてそれらに従事する人に注意を払う間は、他の何の役務も実行することはできないので、したがって私はそれらの人々を一部は実際の、また一部はそれらに実際に従事するために必要な限りにおいて失業中の、継続的な就業者とみなすであろう。それらの人々の労働は右の農民と職人とは違って、継続的であると同時に実際的なものとみなされる。それに加えてここでは消費用の財を売る財に関わるあらゆる**能動的な**分配者は、自分の消費のための財を買う別の**受動的な**分配者、すなわち彼もまたそのような財に等価な貨幣、すなわちそのような貨幣の印として売り手の労働と交換される何か他の労働に等価な貨幣の分配者、が必要であるのはどうしてかが観察されなければならない。それゆえこの階級はその意味で全ての貴族（一-3）と君主も含む。彼らは自らの維持のために、その地位の高さを大いに見せびらかしつつも、他のあらゆる農夫と甘藍について取引するのと同じ節約と私利の情熱で直接間接に領民と取引する。また同様に財に関わるあらゆる管理者も、指導によろうと助言によろうと勧奨によろうと命令によろうと財を管理するさまざまな方法において、彼が語りかける他の多くの人々、すなわちこれら全てのことをやはり受動的に受け入れることに従事する人々も必要である。それにより財を売るかまたは能動的な役務を提供するこれら二階級の就業者を推計するためには、そのような財または役務を受け入れる受動的な就業者も考慮されなければならないであろう。というのは全体の生存に必要な総雇用を配分することが問題になるので、財を消費する人に財を分配する人々または財を獲得し所有する法律や規則を制定する人々がそれに必要であるのと同じように、財が分配される人々またはそのような法律や規則が向けられる人々も必要であり、与えることに従事する人々が必要であるのと同じように受け取ることに従事する人々も必要であるということ、もっとはっきり言えば前者の労働は後者の労働がなければ確定されえないということは誰も否定できないであろうからである。他の二階級においてはこのような区分は無用である。というのは農民も職人も各々彼が買う財の売り手でもあり彼が売る財の買い手でもあるからであり、それゆえ彼らの行動は能動的でもあり受動的でもあり、彼らの一般的な労働に含まれるからである。しかしこれらの二階級においては財または管理の役務が自己補填されるのではなくそれを受け取る人によって消費されるときは、やはりそのような区分は必要になる。最後にこれらの二階級においては推計の便宜のためにそのような受動的就業者は次々とそれに対応する能動的就業者に結びつけられるであろうから、他の階級内の一次的就業者に関しても同じことが行われ、それらの人々をそれらの人々の配分のうち二次的実行者と共にそれらの階級において推計し、その後、最終的に他の階級のように合計のために用いられる方法で前者と後者を区分するであろう。

第8章　財の交換に関わる分配者

これら全てのことが前提とされたので、分配者に関してこれら二種類の就業者を推計するために私はそれらをあらゆる種類の商人のような財を貨幣またはそれに等価な労働と**交換する**人々の中で区分し、あらゆる種類の水上または陸上の船頭または御者のような財を**輸送する**人々の中で区分する。そしてまず前者の人々について語るときに私はやはりそれらの人々を、しばしば代理人、仲買人、両替屋、保険屋、その他の獲得と売捌きを容易にすることに関わる人々の立会いの下に、財を大量に獲得または発注し、やはり財を大量に他の小規模卸売商に売捌く全ての人々のような厳密に卸売商と呼ばれる人々に区分し、小売商に区分する。後者は常に最終的な状態に加工された財を交換し、財をあらゆる世帯の消費のために供給するような小規模卸売商であるが、そのうちのある人々はあらゆる種類の雑貨屋または他人の食料品や加工品の売り手のように何の技能も用いず、またある人々はあらゆる種類の鍛冶屋、建具屋、等々の人々のように自分自身が自分の製品を分配するので自分の加工品の職人であると同時に売り手でもある。前者の人々が就業する時間は彼らの農地または農場に生産物または作品を実際に発注し、取引し、勘定を記帳し、計算し、手紙その他の方法で取引を催促する時間、または集会所、取引所、市場に集まるときは生産物や商売について知識を得る時間から推定され、同様にやはり職人でない小売商が就業する時間も消費のために供給される財を実際に陳列し、取引を持ちかけ、取引し、重さを計り、大きさを計る時間、または彼らの居場所でこれら全てのことに注意を払い、彼らの商品の陳列で通行人を満足させ、時には大声で通行人を誘い込み、口説き落とす時間から同様に推定されるので、私はそれをすでに示された理由（三-7）で一日当たり八時間の継続的な時間と推計するであろう。しかし職人でもある小売商の各々が就業する時間は、それらの人々が主として自分の製品に関わる店に従事することを理由に然るべき場所で加工者の中にすでに含まれているということが考慮され、その時間が二時間よりも多ければ職人は加工するのではなく自分の加工品を売ることに注意を払うかまたはそれを売り捌くことができる他の人々に託し、その時間が二時間よりも少なければ彼は店を開くのではなく自分の居場所で加工するであろうということに同意が得られたならば、私は毎日一人当たり二時間が平均的な長さと推計するであろう。買い手でもある受動的な分配者または配分者（三-7）に関しては、私は卸売商の中でそれらの人々を能動的な分配者または配分者すなわち売り手と区別しないであろう。というのは彼ら自身はまさに買う財の売り手だからであり、それゆえいずれにしろ消費されない財の分配者という同じ身分で姿を現すからである。逆に消費のために財を供給する前者と後者の種類の小売商の中では私は八時間または二時間の継続時間から推定することによって能動的な分配者または配分者に対応する人々を推計するであろう。というのは、たとえ売買の継続時間が前者の人々には四時間しかないとしても、売ることに注意を払うために売り手に付け加えられるもう四時間は、買い手が前者の人々の店にも後者の人々の店にも行くために買い手によって消費される時間の方が、売り手が時には彼らの財を買い手の店に買いに行くとしても売り手によって消費される時間よりもはるかに大きい時間として逆に買い手に付け加えられうるからである。これを前提として、首都から始めるならば、私は同様の推測により(三‐8)私によって理解された首都の全ての卸売商は、大量の財の主要な所有者、その代理人、管理人、事務員、仲買人、等々のうちほぼ一万二〇〇〇人と想像する。それゆえそれらの人々が実際に売買する時間または口頭、書面、その他の方法で売買を催促し契約する時間から推計されたならば、同数の継続的な人々と推計されるであろう。職人でない小売商は、約一二〇〇の店に常にとどまる人々と都会に財を売りに行く住所不定のその他の人々のうち私はそれらの人々を約四〇〇〇人と想像する。それらの人々もまたやはりここで説明された理由で継続時間から推定される同数の買い手と共に継続的な売り手と推計されたならば、(人数から推定される人々であるが、各売り手は非常に多くの買い手が必要である)、その他の能動的分配者と受動的分配者は全部で八〇〇〇人になるであろう。そして最後に職人でもある小売商は、それらの人々の人数がどれほどであろうとも、一店舗当たりその時間の¼の一人しか推計されず、そのような店は見えるもので四〇〇〇、見えないものでおよそ二〇〇〇の数とみなされうるので、これはもう二五〇〇人の自分の製品の継続的な分配者を、それを消費するための同数の買い手と共に付け加えるであろう。それによりこれら三つの肩書きを持つ全就業者は首都において毎年継続的な分配者二万五〇〇〇人と推定されうるであろう。

この首都における分配者の推計から、八つの大都市と中都市（三－1）における分配者の人数は、全住民に対する卸売商と職人でない小売商の割合のためにそれらの都市においては首都よりも財がかなり少なく分配されるということに気づくならば推定されうる。しかし逆にそれらの都市には比較的多数の職人でもある分配者が存在し、買い手は常にその中で推計されるので、人口と財の分配の割合は大きく変化しないとみなされうるであろう。それゆえ住民一五万人の首都においてはあらゆる種類の分配者は二万五〇〇〇人と推計され、住民二万五〇〇〇人の他の諸都市においては各々およそ三七五〇人と推計されると推測され、全八都市においては毎年継続的な分配者三万人と推計されると推測されうるであろう。

同様に各々およそ一万人しかいない十小都市（三－1）における分配者も推定されるであろう。主に職人である財の分配者と買い手である分配者はおよそ一五〇〇人、全十都市においては毎年継続的な分配者一万五〇〇〇人と推計されるであろう。

また同様に平均的な人口が各々三〇〇〇人しかいないその他の都市、村落、最下層地域（三－1）においては売買の継続時間から推定されるほとんど全て職人と買い手の財の分配に従事する人々は一地域当たりおよそ四五〇人としかみなされえず、全地域においては毎年継続的な分配者四万五〇〇〇人としかみなされえないであろう。

田舎に分散した残りの人口の¾の人々のための分配者に関しては、これらの人々の中に一定時間市場に関わるような他の種類の人々がおらず、これらの人々の中に大量の財に関わる卸売商も小売商も職人も、都市やその他の城塞都市または都市周辺の村落に常に集まる全ての人々もいないのは明らかである。それゆえ市の立つ日は年間六〇日、それに最適な月の週一日か二日とし、市の場所は一国の一千の地域にあり、あらゆるものが概算で考慮されたならば一六平方マイルの領域と二二五〇人の住民から成り立つ地域ごとに一つの市があるとし、あらゆる市にほぼ頻繁に関わる人々は六〇〇人の転売用の穀物、葡萄酒、羊毛、等々の財や消費用の野菜、卵、鶏、等々の財の売り手や買い手であるとし、市が開いている時間は五時間で、市に行くためにも、市から帰るためにも、実際に売買するためにも、市で注意を払うためにも各人によってほぼ継続的に必要とされるとすれば、これは六〇日で一日当たり五時間の六〇万人の分配者、すなわち600000×60×5＝75000×300×8になるので毎年継続的な分配者七万五〇〇〇人を確定するであろう。

そのような方法と配分によって財の交換に従事する分配者以外に、転売用や消費用の財の販売と非常に多数の重要な契約がごく頻繁に行われる一定期間の見本市に従事するための他の人々またはそれらの人々自身がいる。すでに提示された国においては都市、地方、地域で五〇回開催されると仮定されうるそのような見本市は、上で推計された多くの人々と同数の卸売商や職人でない小売商の集団、したがってそれらの人々の全時間ずっと見本市にとどまることに従事する人々がいるとみなされなければならない。そしてそれらの見本市の各々に、およそ四〇日間に一五〇〇人のそこに行き、そこに参加し、そこから帰る人が関わるとするならば、これはそのような日数の間ずっと毎日八時間従事している七万五〇〇〇人の能動的分配者と受動的分配者とみなすであろうし、これは（75000×40×8＝10000×300×8になるので）毎年継続的な分配者一万人に帰す。

今やこれら六項目を合計するならば、一国の交換に関わる全ての人々は毎年継続的な一次的、二次的、能動的、受動的な分配者二〇万人になるであろう。

第9章　財の輸送に関わる分配者

財の輸送に関わる分配者に関しては、彼らは全て二次的分配者であり、ほとんど全て能動的分配者であるが、その人数は右のように（三-7）そのような役務に割り当てられた人々として各々の場所または住所に姿を現す人々と、そのような役務に従事するだけでなく従事することに注意を払う平均時間からも推定されるであろう。

そこで首都から始めるならば、私はそのような人々を約一八〇〇人の運搬用の大型または軽量の艀、小舟、船の船頭のような人々と仮定し、それらの人々が二〇〇人の税関や港湾の担ぎ人夫に結びつけられたならば、それらの人々はほぼ毎年継続的な輸送者二〇〇〇人になるであろう。その他の大小の都市、地方、周辺の城塞都市においては首都と同じように数の上でその場所の人口に対応しなければならないであろう。というのはそれらの人々はどこでも人口に比例して消費される財の大きさまたは重さにしか関わらないからである。それにもかかわらず現下の場合に同じ輸送が海に面し運河が走っている、とりわけ海に面し多くの運河が全体に走っている首都よりも陸上の諸都市や地域の方が著しく困難であるということが考慮されたならば、同様の仮定によりそれらの諸都市や地域においては陸上の輸送者は各々の人口に比べて首都を相対的に多少上回る人数にならざるをえないであろう。したがってまた首都における一五万人のうち二〇〇〇人の漕ぎ手と担ぎ人夫は全て他の各々の地域においては四対五のような多少大きな割合で驟馬引き、御者、等々の運送屋になるとするならば、住民六〇万人のこれら全ての地域（三-1）においては毎年継続的な輸送者一万人が推計されるであろう。

田舎に分散した人口の¾の人々の間の同様の輸送に関しては、そこには明白にそのような役務に割り当てられた人々がいるのではなく、各世帯の各人が収穫した生産物の穀物倉、醸造所、供託所、製粉所へのあらゆる輸送と、田舎のそれらの場所から都会の集積所、倉庫、その他同様の供託所への度重なるあらゆる輸送を賄うのが常なので、各世帯のそのような労働が一人の労働者の全時間の¼、一年の市の立つ日または大きい取引の日の九六日分の労働に相当するとするならば、それらの人々は全て同じ時間に従事する輸送者四五万人に相当するであろうし、言い換えれば 450000×96×2＝36000×300×8 になるので、毎年継続的な輸送者三万六〇〇〇人に相当するであろう。

これらの人々に船員や水夫という名称に含まれるはるかかなたの遠方から海路で財を輸送する全ての人々が結びつけられる。それらの人々は全部で四〇〇〇人とし、実際の航海において彼らの日々の½を過ごすとするならば、すなわちそのために船主から俸給が支払われるとするならば、それらの人々もまた毎年継続的な輸送者のもう二〇〇〇人になるであろう。

それゆえこれら四項目が結びつけられたならば、輸送に関わる全ての毎年継続的な分配者五万人が確定されるであろう。

それらの人々が毎年継続的な分配者二〇万人と推計された（三―8）交換に関わる同数の人々に結びつけられたならば、労働者は結局のところ毎年継続的な一次的、二次的、能動的、受動的な分配者二五万人になるであろう。

このようにしてこの種の能動的分配者と受動的分配者、一次的分配者と二次的分配者が全てまとめて確定されたので、さらに他の階級のようにそれらの中で前者と後者を別々に区分したければ、この階級内の受動的分配者と能動的分配者に関しては（三―7）、前者は右の推計により大部分交換に関わる分配者およそ七万人と算定されうるので、能動的分配者に関しては残りの一八万人になると思われる。また全階級内の一次的分配者と二次的分配者に関しては（一―17）、前者は資本の所有者、卸売商、銀行家、その他同様の人々から推定されるので、仲買人、事務員、運送屋、保険屋、それらの人々の側にいるあらゆる種類の輸送者と比較されたならば、一次的分配者一人当たりおよそ七⅓人の二次的分配者と推計され（三―8）、したがってまた右の推計された全ての人々に関しては二五万人の右のようなあらゆる種類の全ての分配者の中で毎年継続的な二次的分配者二二万人、毎年継続的な一次的分配者三万人と算定されうると思われる。

第10章　財の生産地から財の消費地までの距離について

田舎の人々の中で輸送に関わる分配者が多くの人の集まる場所の分配者を著しく上回るということは異様とは思われないので、逆に交換に関わる分配者が前者の近郊よりも後者においてはるかに人数が多いときは、そのような違いが全ての財を都会で、または時にはその都会の住民の仕事として都会から田舎に輸送するためよりも、田舎で、または田舎の人々に割り当てられた役務として田舎から都会に輸送するために通過しなければならない距離がはるかに大きいことから生じるということを考慮しなければならない。これは誰かを財が生まれる場所から財が普く消費される場所までの平均距離を探求することに夢中にさせうる。それを明らかにするために一国をほとんど収容する閉鎖的な土地で生み出された財について語ることによって（二―19）、もっとはっきり言えば今のところ財を全てそのようなものと仮定することによって、私は人口がそのような土地に均等に分散し、各種の財が至る所でやはり均等に生まれ、そこであらゆる方法で質が向上したとするならば、そのような距離は最小になるであろうということを観察する。というのは誰でも自分の家から徒歩ですぐ近くの場所で必要な量と質の財を見出すであろうからである。人口がこのように至る所で均等に分散したので、さらにあらゆる種類の財がその土地の中心部で生まれ加工されるとするならば、または人口は中心部に集まったにもかかわらず財が依然として土地全体から均等に生まれ、そこで然るべく質が向上するとするならば、必要な平均距離は最大になるであろう。しかしこれにより、その距離が増減すればするほどますます一定量の財がやはり均等に獲得され質が向上するための、またはそれらの財を消費するのに割り当てられるある一定の人口がやはり均等に配分されるための土地の面積はさらに増減するであろう。これは財の生産地から消費地までの平均距離が土地と獲得される財の不均衡だけに依存し、それがそれらの財を消費する人口と人口が位置する土地の別の不均衡と組み合わせられるということを理解させる。現下の場合にすでに提示された国のために財が獲得される土地は一万五二〇〇平方マイルと言われ（二―19）、その人口は¼が都市やその他の城塞都市に収容され、残りの¾が全ての田舎に分散すると仮定されている（三―1）。そこでまずそれらの田舎について右の平均距離を確定するためには、竈用薪、秣のような財や生野菜や生肉、生乳、等々のような非常に傷みやすい財は、獲得される場所から普く消費のために供給される薪小屋、秣小屋、市場に直接もたらされる直接輸送にしか堪えられないことにも気づかれるべきである。しかしその他の穀物、葡萄酒、貯蔵野菜や貯蔵肉、亜麻、羊毛、金属、薪、石材、等々の加工原料のような財は、穀物倉、製粉所、醸造所、集積所、工房、作業場、倉庫、供託所、そして最終的にこれらの場所から同様に消費に至る見本市、市場、店、等々の場所を何回転もすることによってしか生産地から消費地までもたらされない。それゆえ後者の財に関しては全ての財に対して平均距離は大きく増加しなければならない。それゆえ互いに遠く離れているけれども、生み出され質が向上する財に関しては非常に近い田舎の住民間のそのような距離がすでに提示された国のすでに指摘された諸条件により八マイルと推定されうるとするならば、互いに非常に近いけれども、財が生み出され質が向上する場所から遠く離れた都会の住民にとってこの距離は非常に大きく、例えば二四マイルまで増加しなければならないであろう。それにより最終的に前者の住民と後者の住民の平均距離は徒歩で$\frac{3}{4}\times 8+\frac{1}{4}\times 24=12$マイルになるであろう。それにより全ての財は全ての職人の手元で、また全ての分配者の管理の下で、生まれた場所から全ての作業場と全ての供託所に流通した後で、最終的にそれを消費する人の手に入るであろう。ここからそのような距離を進むのに必要な時間から推計すれば、右で配分された財に関わる輸送者の人数を別の方法で確定する機会が生まれる。それゆえ一国の全ての財の量は三九億リッブラの重量と二三〇〇万カッロの分量から成り立つので（二-10）、これら全てが世帯の数六〇万で割られたならば、平均一二マイルを経て各世帯に輸送される財は六五〇〇リッブラの重量と三八⅓カッロの分量から成り立つであろう。そこでそのような輸送に五〇人が関わり、それらの人々は船上のよりまとまった迅速な貨物や陸上のより分割されたより悠長な積み荷やさらに動物または時には自分自身の背の上の荷物の形でさまざまな輸送方法によって一日に平均二四マイル進むとするならば、それらの財を一世帯に輸送するためには各世帯に半日間従事する五〇人が必要とされるであろうし、全ての財を全世帯に輸送するためにはやはり半日間従事する$600000\times 50=30000000$人が必要とされるであろう。すなわちやはり$30000000\times\frac{1}{2}=50000\times 300$になるので、右のように（三-9）毎年継続的な五万人が必要とされるであろう。時々外国の少量の財が輸送されるのが常である最長距離は、たとえ財の輸送を場所の遠さではなく、通常その遠さにつれて増加するその遠さを通過する容易さとみなすことが考慮されたとしても、この点について推計を変更しない。例えば国境に集められた一万リッブラの麻が一部は動物の背で、また一部は荷船で、それぞれ三人の御者または三人の船頭の護衛の下に六日で首都に輸送されるか、一〇万リッブラの麻が三〇人によって同じ時間と同じ方法でもたらされるか、または一〇〇万リッブラの麻が三〇人の御者または三〇人の船頭の護衛の下で六〇日で国境から輸送されるとしよう。長距離の困難がそれを通過する最大の容易さ、風の状態、その他の海上航海の便宜によって取り除かれたならば、そのような輸送が同数の護衛による綿、香辛料、その他の例えばキプロスで生産された東方の財の輸送や、そこから首都に二か月間で三〇人の船員の護衛の下に輸送され獲得された財の輸送と違わないのは明らかである。

第11章　財に関わる管理者

　財に関わる就業者すなわち一国を維持する財に関わる就業者を推計することに進むならば、管理者すなわち役務として財を守る人々が確定されることが残っている。それらの人々のうち、ある人々は真理を教え諭し真理で興じることを目指すあらゆる種類の人々としてそのような必要のために理屈に情熱を傾け、ある人々は文民や軍人の政府の全ての役人や閣僚として権力に情熱を傾けることがすでにわかっている（一-2）。実際の役務またはその役務の厳密な必要性から推定されるそれらの全ての人々はごくわずかな人数でなければならなかったと思われる。というのはそれらの人々が阻止することを目指す財の所有をめぐる人々の間の対立は自然の成り行きで起こることではなく、むしろ滅多にない偶然の結果起こることだからである。他方、教え諭し興じることに関しては、宗教上の秘儀においても品行上の規律においても科学や自由学芸においてもその他同様の必要においても、多くの人々と共にそれをするだけで十分であることが知られている。また実際に法律を課すことに関しては、口頭であろうと書面であろうと、文民の役人がそれをきっちりと起草し公布するだけで十分であることが知られており、また同様に各人を他から守ることに関しては、各々が無駄に前を歩かせる哀れな役に立たない兵士によるよりも自分自身の意識の確実さと他人の非難の恐れによって義務を果たすとみなされさえすれば、軍人の役人だけで十分であることも知られている。それにもかかわらずそのような滅多にない対立がそれゆえにいつでも起こるわけではないということが考慮されるならば、そのような役務に従事する人々は、たとえ常に実際に従事する人々しか必要とされないとしても、絶えず用意ができていなければならない、すなわち従事することに常に注意を払っていなければならず、したがってまた右の意味で（三-7）継続的な就業者とみなされなければならないということがまず理解されるであろう。さらにそれらの人々は全て実際の紛争を正すだけでなく起こりうる紛争を未然に防ぐことも目指すので、たとえそれらの人々が就業していないとしても、またはすでに指摘された理由で（一-8）また以下でよりいっそう明らかになる理由でたとえ就業できないとしても、他の全ての人々を真理の熟考と無罪の喜びにも引き留めるために従事することによって、前者の紛争を正す時間だけでなく後者の紛争を未然に防ぐ時間も彼らの就業に付け加えられなければならないであろう。それゆえこれらの理由でこの階級の就業者数はとりわけ主要諸都市で著しく増えなければならない。しかしそれでもこの階級においては能動的就業者が継続的と、すなわち彼らが実際に就業しているかまたは就業することに注意を払っているかまたは悪を正すかまたは悪を未然に防いでいるとみなされなければならない時間の間は、受動的就業者すなわちその代わりに前者の就業が実行される人々は後者の代わりに前者が実際に就業する時間の間しか就業することはできないであろう。これは財に関わる分配者に関してすでに示された理由で（三-7）前者の継続的な時間の½としかみなされえないであろう。しかしこの階級においてはさらに受動的就業者と能動的就業者を推計しなければならないので、私は常に前者を必要であれば後者の½と推計するであろう。それゆえ四時間の間はキリスト教徒を教え諭す教区司祭、依頼人をけしかける弁護士、病人を看護する医者、被告人を裁判する裁判官に関しては、もう四時間の間これら全てのことに従事することに注意を払うので、私は四時間の継続的な能動的就業者と推計し、受動的就業者については二時間としか推計しないであろう。同様にやはりそれらの受動的就業者が非常に多ければ、私はそれらを一時間としか推計しないということに気づくであろう。それらの理由については以下で理解されるであろう。それゆえ聴衆に語りかける弁士、多くの観客を楽しませる喜劇役者、全国民に命令する役人に関しては、私はそれらの聴衆、観客、国民をもっぱら彼らの一部をなす人々とみなすであろう。というのは全体の人数は不確定で確定できず、他方、弁士、喜劇役者、役人が聴衆、観客、国民に語りかけることに従事するのと同じように、後者のうちの各々はそれに耳を傾けることに従事するということは否定できないからである。次に他の三階級のように一次的就業者と二次的就業者を区分することに関しては、私はこの階級においてそれをするのを控えるであろう。というのは奉仕者という彼らの呼称そのものが示すように、この階級の各種の各人は全て二次的就業者として存在するからである。それゆえ聖職者のまたは非聖職者の政府のどの閣僚も全て二次的就業者であるということは否定できない。というのは全てただ一人の長もしくはやはりただ一つの聖職者または俗人の主権に依存しているからであるが、そのような主権もまたそれ自身二次的である。というのはそれは真理と目に見えないその国民全体の共通の理屈の使者、解釈者、実行者にすぎないからである。また同様に弁護士、医者、自由学芸の教授、等々のこの階級の他の種類の就業者も、たとえ時にはそれらの人々の助手、弟子、門弟、徒弟にとってはその職業における一次的就業者のように見えるとしても、それにもかかわらずそれらの人々が他の人々に教え諭す真理の徒弟であるとみなされるならば、あらゆる弟子はその師匠と同等であるかまたは少なくとも同等になることを目指すので、前者も後者もその職業の真理そのものの二次的就業者であるということが理解されるであろう。これは農業や工業については言いえないことである。この階級においてやはり特殊なものが存在するのはさらに、たとえあらゆる種類の役務が生み出される多くの儀式、装飾、典礼が考慮されたとしても、誰かが注意を払うことの階級の就業は四時間の実際の就業に相当するだけでなく、時にはそれを越え、八時間全てにまで及ぶというものである。これは主として君主の威厳を尊重して何かの命令を執行し、自分の欲求のために君主の介添えをし、国のために戦うのに従事する人々やそれらの人々によってはわずかしかまたは全く行われないその他同様の役務に従事する人々と常に仮定される多くの閣僚、宮廷人、役人、弁士、等々の場合に起こるが、これはこの種の就業者の起源となり、それを私は**有給者**と呼ぶであろう。その中には右のように（一-3）一日数時間加工者や分配者として主人に仕え、そのような観点からそのような時間の間はそれらの階級にすでに付け加えられているが、残りの時間はそれらの役務やその他の役務のために主人に仕えることに注意を払う各世帯の全ての下男も含む。これらの役務において就業していない間も就業と同様にみなされると誰もがみなす。というのは有給者はいつもいつも君主または主人に依存するので、たとえ彼らが他の全てのことに従事する能力のある人々であるとしても、それに従事することは全くできないからである。それゆえそれらの人々は全て、たとえ実際にはほとんど就業していないとしても、私によって継続的な就業者とみなされるであろうし、たとえほとんどがこの階級に属す人々かまたはこの階級を模範としてそれを真似て役務や役割の類似性によって特定の一族に引き留められた人々であるとしても、全てこの階級に付け加えられるであろう。

第12章　聖職者と賢者の管理者

事物不変の性質を考慮すれば、一般にみなされる財に関わる管理者または管理人は全て、たとえヨーロッパ、アジア、アメリカにおいて主権がより小さいか大きいか、より専制的でないかあるかに従って、ある国ではある種類のそれらの人々が優勢であり、またある国では別の種類の人々が優勢であるとしても、あらゆる国において全人口に比べて同数になるはずであると思われる。というのはこれらの人々は全て人命と財を保障し、至る所で同等の必要を求める全体の安息に従事するために採用されているので（三-11）、そのような保障と従事は説得力を持つ長によってよりいっそう達成され、権力を持つ長によってはよりいっそう達成されないであろうし、聖職者と賢者がよりいっそう優勢な国では文民の裁判官と兵士はどちらも同じように必要であるにもかかわらず人数の上でも評価の上でもよりいっそう優勢ではないであろうし、逆の場合は逆であろうからである。しかし私はそれらの人々の各々をそれらの人々のいる場所で推計するように努める際に、主として検討するために採用された国

（二―1）に敬意を払い、理屈によって人々に語りかける人々から始め、それらの人々を聖職者と非聖職者すなわち俗人に分け、どちらも教え諭し、教え育て、教え鍛え、彼らの就業の種類に応じた装身具や装飾品が必要であるので、それら全ての人々の中で有給者と有給者でない人々を区分するであろう。それゆえ私は田舎の住民二二五万人（三―1）の中に一一二五人当たり二人の聖職者、二人の非聖職者の内科医または外科医がいると仮定する。これにより田舎の全ての聖職者と賢者は八〇〇〇人になるであろうし、それらの人々は説教、教理問答、その他の魂や肉体の救済に関わる役務に彼らの全時間の½だけ就業し、もう½の間それらに就業することまたはそれらの役務の検討に注意を払うであろう（三―7）。それらの人々は全て有給者の同数の能動的就業者と、やはり継続的なもう四〇〇〇人の受動的就業者とみなされなければならず、この大群の人々の中には他の種類のそのような就業者はいないので、その中は全て毎年継続的な奉仕者一万二〇〇〇人になるであろう。

三〇万人を百の地方や小地域で割った各々およそ三〇〇〇人の人数（三―1）の中に私はその各々において一二〇人の司祭、修道士、修道女等の聖職者と、四〇人の内科医、外科医、法曹家、技芸や科学の非聖職者の教授等の非聖職者と推計され、前者は全日の、後者は半日の有給者と仮定する。これによりそれら百の地域の全てのそのような人々は一万六〇〇〇人と推計され、それらの人々はその各々の能動的役務と½の受動的役務に従事したならば、そのような毎年継続的な奉仕者二万四〇〇〇人になるであろう。

各々住民およそ一万人の十小都市において私は同様に各々全て聖職者の有給者四〇〇人と非聖職者の有給者一〇〇人がいると仮定する。これにより全ての都市においては全部で五〇〇〇人と推計され、それらの人々が右の規則により½の受動的な人々に結びつけられたならば、毎年継続的な奉仕者七五〇〇人になるであろう。

各々住民およそ二万五〇〇〇人の八大都市において私は同様にとりわけ大聖堂や修道院で人格の尊厳を教え育て、教え諭し、教え示す全て聖職者の有給者一二五〇人と、内科医、外科医、弁護士、法曹家、自由学芸や科学の教諭や教授、等々の非聖職者の半日の有給者二五〇人がいると仮定し、これによりこれらの都市におけるそれらの種類の人々は一万二〇〇〇人と推計されるであろう。それゆえ自分の全時間の一部は自分の役務を実行し、また一部は自分の役務を実行するのに注意を払ったり自分の役務を実行する検討をするのに従事する人々は、その代わりに実際にその役務を実行する½の人々に結びつけられたならば、毎年継続的な奉仕者一万八〇〇〇人と推計されるであろう。

最後に住民一五万人の首都において、ある人々は教え諭し、ある人々は教え鍛え、ある人々は教え示すあらゆる種類の聖職者が有給者六〇〇〇人、医学、法学、自由学芸、文学、科学、等々に従事する非聖職者が有給者一六〇〇人と仮定され、自分の全時間自分の役務を果たし実行し検討するこれら全ての人々が右のようにそれに対応する受動的な人々の人数としてその代わりにそれを実行する人々に結びつけられると仮定されたならば、毎年継続的な奉仕者一万一四〇〇人が確定するであろう。

右のように一国の都市や人の住む地域に定着しているそれら全ての人々に、およそもう一四〇〇人の非聖職者の住所不定の役者、音楽師、軽業師、的屋、等々の香具師と、有給者でないそれらの人々の連れや長が付け加えられうるが、たとえそれらの人々が自分の職業をあまり実行しなかったとしても、然るべく十分に実行したならば、それらの職業もまた人を教え諭し興じさせることを目指すある種の賢者の知識であるということはやはり否定できない。それゆえこれらの人々が右のように能動的就業者と受動的就業者として推計されたならば、さらにこの階級に毎年継続的な奉仕者二一〇〇人を付け加えるであろう。

これによりこれら六項目を合計するときに、教え育て、教え諭し、教え示し、教え興じさせることを目指す全ての能動的な聖職者と専門の賢者は、それらの人々の指導、信念、教示、勧奨を教え諭すことに従事する受動的な人々に結びつけられたならば、当然のこととして全部で毎年継続的な管理者七万五〇〇〇人になるであろう。

さらにこれらの人々の中でとりわけ能動的就業者と受動的就業者を区分するならば、能動的就業者は五万人としか推計されないであろうし、残りのもう二万五〇〇〇人の就業者はこの階級においては受動的就業者でしかないであろう。また同様に前者の能動的就業者の中でどちらもあらゆる種類の聖職者と非聖職者を区分するならば、前者は三万六〇〇〇人、後者は一万四〇〇〇人と推計されるであろう。また同様に能動的就業者の中で有給の就業者と有給でない就業者を区分するならば、前者は四万四〇〇〇人になり、その内訳は全て教会財産や聖職禄を持たない者はいない聖職者と若干の非聖職者であり、後者は六〇〇〇人になり、全て有給でない賢者や自由学芸の教授になるであろう。

第13章　文民と軍人の管理者

　理屈によって各人の財を保障する聖職者と賢者の管理者または奉仕者から力によって財を保障する文民と軍人の管理者に移るならば、この呼称は私がこの国の実際の政府、文民の司法府、軍人の司法府、それに付属または従属する他のあらゆる所属機関に従事する全ての人々を意味すると誰もが理解する。その場合に私はまず、力の管理者の中に私が文民の政府の管理者も含めるということは異様と思われるはずはないことに気づいた。というのは後者の人々は実際には右の聖職者や賢者の管理者が教え諭すのに有効でない理屈にまさに彼らの判断の力によって無理やり従わせるためにしか採用されないからである。しかも当事者間で争われ、その争いがそのような判断の力によって取り除かれるような理屈に誰かが無理やり従わせるかまたは彼自身が無理やり従わせられるためにしか誰も民事裁判所に頼らないのは明らかである。そこで後者の文民の管理者から始めるならば、田舎に分散した人口の¾においてそれらの人々が村長、市長、いわゆる首長、等々として田舎の議会を統轄する人々と認められる必要があれば、それらの人々は聖職者や賢者の管理者と同じ方法で同じ規模で（三-12）、すなわち田舎の全住民一一二五人当たり二人と推計され、全部で四〇〇〇人の有給者でない能動的な人々になり、例によって½の受動的な人々に結びつけられたならば、全部で毎年継続的なこの種類の奉仕者六〇〇〇人が推計されるであろう。

次に厳密な裁判権が存する城塞都市やその他の全ての中都市に関しては、私はそのような管理者を総監、総督、裁判官、参事官、宮廷人、その他必要であれば君主の尊厳に必要な人々のような貴族と、書記官、秘書官、相談役、徴税官、収税官、公証人、出納役、等々の事務官のような非貴族と、召使、下僕、伝令、等々のような平民とに区分する。それゆえ百の地方、村落、小地域（三―1）において各々におよそ二人の貴族、六人の非貴族、二〇人の平民、全部で全地域に二八〇〇人がいるとし、十小都市において各々におよそ五人の貴族、一五人の非貴族、四〇人の平民、全部で全小都市に六〇〇人がいるとし、八大都市において各々におよそ一〇人の貴族、三〇人の非貴族、六〇人の平民、全部で全八大都市に八〇〇人がいるとするならば、これらは全体として全て常に給与が支給される能動的な就業者四二〇〇人を示すであろう。これらの人々は彼らの就業が継続的に実行される彼らの½の人々に結びつけられたならば、毎年継続的な奉仕者六三〇〇人になるであろう。

非常に重要なあらゆる役務が還元され消費される首都に関しては、貴族の管理者が六〇〇人、非貴族の管理者が同数、平民の管理者が三〇〇人になるとするならば、全部で一五〇〇人のやはり給与が支給される能動的な管理者が推計され、例によって受動的な管理者七五〇人に結びつけられたならば、やはり毎年継続的な奉仕者二二五〇人になるであろう。

これらの人々に、貴族、非貴族、平民の身分で三〇〇人の給与が支給される継続的な能動的な人々と推計される使節、駐在官、領事、その属官や随行員として外国や外国の同じだけの領土と交換した自国の領土に分散した全ての人々と、彼らに従ってまたは彼らと共に彼らの就業が実行される½の受動的な人々が付け加えられるが、これはさらに毎年継続的な奉仕者四五〇人になるであろう。

そしてすでに観察されたように（三―11）家庭の召使はやはり有給者である限り全て有給者の文民の政府の管理者と多くの類似点があり、後者が全国民に奉仕するのと同じように自分の主人に奉仕し、その給与はたとえ就業が彼らによって実行されないとしても就業の継続時間

春の東独で大学の冬を思う

高嶋修一

　春の心をのどけからしめんと、桜のほころびかけた日本を離れ、ドイツはザクセンのとある町で小さな汽車を見ている。町の名前を冠したドイツ鉄道の駅がライプツィヒとドレスデンとの間にあるけれど実際には二キロくらい離れていて、そんなふうに幹線鉄道のルートからはずれた町や村を結ぶために建設されたのがこの軽便鉄道だったと見える。西ドイツではこの種の鉄道は早々に姿を消したが、東ドイツでは生き延びた。もはや公共交通機関としては通学のためくらいにしか使われていないけれど、ときどき蒸気機関車が走る。ザクセン州の観光資源だ。

　ちいさな町ながら中央広場には立派な教会があり、ぐるりと囲んでいた城壁や大きな監視塔も一部が残っている。鉄道開通前は街道沿いにあってそれなりに栄えていたのかもしれない。道路や建物は、少なくとも中心部では綺麗に整備されている。ただ、勝手な憶測だけれども、こうなったのはみんな統一後だろう。ここには「くたびれた東独、くすんだ東独」を感じさせる物は何ひとつなく、東西どちらに属していたのかさえ、知らなければわからない。小さなホテルの若いスタッフは英語がまるでダメだったけど、それはあんまり関係ないでしょう。ドイツ語できなくてごめんね。

　歩きながら分断時代のことを想像してみる。今はどの建物も壁の漆喰がきれいなパステルカラーに塗られていてスキがないけれど、以前はどうだったのだろう。いや、そもそも「昔から建っていますよ」と言わんばかりの家

評論 No.211
2018. 4

日本経済評論社

並も、統一後に出現したのかもしれない。書店に行けば町の歴史を示した写真集くらいあるかもしれないし、もっとやる気を出すなら図書館に行けばよいのだけど、あいにく（幸い？）イースターでみんな休業中。東独のことなんて、史料はおろか概説書ひとつ読んだことがないから何も知らないけれど、「ひどい政治体制」という文字列を頭の中に書いて読んでみた刹那、わが極東の島国を思い出して笑ってしまった。

決済済みの公文書を改竄するなんてオーウェルの『一九八四年』に出てくる「真理省」さながらだけど、前からやっていたとしても驚くには値しません。所定の用紙を毎年少しずつ机の引き出しに「寝かせて」おいて何時の文書でもでっち上げて差し替えるくらいのことは、子供でも思いつきますよ。でもねえ、バレたときに居直るのは、いかんでしょう。みんなもっと怒れよ、と思うけど、ツイッターとかで著作権を運営会社に召し上げられたり、発言や存在（アカウント）を強制的に消されたりすることに慣れた人々には、案外違和感がないのかな。あたしは嫌ですよ、そんなの。

さて、この原稿の依頼時の題目は「改憲を大学で講義できなくなるという問題について」でした。国民投票法の話です。同法一〇三条には「教育者〔中略――引用者〕は、学校の児童、生徒及び学生に対する教育上の地位にあるために特に国民投票運動を効果的に行い得る影響力又は便益を利用して、国民投票運動をすることができない。」とあるのですが、これが一応まっとうな内容である一方、問題含みであることは一目瞭然でしょう。だからこの条文に先立って第百条には「表現の自由、学問の自由及び政治活動の自由その他の日本国憲法の保障する国民の自由と権利を不当に侵害しないように留意しなければならない。」とあるのですが、どこまで信用できるのやら、というわけです。

でもこんなの、二〇〇七年に法律が公布された時からわかっていたことで、その筋の専門家たちはずっと問題視してきました。私はその筋の専門家ではないし、迂闊にも最近までこの問題について知らなかったのですが、別の用事で日本経済評論社を訪れてうっかりこのことについて口走ったばかりに、こうして原稿を書く羽目に陥ったのです。何を書こうかと迷ってはや三ケ月。やっぱ無理だよ。学生相手の基礎ゼミとかでならば「よその国の改憲手続はどうなっているか調べてごらん」などとしたり顔で言うかも知れないけど、所詮はしがない経済史教員。専門家たちも読む『評論』で、一席ぶつ勇気も知識も持ち合わせてないよ。ああ、これが〈吟〉氏なら堂々とやるんだろうなあ……例えばこんな風に。

「教育上の地位」に由来する「影響力又は便益」とは何か、「国民投票運動」の内容とは何か、ここには何の定義もない。講義で先生が「賛成せい」とか「反対せい」とか指図するのはさすがにまずかろうが、例えば演習で学生同士が意見を戦わせて「改憲反対」が多数を占めたらどうする。それがネットに流れて、法律違反だといって教員に対するバッシングが始まらないと、だれが保証できようか。現代版の人民戦線事件や滝川事件は、すぐそこまで来ている。

あ！　そうか、誰にも強制されてないのに委縮してるのは、こちらだった。

「私は他の分野の専門家であって、自称知識人としてのプライドもあるので敢えて無知を晒したくありませんし、この件については意見を差し控えます。なんでもかんでもベラベラしゃべるなんてみっともない。黙っているほうが、お行儀が良いのですよ」。たしかに何にでも首を突っ込む一言居士は困りものだけど、学問の自由がそれを特権的に享受し得る者たち自身によって縛られるのだとすれば、それこそ悲喜劇というべきであろう。限定的な事柄であっても何かを徹底的に調べたという経験は世界について語るための資格たりえるというのが、私たちの間での約束事だったのではないか。

たぶん、事態は仮想〈吟〉氏が言うよりもっと悲惨な展開を辿るだろう。だいたい、今時の大学では誰が「教育者」なのかさえ曖昧になっている。法律を運用しようにも、適用すべき社会の方が溶けかかっているのだ。それに、政権批判した人物を別件で勾留して裁判も始まらないうちから行政府の長が公の場で犯罪者よばわりしたり、交戦相手でもない他国の挙動に反応して「訓練」と称し国民や企業の活動を法的根拠もなく制限したりするような国では、そもそも法律なんて空洞化していくだろう。

「先生、雑談ばかりしていないで授業を進めてください。僕たち、ケーザイガクを勉強しに来てるんです」

「うるさい、これが経済学だ」

もう帰ろう。新学期だ。イヤな流れには楽しいことを。新入生のあの希望に満ちた目に、今年も出会えるはずだ。

［たかしま　しゅういち／青山学院大学教授］

経済学における革命

藤井盛夫

経済学の歴史において革命と呼ばれるものは少なくとも二つある。一つは一八七〇年代の限界革命であり、もう一つは一九三六年のケインズ『一般理論』出版によるケインズ革命である。

そもそも革命とは天命が革まり、王朝が代わること、既存のものやことが一掃されて新しいものやことが取って代わることであるが、経済学においては限界革命によっても当時の古典学派の経済学は一掃されず、すべてミクロ経済学に代わったわけではなく、ケインズ革命によってもミクロ経済学は一掃されず、すべてマクロ経済学に代わったわけでもなかった。つまり経済学における革命とは新しい考え方が登場したという程度なのであろう。それでもミクロ経済学においては一九二五年のピエロ・スラッファの論文に端を発する不完全競争理論の誕生やゲーム理論の導入、マクロ経済学においては外国貿易や為替を考慮したオープンマクロ経済学の登場などがあるけれども、これらは革命とは呼ばれていない。

すると経済学における革命とは新しい考え方と言っても、既存の理論の発展ではなく、それまでなかった新しい視点や枠組みの登場ということなのであろう。そう考えたとき、スラッファ革命と呼ばれたこともある一九六〇年のスラッファの『商品による商品の生産――経済理論批判序説』とそれに続く、サミュエルソンをも巻き込んだ一連の論争は、六〇年代から七〇年代にかけての大きな出来事であり、そこでは技術的な面だけが強調されたけれども、もしスラッファの真意が理解されたならば、やはり革命と見ることができるのではなかろうか。

というのはスラッファが呈示したものは、個別経済主体の経済行為を分析するミクロ経済学や、一国の雇用を増やし失業を減らすことを目指すマクロ経済学に対して、一国の生存・持続可能性を保証する条件を分析したものであり、個人の満足の最大化や企業の利潤最大化、雇用の創出を目的にする既存の理論とは違い、最初から国民の生存・持続可能性を目指したものだからである。これはスラッファによって新しい視点や枠組みが呈示されたと言えるのではあるまいか。

スラッファ革命は不発に終わったけれども、しかしそれと全く同じ考え方がおよそ二五〇年前、一七七六年のアダム・スミスの『国富論』出版の二年前に登場していたことはほとんどあるいは全く知られていない。ジャンマリア・オルテスの『国民経済学』がそれである。

この本でオルテスは持続可能なオープンマクロ経済モデルの推計を行っている。周囲を他の国に囲まれた人口三百万人の国が持続可能な生存をするためにはどれだけの財が必要で、それを生産するためにはどれだけの就業者が必要で、そこで流通する貨幣は金銀複本位制下ではあるもののどれだけかを、国民の生存という視点で推計したものである。これは後に国民経済計算、したがってマクロ経済学と呼ばれるものの先駆であるが、先駆であったがゆえに当時の人々に受け入れられず、酷評され、無視され、忘れ去られた。

一顧だにされなかったのは、世界初の経済学の教授と言われるジェノヴェージの経済学が当時学界を支配していたためもあろうが、経済が成長している最中に登場したために経済の生存などまともに取り上げられることはなかったのであろう。スラッファ革命が不発に終わったのもそのせいかもしれない。しかし持続可能な経済が問題になっている今だからこそまともに取り上げられるべきではなかろうか。それはスラッファも同様である。

スラッファの本は贅肉を削ぎ落とした本文百ページ足らずの小冊子のため、真意を読み取るのに苦労するのに対して、オルテスの本は、言い回しが難解、むしろ晦渋ではあるけれども、四百ページ以上に渡って詳細に説明している。オルテスを読めば、スラッファの真意を再確認できるかもしれない。

オルテスの『国民経済学』の翻訳は今夏刊行予定である。

［ふじい　もりお／日本大学経済学部教授］

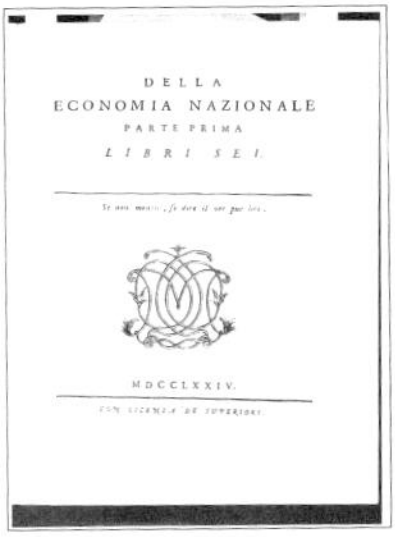

原著の扉

本文第二編の
推計の一例

リーマン後一〇年における「金融化資本主義」

斉藤　美彦

　昨年（二〇一七年）は、マルクスの『資本論』の第Ⅰ巻が刊行されてから一五〇年目の年であった。良書の寿命は大変に長く、大きな力を持つものだといえるであろう（ただし、当初のその印刷部数は一〇〇〇部であった）。『資本論』は資本主義の理論的な分析の書であるが、そこには一九世紀のイギリスの現実が大きく反映していた。その五〇年後に出版されたレーニンの『帝国主義論』は、その時期の独占段階へと変容していた資本主義を分析しようとするものであった。同書はヒルファディングの『金融資本論』（一九一〇年刊）の影響を大きく受けたものであったが、独占段階の資本主義をその「最高の発展段階」としていた。同書は今日でも読まれてはいるが、その出版と同じ年にレーニンの指導により誕生した「ソビエト社会主義共和国連邦」はもはや存在しない。「資本主義の最高の発展段階としての帝国主義」から「社会主義」への世界史的な移行は発生せず、資本主義はさらなる変容を遂げることとなってきている。

　ところでマルクスが見ていた一九世紀のイギリスでは一〇年に一度の循環性恐慌が発生していた。一九世紀の後半以降、恐慌の形態は変化してきたが、ここ数十年においてパニック的な混乱が主として金融市場において頻発するようになり、それが実体経済に悪影響を及ぼすような事態も発生した。その最たるものが一〇年前のリーマン・ショックであろう。この世界的な危機は、金融主導で発生し、しかもその原因が貧しい人々が借りていた住宅ローンの支払い不能によるという、これまでにないタイプのものであった。そしてそのさらに一〇年前（一九九八年）にはアメリカにおいてＬＴＣＭ危機があり、日本では長銀・日債銀の破綻があった。その一年前は拓銀・山一証券の破綻があり、アジア通貨危機があった。そして、そのさらに一〇年前（一九八七年）にはブラックマンデーがあった。

　こうしてみると、ここ数十年の資本主義は、金融部門の混乱を主因とする危機が頻発しているように思われる。

金融面の混乱が頻発するような状況は、資本主義の変容と関係するのであろうか。コスタス・ラパビツァス著『金融化資本主義――生産なき利潤と金融による搾取』は、一九七〇年代末以降の資本主義を「金融化」(financialization)ないしは「金融化資本主義」と捉え、それを新たな段階規定として提示している。「金融化」論というのは、著者のオリジナルではなく、一九九〇年代頃から欧米のマルクス派およびポスト・ケインジアン等により主張されてきたものであるが、本書はそれらの議論を紹介・検討したうえで、「金融化」を「非金融企業、銀行および家計」の行動様式の変化がもたらした事態と捉えている。

なお、本書においては「金融化」を明確に資本主義の一発展段階と位置づけており、またそこには多様な形態があることを認めている。これには日本のマルクス経済学、特に宇野弘蔵の『経済政策論』の非常に大きな影響を見てとることができる。

また、本書は「金融の優位」の時期として、ここ数十年だけでなく、ヒルファディングおよびレーニンが分析対象とした時期もそうであるとし、この時期(一九世紀末から二〇世紀初頭にかけての時期)を「金融の優位」が生じた第一の時期としている。本書ではヒルファディングの議論をかなり詳細に紹介しているが、周知のとおり彼は「金融資本」という概念を提出した。これは「銀行資本」でもなければ「証券業資本」でもなく、「独占的な大産業資本と巨大銀行資本の融合した状態」を指す概念である。そのことも意識して、本書では日本で「金融資本主義」と訳されることが多い'finacialized capitalism'を敢えて「金融化資本主義」と訳している。これは、本書において多く登場するヒルファディング的概念である「金融資本」に「主義」を接続した言葉として「金融資本主義」という言葉が認識されることがないようにとのことが、その理由である。トマ・ピケティの著書の日本語版の題名は『二一世紀の資本』と「論」がカットされていたが、本書の日本語版においては「金融」に「化」がプラスされている。

それはともかくとして、金融危機は西暦の下一桁が七か八の年の秋に勃発するケースが多い。今年の秋はどうなのであろうか。

[さいとうよしひこ/大阪経済大学教授]

憲兵関係史料の残り方

荻野富士夫

この度、『日本憲兵史——思想憲兵と野戦憲兵』(発行・小樽商科大学出版会、発売・日本経済評論社)を刊行することができた。憲兵関係史料の収集とその読解を通じて感じたことを記してみたい。

一九四五年八月の敗戦と解体、責任追及を予期して、憲兵は証拠隠滅ともいうべき徹底した文書の焼却をおこなった。憲兵司令部が八月一四日の通牒で指示した「書類整理」とは「敵手に渡り害あるもの、例えば外事、防諜、思想、治安等の関係文書、国力判断可能の諸資料、並に秘密歴史(二、二二六等)」や人事関係書類の焼却処分という方針だった。東部憲兵隊(元東京憲兵隊)九段分隊では「司法班で保管していた甘粕大尉事件、五、一五事件、相沢中佐事件、二、二六事件を始め分隊で取扱った数々の歴史的犯罪の検証調書の写や二、二六事件叛乱将校野中大尉の遺書等」を焼却したという。二〇日の憲兵司令部の再度の通牒では、机の引き出しの奥に挟まった紙切れなども見落とすなという徹底ぶりである。

完全焼却の厳命の一方で、一四日の通牒では「特に将来に亘り保存を可とするもの(例えば左翼要注意者連名簿等)は巧妙に他に移しおくを一案とす」という指示もあたえていた。おそらく特高警察側にもそうした動きがあったはずだが、時期をおいての抑圧取締り組織の再起を想定していた。実際にそうした隠匿がなされたのか、不明である。

こうした徹底した焼却処分にもかかわらず、憲兵関係史料はある程度残存することになった。憲兵個人による所蔵保管とは別に(死後、遺族の手により古書店などに譲渡するケースもある)、関東憲兵隊司令部跡から「発掘」された焼け残りの資料群はその際たるものといえる。あまりに膨大な量を短期間で処分する大慌ての作業だったため、全部が燃え切らなかった。この焼け残り文書の一部は、現在それらを所蔵する吉林省档案館などによって『日本関東憲兵隊報告集』として刊行されている。拙著『日本憲兵史』や共編著『「満洲国」における抵抗と弾圧』(発行・小樽商科大学出版会、発売・日本経済評論社、二〇一七年）は主にこれらに負っているが、全体の公開が望まれる。

防衛省防衛研究所図書館に所蔵されている残存憲兵史料のうち、米軍により戦場で捕獲・押収された南方派遣の憲兵隊史料はかなりの点数にのぼる。とりわけ、激戦であったフィリピンに集中している。たとえば、「イロイロ派遣憲兵隊　執務参考綴」（一九四二年）や「タクロバン憲兵分隊作命綴」（四三年）などのような前線部隊の文書には、表紙にシミや泥のあとも残る。おそらく戦闘過程において焼却処分などもできないまま放置・遺棄されたのち、米軍に押収され、「返還文書」として戻されたものである。フィリピン憲兵隊司令部との指示・報告などのやりとりや日常の作業日報など、憲兵の第一線における生々しい活動実態を伝える。

特高警察とは異なる憲兵関係史料のもう一つの特徴は、憲兵教育・訓練のため教習隊や憲兵学校で使用された教科書や演習資料などが多く残されていることである。前者として憲兵練習所『憲兵実務教程（行政警察）』（一九三七年）・陸軍憲兵学校『憲兵実務教程（高等警察）案』（同年）・『憲兵要務教程（服務）案』（三九年）・支那駐屯憲兵隊教習隊『戦時勤務教程草案』（四一年）・『滅共実務教案』（同年）など、後者として憲兵司令部『名古屋地方憲兵将校現地演習記事』（一九三五年）・同『昭和十四年度甲種学生　甲種学生横浜箱根地方現地演習指導教育案（外事警察）』（三九年）などがあげられる。

特高の教育訓練は現場での実地に即したいわば職人的な伝授、あるいはたたき上げという傾向が強く、したがって取締り実務のマニュアルやノウハウを詳細に記載した教科書的なものは少ない。憲兵の場合は軍隊の他の兵科と共通すると思われるが、半年ないし一年を費やして憲兵上等兵となる初任者教育や各憲兵隊長・分隊長となる尉官向けの教育が、法学関連の講義や実務の実践的訓練の系統的なカリキュラムとして整備・実施された。四〇年代のものには、実践的なスパイ使用や拷問についての留意点やコツなども詳細に記載されている。

［おぎの　ふじお／小樽商科大学名誉教授］

荻野富士夫著
装幀：渡辺美知子
本体6500円

「ニューディール」再考その④

ニューディールとケインズ

西川　純子

　ヘンダーソンがまとめ、ホプキンズが大統領に届けた二つの提言は、ニューディールが二度目の不況をなぜ防げなかったかという反省にもとづいていた。

ケインズの影響

　提言の第一は、財政政策について発想の転換が必要なことを訴えていた。景気の回復にとって重要なのは、呼び水としての一時的な財政支出ではなく、国庫から持続的に支出する大規模な補助金である。そのために必要な資金は政府発行の国債でまかなえばよい。結果として経済が好況に転ずれば、財政均衡はおのずと回復するはずである。この提言は、明らかにJ・M・ケインズの主張に沿っていた。

　ケインズが『雇用・利子および貨幣の一般理論』を出版したのは一九三六年のことだが、アメリカでこの本が多くの読者を獲得したのは、一年後の三七年、恐慌の再来かと思われる経済の落ち込みにニューディーラーが自信を失い始めた頃であった。ワシントンでこの難解な書物をいち早く読みこなしたのはカリーとホワイトである。

　連邦準備局にいて金融政策と最も近い立場にあったカリーが、利子率と準備金の操作よりも財政政策を優先させたのは、景気回復策として金融政策は財政政策ほどに効果をもたないとケインズが主張していたためである。幸い、連邦準備局総裁のエクルズは、ケインズなど読んだこともないのに公的資金の投入に積極的であった。

　ホワイトは正面切ってモーゲンソーに楯突くことはしなかったが、財政均衡のためにまずは経済の回復が必要であると説いて、増税や歳費縮減に消極的な姿勢を示した。

ケインズとの違い

　公的資金は闇雲に増やせばよいわけではない。それによって有効需要を創出し、完全雇用を実現するためには、資金の投入先を見極めなければならない。ケインズは鉄道と公益事業と住宅建設を示唆したが、アメリカでは事情が異なる。鉄道はすでに斜陽産業だったし、公益事業は圧倒的に私的資本の支配下にあった。有効な財政政策を行うためにカリーが頼ったのは、全国資源委員会（NRC）である。

ＮＲＣは経済復興のための産業計画を立案する行政機関である。ここでは、ミーンズが一つの結論に到達していた。ニューディールは、資本・労働・消費の三者協調主義を脱して独占的産業企業の規制に踏み切るべきだというのである。規制とは、独占を解体して競争的市場を復元しようとする反トラスト政策とは異なり、独占企業から価格を管理する機能を奪いとることである。

ミーンズの議論が試される機会は一九三七年四月にやってきた。大統領の同意のもとにＮＲＣに産業委員会が設けられ、特に経済に明るいニューディーラーを選んで、所得と消費の問題を中心に政策につながる議論をさせることになったのである。呼び集められたのは八人、そこにはミーンズのほか、ルービン、ヘンダーソン、カリー、そしてホワイトが名を連ねていた。

産業委員会では議論が百出した。ルービンは生産を抑えて価格の維持をはかる農業調整法（ＡＡＡ）に反対であった。生産は多いほどよい。政府のなすべきことは生産と価格の管理ではなく、生産に見合う消費力を作り出すことであり、そのために国家が主導して一元的な社会保障の制度を作らなければならないと、彼は主張した。

ヘンダーソンは消費が増えない理由として、産業と金融など一部に富が偏在している状況を指摘した。これを是正して富の公平な分配を実現するのは果たして財政政策だろうか、というのが彼の疑問であった。

第二の提言が産業委員会の議論をもとに作られたことは間違いない。それは具体的な政策を挙げてはいなかったが、ニューディール政策の根本的な見直しを迫っていた。そのために一九一二年のプジョー委員会に匹敵するような調査と公聴会を行うことを提案したのである。

二つの提言は別々のようでありながら、実は密接につながっていた。ケインズはニューディールを評して、経済復興に改革は不必要であると述べたが、ニューディーラーは制度の改変なしにケインズ政策の成功はおぼつかないと考えた。ケインズとの違いは大きい。

二つの提言を受け取った大統領がワシントン行きの汽車に乗ったのは三八年四月の初めであった。途中でアトランタから一行に加わったコーエンの手には、コーコランと共に作成した大統領の提案文書が用意されていた。四月一四日、大統領は財政政策の転換を表明し、二九日に臨時全国経済調査委員会（ＴＮＥＣ）の設置を告げた。

［にしかわ じゅんこ／獨協大学名誉教授］

縁切り一筋五〇年②

落語『駆け込み寺』――柳家小満ん師匠を聴く（一）

高木侃

私が落語の演目に「駆け込み寺」があることを教えられたのは、中央大学大学院生のころで、修士論文を書き上げるのに没頭中の、ほぼ五〇年前のことであったろうか。

学部時代に所属した部活は能楽研究会で、謡と仕舞に明け暮れる毎日、邦楽（法学）部謡曲科宝生流専攻などうそぶき、「能観に行くか」「飲みに行くか」で、もっぱら飲み歩いていた。院生になっても研究室と部室が近かったので、ちょくちょく顔を出していた。伝統文化に親しんでいたせいか、部員のなかには数人の落語通がいた。そのひとり観世流の後輩・斎藤隆壹君からラジオで「先輩の研究している縁切寺の落語を聴きましたが、知っていますか」と問われたのが最初である。その頃は修士論文を書き上げるのに没頭中で、深く詮索しなかった。

論文提出後、「落語の演目なら三遊亭円生（六代目）師匠をおいてない」ということで、出演中の人形町末広の楽屋に電話した。電話口に出て取り次いでくれたのが春風亭柳朝（五代目）師匠であった。円生師匠は「演目としても、枕でも聞いたことがない」由であった。ここまでで私の落語「駆け込み寺」探索はひとまず終わることとなる。

その後、すでに廃寺の満徳寺が縁切寺満徳寺資料館として、一九九二年一〇月に開館したが、準備のためもあって、四月に私は請われて館長に就任した。前回にふれた「縁切厠」のみならず、アクセスの悪さを克服するためと知名度アップのために、さまざまなイベントを企画した。

三くだり半の企画展をはじめ、特別展、所在地「徳川」にちなんだ講演会を徳川大学として開催、伝統文化講座と称する琵琶の会、大衆文化講座は落語会である。八回目の落語会は、再度の来演となった柳亭市馬師匠（現落語協会会長）。口演後、落語「駆け込み寺」の存在を尋ねた。すると知っているよ、テープを送ってやるとのことで、後日MDが届いた。聴いてみるとなんと人形町の寄席で電話に出た特徴のある声の主、柳朝師匠の持ちネタであった。ようやく三十数年越しの願いがかなった。

どうしても一度生《なま》で聴きたいと思い、調べたところ、現在口演されているのは柳家小満ん師匠だけのようであった。昨二〇一七年の落語会に出演予定の柳家はん治師匠（資料館に最多七回来演されている）に小満ん師匠の口演をお願いしていただいた。しかも一席は「駆け込み寺」との依頼を、快く引き受けてくれた旨連絡があった。早速お会いすることを約束し、七月中席一九日、池袋演芸場に楽屋見舞いに訪れ、一〇月一四日の落語会へ依頼をあらためてお願いした。

　復元本堂での落語会当日、トリはもちろん小満ん師匠の「駆け込み寺」。当日はテープ録音の許可をいただき、それに自著『小満ん師匠口演用　てきすと　その二十三』（二〇一七年一月発行）に加えて、柳朝師匠の音声をも参酌して、マクラの一部を紹介しよう。

「いざ鎌倉」なんてえ言葉をございますが、これは謡曲の『鉢木』、あれから出た言葉だそうでして、一朝事があった時に使う言葉でございますが、鎌倉の執権でございました北条時頼が出家を致しまして、最明寺入道時頼となって関八州へ廻国に出ましたが、その途中、上野《こうずけ》ッてえますから、今の群馬県高崎の佐野のあたり来たときに、おりからの大雪でございまして、佐野源左衛門常世という、関東武士のお宅へ一夜の宿を求めましたが、この方は元々はそのあたり一番の御領主でございましたが、親類縁者に自分の領地を騙し取られて今はもう落ちぶれているんですが、そういう一夜の宿。真冬でございまして、夜分寒くなってきた時にもう、貧しい暮らしをしておりますから火にくべるものが無い。そこで、佐野常世が、秘蔵にしております、梅、松、桜、これを惜しみながら断ち割りまして囲炉裏にくべて、もてなしてくれましたので、時頼が大変に喜んで「梅、松、桜で、赤よろし（花札の役・赤短のこと）」ッて、そんなことはまぁ言いやしませんが。

　こんな調子で続きますが、鎌倉が古くから栄え、名所、古跡、神社、仏閣、いくらも有名なものがあるが、なかに松が岡東慶寺という名刹がある。臨済宗円覚寺派のお寺で、ここが一名駆け込み寺、あるいは、「縁切寺」ということを古川柳を交えて面白く聴かせる。これがマクラ。

　紙幅が尽きてここまで。本題・内容は次回がよろしいようで、……

［たかぎ ただし／専修大学史編集主幹・太田市立縁切寺満徳寺資料館名誉館長］

神保町の交差点

●昨年、荻野富士夫（小樽商科大学）、兒嶋俊郎（長岡大学）、松村高夫（慶應義塾大学）、江田憲治（京都大学）の四名の先生方が十年前から「合作社研究会」で、報告を重ねてきた研究成果を『「満州国」における抵抗と弾圧』として刊行しました。そのメンバーである荻野先生に『日本憲兵史』（小樽商科大学出版会発行、弊社発売）を続けて刊行していただく機会を得ました。荻野先生のお名前は、十年ほど前、『外務省警察史』、『特高警察関係資料集成』（不二出版刊）の資料集での解説・解題をされていたことで知りました。当時、他社の営業マンと各地の大学で出会った折、この資料は好評だと聞いたのです。国内、そしてアジア各地で恐れられた憲兵は、いかなる組織と意図のもとで暴威をふるったのか。その実態をいくつかの新たな史料を加え、創設から解体に至るまで論述され本格的な通史としてまとめられている労作です。●見城悌治先生（千葉大学）著『留学生は近代日本で何を学んだのか』を三月に刊行しました。先生に初めてお会いしたのは十七年ほど前、千葉大学の総合学生支援センター内にある留学生センターの研究室に、復刻資料『東京経済雑誌 総索引』のパンフレットを持ってお邪魔した時で、話を終えて部屋を出ようとした時、先生から、「来週、隣の会館で留学生達による、国際交流事業〝ユニバーサルフェスティバル〟があるから来ませんか」とチラシをいただきました。よくよく屋内を見渡すと周りはすべてが外国人、異国に来たように感じたものです。イベント当日、会場は近隣の方も参加しているのか、満席で立ち見の方も多く熱気に満ちていました。ステージ上では各国の留学生たちが、民族衣装などを身にまといダンスや歌を披露しています。隣にいる数人の留学生に声をかけ、「どうして日本に留学してきたの」と質問してみました。留学生らの答えは、「日本で学んだ知識を母国に帰って役立てたい」とのことでした。今、千葉大学では世界五〇か国以上、約八〇〇名の留学生が学んでいるそうです。一九〇八年、「五校特約」により千葉医学専門学校に十名の留学生を受け入れたことに始まってから今年で百十年という年に、この本を刊行できたことは大きな意味を持つと感じます。●前号で、会社設立以来初の新刊ゼロ月を出してしまったと書きましたが、この一行に、数名の著者と同業者の反応がありました。「ちょうど、新刊のはざまで」とか「ずれ込んで」と当たり障りのない返答をしましたが、コンスタントに新刊を出し続けていた出版社が、ひと月新刊を出さなかったことで、こんなに心配されるものかと意外でした。その七月は、社員皆の意識を変える大きなきっかけとなり、出版の「魔の夏場」にどう本を出し続けていくか、本気で考える良い経験となりました。●昨年、定年や早期退職などで編集者は半分に減りましたが、二九点の新刊を今期作り上げました。研究書を生業にしている出版社で、一人十点の新刊点数は、他社からは驚かれます。さらに毎月一冊であれば予定もたてられますが、原稿入稿が同時期にかたまってやってきても、刊行期日は待ってはくれません。必然的に刊行は、年末、年度末に偏ります。五点六点同時進行となりながらも、集中力を決して切らすことなく、一冊一冊の本を丁寧に作り続けました。去年は年度末の繁忙期が一段落した五月のGW明け、社員の皆に「休みはどうでしたか」と聞くと、「孤独の台湾旅行に」とか、「自宅でゆっくりしていました」、「北海道を目指して旅立ったが、東北をゆっくり観光したことで、函館には一泊となってしまった」など、話をしてくれる皆の顔がいつもと違うことを感じました。今期は「正念場の二年目」から「飛躍の三年目」へと目標を定め、昨年に続き、今年のゴールデンウィークも、中二日の稼働日を社の休みとし九連休にします。この連休を有意義に活用してもらうことで、今期も乗り越えていこうと思うのです。●全国大学生活協同組合連合会が、二月二十六日に、全国の大学生の生活実態調査を発表しました。「一日の読書時間は平均二三・六分（前年マイナス〇・八分）と三年連続減少となった。また一日の読書時間が「ゼロ分」の割合は五三・一％（文系四八・六％・理系五四・五％・医歯薬系六二・六％）と、前年から四ポイント増加し、五年間で一八・六ポイント増となった」。読書時間を問うようになった二〇〇四年以降初めて「ゼロ分」が過半数を超えました。これは出版界にとっては一大事です。が、一日の平均読書時間が三年連続減少といわれるなか、一二〇分以上と長時間読書する層（全体の七・五％）は引き続き存在しており、「読む人」と「読まない人」の二極化が明確となる結果のようです。また、読書時間減少の原因としてスマートフォンの影響を挙げる声もありますが、同会の調査によると、「調査年ごとの読書・スマホ・勉強時間」の推移を算出し関係の有無をみたところ、読書時間の減少にはスマホ使用時間による直接的な強い因果関係は見られない」とも報告しています。読書時間の減少については今後も注視していきたいと思います。（僅）

新刊案内

価格は税別

留学生は近代日本で何を学んだのか
―医薬・園芸・デザイン・師範
見城悌治著　近代日本への留学生たちは、何をどう学び・考え、その成果を未来に活かしたのか。人びとの交流と思想的連携や葛藤を、長いスパンでとらえ今日の「国際化」に資す。
A5判　三七〇〇円

装幀:渡辺美知子

協同組合のコモン・センス
中川雄一郎著　知っているつもりで実は分かっていない協同組合。その良識の何たるかを開陳。格差社会がますます広がりを見せるなかで、協同組合に何ができるのか。
A5判　二八〇〇円

日本蚕糸業の衰退と文化伝承
高崎経済大学地域科学研究所編
A5判　三五〇〇円
〈小樽商科大学研究叢書〉

日本憲兵史―思想憲兵と野戦憲兵

荻野富士夫著　国内、そしてアジア各地で恐れられた憲兵は、いかなる組織と意図のもとで暴威をふるったのか。その実態を史料から読み解き、憲兵の誕生から終焉、そして現代への連続性を明らかにする通史。
小樽商科大学出版会発行
A5判　六五〇〇円

学歴と格差の経営史―新しい歴史像を求めて
若林幸男編著　日本の企業社会で当然視されてきた「学歴格差」はいつ、つくられたか。三井物産の人事を多くの新史料によって実証・比較分析。
A5判　七三〇〇円

グローバル・ヘルス・ビジネス
―世界標準で健康を考える
一戸真子著
A5判　二五〇〇円

資本主義的市場と恐慌の理論
江原慶著
A5判　四六〇〇円

金融システムの不安定性と金融危機
―日米英のバブルの発生と崩壊
清水正昭著
A5判　五〇〇〇円

韓国経済発展の始動
金子文夫・宣在源編著
A5判　八九〇〇円

ドイツ歴史学派の研究
田村信一著　歴史学派とは何か。ロッシャー、シュモラー、ゾルバルトなど代表的研究者の膨大な業績の分析を通し、新たな視点からその世界を解明。歴史学派研究の頂点に立つ力作。
A5判　四八〇〇円

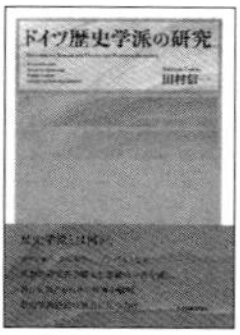

装幀:徳宮峻

評論　第211号 2018年4月30日発行　発行所 日本経済評論社
〒101-0062 東京都千代田区神田駿河台1-7-7　電話 03(5577)7286
E-mail:info8188@nikkeihyo.co.jp　FAX 03(5577)2803
http://www.nikkeihyo.co.jp

のためにどちらにも有効なので、ここでそれらの人々も推計するならば、その男女の人数は首都で一万三〇〇〇人、八大都市で一万六〇〇〇人、十小都市で五〇〇〇人、その他の百地域で一万人、全部で合計四万四〇〇〇人とみなされうるであろう。それらの人々は職人、財の分配者または輸送者として就業する限り、すでにそれらの階級で推計されているので、この階級においては実際に就業せずに就業することに注意を払う時間の間しか推計されざるをえない。それゆえやはり前者の時間と後者の時間の割合がそれらの人々について平均して九対一三の割合とするならば、全ての男女の召使は、自分の主人のために就業することに注意を払い、そのために有給者である限り、毎年継続的な奉仕者二万六〇〇〇人と推計されるであろう。

これらの文民の管理者から軍人の政府の管理者に移るならば、私はそのような目的で全人口から百人当たり三人の割合で九万人を選び、これらの人々はその全時間のほぼ2/45の間は兵士の模擬演習に従事すると私は仮定し、これは農民または職人として彼らのそれによって獲得される他の多くの日常的な役務のための残りの時間の著しい損失なしに行われうるであろう。それゆえこれによりそれらの人々は特典または給料として軍人の給与が支給される毎年継続的な奉仕者四〇〇〇人を示すであろう。

次に首都、国境や要衝の諸都市には行軍、監視、その他の平時の軍事作戦の模擬演習をすることを目指す一万五〇〇〇人の制服の職業軍人がいるものとし、やはり給与が支給される水夫や水手《かこ》等の同数の水兵がいるものとすれば、それらの人々はさらに継続的な軍人の奉仕者三万人になるであろう。

そこでこれら七項目を合計するならば、一国の就業している全ての文民と軍人の管理者は毎年継続的な管理者七万五〇〇〇人になるであろう。

それらの人々の中で右のように（三－12）能動的な人々と受動的な人々が区分される必要があれば、前者については七万人、後者については五〇〇〇人と推計されるであろう。そして前者の人々の中で文民と軍人を区分するならば、文民の政府の管理者は一万人並びに各生体の同様の管理者は二万六〇〇〇人になるであろうし、政府の全ての軍人は、呼称が考慮されたならば外見上一二万人に見えるが、就業の継続性として彼らに必要な給与の継続性が考慮されたならば三万四〇〇〇人と推計されるであろう。さらにやはり前者の人々の中の全ての有給者は六万六〇〇〇人と推計され、有給者でない人々はわずか四〇〇〇人と推計されるであろう。しかし要するにこれら全ての文民と軍人の奉仕者が、右で推計された（三―12）それらの人々と同数の聖職者と賢者、すなわちやはり継続的な管理者七万五〇〇〇人に結びつけられたならば、それら全ての人々と、何らかの方法で一国の財を保障する全ての人々の合計は、あらゆる種類とあらゆる所属について毎年継続的な管理者一五万人になるであろう。

第14章　全就業者の合計

これまで説明されたことから、就業の継続時間から推計される一国の全就業者はまさしく一五〇万人が最初に区分された各階級に次のように配分されるということが確実に結論づけられる。

財の採集者すなわち農民	四五万人
財の加工者すなわち職人	六五万人
財の配分者すなわち分配者	二五万人
財の守護者すなわち管理者	一五万人
計	一五〇万人

これら全ての人々は各階級に存在する多くの役務のうち各階級のどれかの役務において右の一日八時間、年間三〇〇日の労働（三―2）に従事すると理解されなければならない。残りの六五日間においては最初の三階級の就業は一般に認められず、たとえ第四の階級に関わる何らかの集会や式典がそれらの日々に制定されたとしても、それと引き換えに別の日に配分される就業または時間の同じだけの免除によってしか、または後者の日々から前者の日々への同じだけの就業の移動によってしか、それはそれらの日々に開催されえず、それゆえ就業の継続時間は全ての就業についてそれらの人々に定められた年間三〇〇日、一日八時間を決して超えないであろう。これら全ての就業者のうち、ある人々は一次的就業者、ある

人々は二次的就業者とみなされ、前者は全て土地または大量の財の所有者であり、厳密に言えば就業はそれらの人々に帰属し、後者は資本や財を持たず、前者が賄うことのできない就業に手を貸す人々である。前者すなわち一次的就業者は一五万人であり、全て最初の三階級に存在し、残りの一三五万人は全て二次的就業者として全階級に存在する（三-4、6、9）。同様に、これら全ての就業者は能動的就業者と受動的就業者に区分されるとみなされ、能動的就業者は財または役務を消費する他の人々にそれらを供給する全ての人々またはやはりそれらを他人の消費のために供給するような他人からそれらを受け取る全ての人々であり、受動的就業者はそれらの財または役務を全ての人々によって消費されるようにもっぱらそれらを受け取る全ての人々である。前者はそれらの財または役務を供給する国民を意味し、後者はそれらを受け取る国民を意味する。後者の受動的就業者は一〇万人と推計され（三-8、13）、全て最後の二階級に存在し、前者の能動的就業者は残りの一四〇万人と推計され、全階級に存在する。同様に、最後に全階級の中には、大部分の時間は就業することに注意を払うだけであるとしても、全時間有給者もいれば、有給者でない人々または実際の就業時間の間だけ有給者もいるとみなされ、前者は一一万人と推計され（三-13）、全て四階級に存在し、後者は残りの一三九万人と推計され、同様に全階級にばらばらに存在する。そのような就業の区分や一次的就業者と二次的就業者の区分、能動的就業者と受動的就業者の区分、有給者と有給者でない人々の区分に、それらの就業がこれまで一度も区分されたことがなかったのでこれまで一度も十分に理解されず、それらの就業の区分が十分に適用されればされるほどそれだけ理解されるはずの国民経済学のあらゆる神秘がそのような区分に依存するにもかかわらず、私はあまりこだわらなかった。このような就業者数とこのような就業の配分はすでに提示された国と、常にその国で消費され常に総需要によって求められる財に対応する。その国において総需要が変化したならば、その国の就業者も同じように変化しなければならず、配分が変化したとしても規模が変化しなかったならば、就業者は人口と共に同じままであり、また同様に配分が変化することによって規模も少なからず変化したならば、就業者は人口と共に増減しうるであろう。総需要が増減しうる理由は以下で明らかになるが、今のところ現在の国民の配分と需要を考慮すれば、就業者はその国において配分も規模も増減しえないということはやはり明らかであろう（一‐14）。それゆえ就業者を増加させることによってより多くの財と必要な財の質のよりいっそうの向上が必要とされるかもしれないし、誰かが必要とされないのに、またはそうする十分な理由もないのに就業すると言われるかもしれないが、それはありえない（序論の公理）。また就業者を減少させることによって国が堪えうる貧困以上の貧困に追い込まれるかもしれないし、国が生存するために必要な財以下の財によって生存すると言われるかもしれないが、これは明らかに全く矛盾したことである（一‐21、22）。さらに私が一人の同じ就業者を多くの階級における就業者とみなしたとしても、各階級における右の就業者数は違わない。というのは、すでに観察されたように（三‐2）、一人の同じ就業者は二つまたはそれ以上の階級に同時に従事することはできないので、彼が一つの階級に従事しない年間の時間は一人またはそれ以上の他の就業者がその階級に従事する年間の時間によって満たされ、逆の場合は逆だからである。同様に、一国によって消費される何らかの生産物が一国によって直接栽培されまたは加工されたものではなく、一国のために他の人々によって他国で獲得されまたは整えられたものであるということ、これもまたすでに土地の場合に見られたように（二‐19）その就業者数を変更しない。というのは他国で栽培または加工された生産物は一国によって栽培された他の生産物と交換されなければならないので、後者の生産物は一国の就業による前者の生産物と同様にみなされるからである。それゆえ自分の加工品を他人の小麦と交換する人は与える財の加工者とも、受け取る小麦の栽培者ともみなされうるし、一般にそのような交換に関しては、あたかも一国の労働者が例えば同じだけの香辛料、香味料、鉱物と交換する硝子器、綿、絹の消費よりもはるかに多くのものを自国の消費以上に彼らの土地において栽培または加工するのではなくその代わりにインドでそれらの財を栽培または加工し、イタリアの彼らの土地において後者の財よりもはるかに多くのものを栽培することをインド人に譲与したかのように、同じことに帰す。最後の右の継続的な就業者を配分する際に私が推計の便宜のためにある項目に関して多少過剰にしたまたは過剰にしなければならなかったのであれば、私が過少にしなければならなかった何か他の項目が偶然存在することもあろうが、それについては私は注意するよう努めた。そして私には、あらゆるものが推計されたことで、すでに提示された三〇〇万人の生存のために継続的に就業している一五〇万人という数字が、たとえ一方が他方と共に増加または減少させられるというその特殊性にいくらかの些細な違いがあるとしても、最も真実らしいものとして確定されさえすれば良かった。もっとはっきり言えば、自らの就業によって全員に対する総供給に十分なように配分された人口の½がそれに必要とされる最も厳密な人数から恐らく多少増加するということを私は隠さないし、そのためには人口の⅓だけで十分ではないかと私は思ったし、さらに私はそれが真実からあまりかけ離れていないとみなした場合にしか、すなわち人口の⅓が最も正確で最も厳密な人数を下回ることはあってもそれを上回ることはないと理解した場合にしか右の½にこだわらなかった。結局これらの注意書きは、別の場所ですでに指摘されているけれども(一-16)、さらにいっそう理論にほとんど慣れていない人々や、もっぱら誤って理解された理論のために、そしてそれらの理論が真実を研究する唯一必要な規範では決してないために、理論が非常にしばしば経験に一致しないとして理論を信用しない人々に前もって知らせておくためにここで繰り返される。

第15章　全体の経験から推計される就業者と失業者

就業者を階級ごとに推計することに関して、右の推計が確定したことを全体の経験と比較したければ、そのような目的で一国のある地域を選び、それにより国全体の就業者を推計するならば、この地域は、そこで流通する財の多様性のために地主と商人が過剰になり、そこで遂行される役務の量と、そこで育まれる興行、技芸、科学の量のために文民の管理者が過剰になる首都ではありえず、またこの地域は、逆の理由でそれらの人々がいっそう過少になることによってそこに全農民が存在する田舎でさえもありえないのは明らかである。しかしこの地域は面積も合わせて全階級の人々が平均的に配分されているとみなされうる中位の都市である必要があり、例えばこの地域はそのような比較を行うまさにモデルとして私に提示された国の特定の都市と属地（ブレシャとその属領）でありうる必要があろう。それゆえこの地域においては最終的に全人口は住民二七万三八八八人になった。さらにこの中で就業者は、技芸、用務、役務について、それに明白な責任を負った人々によって行われた調査によれば、次のような配分になっている。

土地耕作者	六万一五四六人
職工	一万二九九〇人
卸売商と小売商	二八九二人
御者と騾馬引き	一五五五人
職業を持つ市民	六一三人
計	七万九五九六人

全ての人々から成り立つ階級を完成するためにこれらの人々に全てその就業によって全体の生存に影響を及ぼさない人々として推計される六五八一人の聖職者、一三六一人の貴族と無職の金利生活者、一五六九人の下男が付け加えられる。それゆえ勤勉とみなされ、勤勉と呼ばれ、国民を維持する財の全量が依存させられる人々は右の七万九五九六人に限定され、そのうちここでたった今名前が挙げられた第一の人々は農民に対応し、第二の人々は職人に対応し、第三と第四の人々は分配者に対応し、第五の人々は管理者に対応する（三－14）。それにより同じ呼称を利用することで、総需要を賄い、全体の経験によって推計された就業者はすでに指定された地域においては次のようになるであろう。

農民	六万一五四六人
職人	一万二九九〇人
分配者	四四四七人
管理者	六一三人
計	七万九五九六人

そしてこの就業者の配分をすぐ前の同じ割合で三〇〇万人と仮定された全人口に適用するならば、推計した経験

から確かめられる全体の生存に必要な就業者は全人口当たりおよそ次のようになるであろう。

農民	六七万四一三六人	（四五万人）
職人	一四万二二八四人	（六五万人）
分配者	四万八七〇九人	（二五万人）
管理者	六七一四人	（一五万人）
計	八七万一八四三人	（一五〇万人）

ここでこれらの数字が量についてだけでなく割合についても前ですでに提示された数字にほとんど一致していないと誰もがみなす。農民だけはすでに指定された数字では全就業者の⅓にさえも達していないのに対して、これらの数字では¾を超え、逆に職人は指定された数字では全体のほぼ½と推計されていたのに対して、これらの数字では全体の⅙とさえも推計されないが、これは全く信じられないことである。しかしそのような違いはとりわけそれらの就業者を推計する手続き上の方法の不備から生じる。というのはその方法によればとりわけ一つ以上の役務に就業する人々は何らかの登録簿に記録されるただ一つの役務に割り当てられた人々としかみなされないからである。それゆえ生産物の栽培者や採集者だけでなく自分や他人のための生産物の加工者や分配者でもある農民は第一印象によってしかみなされない。同様に加工者だけでなくしばしば自分の加工品の販売者や輸送者でもある職人は主要な役務に割り当てられた人々としかみなされず、他の人々についても同様である。そしてこれは非常に不規則な形であり、第一と第二の人々は分配者やとりわけ軍人の管理者として第三と第四の人々の役務に非常にしばしば関わるのに対して、後者の人々が前者の人々の役務にわざわざ手を貸すことは滅多になく、より厳密に言えば全くない。さらにこの推計方法においては一部の種類の就業すなわち他人に向けた節約に関わる就業しか考慮されず、自分自身または自分の家族に向けた節約のために少なからず用いられる必要なその他の種類の就業は考慮されない。それゆえ畑で生産物を採集し分配し、至る所でそれを加工する女性は、たとえ家の中では家の外の男性よりも多忙でないとしても、就業者が算定される役務にはほとんどまたは全く関わらせられないが、例えば仕立屋によって裁断され仕立てられた衣服

も家の娘によって裁断され仕立てられた衣服も違いはなく、料理屋によって提供される昼食も下女によって提供される昼食も違いはなく、他の場合についても同様である（三－5）。というのはこれらのどちらの場合も、同じ労働は対価が他人に支払われようと節約すなわち自分自身に支払われようと同じ貨幣に等価だからである。それによりこの推計方法によって就業者が各々を主要な各々によって示すしかない数字として示されるとしても驚くべきことではなく、全就業者の合計においてもすでに提示された数字を大きく下回る数字になるとしても驚くべきことではなく、とりわけ技芸や役務に従事する人々のうち多くの人々が一つ以上の登録簿に繰り返し記録され、多くの人々が病気や老齢のために自由が利かないので全く就業していないのにそこに登場し、誰もそこでは継続的に就業していることを意味しないとしても驚くべきことではない。これはあたかもそれらの例外によって可能ではあるが全員が全く継続的ではない時間の間は恐らく五〇万人に満たない技芸や役務に従事する少数の人々が、国民のあらゆる必要と便宜を賄うのに十分であり、彼らは彼らの若干の時間の間、その他の就業する能力のある一五〇万人はその全時間の間、自分の生存のために全く動かないままでいるかのようなものであるが、これは明らかに経験に反することである。そのような全体の経験に従えば一国においてそのようにみなされる就業者は、就業の量の観点からそれが真実でありうるならばその国のための就業者として推計されるが、就業者の種類または配分の観点からすれば、これは一般に真実ではないということが付け加えられる。というのは一国の農民は他の国のために就業することができるのに対して、後者の国の牧童は前者の国のために就業せず、非常に特殊な場合に逆の場合は逆だからである。それゆえ就業者の配分は一国の就業者からではなく、すでに気づかれたように（三－2）またすでに行われたように、一国によって消費される財に関わる就業者から推定されなければならないということである。それゆえこれら全ての理由により、全体の経済に関わる全就業者のうち右の八七万一八四三人はなにがしかの命令や合意によって、政府の特別の庇護のもとにそれに従事するある少数の人々にすぎないのに対して、同じようにそれらの人々に劣らず重要で、その経済において同じ効果、効力、効用を持つはるかに多くの他の就業者は同じことをしても、彼らをそのような人々とみなすまたは呼ぶ役務または階級に付け加えられず、それゆえ彼らに気づく能力のないまたは気づく術を知らない政府の視界に入らないと断言せざるをえない。

第16章　全失業者の合計

すぐ前のように（三－14）一国の全就業者が推計されたので、失業者に関しても同じ方法で同じことをするとに着手したければ、それらの人々が一国において実際に就業者に入らない人々でなければならないことに気づくのは容易であろう。というのは各人は一国において必ずその数に含まれなければならないかまたはその数から排除されなければならないからである。それゆえ一国を構成する全ての人々三〇〇万人のうち、継続的な就業者として推計された就業者数に含まれる½すなわち一五〇万人が存在するので、同じ方法で推定されるもう½すなわちもう一五〇万人はその数から排除される人々すなわち継続的な失業者とみなされなければならないのは明らかである。次にこれらの人々のうち一〇〇万人は失業者であるだけでなく就業する能力のない人々でもあることが認められているので（一－7）、就業する能力があるにもかかわらず失業しているもう五〇万人が残るであろう。実際、継続的に就業している½の国民は総需要を完全に満たし、今までに国民を維持するために必要な財と、総需要に従って実際に国民を維持するとみなされる財を採集し加工し分配し管理するのに十分なので（一－14）、総需要（たとえどのように認識されようとも諸々の個人の需要である）が満たされ満ち足りているのだから、もう½の国民は一部は就業する能力がないために、また一部は就業に適さないためにやはり継続的に失業者にならざるをえないとやはり言わざるをえない。それゆえ½の国民が全国民のためにその維持のために就業する、または一人の国民が二人のために就業する、すなわちその就業によって彼と彼と同等の他人に十分な財を生み出すということが確定され、その結果、前者は全て就業者になり、後者は全て失業者になるであろう。しかしここで労働は全体の財を分かち合うために各人に必要であり、自分の労働と他人の労働の交換によってしか財を獲得することはできないので（一-8）、結局それらの失業者はそれでもし財を全く持たないつもりでないならば、実際には失業者では全くありえないということに気づかれるべきである。さらに全体の就業は½の就業と釣り合い、もう½の失業と釣り合うということが起こるので、このことから全体の就業は必ずしも継続的でないということが容易に理解されるであろう。それゆえ右の配分された人数から就業が他の人々に広まっていけばいくほどますます全体の就業は継続的でなくなるであろう。そして実際たとえ全て継続的とみなされる就業者が一五〇万人と推計されたとしても、必ずしも全て継続的でないとみなされる就業者はその中に右の就業する能力のある失業者五〇万人も含めることによってそれよりも大きい人数に及ばなければならないであろうし、その能力のない人々に関しては寄生者として結びつけられる他人の就業によってしか財を獲得しないので（一-7）、それらの人々は前者の手または頭脳を通じて就業していると言えるであろうし、したがってまたそれらの人々の間の就業者と失業者の区分にもかかわらず、全員に財が供給されるならば全員が一国の就業者であるということは常に真実であろう。そしてそれならなおさら全員はある人々はより多くある人々はより少なく労働するので、同じ規則でまたは同じ基準である人々にはより多くある人々にはより少なく財が供給される。それゆえ経済的雇用が実際にそうであるように全ての人々において継続的でないとみなされたならば、それは就業する能力のある二〇〇万人の人々全てに及ぶであろうし、それが各人において平均的に考慮されたならば、各人はその時間の¾の間は役務に従事し、残りの¼の間は役務に従事しないと言いうるであろう（一-22）。あるいはこの数字に就業する能力のない全ての人々も含めるとすれば、国民の平均的な任意の二人が考慮されたならば、彼らは自分の生存のためにその時間の½の間は労働し、もう½の間は労働に従事しないと言いうるであろう。それゆえ右のように一五〇万人にまとまった就業と五〇万人にまとまった失業をどちらも継続的とみなすことは、就業する能力のない人は別にして、前者と後者を十分に区分する場合、または就業者の状態と失業者の状態を十分に明らかにし、やはり普通良く行われるようにそのほとんどの時間ずっとそのような人々でありそのように見える人々をそれらの名称で呼ぶ場合しか以下ではないであろうし、その全時間ずっとそれらの人数が全て前者の人々は完全就業者であり、後者の人々は完全失業者であろうということを意味する場合しか絶対にないであろうが、それは確定されえないであろう。

第17章　失業者の必要性

ここで最後に述べられたことは、経済的雇用が問題になるときは、一国においてそこから排除された失業者がある人々はより多くある人々はより少なく必要であり、そこに全く配分されえない特定の理由が存在するということをはっきりと理解させる。というのは人は全体の維持に必要な全ての財を自分自身と他人に供給する以外に労働に関わる理由を持たないので（一-8）、その供給がもっぱらそのうちの誰かの労働によって常に行われるならば、他人はそれに手を貸すことはできないであろうし、したがってまた後者はやはり失業者にならざるをえないであろうからである。実際、全人口の維持に必要な財がやはり前者が後者に先行されなければならないように（一-20）過去の労働によって獲得されたならば、そのような財を維持するためには継続的に就業しているとみなされるその人口の½しかもはや必要とされないので、すでにその労働によって財が供給されているもう½が就業しなければならない理由は存在しないであろうし、したがって後者は失業者のままであろう（序論の公理）。さらにそれらの財は、過去の労働によって一度生み出されたならば、最初に見られたように、また以下でよりいっそう証明されていくように、主にそれらの財を維持する同じだけの労働と引き換えにそれらの財がある人々から他の人々に移転するという理由で、ある人々にはあり余り、他の人々には不足するように分配されなければならない（一-11）。それゆえ各人が自分に不足する財を獲得するかまたは自分が所有する財を維持するためにしか就業しないならば、失業者はそれらの就業者の必然的な帰結になるであろうし、やはり後者を取り除かなければ一国から前者を取り除くことはできないであろう。というのは財の獲得のためにしか就業しようとせず、自らを維持するのに十分な財が獲得されたならば就業をやめる人々は、過去の就業のために現在の就業を差し控えるに違いないであろうし、消費される財に一致する就業が存在しなければならないのと同じ理由で、所有される財に一致する失業が一国に存在しなければならないであろうからである。それゆえ就業が全体の消費によって次々と不足する財を自己補塡する財の必然的な帰結であるのと同じように、失業はすでに生み出された財の必然的な帰結である。財を所有する人または財が不足する人のために就業を増加させたとしても、人口が同じままであるとすれば、一国に余剰の無用な財を背負わせることしか達成されないであろう。また人口が財の増加に比例して増加したとしても、増加した人々は失業者にならざるをえないであろう。というのはその場合にはそれらの人々は彼らに必要な余剰の財が供給されるからである。それゆえ一国の定常的で恒久的な状態においては、右で説明されたように全員に財が供給されるので、人口の½の失業者は人口の½の就業者と同じように必要である。さらに財の質の向上の増加または減少によって総雇用がやはり多少増加または減少しうるということ、これもまた逆に失業が減少または増加するということを生ぜしめるであろうが、その差は失業を完全に埋めるまたは満たすには決して至らないであろう。というのは一定の限度内でしか、または財をいっそう快適な用途のものにするほどまでにしか財を増加または増大しえない財の質の向上そのものは財をいっそう不快な不便なものにする限度を超えないであろうからであるが、そのような場合には質の向上を停止することも必要である（一−12）。そして経験から、然るべき場所ですでに観察されたように、財の質の向上は就業する能力のある全ての人々がそれに従事する前だけでなく、それよりもずっと前に全体として不便なものになっているのは明らかである。

第18章　失業者は階級ごとにどのように配分されるか

右の失業者が階級ごとにどのように配分されるか、すなわち全ての失業のうちのどれだけが各階級ごとに推計されうるのかが問われるならば、人は多くの階級に就業し、それゆえある階級の就業者数から継続的な就業者を差し引き、残りの人々を失業者と推計することはできないという理由で、それが確定されるのは困難なように見えるであろう。実際、各人がある階級に関しては失業者でありながら他の階級に関しては就業している限り、各階級の失業と就業の配分は、失業が一つの階級の失業としか理解されなければ四階級の就業が理解されるように配分されるとは思われない。それにもかかわらず人は最も楽に就業できさえすれば自分の生存のためにどの階級に就業しようと構わないとみなされるならば、各階級の需要に応じて、または実際にそこに就業する人々の需要に応じて各階級に同じように集まり、各人は他人の流入がより少ない階級に集まるとしても、就業するために集まった人々または就業する能力のある失業者はやはり各階級の実際の就業者数に一致すると理解されるであろう。これは就業者は階級間に最適にすなわち総需要に応じて配分されるというすでに見られたこと（一-14、15、16）に一致する。そして実際、就業する能力のある人々が他の階級よりもある階級にいっそう集まったならば、ある階級よりも他の階級にはいっそう集まらないであろうし、より多くの人が集まる階級により大きい成功の困難があり、より少ない人が集まる階級により小さい成功の困難があるとして、彼らはより大きい困難がある階級に就業することを要求し、より小さい困難がある階級には同じことをしようともしないが、これは全く信じられないことである。それゆえ彼らはどの階級にもより多くもより少なくも集まらないので、各階級に同じように集まるであろうし、各階級にそこに就業していた人々に一致する数を要求するであろう。次に就業する能力のない失業者は子供、老人、女性、病人であり、その数は常に就業者、就業する能力のある人々、またはその家族の数に一致するので、それらの人々もまたやはり同様にみなされる実際の就業者に比例して各階級に帰属するであろうし（一-7）、全人口の中には就業者も失業者全般も存在するので、前者もまたとりわけ各階級において後者の人数になるであろう。これはすでに述べられたこと（三-15）を確認し、継続的な就業者として推計された上で列挙された就業者が、その全員の就業が各々の就業においては実際には継続的ではなく、それが確定される一日八時間、三〇〇日よりもずっと少ない時間の間、各々が不確定に行われるのはどうしてかを確認する。そのような就業を継続的な就業から実際に存在する継続的でない就業に還元したければ、それが及びうる人々の全ての人数は継続的な就業者の⅓強、全体の⅙強ほどであり、それゆえ就業する能力のある全ての人々を含み、その能力のない人々のような他の全ての人々を含まない。そのようにして失業を各階級の就業に混ぜるならば、各人は各階級の就業者と失業者になるであろうし、三〇〇日間行われる就業は全体の就業であろうと各階級の個別の就業であろうと、一日八時間の継続時間から始めるならば、¼の0時間から全八時間までの逆の同数の失業を含むことによって¾については数時間または0時間まで徐々に減少するであろうし、継続的と仮定された一五〇万人を含む就業は、継続的でないとみなされたならば、最終的に就業する能力のある全ての人々である二〇〇万人まで含むことによって八時間から数時間または0時間まで徐々に減少するであろうし、それに比例して全階級で減少するであろう。それにより常に労働に従事すると仮定された八時間（三-2）の時間のうち、平均的な各人の就業時間は 1500000×300×8＝2000000×300×6 または 500000×300×8＝2000000×300×2 になるので六時間ほどになり、非就業時間は二時間ほどになり、したがってまた平均してその時間の¾すなわち六時間の間は就業するとみなされる各人は、もう¼すなわちもう二時間の間は彼と同じ階級で労働に従事する人に無駄に注意を払うと言えるかもしれない。

第19章　右の配分の必要性

すぐ前のように一国の就業と失業が人口の½または⅙の継続的就業から⅔の継続的でない就業と失業の混成にまで及ぶとみなすこと（三-18）、そして就業の継続時間が失業の増加に反比例して、やはり⅔の就業する能力のある全ての人々の就業それ自身が悪化して継続的な失業になるまで、徐々に減少するとみなすことは、推計の気紛れな悪戯ではなく、財が就業の必然的な帰結であり、それが就業者によってしか獲得されえないための自然の必要性である（一-8）。それゆえ就業する能力のある人は誰でも、やはり財に関わりたければやはり何らかの方法で就業に関わらなければならないであろう。そして実際、継続的に就業し、右のように階級ごとに配分された人口の½は、全員に十分な財を獲得するので（三-14）、あらゆる表面的な理由は、全て同じように推計され、同じ時間で配分された就業がそれを実行する能力のある全ての人々に及ぶということを必要とするであろう。というのは誰もが多かれ少なかれ一日を通じて就業するのではなくその代わりにまさに一人当たりの平均的な長さとして配分された六時間の間は他の全ての人と同じように就業し（三-18）、やはり総失業の平均的な長さであるもう二時間の間はやはり同じように失業するからである。それゆえ就業する能力のない人々が親類縁者の子息、両親、女性、病人として結びつけられる就業する能力のある人々の状態にならうならば、一国の誰もが就業者も失業者も他の人と同じようにみなされ評価されるので、可能な限り財が供給されなければならないと思われるであろう。しかしこれはありえない。というのはそのような仮定の下では誰も財が不足せず、誰も余計に財が供給されず、それゆえ他の人々を就業に駆り立てないので、全ての就業は停止し（一-11）、それにより全ての財は数日間で消費され、それゆえ財が就業と同じように配分されるならば誰もが財も信用も完全に失い、国は完全に消滅するであろうからである。同様に⅔の就業するのに適した人々のうち¾が継続的に就業し、残りの¼が完全に失業するということもありえない。というのは財の所有をもたらすものは就業だけなので（一-8）、その場合にはこの¼の完全失業者は完全に財を持たず、逆に余計な財が供給される¾は大変な苦労をする理由もなく就業すると言わなければならないであろうからであるが、どちらも明らかに不合理である。それゆえ⅔の各人が同じように就業し、その¾の各人が継続的に就業し、残りの¼の各人が完全に失業するということはありえないので、この⅔の各人が就業すると同時に失業せざるをえない。言い換えれば徐々に不足する財を維持し獲得するために就業し、そのために必要な就業時間を常に余分に持つために失業せざるをえない。すなわち各人は八時間の継続的な労働から次第に減って0時間まで就業し、全時間当りの総雇用はそれに対応する失業の0時間から八時間までの逆の時間の長さにつれて八時間から0時間にまで至り、したがってまたすでに見られたように（三－18）、⅔の就業する能力のある人々は、ある人々はより長くまたある人々はより短く就業し失業もせざるをえないということである。結局、人が次第に継続的にではなく就業するような時間から推定されたこれらの就業者は、次第に継続的に就業するような時間から推定されたならば一五〇万人の就業者になることが確かめられるのと同じ理由、同じ必然性で五〇万人の失業者になるであろう。

第20章　失業は就業者の休憩とは違う

継続的に就業している人口の½と、全体の財の供給のために継続的に失業している人口の½（三－16）に配分された時間の長さは、これまでずっと述べられてきたようにほぼ一日八時間の同じ継続時間と仮定する。この継続時間が就業のために一日一六時間やちょうど二四時間のようなそれよりも長い時間に及ぶならば、150000×8＝75000×16＝50000×24になるので、そのような財の供給のためには、人口の非常に小さい部分、すなわち人口の¼または⅙だけで十分であるはずであり、残りの¾または⅚が失業するのは明らかである。しかしちょうど八時間の就業の継続時間が仮定されているということは、人は自分の一生の全時間就業することはできないという明白な不可能性から生じたと誰もがみなし、それゆえ一日二四時間のうち八時間が就業に配分され、八時間が娯楽に配分され、八時間が睡眠に配分される（三－2）。しかしそのような時間配分をこれ以上改正するためには、あらゆる就業が長く続くことによってどのように心身を疲労させ不快にするかを考慮し、そのような疲労が就業に後続するそれに対応する快適な休憩によってしか取り除かれないということを考慮しなければならない。それゆえ就業はそれによって良質の、より快適な、より心地よい財が手に入るので、休憩よりも好まれるが（二－11）、その後の休憩は就業によって打ちのめされ疲れ果てた自然の力を癒すので、就業よりも好まれる。これは就業とその後の休憩がどうして必要であるのかを理解させるが、これはどんな労働の喜びによっても疲労し不快になる心身はしばらくすればやはり休憩せざるをえず、そうすれば労働の喜びはより大きくなるということから明らかになることである。そのような喜びによってもそれはしばらくすれば疲労させる不快なものになるので、就業者が首吊り縄に頼らないようにそのような不快さを避け、不快になった就業者の最後の逃げ場が不幸な自暴自棄にならないように、就業は再び以前の就業に戻る。しかしこれもまた就業後の休憩がここで理解された失業とどのように違うものであるかを理解させる。というのは前者の時間中は就業することができないが、後者の時間中は就業することができるからである。すなわち就業後の休憩時間はその後よりいっそうの熱意と活力で就業を再び開始する時間の間隔としてやはり就業後に必要だからである。それゆえ就業する能力があるにもかかわらずもっぱら就業していない人々は失業者と推計されなければならないので、それらの人々は右の継続的な失業者として推計され（三-16）、実際には就業後に休憩しているので必然的に就業することができない時間の間はもっぱら就業者ではない五〇万人からしか推定されえないであろう。右の休憩時間は常に娯楽や、その他の要するに単に食べ、骨休めし、無為に過ごすような動物的な機能に消費され、体力が回復すれば肉体の影響力に役立ち、それにより精神が完全に解放されなければ飽くことなく完全に就業することは決してできないであろう。さらに右の就業と休憩を交互に繰り返すことは、前者か後者のいずれかが持続すればするほどますます体力は一般にどの国民もいっそう頑強になるかまたはいっそう脆弱になるということは真実である。ごく普通のイタリア人は常に一日八時間以上就業を続けず、一六時間以上娯楽と睡眠を続けず、他の全ての人よりも活動的でも怠惰でもないと私がみなす私自身の経験が考慮されたならば、私はそのような交互の繰り返しを一般に一対二の間隔に確定したい。しかしこれはそのような間隔が他の国々の全体においては変化し、灼熱のまたは厳寒の環境の下では多かれ少なかれ適応力のある人体の体質によって全体の就業が減少し、また同様に暑さ寒さの度合がごく穏和なところでは増加しうるということを妨げない。ともあれイタリアや近隣のヨーロッパの環境に従うならば、私は以下で、他の事情が全て等しければ、すなわちすでに提示された国の政府と右の人々の自由が考慮され、そのような自由によって財の消費に対する総需要がすでに提示された地方において同じならば、各人の継続的な就業と失業も、全体の総雇用も同様に常にすでに確定した規模と仮定するであろう。この総需要が不自由の増加によって減少するならば、雇用、財、人口は以下の各編で徐々に明らかにされるように、同じ環境の下でも、同じ国においても著しく減少しうるであろう。

第21章　豊かな失業者と貧しい失業者

一国の失業は、一方ではある人々の財の過度の余剰のために、他方では他の人々の財の過度の不足のために、後者が前者によって救済されるので必要になるということがすでに見られた（三−18）。これらの異なる反対の理由で、全員に必要な財は過去の労働によってすでに生み出されているし、たとえ個人の需要は変化しうるとしても、財には総需要によってより洗練された加工も、より快適な分配も、より有効な守護も必要とされないので、どんな実際の雇用もそれを同じ量と質に維持するものを超えるものは無用な無駄なものになる。これは誰もがみなすように二種類の失業者を形成し、そのうちのある人々は**豊かな失業者**と呼ばれ、またある人々は**貧しい失業者**と呼ばれるであろう。前者は余剰の財が供給されるので失業し、後者は彼らに必要な財が前者の余剰の中にすでに生み出されており、最終的に前者からそれを受け取ることになるので失業する（一−11）。そして実際、たとえ一国のどんな種類の人々が調べられたとしても、多くの財を所有するので財を獲得するために就業する必要がなく、そのために富者と呼ばれる人々か、または財を持たないので財を獲得することが欠かせないが、実際には就業しなくても財がよりあり余る人からそれを獲得し、そのために貧者と呼ばれる人々以外は、誰もより明白に失業してはいないであろう。さらに後者の人々の財の不足は前者の人々の財の過剰によってちょうど維持されるので、あるものを与えることはそれを受け取ることに等しく反対であるのと同じように、一方の不足は反対に他方の過剰に等しく、したがってまたあらゆる結果はその原因に等しく、その原因によって制約されるのと同じように、貧者の失業は富者の失業に等しいと言わなければならないであろう。実際、たとえ財の所有の不平等と、⅔の就業する能力のある全ての人々（三―18）について八時間から0時間までに至る失業が考慮されたとしても、その規模が豊かな失業者の方が貧しい失業者よりも大きければ、後者は前者よりもずっと就業しているであろうし、富は就業の結果であるから貧しい失業者は豊かな失業者よりもずっと豊かになるであろうが、これは矛盾である。逆にその規模が貧しい失業者の方が豊かな失業者よりも大きければ、後者は前者よりもずっと就業しているであろうが、これは就業に駆り立てる財の不足という理由には一致しないであろう（一―8）。それゆえ失業の規模はどちらの場合もより大きくもより小さくもなりえないので、やはりどちらの場合も等しく、したがってまた失業は同じ規模の貧者の就業を確定するために富者に必要になるのと同じように、富者の就業を確定するために貧者に必要にならざるをえないであろう。それゆえすでに仮定された三〇〇万人の人口の中で継続的失業者として推計された五〇万人の失業者のうち、二五万人は富のために継続的でない失業者とみなされ、同数は貧困のために同様にみなされ、どちらも継続時間から推定されたならば、富者でも貧者でもないやはり継続的でない七五万人の就業者と混ざった人々とみなされなければならないであろう。そして実際、全ての人々の自愛心が等しいとすれば、人は財が不足するときはそれを獲得しようと駆られ、彼が獲得した財を維持しようと駆られるが、これは貧者の失業に対する富者の不満にもかかわらず、富者は彼らの余剰によって対価を支払いうる就業よりも大きい貧者の就業によっても損害を受けないということを生ぜしめる。また同様に、富者の失業に対する貧者の不満にもかかわらず、貧者は財を所有する人々よりも多くの財すなわち自分を維持するために必要なもの以上の財を獲得するために就業するときは富者を誹謗中傷するのをやめないであろう。したがってより裕福な人々に関しては、ただ一人の人の後ろに多くの人々を侍らせる全ての儀式、祭式、典礼のような彼らの身近で就業する人の無駄な介添えをする就業以外の就業が常に堪えられるわけではなく、彼は他人が衣服を身に纏い、衣服を脱ぎ、食物を口に入れるのを辛抱強く我慢する他人のためにしか就業せず、無数の取るに足らない思いつきにもかかわらず彼のために就業するので、やはり彼を失業者とみなそうとするであろう。それにもかかわらず必要が貪欲を上回って就業を獲得し、それにより貧者が富者以上に就業するとみなされるならば、その場合には貧しい失業者は就業によって豊かな失業者の地位に上ることで後者の地位の一つが彼の地位に下がることを余儀なくさせるのは明らかである。というのは富者の間でまたは貧者の間

で就業または失業が増加または減少することによって地位が交換され、人口、財、雇用が同じ規模のままであるとすれば、就業と失業は富のためにも貧困のためにも恒久的に同じ規模の人口に結びつけられるからである。

第22章　失業者に対する雇用について

これまで論じられてきた経済的雇用のうち、一つは理屈と力によって財を保障する雇用とみなされ、そのためにすでに第四の階級に列挙された全就業者がいろいろな方法で理解された。そこでここではまずこの階級のそのような役務は確かに全体の財の保障と保護のために有効であるが、それでもそれは他の各階級によって要求される財そのものの増加のためには全く有効でないということに気づくべきである。そしてたとえ文民または軍人の力というとりわけ世俗的なこの役務が他の各階級による全体の財の増加に大きな影響を及ぼしうると仮定する誤りが、とりわけ今世紀のものであるとしても、その理由を研究する忌々しさがなければ、この階級のどの就業者によっても全体の財は確かに他の各階級と同じようにこの階級においても増加するであろうが、この階級によって他の各階級において増加することは決してないであろうし、以下で明らかになるように、全ての財が他のあらゆる種類の就業者によって増加する以上にこの就業者によって全く増加しなければ、この奉仕者の就業者は全就

業者の一部であるのと同じように全ての財の一部でもあるということはやはり明らかであろう。今のところここではさらにそのような理屈や力に関わる管理者がどのように各人のために財を保障し保護するかだけでなく、彼らが経済活動に従事しえないにもかかわらず一国において失業している他の各人を就業させることにどのように従事するかも観察されなければならない。さもなければそのような理屈と力は無用なものになり、暴力と大損害に変わるであろう。そのためにこの階級の彼らの役務はますます増加しなければならないということがすでに見られた（三-11）が、これはとりわけ理屈に関わる管理者すなわち聖職者と賢者に関して理解されることである。実際、全体の生存に関わる役務にその全時間ずっと一国の全員が従事することは、それには不釣り合いな心身の力によっても、その全時間ずっと同じ力で就業に対応する人々を就業させるために必要とされる増加よりも小さいそれらの役務の増加によってもできないので、また他方で人間がやはり土竜《モグラ》や植物と同じような愚鈍で怠慢と仮定されたくなければ、それらの人々の心身は自分の力に応じてやはり常に何らかの役務に従事し、それにとどまるべきなので、それゆえすでに気づかれたように（一-22）右の経済的雇用以外にその能力のない人々またはその余剰になっている人々が押し込められる他の非経済的雇用がなければならないのは明らかである。先進国におけるそのような雇用はそこでもまた第一に宗教上の極めて神聖な役務、式典、祭式に関わる労働として認められ、それらはたとえ他の労働よりもはるかに崇高な目的に関わるとしても、それらはやはり総雇用におけるいくらかの部分の時間を満たさなければならない限りにおいてしかここでは他の労働と比較されるものと理解されない。第二にそのような雇用は自由学芸の研究、真面目な世俗的な興行、その他の善良な社交場や娯楽として認められるが、どちらの種類の雇用に関しても今や国民はやはりその½の時間（三-14）を経済的雇用後の自分に必須の欠かせない失業に充当せざるをえず、それでももしそれらの雇用がなかったならば、国民は惰眠を貪ったり、それらに反した窃盗、詐欺、反乱、戦争、その他同様の財の獲得のためのあらゆる種類の経済的雇用そのものやあらゆる種類の財を台無しにするような職業に従事しようとするであろうが、これは人間の理性に反する明らかな矛盾であり非常に恥ずべき誤りであるということが今や確認されるであろう。今やそれらの良質な非経済的雇用は、十分に考慮されるならば、経済的雇用の主に聖職者と賢者の、また文民と軍人の役務の能動的な部分としてすでに指摘されている（三−12、13）。実際それらの人々は全て、失業している富者と貧者を就業させ（三−21）、前者を管理し、後者を癒し、彼らを全く均等なものとみなし、要するにさもなければそのような失業すなわち彼らがいる貪欲や糞便の地位に彼らを駆り立てうる不調和を未然に防ぐことを目指している。さらに各人は各々富者であり貧者であり就業者であり失業者であるとしても（三−18）、各人は同じ救済を必要とする。というのはそれらの人々の労働は各人の財を保障するだけでなく、理屈または力によって各人の経済的失業を同様に管理し、それを真理に向かわせ、誤りに向かわせないことも目指すからである。それゆえ経済的就業者の中で能動的就業者として推計される右の奉仕者の就業者は、受動的就業者とみなされたならば、彼らが存在する同数だけが推計されるのではなく（三−11）、たとえ国民が自分の財の供給のために就業しないとしても国民全体に広まり、就業する能力と場所のない能動的な経済的失業者は就業する場所も能力も全く必要としない同数の受動的な奉仕者の就業者に変わるであろう。というのは各人は教会、学校、興行、その他の真面目な娯楽に老人であろうと子供であろうと女性であろうと病人であろうと自分の能力と才能に応じて受動的に就業することができるからである。それゆえ宗教の管理者、賢者、役人は余計または過剰とみなす人々の誤りが明らかになる。これらの人々はその全てが虚偽、欺瞞、腐敗にすぎないのであるならば余計または過剰な人々であり、むしろ完全に廃止されるべき人々であるのは明らかであるが、宗教、哲学、役所が腐敗しておらず嘘偽りのない誠実なもの、すなわち先進国のキリスト教国のように自由で互いに独立したものであるならば、これらの人々は決して過剰な人々ではなく、むしろこれらの人々の人数が多いということはまさに先進国と多くの野蛮な国々や自分たちのより良い経済的役務をまだ知らずにいる多くの国々とを区別することであろう。

第23章　失業者に禁止される雇用について

然るべき場所で推計されたように（三−14）それと引き換えに各人が全体の生存のために財を供給する総需要に関わる経済的雇用に加えて、そのような財の供給を目指す別の雇用が存在する。それは必要とされるのではなくむしろ全体に忌避され排除されるものであるが、それにもかかわらずそれはすぐ前で指摘されたように（三−22）多かれ少なかれ過剰な、また多かれ少なかれ誠実な奉仕者の役務によって、あらゆる国で、ある場所ではより多くまたある場所ではより少なく、またはある人々にはより多くまたある人々にはより少なく行われるものである。そのような必要とされない雇用が必要であることを理解するためには、必要とされる雇用が全員に均等に配分されえず、むしろある人々の八時間の継続時間から他の人々の数時間または0時間まで減少しなければならず（三−19）、右の四階級の役務に少なくともはっきりと関わることができず、したがってまたそのような役務と切り離せない全体の財に関わることができない人々があらゆる国に多く存在するのはどうしてかが観察されなければならない。本当のところは、それらの階級に実際に従事していない人々はそれらの階級の一次的就業者に二次的就業者の中に受け入れられるために斡旋、交渉、奸計、瞞着によって採用されることが欠かせないが、ある人を二次的就業者の中に加えることは他の人をそこから排除しなければできず、そのような就業のための瞞着は誰かにとって自分の生存のためには役に立たないので、それらの人々は財が供給されるためにはやはり瞞着かまたは他の種類の就業に頼らざるをえない。そのような就業は私がたった今話題にした就業であり、十分に考察するとそれは財がよりあり余る人々に財を求めるかまたはいろいろな方法でそのような人々から財を奪うことからしか成り立たない就業である。明らかに必要とされるのではなくむしろ一般に嫌悪され忌避されるそのような方法によってやはり多くの人々が他の人々の中で生存しているということは否定できない。それゆえそのような必要とされない方法または雇用を、必要とされる雇用が区分されたように区分し推計したければ、それらのうちで思い浮かぶ最初のものは**乞食**すなわち必要とされる雇用がないので財を持たない人々が財を多く持つ全ての人々に自分の生活を維持するのに十分なだけの財を求め、他の多くのものを求めない人々の就業であると思われる。そのような就業は最も必要な就業、もっとはっきり言えば先進国において必要とされるべき唯一の就業であるに違いないかもしれない。というのはある人がとりわけ貧しいのは彼のせいではなく他人のせいであり、必要とされる雇用によって必需品を手に入れられないのはやはり彼のせいではなく、もし彼が可能であったならば彼が先を越したであろう雇用を他人に先を越されたせいなので、彼が慈悲と同情に縋って雇用と財がより過剰にある人に、彼に帰属する財の部分を彼から横取りされたと言える雇用の部分と引き換えに求めること以上に自然で純粋なことはないからである。しかしそのような雇用はそれを行う人の怠慢、怠惰、卑賤を示し、怠惰と卑賤はやはり一般に蔑まれるのが常なので、それゆえそのような雇用は一般に蔑まれ貶されるだけでなく時には思慮に乏しい法律によって阻止されもし、貧者に負わされる怠惰は彼らの悪癖ではなく富者の彼らよりも大きい機敏さと周到さの結果であるということも、全員が同じように機敏で周到ではありえないので無辜の人は他の人が彼よりも機敏で周到であるからと言って非難されるべきではないということも考慮されない。ともあれ乞食がそのようにして生存手段を手に入れるのを阻止されたならば、彼らは、他の豊かで有力な自分と同じ失業者を籠絡することによって、それらの人々を仲間として失業に引き留め、居候や道化として喜ばせ、阿諛者として満足させ、最後に農業、工業、商業において見込まれる巨額の富によって世界を改善するという輝かしい計画によって騙し、そのような魔法によって巨額の財を富者から獲得するが、頭が鈍く空であれば時おり百人の乞食の財を全部合計したものを獲得するのが常である**ぺてん師**として生存手段を手に入れる他の人々に頼るであろうと思われる。しかしまたそのような技能の愚かさ、無益さ、嫌らしさ、胡散臭さは長く維持されず、それらが維持される頭の軽い人々はやはり存在するがそれでも全員ではないので、直ちに発見されるまさにそれらの就業者は一般に見捨てられ追放されるが、貧しく財を持たないぺてん師はなお残る。その場合には生存手段を手に入れるために人知を悪用する失業者に就業する場所は残っていないので、まさにその人知を悪用することに向かい、そのためにとりわけより誘惑に負けやすい性の弱みを利用し、それが卑しい女性によって行われたとしても彼女らに依存する男性によって**女衒**《ぜげん》として行われたと訴えることができる性愛とその斡旋に関わるあらゆる方法の闇取引によって生存手段を手に入れるように思われるが、そのような恥ずべき役務によってやはり多くの人々が他の人々の中で生き延びているということは否定できない。しかしまたそのような役務によって悪はますます悪くなり、最も大切な心の感情を汚すだけでなく、一族を侮辱し、係累を辱め、名誉を失墜させ、力を貶めるので、したがってそのような失業者が就業する方法もまた国民から排除され追放されたならば、**泥棒**として財を手に入れる以外に財が供給される彼らの逃げ場は残っていないように思われる。これは失業者が決意し、右の必要とされる経済的雇用においては行われない究極の役務であることは否定できず、非常にしばしば用心深い秘められた技能によって行われるが、時々明々白々な暴力によって行われるのが常であり、財を全く持たない人々または財を全く持たないとみなされる人々によって財を大量に所有する人々から財が奪われるという同じ目的で行われるのが常である。さらにそのような役務はあらゆる役務の中で最も暴力的で最も危険なものであり、さらにしばしば反逆行為と残虐行為の仲間なので、やはり最も迫害され処罰されるものでもある。それゆえ究極の絶望に行き着いた失業者しかそのような役務に追いやられず、追いやられた後はそれよりも悪いことを企てようとする人はいないということである。それゆえ失業者の必要とされない雇用はやはり必要とされる雇用と同じように四つ、すなわち乞食、ぺてん師、性愛の闇取引、泥棒に還元されうると思われる。すでに提示された国においてそのような雇用が失業者の中で見出されるのはどれほどなのか、またそのような雇用における各人の個人の数はどれだけであるのかについては、私がそれらについて行った調査において怪しむに足らぬ場所に彼らをほぼ見出したようなので、私はそれを検討するのを差し控えるであろう。しかしだからと言って、反対の理由で教会がほとんど常に閉鎖され乞食が追放された開発途上国においてぺてん師と背徳的な性愛と泥棒が一方が他方と勘案され十分に理解されたならば疑う余地なくより通例のものになるのとは違って、すでに提示された国においては第一の人々すなわち乞食の人数は明らかに他の全ての人々よりもはるかに大きな人数になり、そしてまさにそれゆえにその国における右のより良い教養によって（三-22）より良い宗教がより能動的に用いられることで多くの失業者を受動的に引き留め多くの失業者に大罪を思いとどまらせると言うことを私はやめないであろう。

第24章　一国の全員の配分

今や一国の人々の配分を、とりわけ右の検討が行われた国をモデルとして寄せ集めるならば、その国のその国のための全体の経済と就業者に関わる三〇〇万人とみなされるこの国を構成する全ての人々は、実際にはほぼ次のように配分されると結論づけられるであろう（一-7、三-17、18）。

継続的就業者

農民	四五万人
職人	六五万人
分配者	二五万人
管理者	一五万人
小計	一五〇万人

継続的失業者

農民	一五万人
職人	二一万七〇〇〇人
分配者	八万三〇〇〇人
管理者	五万人
小計	五〇万人

就業する能力のない人々

子供	六一万人
老人	二二万五〇〇〇人
女性	一四万人

病人　　　二万五〇〇〇人
小計　一〇〇万人
合計　三〇〇万人

第四編　土地と雇用に一致する財について

第1章　財と雇用に関する俗論の教義

前の各編において観察によりまたそれについて考察された検討によりすでに仮定された人口を実際に維持する財の量が配分され（二―10）、そのような財が実際に獲得される土地が配分され（二―15）、そのような財を全四階級の就業者によって何らかの方法で実際に採集、加工、分配、管理することに従事する全ての人々が推計された（三―14）ので、私は今やこれら全てのものが現在その国にそのような規模で存在し、その国で、また偶然に他のあらゆる国で別の規模では存在しえない理由を検討することに移るであろう。しかもこれは可能であればこの点についての一般的な誤りと、個別の現象の性質のいくらかの不規則性を正すことに従事している人の無用な懸念を未然に防ぐために、一般的な現象の動きの点からその性質を正すことに近づく必要もあろう。そして実際、財はそれに関わる雇用に比例して増加しなければならず（三―14、16）、人々は実際にはその全時間の½しか就業せず、もう½の時間はある人々はより多くある人々はより少なく失業しているということが確認されたことから、あらゆる二流の観察者がそれによりそこからそれゆえ全体の財がよりあり余るためにはより大きい総雇用を手に入れなければならないと結論づけようとするのではないかと私は思うし、就業する能力のない人口の⅓に関してそれが成功しえなければ、少なくとも残りの全員の⅙すなわち明らかに就業する能力のある失業者の⅓に関してそれを手に入れさせることに注意を払うのではないかと私は思う。明らかにそのような失業者は常に右のように整然とした性質の現象に関わりうると信じる全ての人によって建てられるのが常である空中楼閣の主要な材料になり、しかもそれは算術的な推定に全く劣らない不動と彼らに思われている根拠によるのである。というのは全国民の三〇〇人当たり五〇人が失業者であり、財を持たず、他人の財と雇用によって維持され、それにもかかわらず他の誰よりも壮健で就業する能力があるならば、彼らを時にはある階級にまた時には別の階級に就業させることによって、全体の公正に役立つだけでなく、その国の財、快適さ、国防力、威厳を増加させることもできると想像するのは容易であろうからである。そして四五人が三〇〇人のために十分な財を土地から獲得するならば(三―14)、九五人は三〇〇人のためにその二倍と⅑だけ生産物を増加させるのに十分な財をその土地から獲得するであろうということ以上にすぐに想像に現れることはない。そして六五人がそのような財を加工し、二五人がそのような財を通常の方法で三〇〇人に分配するならば、1対$1\frac{10}{13}$または一対三の割合でそのような財を最適に一一五人が加工しまたはやはり七五人が分配するのは明らかである。結局、そのような推論によって三〇〇人当たり五〇人の失業者が賢者または兵士に加えられたならば、国民はよりいっそう教養を持ち、愉快になり、保護されるであろうし、その知識、娯楽、国防力は1対$4\frac{1}{3}$の割合で増加するであろうと誰もがみなす。同様に土地や技術の開発や人間の役務の管理に用いられる器械や工夫によって一定量の財またはその他の目的が獲得されるならば、二倍の能力の他の器械または二倍の効率の他の工夫によって農業、工業、航海術、戦争または平和の管理のための同様の目的は二倍に増加するであろうし、この増加が最初の状態に付け加えられたならば、国民の誰もが四倍以上生産物を供給され、三倍以上裕福になり、六倍以上財の獲得が容易になり、八倍以上賢者によって教育されるかまたは愉快にさせられ、陸軍と海軍によって保護されるであろうと推定するのが常である。もっとはっきり言えば、右のような各階級の就業者が右の失業者と共に二倍の効率の工夫によって各々の役務に一日八時間従事するのではなくその代わりに一六時間従事したならば、それにより生産物、快適さ、それらを獲得する機会、または知識や保護は八倍以上、六倍以上、一二倍以上、一七倍以上に高まらなければならなかったように思われるであろう。またこれまでずっと仮定されてきたように(三―2)、人々が年間三〇〇日従事するのではなくその代わりに雇用とそれによる財を犠牲にする大混乱とみなされるが全ての休日を廃止することによって三六五日間従事する人々が必要とされたならば、大したこともなくさらに⅕以上それらの快適さ、生産物、娯楽、保護は増加するとみなされなければならなかったように思われる。しかしこれら全てのことが無知と飢餓または飽食の中を彷徨う人々の夢であるということは貧しい失業者だけがそれに狙いを定めるということから容易に理解される。豊かな失業者はたとえ貧しい失業者と同数であり、後者が前者の必然的な帰結であるとしても(三―22)それに気づきさえもしない。これは全く驚くべきことであり、他人がいなかったならばやはり各人が失業の意味とその性質、原因、必要性(三―17)を全く区別しないような俗論の教義に根拠がないことに気づかなければならないことである。これら全てのことはすぐ後で話題にするつもりである。その場合に前の各編で確定された真理のうちのいくつかが時々繰り返されるとしても異様と思われるはずはないであろう。というのはそれはたった今分解によってしか明らかにならなかったことを合成によって確固たるものとして証明するためにほかならないからである。

第2章　土地は実現可能財に等価である

私は一国が位置づけられ、一国がその生存手段を獲得する土地とはほとんどまたは全く違わない土地を持つ他のあらゆる国を排除する特定の主権を持つ全ての土地を一国の土地と呼ぶ。というのは、たとえ自国の維持に必要な財が時々他国の土地からもたらされるとしても、それにもかかわらずこれは偶然の場合にしか起こらず、その場合にも財は自国の土地に等価な財と交換されるかまたは加工品と交換されるかまたは財のうちの輸送品は全ての財に比べて非常に少量の財であるので、それは十分に広く安定した国においてはそれほど考慮に値しないからである（二―19）。そこでそのような土地に関しては、一国の生存が依存する一次的基盤とみなされなければならない。というのは財は土地だけから獲得されうるし、土地がなければその国は就業することも生存することも全くできないからである。このように誰の目にも明らかな土地の必要性は土地があたかも現実財であるかのように土地を理解させるように誰かの心と頭を占める。これが全体の経済を理解し管理することに関する多くの誤りの起源である。実は土地が財の基盤になるのは土地それ自身が財とみなされえないからである。というのはどんな土地が与えられたとしても、そこから一国にもたらされる全生存手段は、人々が蛙のように泥を食べたり土竜のように地中に住んだりしなければ、土地に帰せられるのではなくそこから獲得される財に帰せられなければならないからである。さらに一国の生存のためにあらゆる種類の生産物または財が十分にあり、それらが偶然に土地から湧いて出るならば、土地は少なくとも財の在処や発掘場所とみなされうるし、その意味で財と同様にみなされうる、すなわち財に等価でありうるであろう。というのは財を実際に所有するためには土地の所有があれば良いからである。しかし必ずしも全ての種類の生産物が一国の維持に適したものとはみなされないので、土地は財とみなされないだけでなく、財に等価な在処とさえもみなされないからである。というのはやはりどんな土地とどんな土地の生産物が与えられたとしても、それでももし国民が栗を食べるか団栗を食べるか、甘藍を食べるか毒人参を食べるか、葡萄の葉を身に纏うか刺草や茨を身に纏うかに無関心であれば、国民はその生存のための財が全く供給されないからである。このことを十分に考慮する人は、財に関わる土地の全ての関係と財に関わる土地の全ての必要性が、土地がなければ財も国も全く実現可能でないという単に土地から財を獲得する可能性だけにとどまるということを理解するであろう。そのために土地は常に財に先行し、全ての雇用と全ての財の一次的基盤であるということが見られた（一―18）。それゆえ土地は以下では全ての**実現可能財**の等価物、すなわちそこから財が生じうるかまたはそれによって財が行われた消費のために不足するのにつれて再生産によって継続的に自己補填されうる永久不滅の基盤とみなされるであろう。だからと言って土地は全ての現実財と等価ではない、すなわち行われうる現実の使用のための財とみなされることはない。これはまた人はどれだけ土地を所有しても、やはり他人がいなかったならば、土地を全く所有せず、その他についても同じ状況にある他人が衰弱するのと同じように、財の不足のためにやはり衰弱せざるをえないということからはっきりと明らかになる。

第3章　雇用は現実財に等価である

雇用が**現実財**に等価であるということは、各人は他人からその労働を受け取るのと同じだけ他人に自分の労働を与えなければならないというこの点について確定された基本法則（一-9）から容易に推定されうる。というのはそのような労働の授受はそれに対応する財の量によってしか示されないので、与えられた財が受け取られた財に等しくなるのと同じようにやはり与えられた労働は受け取られた労働に等しくならざるをえず、あらゆる個人の労働はやはりあらゆる個人の財に等価なので、前者の合計も全ての後者の等価物だからである。実際、同じ財は常に同じ労働と交換され、しかもそれは同じ規則、同じ量によるのである。それゆえ財の所有者は就業者に彼が就業者から受け取りうる最大の労働と引き換えに可能な限り最小の彼の財を常に与え、後者は前者に同じ情熱で後者が前者から獲得しうる最大の財と引き換えに可能な限り最小の後者の労働を常に与えるが、このように両者が互いに情熱を傾けるのは同じ生存する必要性にすぎない。各人は労働や財と引き換えに他人にそれと同じ量を与えることによって自分のための生存手段が同じように獲得されるように自分の持つものを同じように評価する。しかしこれらの真理はさらにすぐ前で述べられたことから理解される。というのは国民は他の全ての生産物よりもいくつかの生産物でしか生存しないので（四-2）、それらの生産物を土地に存在する実現可能生産物から現実生産物にするためには、その土地を整え、そこに従事し、そこに種を播き、そこから不要な生産物を引き抜き、等々の作業によって、例えば動物由来の生産物よりも植物由来の生産物が選ばれ、それらの各々の中でごく普通に必要とされ採用される一定の習慣に従って、他のあらゆる種類の無用な生産物よりも一定の種類の有用な生産物が選ばれるような農業の雇用が確実に必要であるということがまず明らかだからである。その場合に財の生産はそれに土地それ自身が関与するにもかかわらず、全て農業の雇用に依存するとみなされる（一‐10）。というのはこの関与もまたそれを前者の生産物から離し後者の生産物に向ける雇用に依存するからである。それゆえ土地は全ての実現可能財に等価なので、農業は全ての現実財に、それらが獲得される限りにおいて等価でなければならず、たとえ獲得された財が消費されたとしても、行われた消費を通じてその財に関わる唯一のものとしての農業の雇用にしか等価ではないであろう。しかし獲得された生産物は消費される前にいろいろな方法でその質を向上させる他の多くの雇用の下にさらされなければならないので、やはり存在するだけの多くの雇用に次々と等価でなければならないであろうし、それらの生産物が消費される状態で全て同時に獲得されたならば、それらに対して同時に消費された総雇用にも等価であろう。それにより現実財に価値を与えたければ、それはそれが由来する雇用の価値であろうし、獲得され加工され分配され管理された全ての財の合計は、間違いなくそれに関わる構成要素である唯一の完全な必然的な原因からもたらされる唯一の完全な必然的な結果（一‐8）として、それらの財に関わる多様な総雇用の等価物と推計されなければならないであろう。そしてこれは合計でも別々でも同じように、全ての財はそれらが獲得される限りにおいて全ての農業に等価なので、それらに付け加えられた全ての加工は全ての加工業に等価であり、それらに供与される全ての便宜は全ての分配業に等価であり、それらに保障される全ての方法は全ての管理業に等価である。それゆえ消費される全ての財と、獲得されただけの財、またはあらゆる個別の質の向上が付け加えられた財の割合は、財に対するまたは財のための一国の総雇用と、同じように財を獲得し、または個別の方法で財の質を向上させる個別雇用の割合と同じ割合を持つであろう。

そしてあらゆる個別雇用と総雇用の割合は、前者の全就業者を後者の全就業者で割ったものによって示されうるので、同様に前者の雇用に等価な財も総雇用に等価で、しかも一国によって消費された財との割合によって示されるであろうし、各階級の就業者数はそれらの雇用に等価な財の量を確定するであろう。それゆえわれわれの場合には継続的な就業者三〇人当たり全体の財を獲得する九人とそれを加工する一三人とそれを分配する五人とそれを管理する三人がいるので（三‐14）、これらの個別雇用はそれぞれ総雇用の全体の単位$\frac{30}{30}=1$の$\frac{9}{30}$、$\frac{13}{30}$、$\frac{5}{30}$、$\frac{3}{30}$によって示されるであろう。また同様に、各々個別にみなされた農業、加工業、分配業、管理業の状態は、獲得されあらゆる方法で質が向上した全ての財、すなわち$\frac{30}{30}=1$が消費されるという条件でみなされた全ての財の$\frac{9}{30}$、$\frac{13}{30}$、$\frac{5}{30}$、$\frac{3}{30}$しか価値がないと言えるであろう。

第4章　雇用は量と質から推定される

雇用と現実財の等価性（四‐3）を考慮すれば、財の価値が財の量と質から推定される（一‐11）のと同じように、やはり雇用の価値も雇用の量と質から推定されなければならない。私は雇用の量とはそれが実行される時間のことと理解し、雇用の質とはそれが実行されそれに対してみなされる重要さまたは評価のことと理解している。実際、各々の雇用とそれらに一致する財の右の等価性（四‐3）は、たとえ雇用の量だけから、すなわちそれが一定数の人々によって行われる時間から推定されたと思われるかもしれないとしても、それにもかかわらずそれは雇用の質すなわち評価が各雇用の就業者数にぴったり一致するということが考慮されるならば、やはり雇用の質からも推定されるということが理解されるであろうし、したがってまたそのような各雇用の就業者数から推定される財と雇用の等価性は、量と質がやはり雇用の量と質によって考慮された財の等価性になるということが理解されるであろう。さらに雇用の評価が各雇用の就業者数に一致するということは、就業者が階級ごとに最適に配分され（一‐16）、各就業者が各階級に雇用に対する総需要に見合う人数で関わる（三‐18、19）ということから証明される。というのは財の獲得は雇用の唯一の目的なので（一‐8）、財が大量に獲得されるような雇用はいっそう評価されるであろうし、各階級の財もまた各階級で必要とされる人数に見合って獲得されるならば、その場合には同じように評価されなければならないであろうからである。例えば、たとえ職人は農民よりもいっそう評価され、裁判官は職人よりもいっそう評価されるとしても、これらは個人的な評価であり、それは階級または階級の評価の全体に全く影響を及ぼさない。そして各階級の最下層の日雇い労働が一般におよそ二〇バヨッコに等価な同じ財から成り立つ俸給で対価が支払われる限り、各階級の雇用は同じように評価され、全体の人数に見合って同じように必要とされるということはやはり明らかであろう。他方、たとえ第四の階級の賢者や裁判官は農民よりもとりわけ評価されるとしても、その階級にもやはり下僕や伝令、その他同様の人のようにある人々からは下賤で卑しいとみなされるが、経済的な等級としては他のあらゆる有給者と同じように同じと全ての人々からみなされる労働をそこで実行するような、農民よりも評価されない人がいる。それゆえ量と質すなわち実行される時間と評価が考慮された各階級の雇用は、同じように量と質すなわちそれがどれだけあらゆる方法で獲得され、質が向上し、または消費されるかが考慮された財に等価であるということが確定された。そしてそれゆえこれは全ての財の量は全ての雇用の量に等価であり、全ての財の質は全ての雇用の質に等価であるということである。このことから各人の就業は消費可能な財すなわち量と質が考慮された財の等価物によって対価が支払われなければならないので（四‐3）、各人の就業もまた量と質すなわちそれを実行した時間と評価が考慮されなければならないであろうということが生じる。それゆえある階級のある雇用の全体と、その階級または他の階級の同様の雇用や無数の雇用の割合は、常にそのある雇用によってもたらされた消費可能な財によって制約され、その雇用によって獲得された財が総雇用によって獲得された等価な財に対して持つのと同じ割合を総雇用の合計に対して持つということである。それゆえ貴族や羊飼いの労働は、貴族や羊飼いによって彼らの特殊な労働で獲得された財の部分が総雇用によって消費の状態に加工された全ての財の合計に対して持つのと同じ割合を総雇用の合計に対して持つであろう。それゆえ一定量の財が考慮されたならば、それが雇用に等価であればあるほどますますその質は向上するであろうし、各人によってそのほぼ等しいが別の方法で質が向上した量が消費されるならば、消費されるより質が向上した財に等価な雇用がより質が向上していない財に等価な雇用に優越すればするほどますます前者の財の質の向上は後者の財の質の向上に優越するであろう。さらに量すなわち時間が考慮された労働は各人のそれにも等しく、一時間の労働は前者についても後者についても違わないので、その労働によってより質が向上した消費可能な財を獲得する人の労働の優越性は質すなわち同じ労働に対して持つよりも大きい評価からもたらされざるをえないであろう。それゆえ同じ時間に実行されたすなわち量について同じ雇用に対する違う質すなわち評価が、やはり同じ量で消費されたが質については違う財の必然的帰結であるのはどうしてかが明らかになり、右の貴族はその労働が羊飼いの労働を百倍優越すると評価されなければ、質について羊飼いによって消費される財を百倍優越する財を消費することはできないということが明らかになる。

第5章　雇用は財に対する需要によって制約される

雇用は財に対する需要によって制約されるということは、やはり財の供給は雇用の唯一の理由であるという右の真理（一-8）に直接依存する真理である。というのは雇用は財の供給のためにしか着手されないので、その理由が消滅したならば、すなわちそれらの財が供給されてしまえば、あらゆる雇用も消滅しなければならず、したがってまた総雇用は財に対する総需要によって制約されなければならないであろうからである。しかしこれら全てのことをよりいっそう明らかにするためには、一国の財に対する需要は、わずかな生産物とそれらに付け加えられたわずかな質の向上で十分であることに満足する各人の自然の個人的な需要では全くなく、人々が一か所に集まることによって生み出され、自らに課された配分に対する人々の需要であり（一-11）、人々はわずかな洗っただけの植物ではなく、他の多くの植物や、すでに見られたように多様な労働によっていろいろな方法で食物、衣服、住居のために質が向上した植物で満足するということに気づかれるべきである。そしてたとえこの需要を厳密な必要と理解したとしても、個人的な前者の需要はそのようなものとみなされうるだけであると思われる。というのは非常に多くの人々がやはり同じ国民として生存するとみなされるので、人々はやはりあまり選別されずあまり質が向上していない財で生存するであろうからである。そして人々の後者の需要はより厳密に言えば過剰な財の需要と呼ばれなければならないと思われる。というのはそれがなくても非常に多くの人々はやはり国民として生存するからである。それにもかかわらずすでに指摘された必要性（一-12）のためにいろいろな方法で質が向上した財しか国民によって消費されないので、そのような財は、あまり質が向上していない財が孤立した未開の状態において存在するのと同じように、社会的な状態においては明白に必要な財とみなされなければならないであろう。それゆえ社会的な状態においてはさらに過剰に質が向上した財に対する需要は、人々が一か所に集まることによって行われ、そのような需要すなわち明白な不可欠な需要について行われなければならない教育と習慣を考慮すれば、財に対する明白な需要とみなされなければならないであろうし、それに従って全ての総雇用が導入される総需要になるであろう（一-14）。それゆえ財に対する雇用は財に対する需要と一致するので、私は一方では右のように（一-20）人々は孤立した状態においては不快で不便で不確かな財を獲得したので、社会的な状態においてはいろいろな種類の農業、加工業、分配業、管理業によって財をよりいっそう選別しその質を向上させることを真に望み、財をそれにいっそう関わる総雇用によってより快適で心地よいものにすることに互いに合意したとみなす（一-2）。私は他方ではそのような雇用は財に対して一定水準まで繰り返し用いられることによってよりいっそう日常的なものにし、その水準を超えて用いられることによってよりいっそう不便で不快なものにし（一-11）、それゆえその水準を超えることによって目指す結果とは正反対の結果に陥らないために一定の限度内に抑えられなければならないとみなす。私はさらにそのような雇用はそれ自体苦痛で煩わしいので、長時間それに従事するのに適さない心身の力のためにやはりいくらかの時間の後で中断し、交互に休憩をはさまなければならないとみなす（三―20）。そして私は最後に財の質の向上の大部分はそれがよりあり余る人の就業によってではなくそれがより不足する人の就業によってもたらされるとみなす。というのは、たとえ人が食物、衣服、家財にかくあれと求める最良の贅沢を好んだとしても、彼はそのために犂、鍋、機、轆轤鉋《ろくろがんな》を手に取るのではなく、最良とみなされる彼の快適さを満足させるために、彼よりもいっそう必要とする他人がそれを手に取るのをあきらめつつも期待するからである（一―12）。今やこれら全てのことを組み合わせるならば、最良の財を使用したいという欲求は人々が財の質をよりいっそう向上させる就業に駆り立てられるという欲求だけでなく、財が不足するある人々の、財がよりあり余る他の人々から財を獲得したいという欲求でもあるということが理解されるであろう。後者の欲求は前者の人々が後者の人々の財をより良いものにするために、それに過剰に就業することによってそれをより悪いものにするまで、後者の人々の手元にある財を解放するという口実で、その生存に必要な限り後者の人々のために就業するということを生ぜしめる（一―11）。というのはそのような欲求がなければ後者の人々は財が必要でないので前者の人々のために就業することはないであろうし、前者の人々は財がすでに供給されており、よりいっそう質が向上した財を消費する快適さは財の質をよりいっそう向上させる煩しさやそのような質の向上に従事しない安息やそれなしで過ごす安息に等価でないので全く就業することはないであろうからである。それゆえ財に対する需要はたくさん存在する総雇用の唯一の理由であり、それを確定しそれを制約する唯一の理由である。そして実際、各就業者は彼に十分でありうると理解し、したがってまた彼の子孫が満足するだけの財が供給されたとしても、それがよりいっそう保障されるためかまたはそれが彼や彼の子孫に不足するのではないかという恐れのためでなければ、彼がより多くの財を所有する全ての人のためにやはりよりいっそう就業することに堪えられない。これは彼が彼のより少ない財をより多く所有する人を犠牲にして増加させたいという欲求が常に彼の就業の直接の理由であり、したがってまたその就業が財に対する需要によって国民に導入されるだけでなく（一-8）この需要によって制約もされるということを示す。それゆえ就業は財を大量に持つ人々からより不足する人々に分け与えたいという欲求をもたらすような財にしか及びえないであろう。というのは全ての財が十分に供給されてしまえば一国にそれ以上雇用は生じえないであろうし（三-14）、財に対する需要が不足したときに雇用を増加させるよう要求することは、そのような財が一国の需要に不足したときに雇用を増加させないように要求することと同じように明らかな矛盾であろうからである。

第6章　財は一国の需要によって制約される

財は一国の需要によって制約されるというこの真理もまた初めに確定されたものである（二-22）。それにもかかわらず以下で述べられることと、主に雇用が財に対する厳密な需要によって制約され、それゆえこのことからその場合には量と質が考慮された全ての財の量は過不足なく一国の厳密な需要に一致する量にもなるということ（四-5）によってここでそれを証明する必要があろう。そして実際、財は雇用によって確定されるので（一-8）、雇用が財に対する厳密な需要によって確定されるならば、その財が一国の厳密な需要によって確定されるということが絶対に必要である。このことは実際に明らかになる。というのは財は雇用の増加によってしか増加せず、雇用は財に対して示される総需要に応じて財を獲得しその質を向上させることしか目指さないので、財の全体に従事する人々は就業によってそれに着手することでそれをその規模でもたらすのと同時に、それがその規模を超えるのを見るや否や、それが減少する失業に従事することによってそれを無駄に増加させるのを控えるからであるし（三-17）、それが拡大すればするほどますますより多くの雇用によってそれを増加させることは煩わしいことになるであろうし（三-20）、どんな煩しさもそのための十分な理由がなければ引き受けられず（序論の公理）、その理由は現下の場合には財によって総需要を満たすという理由だからである。実際、財が総需要を下回るならば、ある人々は存在しない財で生存すると言えるかもしれず、財が総需要を上回るならば、それを消費するのに十分な人々が存在しないのにそれらの財は労苦と煩労によって獲得され質が向上したと言えるかもしれないが、そのどちらも同じように不合理である。それゆえそれらの財がその需要によって厳密に制約される以外に両者の中間は存在しない。これは別の場所のように（二―2）どの国にも余剰の財は存在しないということを理解させる。というのは人が自分にとって余剰とみなすものは常に他人の必需品であり、実際、彼は通常余地があれば二次的就業によって、また就業の中にもはやそのような余地が残っていなければ慈悲や善意によって他人にそれを移転するからである。さらに他人の必需品であるものを自分の余剰とみなすという誤解が多くの財を保証することによって、一次的就業者の地位に就くために財を大量に獲得するよう各人を誘惑するならば、また他方で安息に対する愛もまたやはり財を大量に獲得することによって、就業がより評価されるのでより楽になりより短くなる一次的就業者の地位に就くためにより煩わしいより長く続く就業に納得させ誘い込むならば、これはまさに財は就業によって増加し、失業によって減少しなければならないことを示す。というのはより長い就業のためにはより長い失業が必要だからである。それゆえより煩わしいより長く続く二次的就業の必要によって抑えられるより煩わしくないより長く続かない一次的就業への志向を考慮すれば、各人は財について一国を富ませるのと同時に財について一国を貧しくすることを目指すので、例えば農民ではなくむしろ農場管理人に、兵士ではなくむしろ隊長に、聖職者ではなくむしろ司教になるのをよりいっそう差し控えるであろう。これは全て恒久不変の経験と一致する。実際、それによれば誰もが自分のいる状態に応じて自分に必要な財を常によりいっそうの労苦によって獲得するとみなされる。というのはやはり彼に必要で、したがってまたあちこちでむしり取られる全ての財の量から彼が苦労して探し出し獲得しなければならない厳密な量しか全体にはまさに存在しないからである。誰でも自分自身を顧みてみれば、確かに自分にとって最大の財を欲するのを認めるであろうが、それは最も不足する他の人々に財を分け与えるためであり、より気前の良い寛容が常により吝嗇な貪欲と戦うためである。農民でもある地主は乏しい収穫にも豊かな収穫にも同じように嘆くのが常であるが、確かに自分にとって豊かであるが他の全ての人々にとって乏しい収穫を欲している。収穫された財に関わる加工者、分配者、管理者もまた彼らからすれば最良に加工され、分配され、管理されたそのような財をもたらすが、他の人々からすればこれら全てが曲がりなりにも実行されたものを欲するであろう。そして要するに誰もが就業に対して全員が最良のものとして就業に現れ、したがってまたあたかも全員が彼に依存しなければならないかまたは全国民がただ一人の就業によって財が供給されなければならないかのように行動する。これは全て、言わば何をなすべきかを知っている一粒の麦が存在しなくても、国民の厳密な需要に必要な財よりも多くの財を生み出さないことを目指す一般的な行動の明らかな証拠である。

第7章　各国の雇用と財は同じ規模である

各国の雇用は自国を維持する財にしか従事せず（一-8）、そのような財に対する需要が必要とする雇用しか生じないので（四-5）、各国の雇用は同じ規模で増加するであろう。というのは財に対する必要はどこでも同じだからであり、あらゆる結果はその原因に一致しなければならないからである。さらにそのような雇用によって生み出されそのような雇用によって制約される財もまた、各国において同じであろう。というのはそのような財はどの国においても異なりえない総需要に一致するからである。雇用を増加させることと財を増加させることは総需要を満たすまでしか可能でないので、そのような需要が同じであるならば雇用は打ち切られ、同様に財も制約されなければならないであろうということは明らかである。たとえ一国の総需要は他国の総需要と違うと主張されたとしても、それは普通の人間の気質、体質、好みに影響を及ぼすほどの環境の違いによってしか主張されえないであろうが（三-20）、そのような違いはヨーロッパ諸国やその他の近隣諸国が問題になるときは、そこにその余地はない。それゆえ全ての同様の時代と全ての同様の場所においては結果はその原因に一致しなければならず、財が供給されるのに十分な理由を必要とする者しか誰も就業しないのと同じ理由で、二倍の国の雇用と財は二倍になるであろうし、三倍の国は三倍になるであろうし、等々。それにより就業する能力のある全ての人々のうちすでに提示された国においては¾が継続的に就業するとみなされ（三-14）、残りの¼がそのようになるのに注意を払うかまたは雇用のために必要な乞食（三-16）としてそのようなものとみなされうるので、他のどの国においても就業する能力がある全ての人々は、あたかもそこですでに提示された国におけるのと同じように財が供給される就業者であるかのようにみなされなければならないであろう。それゆえどんな人口もほぼ同様の環境の下のどこかの土地に位置づけられたならば、全員に必要な財は全員に財が過不足なく必要な分だけ供給されるまで、すなわちより多くの雇用によってより多く獲得され質が向上した財を使用する快適さと快楽がより多くの雇用によってより多くの財を獲得し質を向上させる不快さと煩わしさに釣り合うまで獲得され質が向上するであろう（一-12）。そのような土地における不快さは、就業する能力がある全ての人々がすでに配分された役務に従事する前に快適さを上回り始めるであろうし、習慣が変化したとしてもやはり大きさは全く変化しない心を駆り立てる情熱と同じように人体の気質がや構造が同じままであるとすれば、失業者または就業者に注意を払うおよそ¼の人々が常に残るであろう。さらにそのような快適さと不快さの印象は全体から、すなわち国民の全ての個人の合計から推定されなければならず、何人かの個人からではないと誰もがみなす。さらに個人のうちの誰かが全体の観点からも空想して、財を増加させるかまたはより質が向上しより良い財を使用するという理由で総雇用が増加しうるよう要求したとしても、彼はそのような要求が間違いで不可能であることに気づくためには、彼が厳密に言えば彼に必要なく他の人々にも必要ないより多くの財のために彼を疲労させるより多くの就業を引き受ける可能性があるかどうかを検討すれば良い。というのは彼自身可能性がないことをするよう他の人々には決して勧めないであろうからである（一―12）。そして全体の財を増加させその質を向上させるために彼が田舎の人の役務や他の人々に提示された職人の役務を引き受けないのと同じように、そのために財が前者の人または彼と同等の他の人の余剰のために生み出されるときも同様にそれを引き受けないであろう。というのは後者の人にとってはより煩わしい就業によるよりも快適な失業によって財を獲得することが有益だからである。そしてここで全体の財を増加させるためまたはその質を向上させるために就業することは同じことに帰すのはどうしてかが観察されるであろう。というのは他の事情が等しければ自然はより多くの人口につれて増加することを必要としないし求めもしないが、しかしそれらの土地においてより大きかろうとより小さかろうと実際に増加した人口のために財が供給されることを必要とし、求め、常に達成するからであり、あり余る財のために増加することにも不足する財のために減少することにも無関心であり、それゆえ常に財の規模に維持されるからである（四―6）。そのために就業者はより多くの生産物を獲得する就業であろうと獲得された生産物の質を向上させる就業であろうと、財を最も容易に獲得しうる就業を常に選び、同じ無関心さで日雇い就業に対価が支払われ、農民としても職人としてもまたは師としても財の量または質に関わるであろう。それゆえ財が増加する就業は俗論で理解されているように一国において他国よりも機敏でも俊敏でもなく、人間の生命と同じように、また生命と財が消滅する時間と同じように、各国に均等に生じ、この点について事態が別なふうに起こるようにある人々によってもたらされた多くの騒動にもかかわらず、ヨーロッパの騒然とした都市においてアメリカの怠惰な地方よりも有効ではないと結論づけられるであろう。というのはそのようなどんな財も人間に消化されるか、穀象虫に齧られるか、火で灰になるか、水に飲み込まれるか、それとも至る所で同じ働きと効力を持つ何か他の方法で消費されるのと同じだけ就業によって常に自己補塡されるだけだからである。それゆえ一国によってその生存のためにもたらされる運動は、財がその国において消費され、就業によって自己補塡される恒久不変の運動の典型とみなされうるであろう。

第8章　財の価値は不変である

あらゆるものの価値は需要によって増加し、そのものの量と質によって減少する。他方、あらゆるものは量と質によって制約されるので、したがって質が二倍上回る一スタイオの小麦は質が二倍下回る二スタイオの小麦に劣らぬ価値がある。それゆえ一国によって量と質が消費される財の価値は、それらの財に対する需要によって増加し、それらの財の供給によって減少するであろう。財の供給とは消費される状態に加工された財の量のことであり、したがってその状態は財に対して与えられたあらゆる質の向上を含むであろう。すなわちその価値vは財に対する需要rを全ての財の消費可能な供給mで割ったもの（$v=r/m$）にほかならないであろう。今や全ての財の消費可能な供給は、すでに見られたように（四-7）、過不足なく常に同一であり、財に対する需要もまた、常に至る所で同一である国民の総需要によって至る所で制約されるので（二-22）、全く変化しない。それゆえ一国の全ての財の価値は、財に対する同一の不変の需要を同一の不変の需要に一致する量で消費される全ての財の供給で割ったものによって測定されたならば、常に同一であろうし、したがってまた同一の不変の単位（$v=1/1=1$）によって表される。この点について人を迷わせるのは、特定の財の価値が常に同一に維持されるのではなく、やはり他の特定の財との関係によって、まさにその特定の財に対して生まれるより大きいまたはより小さい需要と、それについて存在するより小さいまたはより大きい量に応じてその価値が実際に増加または減少する場合である。しかしそのような理由で特定の財に生じるそのような価値の変化が同じ理由で全ての財の全体に伝わらないということに気づくためには、たとえある種類の財の価値が他の種類の財に比べてやはり増加または減少するとしても、全ての財のうちの何か他の種類の財の価値が前者の財に比べてその代わりに減少または増加するとみなせば良い。したがって全ての財の価値、または全ての種類の財の価値はやはり常に同一のままである。実際、たとえある種類の財が、時々小麦、葡萄酒、等々の場合に起こるように、それに対して全体が持つ需要以上に供給が増加するとしても、それは穀物倉、葡萄酒蔵、等々に留め置かれ、それをより適正な価値に一致させ変えるようなより大きい需要を期待しているとみなされる。そしてたとえある種類の財がそれ自身に対する需要によって減少するとしても、その不足が他の種類の財に取って代わりえないような種類の財が存在しないので、そしてこれは互いに結びつけられる多くの種類の財が全ての種類の財に対する総需要または全体の必要に厳密に釣り合うまで、その供給がそれに対して存在する需要を上回るような何か他の種類の財に結びつけられる。それゆえ、たとえ絹がそれに対して生まれる需要または必要を下回るとしても、この需要が綿の需要に、それで十分でなければ羊毛の需要に、それで十分でなければ亜麻の需要等々に結びつけられたならば、これら全ての種類の財はある種類の財が他の種類の財によって補完された全ての財の厳密な需要に明らかに等しくなるであろう。というのは、たとえ消費可能なある種類の財の価値が他の種類の財との関係によって変化するとしても、全ての種類の財の価値は、財の供給と財に対する需要と同じように常に不変で同一のままであり（四‐7）、一方が他方によってある種類の財、必要、需要、価値を補完するからである。それにより今や前世紀に起こったこととは逆に、羊毛を使用するのも求めるのも減らさなければ絹を使用するのも求めるのも増やすことができず、これはそれをすることができないときは善良な人々が善意で全体の財を増加させるとみなし、常に同一でありその価値を制約する全体の必要または総需要によって制約されたならば、財がやはり常に同一であるような他の多くの場合に適用されうることである。さらにここでは一国の必要な全ての財は財に対する必要または需要と同じように有限の限りあるものであるけれども、もしそれらの財や非常に多くの一種類だけの財が制約されない無限のものであるならば、この種類の財を他の種類の財と同じようにみなすことはできず、その価値は無であろうということが観察されなければならない。それにより極めて不可欠な必須のものである四大元素の土、空気、火、水はその供給が他のあらゆる種類の財を比べようもないほど上回るので、後者の財と比べうるものではなく、あたかも何の需要も持たないかのように何の価値も持たない（$v=r/\infty=0$）。逆にある種類の財が他の財に比べて稀少または皆無であるならば、その価値は有限の需要に対して無限になる（$v=r/0=\infty$）。そのようなものは失われた若さの価値であり、愛の誠の価値であり、その他同様の空想上想像上の財の価値であろう。

第9章　雇用と財は同様の土地でもどうして違うのか

私は人々が第一印象で、やはり第一印象で獲得される事実の真理に矛盾するように見える教義に満足しないのと同じように、本書の教義にあまり満足していないのではないかと思う。というのはもし雇用と財があらゆる国において同じ規模であり、不変の価値を持つならば（四―7、8）、その場合にはそこからあらゆる国の人々は同じように就業し、そのような就業によって獲得された財が同じように供給され快適になるはずであり、例えば三〇〇万人の人々はイタリアの狭い土地に位置づけられたとしても、アジア、アフリカ、アメリカの広大な地域に分散したとしても、同じように役務に従事し、大量の財によって同じように快適になるはずであるが、これは前者の土地における財の獲得のための機敏さが後者の他の土地よりも比べようもないほど大きく、したがってイタリアの各人はある人々はより多くある人々はより少なく十分に食物が与えられ、衣服を纏い、住居に住むのに対して、カナダやコンゴの孤立した状態においては怠惰で遊惰な人々はそれゆえに食物が十分に与えられず、半裸で、住処を求めて彷徨うという全く逆に見える事実によって否定されるとみなされることであるということが推定されるはずであると思われるからである。しかしそれらの事実が見かけにすぎず、それらから推定された評価が誤りにすぎないということは、それにより諸国がそれらを形成する人々から成り立つのではなくまさにそれらの人々が位置する土地から成り立つとみなされ推定されるということから証明される。これは誤りがなければ生じえないことである。というのは土地は広かろうと狭かろうとそれ自体は国を形成せず、国は常にそこにいる人々すなわち人口によって形成されるからである（一

−1）。それゆえ百平方リーグとおよそ百人の人々から成り立つ孤立した状態において雇用と財が十平方リーグしかない土地に集まったおよそ一千人の人々を維持する雇用と財よりもはるかに少ないように見えるということは、異様と思われるべきではなくむしろそれは一千人が百人を上回るほど必要で極めて確定的と思われるべきであろう。それゆえそれは見かけであり、事実の真理ではなく、前者の人々と後者の人々の財と雇用は同じ規模であるということが証明されるためには、各々の土地の人々がそれらの人々に対応する割合、すなわち一千対百の割合で存在するかどうか考慮すれば良い。これが真実であるということは十分に考慮する人には否定できないであろう。それによりイタリアの雇用と財が右の人気のない地方よりも大きい規模であると理解する人々の誤りは、より大きい運動がより狭い空間に閉じ込められたので、より広い空間に拡張されたならばより悠長に見えるかまたはより活発に見えないと理解する人の誤りと同じであるが、どちらの場合も同じであろう。あるいはまたそれは人口密度が非常に高い首都の雇用と財は人口密度が非常に低い地域よりも多いとみなす人の誤りでもあろうが、これは真実ではなく、同じように生存している国の雇用と財は明らかに同じであり、したがってまた廃墟の地域の首都は廃墟の首都の地域と同じように生存するということである。火のようなある種類の特定の財の例はこれら全てをもっとはっきり理解させるであろう。というのは一定量の火または薪は暖まるために各人に必要であるとしても、一千世帯分の薪が同数の火のために田舎に分散するならば、火はほとんど気づかれず、誰もがくつろいで自ら誰にも急き立てられずに暖まるであろうからである。しかしそれらの薪が同じように火のために首都に全部まとめて集められるならば、火は極めて大きいように見え、誰もが大騒動によってそれに急き立てられ、それでも時には焼かれ時には凍えるであろうが、どちらの場合もやはり薪は同じであろう。結局、起こるものは何らかの理由で起こるので（序論の公理）、それにより同様の土地における雇用と財は全く同じでないということが起こる理由を明らかにするためには、雇用と財が総需要によってしか増加しない（一−14）ということを考慮すれば良いであろう。というのはそれによりそこからもし同様の土地において雇用と財、それらに後続する人口（一-19、20）が同じでなければ、その理由はある土地におけるこれら全てのものに対する総需要が他の土地よりもはるかに小さいという理由にほかならないということになるであろうからである。実際、自然の真理に従うならば、また当然のこととして他の事情が全て等しいということが考慮されたならば、人口は同様の土地すなわち同じ肥沃さと面積においては別なふうにならなければならない理由がないのでやはり同じにならざるをえないということは明らかである。というのは別なふうにならなければならないという理由がないからである。すなわち同じ質の二つの土地のうち例えば一方が他方の二倍の広さとすると、より大きいほうの½はより小さい方の全体と同じように耕作されるはずはなく、あるいは前者の第一の½は第二の½と同じように耕作されるはずはないからである。それゆえもしこれが実際には起こらず、もし同じ肥沃さと広さの土地においてこれら全てのものがあるところではより大きい規模であり、またあるところではより小さい規模であるならば、やはりこのことの理由はこれら全てのものに対する総需要が前者の土地においてはより大きく、後者の土地においてはより小さいということからしか生じないと言わざるをえないであろう。というのは雇用も財も人口も総需要によってしか獲得されず、これら全てのものはどんな土地においてもそれらの規模までしか増加し増大しえないからである。

第10章　財に対する総需要は同様の土地でもどうして違うのか

同様の土地の雇用と財は同規模の雇用と財に応じて増加するのではなく違う規模の雇用と財に対する総需要に応じて増加するので（四-9）、それゆえ今やそのような需要が同様の土地でも違うということがどうして起こるのかを問わなければならないであろう。というのは、やはり他の全ての事情が全て等しければ、雇用も財も、少なくともそれらに対する需要も、同様の土地においては同規模でないことはありえないと思われるからである。まず答えられなければならないのは、それらに対する需要が灼熱のまたは厳寒の環境に比べてごく穏和な環境に応じて同様の土地においてより大きくなりうるかそれともより小さくなりうるかということである。というのは前者の環境の下では気質はより能動的にならざるをえず、後者の環境の下ではより緩慢で悠長にならざるをえないからである（三-20）。それゆえ財の獲得のためにもたらされる運動と財に対する需要が、人々が性質上より怠惰になる灼熱のリビアや厳寒のノルウェーよりも人々が気質によって機敏になるヨーロッパの諸地域においてより大きくなるとしても驚くべきことではない。しかしそのような理由は、私が話題にする同等の環境の下に位置づけられた国々の場合には生じないので、それには触れずにおくならば、そのような需要は、同様の土地と環境においては、それが増加する自由がそれがより増加しない不自由に優越すればするほどますます大きく多様になると言えるであろう。このことを理解するためには、あらゆる国にはその人々が集まり、互いに結びつけられるとみなされる一つの政府といくらかの法律が必要であるということを考慮しなければならない。そのような政府と法律は全員に共通の一つの理屈に一致するものでなければならず、たとえ時には全体の理屈とは異なるある人々の個別の理屈に一致することがありうるとしても、それにもかかわらず非常にしばしば全体の理屈に従わなければならず、さもなければ国中で破壊的な理屈が建設的な理屈に優越し、政府も法律も国もどんな土地においても全く共存することはできないであろう。政府において全体の理屈がそれとは異なる個別の理屈に優越すればするほどますます国々は自由になり、前者の理屈が後者の理屈に優越しなければしないほどますます国々は不自由になるであろう。前者の条件は先進国のキリスト教国の条件、または結局は同じことに帰すが聖職者と君主がそれぞれの所属機関において独立している国々の条件であり、後者の条件は野蛮な開発途上国の条件、あるいは何らかの方法で君主または聖職者による専制政治が行われる国々の条件である。これら全ての不謬の真理は一国の自由、政府、法律が問題になるときにはっきりと証明されるであろう。今のところ国民は同様の多かれ少なかれ自由な環境と土地におり、それは政府が全体の理屈に一致する個別の理屈によってそのような自由を応援し支持するためであるか、または全体の理屈とは異なる個別の理屈によってそれを妨害し混乱させるためであるということだけを確定することしか必要とされないが、これは共通の理屈と共通の感情を持ち、今のところたとえまだ漠然としたものであっても自由と政府について何らかの理想を持つ人は誰も否定できないであろう。これを前提とすれば、全体の自由は主に財の獲得と財の所有に関わるので、すなわち財の獲得と財の所有が全体の自由の主要目的なので、国民が自由であればあるほど、すなわち政府が専制的でなければないほどますます財の獲得に対する総需要は大きく多様になり、国民が自由でなければないほど、すなわち政府が専制的であればあるほどますます総需要は増加しえず、雇用とそれによる財は第一の場合には増加し、第二の場合には減少するであろう。結局これは全てこの点についての政府の個別需要が総需要に従うかそれともそれとは異なるかによって起こると誰もがみなす。というのは全体の自由とそれが関わる財を獲得することに対する総需要は政府の個別の自由と需要に従うかまたは妨害されるのと同じだけ拡張されるかまたは制約されるからである。それゆえ自由がより大きい国々においては雇用と財に対する総需要はより大きくなるであろう。というのはそれは妨害されるのではなく逆にその場合には総需要に一致した政府の個別需要に従うからである。また自由がより小さい国々においては雇用と財に対する総需要は常により小さくならなければならないであろう。というのはその場合には総需要に一致しない政府の個別需要によって一部は抑制され煩わされるからである。それゆえ同様の土地における財の増加に対する総需要の増加は政府の需要、すなわち政府による一国の自由の大小に依存する。このことはヨーロッパの近隣諸国のより文化的でより自由な政府に比べてより専制的なアジアの政府からもっとはっきりと明らかになる。というのは、それらの雇用と財、またそれらによって維持される人口は、アジアにおいては皇帝領が非常に広大な地方を占めているのに対して、ヨーロッパにおいては非常に限られた地域に住んでいるが、それにもかかわらずそれは明らかに、財の獲得に対する政府の個別需要がヨーロッパにおいてはごく控え目で、多かれ少なかれ総需要に従う傾向があるのに対して、アジアの政府においては過剰で、総需要とは異なり一部は破壊的な個別需要によるものにほかならないからである。このことは、ヨーロッパのより自由な、より専制的でない皇帝領において起こったこととは逆に、アジアの皇帝領においては政府によって所有される財がやはり過剰になり、国民によって所有される財が乏しく不十分で、そのために国民は広大な荒廃した耕作されない土地に分散するということを生ぜしめる。それゆえ一定の面積の土地においてある最小の人口が仮定されたならば、その人口はその土地において増加しうるであろうし、そこに落ち着きうるであろうが、これは自由な政府が従う雇用と財に対する総需要によるのである。しかしそれらの需要、雇用、財、人口は総需要に全く一致しない政府の需要に応じて早晩完全に停止するであろう。それにより財が過剰に政府に移転するならば、国民は財を全く持たないままになり、したがってまた人口は非常に限られたままになるであろう。

第11章　財はどうしてより大きい土地からより多く獲得されるのか

一二〇〇カンポの土地に従事する四五人の農民がそこから三〇〇人の人々の生存に十分なほどの生産物を獲得することはすでに確認されている（三-14）。今やこれらの農民がより小さいけれども同じ質の土地に向けられたならば、全員がそこに従事することも、そこから以前の生産物を獲得することもできないであろうが、減少した土地に応じてやはり減少した農民の人数によって生産物を獲得するならば、残りの農民はその耕作から排除されるであろうということは明らかである。次にこれらの農民が同じ質のより大きい土地の耕作に向けられたならば、そこからその耕作によって以前よりも多くも少なくもない財を獲得しないであろう。というのは、たとえ土地の肥沃さが財の生産に関わり（一-10）、より大きい肥沃さがそれらのより大きい土地に広まっており、それは日常的な現実生産物だけに関わるのではなく、全く日常的でない実現可能生産物にも関わり、後者の生産物ではなく前者の生産物が問題になり、それらのために実現可能生産物のための土地以上に現実生産物のための農業が必要とされるとしても、その土地の農業が同じように増加しなければ生産物は同じように増加した肥沃さの土地によって増加しないであろうからである。それゆえ日常的な生産物が問題になるときは、より大きい土地の耕作に向けられた同じ農民はその耕作にちょうど十分なより小さい土地から獲得するのと同じ財を獲得し、その土地の残りの部分はあたかも耕作されないままであるかのようになるであろう。実際、実現可能財はもっぱら土地に依存し、現実財は全て農業すなわちそれらに関わる労働に依存するので（四-2、3）、一カンポにおいて行われる労働は半カンポにおいては行われえないのと同じように二カンポにおいても行われえないであろう。それゆえ現実財の生産にとっては、どんな大量の農業もそれによってそれに必要とされる一定の土地から獲得されうる財が獲得された後では無駄にならざるをえないのと同じように、どんな大量の土地もそこから一定の農業によって獲得されうる財が獲得された後では無駄にならざるをえない。それゆえ同じ農業によって同じ生産物が、大小にかかわらず同じ土地において獲得されるであろう。これは同じ農民が日雇い労働によって、同じ百カンポの土地に従事しようと一千カンポの土地に従事しようと、常に彼ら自身で、しかも季節の有利または不利な影響を等しく考慮して同じ生産物をそこから獲得することによって、同じ等価の量の消費可能な財で対価が支払われるということからも証明される。このことを十分に考慮する人は、より大きく同じ質を持つ土地においては農業は最適に行われなければならず、より大きい人数の就業者であろうと、各々の土地に位置づけられた同じ人数の就業者であろうと、あらゆる国民のためにそこで農業を行わなければならないということを理解するであろう。それゆえに農業は一次的就業であり、他の全ての就業の基盤であるが（一-10）、人々は農業から生存するのに必要な財を獲得するにもかかわらずどちらの就業を選ぶかには無関心なので（四-7）、どんな理由も、全ての理由に先行し、最初に自然によって提示され、全ての理由のうちで最も必要なものをまず選ぶ必要がある（一-12）。次により大きい同じ土地において農業がそれにもかかわらずより小さい土地と同じように行われないのであれば、すなわちどちらの土地もそれらの全ての面積において同じように耕作されないのであれば、これはやはり人口が同じなので、それにもかかわらずより大きいかより小さい土地に比べて逆により小さいかより大きくなる人口のために、より小さい土地よりもより大きい土地においては消費可能な財に対する需要がより小さいということから生じうるであろうが、これは同じ人数の就業者のうち、より大きい部分がより広い土地に従事し、より小さい部分がより広くない土地に従事するということを妨げない。実際、どんな同じでない土地における雇用と財も、その土地に比べてより小さい土地におけるそれらに対するより大きい需要によって、またより大きい土地におけるそれらに対するより小さい需要によって同じ大きさになりうるということがすでに見られた（四‐10）。しかし消費可能な財は量からだけでなく質からも推定されるので、より大きい土地における財はより小さい土地における財よりも大きい量が獲得されないが、どちらの土地における財も獲得されるときは同じ量でないにもかかわらず、消費されるときは同じ量であるということは矛盾しないであろう。それゆえ同じ理由でより大きい土地が同じ人口の占めるより小さい土地よりもほとんどまたは全く耕作されていないように見えうるにもかかわらず、そこにいる人口に対して土地の面積がより大きいために、財は常により大きい土地からより大きい量が獲得されるということは常に真実であろう。したがってまたより大きい土地に位置づけられた国はそれと同様のより小さい土地に位置づけられた国よりもずっと土地の開発者でありうるし、そうでなければならないであろう。

第12章　財はどうしてより小さい土地においてその質がより向上するのか

より大きい土地に位置づけられた国またはその人口は、同様のより小さい土地に位置づけられた場合にそこから獲得する財よりも多くの財をその生存のためにその土地から獲得するので（四‐11）、より小さい土地に位置づけられた国は、より大きい土地に位置づけられた国が獲得する以上に財の質を向上させることに従事すると言わざるをえないであろう。というのはどちらの土地における国もその生存のために同じように就業しなければならず（四-5）、そのような目的のためにはどちらの就業も同じように無差別なので（四-7）、より小さい土地において財を獲得することにより従事しないときは、やはり財の質を向上させることにより従事せざるをえないであろうし、さもなければその国は雇用と財の減少によって縮小せざるをえず、仮定された人口はもはや存在しないであろうからである。それゆえ財の加工、分配、輸送、全ての商工業は、より小さい土地に位置づけられた国々においては必要なありうるものであるだけでなく、より大きい土地に分散した国々においては不必要なありえないものであり、前者においては増加し後者においては減少するだけでなく、逆に土地の耕作は前者においてはより小さくなり後者においてはより大きくなるのはどうしてかが明らかになる。それゆえそれらの商工業はより大きい土地に位置づけられた国々においてはよりいっそう注意が払われず無視されるのに対して、より小さい土地に位置づけられた国々においてはよりいっそう実行され営まれるということは、土地の耕作が前者の国々においては常により大きく、後者の国々においてはより小さいということの必然的な帰結であろう。このことは商工業が偶然にも同様の国々にもかかわらず、より大きい土地に分散したために人口の少ない右の国々よりも、より小さい土地に集中したために人口の多い右の国々において非常に多く営まれるということが証明されるという事実によって明らかである。というのは土地の耕作は、たとえ同じ人口でない土地に対してはそうでないとしても、同じ人口の土地に対しては後者の場合よりも前者の場合において逆により小さいということが明らかだからである。このことから各国において農業と商工業すなわち財の量の増加と質の向上が各々比較してどれほどまでに増加しうるのかが明らかになりうる。例えばすでに提示された人口三〇〇万人の国によって所有され耕作された一二〇〇万カンポはその国の維持に必要な土地にほぼ一致し（二-19）、それゆえこの場合に総雇用の3/10で表される農業の雇用はその国に必要な財の量に一致する雇用であり、総雇用の残りの7/10はそれらの財が全員に分配されうるためにそれらの財に与えられうる全ての質の向上のためであるということがすでに見られた。そこでもしこれらの三〇〇万人が一二〇〇万カンポに位置づけられ耕作するのではなくその代わりにオランダやスイスのいくつかの地域のような狭いより質の劣った土地に位置づけられ耕作するとしたならば、その場合にはそれらの人々には農業のための、すなわち財の量のための雇用が不足するので（四‐11）、財の加工、分配、輸送に関わる同じだけの雇用によってそれを満たさなければならず、それゆえ彼らにその量が不足するものよりも多くのものを他国から獲得しなければならないということは明らかである。逆にそれらの人々がロシアやアジアのいくつかの地域のような広い土地に位置づけられたならば、その場合には以前の財の量すなわち彼らの生存に十分な財の量よりも多くの量をそのような土地に関わるより大きい雇用または耕作から獲得するので（四‐11）、財を加工し、分配し、輸送することにあまり従事せず、それらの雇用を前記の国々のような他国により多く向け、それにより彼らの財の余剰の量をそれらの国々の余剰になっている財に対する質の向上と交換する必要があるということもまた明らかである。それゆえすでに提示された国の場合に量に関しては雇用の$3/10$、質に関しては雇用の$7/10$と示されるとみなされた財（四‐3）はおよそ第一の場合には量に関しては$2/10$、質に関しては$8/10$、第二の場合には量に関しては$4/10$、質に関しては$6/10$と示され、その国がどんな状況、状態、条件にあろうと、すなわちその国がどんな土地に位置づけられようと、その国を維持する雇用も財も常に同じ不変の単位（$\frac{3}{10}+\frac{7}{10}=\frac{2}{10}+\frac{8}{10}=\frac{4}{10}+\frac{6}{10}=1$）で示される同じ大きさにならなければならないと前に確認されたこと（四‐7）がやはり常に証明される。このことから一国が他国よりも先進的である、すなわち商工業がロシアやアジアよりもオランダにおいて進歩していると言う場合に、それはその国によって質が向上した財に関してしか言いえないのであって、消費された財に関してでは全くないのはどうしてかが理解される。というのは実際オランダのより苦労した加工品やより苦労した輸送品がロシアやアジアで消費され、それらの国々の岸辺に上陸しているからであるが、それにもかかわらずこれは農業に関しては逆に各国の占める土地に比べて前者よりも後者の国々によってより実行されているということにほかならないからである。それゆえあらゆる事情が勘案され、当然のこととして雇用と財が国々の間で交換されたならば、各国は同じように土地の開発者になり商工業の開発者になり、財の消費とそれらの国々の間で行われる交換に関しては他のあらゆる国も開発者になるが、より大きい就業と農業の結果は常にそれをあまり実行しない国に境界を設け、したがってまたその余剰としてそれが消費される後者に帰せられなければならず、他の国のためだけにそれを実行する前者に帰せられるのでは全くない。それゆえ自分たち個人のおかげで国の農工商業を増加させうると想像する人々がどれほど無駄に月をせがんでいるかもまた明らかになる。実はこれら全ての増加は一定の土地に位置づけられた人口のいっそうの増加に依存し（四-11、12）、人口はそれに先行する財に依存し（一-20）、財は雇用に依存し（一-19）、雇用は総需要に依存し（一-14、15）、総需要は全体の自由に依存し（四-10）、自由は少数の個人のものであるならば決して全体のものにはならないであろう。もしオランダの商工業がイタリアよりもいっそう、例えば八対七の割合で営まれ、ロシアにおいては六対七の割合でよりいっそう営まれないのであれば、これは外国貿易が問題になるときに明らかになるように、イタリアにおいてはオランダよりも三対二の割合でいっそう営まれるかまたは行われ、ロシアよりも三対四の割合でいっそう行われない農業のためにしか起こらない。それにもかかわらずイタリアに移された三〇〇万人のオランダ人またはロシア人、あるいはオランダまたはロシアに移された三〇〇万人のイタリア人は、彼らが現在それらの各々の国に存在するその国の自由を考慮して存在するならば、現在のイタリア人、オランダ人、ロシア人と同じように職人、商人、農民であろう。

第13章　消費される財の質は二種類である

量と質が考慮された全ての財は同じように考慮された総雇用に等価であり（四-3、4）、財と雇用はどの国においても同じ規模になる（四-7）ので、消費される財はどの国においてもどの時代においても量についてだけでなく質についても同じでなければならないと思われる。というのはそれらに対してまたはそれらのためにどの国でもどの時代でも同数の人々が従事しなければならず、全員のうちの3/10が常に財を獲得することに従事し(四-11)、残りの7/10がやはり常に財の質を向上させることに従事しなければならないからである。そこで財が量について同じであるということはどんな場所でもどんな時代でも各人は平均して同じ重さの食物と衣服を背負い込み、一つの屋根の下で同じ大きさの寝台に寝るとみなされさえすれば容易に認められるであろう。しかし質に関してはこのことが理解されるのはそれほど容易ではなく、むしろある国においては他の国よりも一般に技芸によって仕上げられた財が同じ国においては他の時代よりもある時代に消費されるのが見られるという明白な事実によって否定されると思われるであろう。それゆえ例えばロシアやシベリアに移るならば、人々は一般に粗末な食物、粗末な衣服、板や筵でできた苫屋にしばしば出会うということは否定できない。それに対してイタリアや先進的なヨーロッパの地方に移るならば、人々は明らかにより良い食物が与えられ、より良い衣服を纏い、多かれ少なかれ煉瓦と瓦でできた住居に住んでいる。さらにその先進的なヨーロッパにおいて過去と同じように現在も技芸によって非常に質が向上した財が消費されるならば、技芸、商工業、海運業は何世紀も前から何も獲得しておらず、食物、衣服、家財道具一式はロンバルド王国の時代に当時宮廷で消費されたのと同じように、現在の王宮で消費されるのと同じように、現在も手作業によって仕上げられていると言わざるをえないであろうが、これはフランスの職人かまたはイギリスの政治家の堪忍袋の緒が切れなければ言うべきではないことである。しかしイギリス人の粘液質かまたはフランス人の胆汁質が沸騰する前に、消費される財の質すなわちその質が向上する就業は一種類ではなく二種類から成り立ち、そのうちのあるものは実際に技芸、商工業に関わるが(三-6、9)、あるものは財が管理される全ての役務、すなわち就業者がその国の君主、廷臣、貴族に非常にしばしば結びつけられ、そのようにしてそれらの財を獲得する全ての役務にも関わる（三–13）ということが考慮されるべきである。それゆえ消費される財の質は右のように（四–11、12）時には部分的に国々の間で質が量と交換される加工と分配に依存するだけでなく、一般にはそれほど財が国々の間で交換されないとしてもそれにもかかわらず財が同じ国で獲得される管理にも依存する。それゆえある場所で別の時代に財が工業によってあまり加工されず、商業によってあまり分配されないので、なおさら戦争や他の同様の肉体的な役務によって管理されるならば、その場合には財の質すなわち同じ量の財の質を向上させることに従事する人々は、商工業が現在よりも著しく遅れているにもかかわらず同じ人数になるということは否定できないであろう。そして実際に消費される財の同じ量に対して質に関わる全ての雇用は総雇用の$7/10$と示され（三–14）、そのうちすでに提示された国が生存する現在の方法に従えば$6/10$が加工と分配に関わり、$1/10$がそれらの管理だけに関わるということがすでに見られた。それゆえ同じ時代の他の国々のそのような方法と別の時代の同じ国のそのような方法が変化したと仮定され、商工業の雇用が、征服、戦争、等々のための肉体労働が同じだけ必要とされ、ますます実行されたので、あまり必要とされず、あまり人が集まらないのであれば、財の質に従事する人々が同じ人数にならないということ、すなわち消費される財の質がいつでもどこでも量のように同じ規模にならないということは全く矛盾しないであろう。それゆえ職人と商人が現在のロシアにおいて、または別の時代のイタリアにおいて現在イタリアにいるそれらの人々の半分であり、貴族、宮廷人、兵士、要するに公僕や、あらゆる種類のそれらの人々の随行員が現在のロシアにおいて、または別の時代のイタリアにおいて現在イタリアにいるそれらの人々の四倍であり、それゆえ前者は全就業者の$3/10$、後者は$4/10$と表されるならば、全ての財の質に関わる総雇用はいずれにせよ総雇用の$\frac{3}{10}+\frac{4}{10}=\frac{6}{10}+\frac{1}{10}=\frac{7}{10}$の同じ数と表され、財の質を向上させることに従事する人々は、多かれ少なかれある時はある質の向上にまたある時は別の種類の質の向上に従事するにもかかわらず、いつでもどこでも常に同じ数であると誰もがみなす。

第14章　消費される財の質はあらゆる国において同じである

消費される財の質は加工と分配からだけでなく財の管理からも推定され、財の質はこれらの項目のうちのあるものによってそれが増加するときも別のものによって減少するときも同じになりうるということがすでに見られた（四−13）。今や消費される財の質が実際に常に同じでなければならないと断言することを躊躇しない。それゆえまさにどの国においてもどの時代でもそれは実際にこれら二項目のうちの一つによって増加し、もう一つによって減少せざるをえないであろう。そしてこれが真実であるということは、やはりあらゆる場所とあらゆる時代に当てはまるすでに指摘された理由で（四−5）、雇用だけが財を制約するものであり、財はそれに先行する雇用の同じだけの増加によってしか増加しえない（一−19）ということから明らかになる。それゆえ同じ財が存在するところではどこでも、そこにはやはり同じ雇用が存在せざるをえず、もし商工業がある場所である時代に他の場所で他の時代よりも注意が払われず無視されたならば、それにより確かに商工業はその場所でその時代にはいっそう注意が払われないと結論づけれられうるが、それはそれとは異なる戦争、征服、等々に関わる他の商工業がいっそう開発され必要とされたためであって、やはり財が量に関しては同じであり、それを獲得する雇用が同じ総雇用の3/10を上回ることができなければ（四−11）、財の質に関わる雇用が総雇用の7/10から減少したためでは決してない（四−14）。それゆえ各国において商工業も軍人やその他同様の肉体的な職業も増加させることにある人々がどれほど無駄にあくせくしているかが再び明らかになる。というのはこれら全ての職業はそれらに対する全体の意向に依存しなければならない（四−12）だけでなく、それらのうちのあるものは他のものの同じだけの減少によってしか増加することが決してできないからである。そう言えるのは、個人の熱情とりわけ政府の熱情は然るべき場所で説明されるように技芸であろうと工業であろうと軍人であろうと職業の増加のために有効であるからではなく、全てに及ぶ個人の熱情は明らかに全く何も強制しないからである。一国において賢者と呼ばれる人々があり余ればあり余るほど、ますます兵士と呼ばれる人々は不足し、そしてまたそれらのどちらもあり余ればあり余るほど、ますます職人と商人は不足し、逆の場合は逆である。それは一定の人口の下では総需要を上回ることも下回ることもできない財の量と質のためである（二-21、22）。他方、たとえ各人に必要な財がそれを手に入れる最小の不快さによって質の向上したそれを消費する最大の快適さを均衡させるようないろいろな方法で獲得されるとしても（三-18）、人が最大最良の財を常にごく普通に必要とされる最も容易な最適な雇用によって獲得するときは、ある質が他の質に優越するかどうか、すなわち全員の好みが総需要をある方向に駆り立てるかどうかは重んじられない。しかし軍人という職業が非常に価値がある未だに野蛮な国々においては、多くの商工業も存在し、とりわけそれらの首都においては商工業によって非常に質が向上した財が消費されるということが知られている。それにもかかわらず十分に考慮する人は、やはり生み出す職業は消滅させる職業と反対であるだけでなくそれよりもいっそう苦労するものでもあるという理由で、それが常に先進国よりもはるかに小さい規模で生じるということに気づくであろう。実際、そのような消費される財の質は一国の全員から推定されなければならず、個人からではないと誰もがみなし、前者によって消費される財は後者によって消費される財よりも商工業によって比べようもないほど質が向上することは富豪にも炭焼きにも良く知られている。しかしそれらの各々によって消費される財のまさにそのような違いから、全員によって消費される財の質が推定されなければならないことも少なからず知られている。というのは一人の富豪のために財を消費するための百人の炭焼きまたは彼らと同様の他の人々がいなければ、富豪は炭焼きの百倍質が向上した財を消費することはできないであろうし、一般に田舎において百倍質が向上しないものが一千人によって消費されなければ、首都において田舎よりも百倍質が向上した財が一千人によって消費されえないであろうからである。また、一国の首都においてそのような平均的な質が他国の首都において消費される財の質以上に上回り、逆にそれと同じだけ後者の地域や田舎の質が前者の地域や田舎の質以上に上回っているならば、各々の国において消費される財の平均的な質は同様の、しかし首都については地域や田舎と逆の理由で、同じになるであろうということも真実である。それゆえ一国によって消費される食物、衣服、家財の質が同じであることを確認するためには、国民の$\frac{2}{3}$が黄色小麦を食べ、劣悪な羊毛や亜麻を身に纏い、残りの$\frac{1}{3}$は純白小麦を食べ、絹や黄金を衣服に用いるということも、国民の$\frac{4}{5}$が第一の人々の二倍劣悪な財を消費し、ライ麦を食べ、糸屑を身に纏うということも、残りの$\frac{1}{5}$が第二の人々の三倍高価な食物を食べ、黄金や絹でできた衣服を着るならば、同じように有効であろう。というのは$\frac{2\times1}{3\times1}+\frac{1\times1}{3\times1}=\frac{4\times1}{5\times2}+\frac{1\times3}{5\times1}=1$になるからである。それにもかかわらず、右のような十分に考慮する人は例えばロシアやアジアとイタリアや先進的なヨーロッパにおいて消費される財の違いがまさにこの第二の規模を上回らないということ、そしてたとえヨーロッパの首都において消費される財の質がその地域において消費される財の質を上回るとしても、その違いはアジアの野蛮な国々における右の違いほど著しくないので、ヨーロッパの一〇〇人の殿様が後者において田舎の一千人の住民に等価であるならば、ここで示された理由の必然性により完全にアジアのただ一人のサルタンは一万人ではなく一〇万人以上の奴隷に等価であるということに気づかざるをえないであろう。それゆえ軍人という職業や他の同様の肉体的な職業がよりいっそう優先するどの国においても、商工業はよりいっそう優先することにはならないであろうが、消費される財の質すなわちそれに対してそのためにその質を向上させることに従事する人々は実際には常に同じになるであろう。

第15章　有給の就業者について

消費される財の質は、加工と分配の側かまたは管理とりわけ軍人の側に、ある国ではより多くまたある国ではより少なく優先するという唯一の違いがあるとしても、どの国においても同じなので（四-13、14）、いつどこでその質がどちらの側に優先するのか、すなわちいつどこで商工業に従事する人々かまたは宮廷や軍隊の役務並びに教会や賢者の役務に従事する人々が前者が後者に対してより多いかより少ない人数になるのかに気づくような何かの証拠が問われるならば、そのような証拠は給与すなわち全就業者の中で国から給料が支給される人々の人数から容易に推定されうると言えるであろう。というのは、たとえ財の管理に従事する人々は全て有給者ではないとしても、それにもかかわらず有給者がそのうちの最大部分であり、国から給料が支給される全就業者がその中にいるので（三-14）、やはり有給者が全就業者に対してより大きい人数になるならば、その場合には管理から生じる財の質は財の加工や分配から生じる質よりも大きくなる、すなわち軍隊や宮廷、また同様に教会や学校に従事する人々は他の国々に比較して商工業に従事する人々に対してより大きい人数になると言わざるをえないであろうからである。それゆえイタリアのようなすでに提示された国においては全就業者一五〇〇万人のうち有給者は一一万人にしか達しない（三-14）すなわち百人当たりほぼ七人にしか達しないので、それよりも先進的でない国々においてそれらの有給者、とりわけ宮廷や貴族のために肉体的な労働や軍人の役務による有給者が百人当たり一五人、二〇人またはそれ以上に達するならば、（国民が明らかに貴族の奴隷であり、貴族は君主の奴隷であるような全く野蛮な国々においては全就業者は有給の公僕と呼ばれるということには触れずにおくならば）その場合にはどこでも同じである消費される財の質はイタリアにおいてはそれよりも先進的でない他の地域が依存するよりもはるかにいっそう商工業に依存し、前者に比べて後者の地域の場合に起こることとは逆に、後者の地域においては財の質はそこに就業する人々よりもすでに理解された意味の有給者の人数がより大きいために、財の管理からいっそう推定されると言わざるをえないであろう。消費される財のこれら二種類の質からさらに二種類の贅沢が生じ、そのうちの一つはまさにより自由で先進的な国々に固有の商工業に従事するより大きい人数の人々から成り立ち、もう一つはより肉体的でありより先進的でない国々に固有のそれらのより大きい人数の有給の就業者から成り立つが、それについては人口と贅沢が問題になるときに述べられるであろう。その間に私はここで私が前に行ったことと私が後で行うことを明らかにすることによって、私はより自由でより先進的な他の国々とより自由でなくより先進的でない他の国々に損害をもたらすつもりも後者の国々を前者の国々以下に卑下するつもりもなく、どんな状況においてもどんな場所においても私は同じように人類を尊重し愛するのはどうしてかに気づかせたい。より先進的な国々とは私は同数の国民の国々が考慮されたときにより小さい土地を占める国々のことと理解し、より先進的でない国々とは私は同数の国民の国々が考慮されたときにより大きい土地を占める国々のことと理解し、それゆえ国々の開発はほぼ土地の開発に一致する。前者の国々がより自由であり、後者の国々が不自由であるということは否定できない。というのはそのような違いはその国における雇用と財に対する総需要のまさに自由からしかもたらされえず、前者の場合には政府の個別需要がそれにいっそう従い、後者の場合にはそれにいっそう従わないからからである（四–10）。しかしそのような国民の総需要と政府の個別需要がより一致するかしないかは国民の総需要を妨げない。というのは前者もまた後者の一部であり、さらにいっそう不自由な国々の不自由は常に必要とされるかまたは総需要の不自由もまた常に許容されるからである。次に総需要に関して国によっては非常にしばしば自由よりも不自由が選ばれるということが起こるので、まさにこのことから、ある国が自由になるためには、有給でない就業にいっそう従事しなければならないのに対して、不自由になるためには、その国において有給の就業者が次第に増加すれば良いということが容易に理解されるであろう。というのは前者の就業は後者よりもはるかに苦労するので、人々が非常にしばしばより能動的なより煩わしい自由よりもより無感動なより怠惰な不自由を選ぶとしても驚くべきことではないからである。実際、商工業や農業においても有給でない就業者は、その各々の役務を実際に実行する限りにおいてしか就業者と推計されず、それゆえ彼らは常にその就業の継続時間から推定されるが、やはりその就業によってその就業の量と質すなわちその就業の時間と評価に対応する財よりも多くの財を獲得するということがすでに見られた（三–2）。逆に有給者、とりわけ宮廷や軍隊における有給者は非常にしばしばその役務の実行によってではなく、それを実行するのに注意を払うことによっても就業者と推計され（三-11）、そのような注意を払うこと、すなわち実際は失業しているのにもしその失業の間に実際に就業していたならば獲得したであろう財と同じだけの財を獲得する失業が彼らの就業に帰せられる。それゆえ全ての人に共通の自由という無敵の誘因にもかかわらず、人々が国々において滅多に完全に自由でないのはどうしてか、またこれまでずっと自由を謳っている国々がそれにもかかわらず非常にしばしば不自由に苦しみ、それにより精神的な感情が肉体的な虚弱で脆弱な力に屈するのはどうしてかが理解される。このことが真実であればあるほどそのようなより先進的でなくより肉体的な国々はそこにおける不十分にまたは過剰に適応力のある脆弱な体質の性向のために、たいてい灼熱のまたは厳寒の環境の下に位置づけられるであろう（三-20）。それゆえ行動の備えが十分に整っていない住民は、ごく穏和な環境の下でより活発でより能動的な住民がより長く続く就業を自ら進んで選び、劣悪な給与は彼らの間では非常に軽蔑されるので、専制政治が嫌悪され毛嫌いされるのとは違って、たいてい有給の雇用をしがちである。

第16章　財は一定の土地においてどのように増加するか

土地は全ての実現可能財に等価であり、雇用は全ての現実財に等価なので（四-2、3）、たとえ土地が増加したとしても、またはたとえその土地が広く肥沃になったとしても、現実財は雇用がなければ決して増加しえないのは明らかである。それゆえ現実財が一国の限定された土地においてどのように増加しうるかを理解するためには、それに等価な雇用がそこでどのように増加しうるかが検討されなければならず、以下で財の増減について言われることは、財と雇用の必然的な等価性により、雇用の同様の増減から推定されるものと理解されるであろう。それによりまず第一にある限定されていない土地におけるある一定の人口が仮定されたならば、その土地が広ければ広いほどますます国は財の質を向上させることよりも財を獲得することに従事し、その土地が広くなければないほどますます国は財を獲得することよりも財の質を向上させることに従事するということが思い出されるべきである（四-11、12）。そしてこれはたとえそれにより量が増加する財と質が向上する財に関わる前者の国の場合と後者の国の場合に雇用が違うように見えるとしても、それにもかかわらず雇用が前者の場合の国の過剰が後者の場合の国と交換されるとみなされさえすれば、消費される財に関しては同じになるということである。というのはそれらの雇用はそれを実行する機会が違う場合にしか違うように実行されず、さもなければそのために各々の国によって消費される同じ財は量についても質についても違うからである（四-13）。しかしこれはどちらの場合もまさに国の量と質が交換されうることによってしか起こりえず、そのような交換は非常に限定された財の量の場合にしか生じえないので、それゆえ第二に一般に一国によって消費される財が問題になるときは、他の国々と交換される財よりもいっそうその国によって直接獲得され消費される財がとりわけ考慮されなければならないであろう。それゆえ一般的な意味で消費される財について語るときは、質は量に依存し、したがってまた各々の国によって消費される財の量は、他の国々によって耕作される他の国々の土地またはその国が他の国々によって獲得される財と交換する質の向上に一致するよりもはるかにその国が位置づけられその国によって耕作される土地に一致するものとみなされなければならないのは明らかである。というのはどちらの方法の雇用も財の量に関わろうと質に関わろうと総需要に依存するので（一-14）、しかもこの総需要は明らかに財に付属し付加される質のうちのどれかよりも財そのものにより有効なので（一-10）、総雇用はまず第一にどんな人口にも必要なそれらの財の質に関わり、質の向上のためにはそれは量に対しては実行されえないので、財を全就業者に分け与え、それを国中に普及させるという当然の目的で財の量に及ぶ部分しか残らないからである（一-11）。実際、財が一定の農業によって獲得される前に財の加工にも分配にも管理にも従事することは誰にもできないということも、農業が従事する土地の前に農業によって財を獲得し、雇用が常に最初に前者の側よりも後者の側に従い、次に財の質が向上しうるために最初に財が獲得されることもできないということも否定できない。それゆえ財の質は、財の量が土地に依存するのと同じように、財が存在する量に依存するので、土地が先行してすなわち獲得される財がなくても供給されうるが、獲得される財が先行してすなわち財を獲得する土地がなくても供給されうることは決してないのと同じように、財は確かに先行してすなわちそれに付加される質がなくても供給されうるが、何らかの質の財を先行してすなわち財がなくても供給することはできない。このことを考慮するならば、雇用と財は一定の限定された土地において、その土地から最も必要な農業によって獲得されうる全ての財が必要とするのと同じだけ増加しうると理解されるであろうし、またさらに他の国々の財の量と交換されうる獲得されたそのような財の質に関わる雇用が必要とするのと同じだけ増加しうると理解されるであろうが、これらの交換される雇用と財の第二の部分はほとんど明らかにしえないので（二-19）、それらの雇用と財はほとんどがその国が位置づけられる土地によって常に制約されなければならないということに気づくであろう。それゆえ現在イタリアを庇護すると仮定される六〇〇万人のためだけに就業している一二〇〇万人の住民が恐らくイタリアを最善の方法で耕作し、そこから全員の厳密な維持に十分なほどの生産物を獲得し、ある財と他の財、例えば余分の小麦や葡萄酒と不足する羊毛や亜麻等々が勘案されると仮定されるならば、雇用と財は他の国々の財の量と交換されるそれらの生産物に対する質の向上のためにしかこの土地においては増加しえないであろう。そしてそのような交換（これは他の国々の限定された反対の需要によって制約されなければならないので、やはり限定されざるをえない）が現在その土地において消費される財の最大⅓に及びうるとするならば、雇用と財は現在イタリアにおいてはイタリアにおける全ての実現可能なものを¼ほどしか下回らないであろう。すなわち現在六〇〇万人の就業者に、土地に従事することができず、最大一六〇〇万人に及びうる人口のためにイタリアに就業しうる全部で八〇〇万人の¼である商工業に関わるもう二〇〇万人が付け加えられうるであろう。

第17章　財は一定の土地においてどのように減少するか

右のことを考慮すれば、雇用と財はとりわけ一定の限定された土地に応じて増加し（四-16）、それらに農業の雇用が後続し、それに他の全ての雇用が後続するので、限定されない土地以外に他に土地が存在しなかったならば、雇用と財はその土地と同じ規模にならざるをえず、雇用と財はそこで実現可能であるという理由で（四-2）、やはりそこで現実のものにならざるをえない（四-3、9）ということは明らかである。そして実際、土地がなければ他の全ての雇用に先行する農業の雇用は実現可能でないであろうし、農業によって土地から獲得される財がなければ他の全ての雇用は実現可能でないであろうから、農業とそれに後続する他の雇用が実現可能になればなるほど、財の基盤であり他の全ての雇用の一次的基盤である土地はますます拡張されるであろうし、それらが実現可能になればやはり現実のものとなるであろうし、均等性が妨げられるような他の理由が干渉しなければ、土地の拡張につれて至る所で均等に増加するであろう。そのような他の理由が存在することは否定できない。というのは同様の土地において雇用と財は実際に非常に異なって消費されるからであるが、そのような理由は、多かれ少なかれ自由な多かれ少なかれ肉体的な政府の、総需要とは異なる個別需要によって多かれ少なかれ駆り立てられるかまたは妨げられるために同様の土地においてより大きくまたはより小さくなりうる総需要にあると認められる（四-10）。ここで隠されるべきではないことは、やはりただ一人のまたは何人かの個別需要である政府の需要がそのために総需要に優先しうるということがどうして起こりうるのか、すなわち前者が後者をどうして減少させうるのかということである。このことを理解するためには、一国の全体はそれ自体としては全体の雇用と財がより大きいかより小さいか、すなわちどこかの土地で財を増加させるために一人の就業者があくせくしているか何百万人の就業者があくせくしているかわからないし無関心であるということを考慮すべきである。それゆえ全体の需要は全体の雇用と財にも非常に限定された雇用と財にも及びうる。前者の雇用と前者の財は常にそれらに後続するそれらに対応する人口によって制約され、一方に関わる雇用と財がそれに先行しなかったならばやはり全体が一方のために増加させる必要はないためにの(一–20)、一方の項目に対する需要は無関心であるが、もう一方に対する需要は不変で不動であるということは全くの真実である。そしてこれはすでに指摘された理由で(序論V)、また以下でいっそう明らかになるように、雇用と財に対する需要が常に一人の需要を超える個別需要とは違って、全体の財に対する需要が常に人口によって厳密に制約されるためである。それにより総需要は、たとえ個別需要がごく稀にしか満たされないとしても、より大きい雇用と財に対してであろうとより小さい雇用と財に対してであろうとそれらに従事するより大きいまたはより小さい人口によって常に同じように満たされる。またある人口のうち½しか就業させることができず(三–14)、この½の就業者のうちやはり農業に従事しない人しか商工業、自由学芸、軍隊に場所がなければ(四–16)、それらの雇用の増進は常に農業の余りから生じるであろうということも真実である。それゆえより大きい土地においては、同じ人口の場合に、雇用と財は質の向上の部分よりも量の増加の部分によって増加するであろう。というのはそれを実行する機会の方が大きいからであり、たとえより容易なまたはより直接的なより小さい雇用によって自らに必要な財を獲得するとしても、全体は量に従事するか質に従事するか、財の質を向上させるどの方法に従事するかには無関心だからでもある(一–11)。しかしそれゆえにさらに大きい土地においては雇用と財に対する総需要は、それらを獲得することしかできず、実際には存在しないのでそれらを需要しない人口のために増加しないであろうし、より大きい雇用に対するどんな需要も全体として無駄であろうし、人口がより大きいかより小さいか、すなわちそれが一千万人になるか二千万人になるかそれ自体としては無関心だからである。しかし全体がもっぱら人口のために用意される財をもたらす以上に人口が増加しないことを長く続けたならば、全体は百平方リーグの土地に位置づけられるかまたは果てしない計り知れない土地に分散するであろう。それゆえこのような全体の静かな無関心さは、人口の大小によって全体の雇用と財が政府またはその他の有力者の個人的な仕業によって時々減少しうるようにさせ、実際にはどの土地でも減少するようにさせる。それゆえこの点について政府によって必要とされるものについて全体が対決するのは個人ではなく、全体が無関心であるものについてより強くない他人と対決するのはより強い個人である。結局、雇用と財に対する総需要が一定の土地においてそれに反する個別需要によってまさにどれほどまで減少しうるかが問われるならば、それはまさに前者の需要が後者の需要による妨害に出会わないという理由で、非常に大きいものになると言えるであろう。前者の需要もまたたとえ破壊的であるとしても後者の需要の一部であるという別の理由で、しかも総需要はたとえ個別需要によって減少しうるとしてもやはり常にある著しい規模になければならないために、前者の需要は後者の需要を完全に消滅させることに成功することは全くできないであろうということは全くの真実である。同様の推測により、互いに比較される過去と現在の多くの国々の観察から、最大規模に適合した雇用と財に対して行われたそれらの最大の減少は個人の妨害によって全体の最大¾まで増加しうるということが確認されうるように思われる。それゆえ最大規模の雇用と実現可能財がイタリアにおいて八〇〇万人の就業者を含むまで増加するならば（四-16）、就業者はわずか二〇〇万人まで減少し、人口は四〇〇万人になりうると思われる。そしてこれはたとえ現在のイタリアの経済的自由が三から四にさらに増加しうるようなものであったとしても、総需要とは異なる、または少なくとも総需要には全く一致しない個別需要によって、少なからずさらに三から一に減少させうるようなものになるであろうということである。イタリアにおける雇用と財のより大きい減少は完全に失われた自由の、すなわち堪えがたい、したがってまた許しがたい不自由の証拠にならざるをえない。

第18章　土地はどのようにすれば現実財に等価になるのか

土地はそこから獲得され、後で質が向上する全ての実現可能財に等価であり、雇用はそれによって獲得され、質が向上した現実財に等価であることはすでに観察された（四-2、3）。それにもかかわらず、土地は現実財と比較され、したがってまた一方が他方の等価物としてそれらと交換されうるということを妨げない。というのはそれが土地とみなされたならば、それはその性質上現実財ではなく、現実財に等価でもないが、しかし総雇用全体の基盤とみなされたならば（一-10）、それは性質上雇用そのものに準ずるものとみなされ、この意味で雇用と等価である現実財に等価であるとみなされうる。実際、それは土地とみなされたならば、誰かの需要に直接役立たないとしても、雇用の基盤したがってまた財の基盤とみなされたならば、最も間接的にあらゆるものの需要に役立ち、したがってまた後者の需要は土地と雇用の、すなわち雇用と等価である現実財との共通の尺度になる。それゆえこの意味で土地と財の、すなわち実現可能財と現実財のそのような等価性がどのようにすれば推定されうるかが問われるならば、土地は実現可能財が無数であるのと同じだけ消費されうるだけの財に比べて多くの消費可能な現実財に等価でなければならず、無数の実現可能財が消費可能な財としての現実財ではなくまさに実現可能財でしかないのと同じだけ少ない現実財に等価でなければならないことが観察されなければならない。そして一方では現実財は有限であり、実現可能財は無限なので、前者の財のうちのどれも後者の財、すなわち後者を生産するのに適したあらゆる限定された土地の価値に何も付け加えることはできない。しかし他方では現実財はある瞬間に全て存在し、過去の労働によって実現し、実現可能財は将来のものにすぎず、後でそれに付け加えられるはずの労働によって実現するはずのものなので、それゆえ前者の財は逆に後者の財に対する無限の選好を獲得するであろう。それゆえ一方の無限大が他方の無限大によって相殺されたならば、現実財に対する実現可能財の全ての価値は、前者または後者に対する需要に関して、この前者または後者に対する需要が理解される一定の選択の自由に依存するであろう。しかし人は将来ずっと必要であるかもしれないと想像する財よりもはるかに少ない財が現在必要なので、現在の現実財は一般に常により少ない将来の実現可能財によって推計されるであろうということは真実である。それゆえ前者よりも非常に多くのものが後者を補完するために、すなわち雇用によって後者が生み出される土地を自己補塡するために必要とされるであろう。しかしこのはるかに多くのものは確定されず、これこそまさに土地と現実財の等価性は、常に確定され決して欠かせない雇用と現実財の等価性のように必然的な事情でもなく自然の必要性によって常に確定されるのでもなく、そのような等価性はそのための何の厳密な必要性もなく個人的な評価によって導入され、そのような評価は依然として存在しえず、土地、雇用、全体の財は同じようにその道を進むということを証明するものである。というのはそのような評価はやはりそれらの土地においてより大きいまたはより小さい人口によって実行されるまたは実行可能なそれらの雇用に従って変化しうるからであるが、全てのことは不確実であり不確定である。ともあれ一般にごく日常の習慣によれば、そのようなはるかに多くのものは一に対して二五に及ぶと思われる。すなわち一年間に消費される獲得され質が向上した百の現実財は、神の思し召しがあれば毎年永遠に獲得され質が向上し消費されるわずか四の実現可能財によって常に自己補塡され、自己補塡されうると思われる。それゆえ有限の現実財と比較されたならば自然の必要を満たすためには全く有効でない土地は、雇用によってそこから獲得される無限の実現可能財と比較されたならば、自然の必要を満たすために一年間にそこから獲得され質が向上した現実財の二五倍に等価である。というのは、そのために個人的に取引する人々は彼らの将来の実現可能な必要を現在の現実の必要の二五倍と理解するかまたは、一年間の現在の現実の必要が彼ら自身によって理解されようと彼らの子孫によって理解されようと二五倍の将来の実現可能な必要と同じだけ彼らの心に感銘を与えるからである。

第19章　地主はどのようにして現実財を所有するか

土地は全ての実現可能財にも（四-2）その二五倍とみなされる全ての現実財にも（四-18）等価なので、全ての前者の財は全ての後者の財に等価であろうし、地主は全ての土地を所有するので、全ての実現可能財と全ての現実財を所有するであろうし、一国の生存手段の絶対的支配者で絶対的所有者になるであろう。これはすでに見られたように、実現可能なものを現実のものと混同し、あるものの等価物を同一のものとみなし、前者または後者の所有者を両方の所有者とみなす人の非常に良くある偽りの推論である。実は財は実現可能財である限り現実財にはなりえないので、土地は実現可能財に等価である限り決して現実財に等価でありえず、地主は土地を所有する限り、たとえ土地を財と交換することによって土地を所有するのをやめることで、土地から二五年間に獲得されるのと同じだけの現実財を所有すると言われたとしても、その土地に等価な現実財を所有するとは決して言われない。さもなければ彼らは一年間だけでなくそれに続く二四年間にも彼らの土地から生み出される現実財をいつでも所有せざるをえないであろう。錯覚を取り除いて言えば、実は地主が地主のままでありながら現実財を所有するともみなされるならば、それは土地の所有によるのでは全くなく、土地において実行した雇用、すなわち土地においては実現可能財にすぎない財が何らかの方法でもっぱら消費可能な現実財になりうる雇用による（四‐3）と言えるであろう。さらにそのような雇用は多様であり、所有されないので、すなわち地主によって全て実行されないので、地主は彼らの土地に等価な全ての実現可能財を所有するのと同じように雇用に等価な全ての現実財を所有するとは決して言えないであろう。それゆえ土地の獲得と所有のことと理解される財の獲得と所有は全て、所有者の手元で獲得された財だけが農業の等価物とみなされない限り、またはさらに加工され分配され管理され消費される財が総雇用の等価物とみなされない限り、所有者には確認されえず、したがってそれらの雇用は彼がその所有を確認するためには彼によって全て実行されなければならないであろう。これは彼が現実財の所有にどのようにまたどれだけ関わるかを理解させる。というのはそれらの雇用が彼によって全て直接実行されうるときに彼が一時的に各々の財の所有者のように見せかけたければ、彼がそれらの雇用を実行し、したがってまたそれにより彼が土地による全ての実現可能財を所有するのと同じように雇用による現実財の所有者にならなければならないということは明らかだからである。しかしそれはありえず、彼は彼の代わりにそれらの雇用を直接実行する他の多くの人々にそれらの雇用のために助けを求めざるをえないので、その場合には各々当然のこととして彼の個人的な雇用に比例してそれに等価な総雇用によって獲得され質が向上したそれらの財のために彼によってそれらの人々を受け入れるという条件でしか、彼はそれを決して達成することができない。さもなければ彼は彼の雇用のために彼を助けるのに関わる人を誰も見出さないので、彼も他の人々も財が実現可能財から消費可能な現実財になる総雇用を自分では直接満たすことができないために、彼はやはり他のどんな人とも同じように現実財を所有しないままであろう。したがって現実財に関しては、彼はそれについて毎年農民と契約し、彼がその質をさらに向上させるという右の条件で、実現可能財に関して彼によって一回限り土地と契約されるのとは違って、彼はそれについてやはり他の就業者と契約する。というのは土地は常に同じであり不変であるのに対して、土地における雇用は財が用意され維持されるべき人口に応じて可変だからである。実際、全ての現実財は、自分のために直接的に（一–17）または他人のために間接的にやはりそれを獲得する彼の雇用を含むあらゆる種類の雇用によってそれに対してまたはそのために従事する全ての人々に有利になるように、それが彼によって一人またはそれ以上の手元に配分されるという条件でしか、所有者の手元で獲得され質が向上すると想像することはできない。そのような条件以外には事実によっても仮定によっても彼の手元に財は何一つ想像することができず、土地の所有は彼にとっては同じだけの想像上の空間の所有になるであろう。実際の経験はこれを全て証明する。というのは財は実現可能財に関しては地主またはその他の一次的就業者の手元ではほぼ現実財になるとみなされるからである。というのは地主またはその他の一次的就業者は、二次的就業者の農民、職人、分配者、管理者は全て各々それに対応する雇用によって直接的なまたは間接的な役務を繰り返し行うために彼の下に競って集まり、地主またはその他の一次的就業者はその雇用を与え、他の人々に応じた彼の個人的な雇用によってそれが彼の下にとどまりうることに満足すると想像したいからである。

また良く言われるように土地または実現可能財によって自分を高位とみなすことは彼にとって有益ではない。というのは就業者と彼自身は通常その雇用によって同じように高位になり、就業者は、確かに彼らは所有する用意はできていないが彼らの就業に等価な現実財（四-16）の不足のために就業する用意は決してできていない現実財が問題になるときは、からかわれる人々でも彼らの心の中でもったいぶる人々でもないからである。それゆえ、一方の等価性を他方の等価性と混同する地主またはその他の誰かの何らかの力にもかかわらず、実現可能財と土地との等価性と現実財と雇用との等価性は常に確認されるであろうし、地主は土地によって全ての実現可能財を所有するので、現実財に関しては彼らの雇用を含む雇用によって実現可能財を現実財にすることに関わる全ての人にそれを分け与えるための供託者としかみなされないであろう。

第20章　地主は現実財のうちのどれだけを所有するか

現実財に関わる地主の活動は他のどんな就業者の活動とも違わないので、すなわち現実財が獲得され（四-19）現実財に等価な総雇用と比較して考慮されるその雇用によって制約されるので、一国の全ての現実財のうちのどれだけの部分が地主に帰属するか確定したければ、その部分は他の雇用から切り離された農業の雇用から推定されなければならないのは明らかである。というのはそれは本来地主に帰属し、すでに何度も指摘されているように（一-17）、彼ら自身によろうと彼らから他の人々への委託によろうと彼らによって実際に実行される唯一の雇用だからである。それゆえ農業の雇用が他の全ての雇用に比べて大きくなればなるほど、すなわち地主が全ての就業者に比べて多数であればあるほど（四-3）ますます全体の消費可能な現実財の量は地主に帰属するであろう。すでに提示された国の場合にも、その生存に必要な生産物のために現実に十分なだけの土地を占有し耕作する他のどんな国の場合にも、農業の雇用は全体の総雇用の3/10に及ぶということがすでに見られた（二-19）。それゆえそのような場合には農業の雇用に帰属する全体の財の部分もまたあらゆる方法で獲得され質が向上し、消費されるという条件でみなされた全ての財の3/10を超えないはずであると言わなければならないであろう。結局、全体の財のうちのそのような部分は、やはり全ての雇用と全ての農産物が全ての地主によって実現され使い尽くされ消費されるならば、全て明らかに正当に全ての地主に帰属するであろう。しかし農業の雇用に関わる全ての役務のうち、全ての地主は通常一次的就業者としての身分しか持たず、その実行とそれに関わるその他の管理を他の二次的就業者に委託するので（一―17）、財のうちのそのような部分は全て地主のものではなく、彼らが他の人々に関わるそのような管理から解放されるのと同じだけそれは減少するであろうし、それゆえ3/10の全体の財は、土地から獲得された生産物について、地主、小作人、労働者、さらに土地を所有せずに土地に関わる他の全ての人の間に行われるべき分配に比例して、それらの生産物がさらに質が向上する前に多くの部分に分けられるであろう。契約と土地の持つ個別の条件に応じて変化しうるそのような分配は、非常に良くある経験によれば、収穫の半分または⅓については地主のために残り、もう半分または⅔については彼の残りの全ての使用人または労働者の間に分配されるように行われると思われる。それゆえ中間を取れば、地主の現実財から成り立つ所得はその場合に右の3/10の5/12になり、これは一国全体の消費可能な全体の全ての現実財の⅛になるとみなされうるであろう。それゆえ所有者としての地主によって所有される現実財の部分は、やはり地主として土地と共に所有する無限の実現可能財によっては全く増加しないであろうということは明らかである。というのは、たとえ実現可能財が土地と共に増加するとしても、それらはどれかの現実財によって制約されるまでに決して至らず、土地から農業が取り除かれたならば、現実財は一千平方ペルティカの土地においても、一〇平方ペルティカの土地においても、どんな土地においても生じないということから明らかになるように、土地は実現可能財と共に無限になるからである。それにもかかわらず地主の就業のために彼に帰属する一国の財を量を探求するためにここで取られた方法から、その量は全体の財に対して常に同じでありうるのではなく、同じ総量とみなされたとしてもある時はより多くまたある時はより少なく土地において実行される一国の総雇用にまさに比例して、ある時は増加しまたある時は減少しなければならないということが非常にはっきりと明らかになる。というのはその生存のために十分な土地をより多くもより少なくもなく耕作し占有するとすでに仮定された国の場合に、その地主に帰属する財が全体の⅛にしかならないならば、同じ国がそれよりも狭いまたは広い土地を占有し耕作する場合には、その場合には農業の雇用は他の国々に比べて右の量以上に減少または増加し、農民のための財したがってまた地主のための財も同様に減少または増加しなければならないであろうからである。実際、それよりも狭い土地に同じ国が位置づけられたならば、農業の雇用は全体の総雇用に対してほぼ3/10対2/10の割合で減少しうるということがすでに見られた（四-12）。その場合に農業の雇用による財が他の雇用に比べて同じ割合で減少したならば、地主は⅛ではなくその代わりに全体の全ての財の1/12しか自分のものと主張することはできないであろうと誰もがみなす。逆に同じ国がそれよりも広いほぼ二倍の土地に位置づけられたならば、雇用は農業の部分がそれと共に財も全体の3/10ではなく（四-12）その代わりにほぼ4/10よりも大きい規模まで増加しなければならないであろう。その場合に地主は⅛ではなくその代わりに一国の全体の財の⅙まで要求しなければならないであろう。さらに同じ国がそれよりもさらにいっそう広い土地に位置づけられたならば、雇用と財は、そのために増加したのでなければ、一方の財の量の過剰が他方の財に対する質の向上の過剰と交換されうる限りそれらの財の質が向上し他の国々によって満たされる雇用のために全体がよりいっそう減少することによって、農業の部分がよりいっそう増加し、すなわち全体の部分のうちより大きい農業の部分が増加しなければならないであろう（四-11、12）。このことから全体に比べてヨーロッパの人口の多い国々においては、ロシアやアジアの人口の少ない国々よりも、前者の国々の土地が後者の国々の土地よりもさらにいっそう耕作されているにもかかわらず、農民と地主の所得は各々はるかに小さくならなければならないのはどうしてかが明らかになる。というのは商工業が前者の国々においては後者の国々よりもはるかにいっそう営まれているからであり、したがってまた前者の国々における農業が後者の国々よりも総雇用のうちではるかに小さい部分になっているからである。というのはヨーロッパの土地の大規模耕作は人口の大規模需要を満たすまでに至らず、アジアの土地はたとえヨーロッパよりもその面積の割には耕作されていないとしても、それにもかかわらずやはりそこで自由に動き回る人口の割にはよりいっそう耕作されているからである。もしある国において全ての商工業やその他の財に対する質の向上をなしですますことができたならば、すなわち他の国々の雇用だけによってそれらを満たすことができたならば、一国の全ての財は農民または地主だけに帰属し、それを彼らの二次的農民と分けるということは明らかである。しかしそれはありえないので、やはり財の質に関わる雇用が増加すればするほど、すなわち総雇用に場所を占めれば占めるほどますます量に関わる雇用すなわち農業の部分に関わる雇用は増加しなくならざるをえないであろう。それにより、ヨーロッパの先進国において前者の雇用が全体の総雇用のほぼ7/10まで増加し（三-14）、アジアの開発途上国においてはほぼ2/10までしか増加しないならば、前者の雇用に対する農民または地主の所得は前者の国々においては全体の3/10でしかないのに対して、後者の国々においては全体の8/10になるという結果になるであろう。そしてその結果、前者の国々は常に人口の多いより自由な国々になり（四-10）、後者の国々は地主のまたは地主と共に専制的に土地を支配するサルタンのより荒廃したより不自由な国々になるということになるであろう。

第21章　動産はどのようにして不動産になるか

ある瞬間に獲得された百の現実財が毎年すでに説明されたように（四-18）一定の土地から獲得される四の実現可能財に等価であるならば、それらはそれらに一致する雇用によって非常に多くの財から何らかの方法でその手元に維持されうる全ての人から獲得されたものと理解されるであろう。というのはそれらの財は消費されるのと同じだけ現実の雇用によって自己補填されなければ、彼らの手元からそれに一致する雇用によってそれを自分に引き寄せる他人の手元に次第に移動しなければならず（四-3）、彼によってそれに等価な土地すなわち毎年それらの財のわずか1/25を生産するのに適した土地と交換されるや否や、それらの財は同じだけ彼の手元で存続しなければならず、それゆえそれらが示されるべき一般的な用語で言えば今まで**動産**であったものが**不動産**に変わらなければならないであろうからである。この1/25の財はそれと交換される全ての財と同じように現実財ではなく、実現可能財にすぎないということは真実であり、この1/25の実現可能財は現実財になるために常に農業の雇用を必要とするということも真実である。それにもかかわらず土地におけるそのような雇用が完全に減少しうるのではなく土地において常にある規模で増加しなければならず（四-17）、他方で地主が常に他人の手によってしかそれを実行しないとみなされるならば、百の今は動産である現実財は四の不動産である実現可能財と全く正当に交換されうるということが理解されるであろう。というのはこの四の実現可能財もまた何らかの雇用によって現実財にならざるをえず、したがってまたいくらかの財の所有者を永遠に確保しなければならないからであり、そのような交換が財の所有者を二次的就業者の地位よりも常に大いに自ら進んで選ぶ地位である一次的就業者としてやはり永遠に確保しなければならないからである。さもなければ百の動産である現実財は所有者の手元から、彼らを二次的就業者の地位にすることによって彼らの多くが従事することに満足しているまだ二次的就業者である他の誰かの手元に移動する恐れがあるが、それは国とは無関係であり国には損害を与えない。というのはわずか四の実現可能財はそれらの財や他の全ての財の基盤である土地と共に所有されているので、国そのものの消滅によってしか地主からなくなりえないからである。次に土地がこの現実財の部分と共に誰かに永遠に確保されたとしても、全て人は死ぬので、その永続性は彼に確定されうるのではなく、彼から他の人々に移転されなければならず、他の人々の下でそれらの財はそれらの財から毎年獲得される現実財の二五倍大きい動産である現実財とやはり交換されるまで不動産である実現可能財のままである。というのはそれらの財は初めにそれらの財の二五倍小さい前者の財と交換されていたからである。それゆえ全ての土地が誰かの手に落ちたならば、その所有者またはその土地の他の相続人は常に一国の一部の現実財を所有するであろう。さもなければ他人がそれらを彼らの所有から移転させうるであろう。さらに彼らの土地であろうとその土地に依存する一国の生存手段（一‐18）であろうと所有者にとっては変わらないそのような財の所有は、彼らに対して過大な羨望を駆り立て、彼らを他の全ての人々にとっての嫉妬と批判の的にするということも真実である。というのは全体の経済に関わるほとんど全てのものが彼らの土地に依存するので彼らに依存することになるからである。しかし実は、一方では不動産の所有者がそのような人々になるのは彼らの土地から獲得される実現可能財（四‐18、19）の二五倍大きい動産である現実財のため、すなわちそれらの財が生み出される雇用の二五倍大きい彼ら自身または彼らの祖先の過去の雇用のためにすぎず、したがってまた土地はそれが同じように彼ら自身または彼らの祖先の雇用によって獲得されることで満足していたときに、その所有が妨げられなかった他の人々の損害なしに彼らによって所有されたということである。他方では土地の所有は全体の生存手段そのものに影響を及ぼすのではなく、雇用を通じてそれに影響を及ぼすにすぎないということは明らかである。というのは全体の生存手段は実現可能財に依存するのではなく現実財に依存するからであり、したがってまた前者の財に等価な土地に帰せられるのではなく後者の財に等価な雇用に帰せられなければならないからである。たとえ地主が土地と共にいくらかの現実財も永続的に所有するとしても（四‐19）、それは土地のために生じるのではなく、彼らによって直接または間接に実行される農業のために生じるのであり、さらに言えばそれらの現実財そのものは普通にみなされているように一国によって消費される全ての財では全くなく、そのうちの一部分にすぎないということがすでに見られた（四‐19）。この部分はすでに提示された国や人口の多い先進的なその他のあらゆる国の場合には一国の全ての消費可能な財のうちのほぼ⅛にすぎないということもすでに見られた（四‐20）。

それゆえ財に関する国と地主の全ての依存関係はそれらの国々においてはそのような規模にしか及ばず、他の全ての就業者によってその国に残るより大きい規模の依存関係と違いはない。さもなければ地主は他の就業者が残りの⅞の雇用と財のために必要であるよりもこの⅛のために一国にいっそう必要であろう。次に先進的でなく人口の少ない国々においては地主はまさに土地に関わる雇用が総雇用のうちのより大きい部分になるのに応じて、真に一国にいっそう必要になりうるであろう（四－3）。というのはさもなければこの場合でさえも彼らは総雇用の所有者になりえないので（四－19）、また全ての土地の所有者ではないので全ての財の所有者にならないからである。しかしそれでもそれによりやはり人口の多い先進的なヨーロッパの国々がますます自由になるのに対して人口の少ない先進的でないアジアの国々がますます独裁体制に服従するのはどうしてかが明らかになる。というのは独裁体制は不動産に対してしか行使しえないので、この第二の場合のように不動産が一国の全ての財の大部分である国では、独裁体制はそこではますます広がりうるであろうからである。しかし一国の財が大部分動産である国では、独裁体制はそれらを完全に消滅させるかまたは遠ざけなければ不動産に及ぶことはできないであろう。それゆえ同じ面積の同じ質の土地に位置づけられた二つの国のうち、人口の多い国は明らかにより自由であり、人口の少ない国はより自由でないであろう。というのは一国の財の大部分が前者においては動産であり、後者においては不動産だからである。

第22章　右の多くの教義の違い

これまで説明されたことから、一国に必要な全ての財は然るべき場所（二－10）ですでに配分された財よりも多くも少なくもない財でなければならず、量についてだけでなく質についても同じ規模でそれらの財を消費しうる人口によって確定されなければならないということが十分に結論づけられるであろう。そしてこれは、財がそれに必然的に等価な総雇用によってしか互いに結びつけられえず、生み出されえず、すなわち何らかの方法で消費される状態になりえないからである（四－3）。それゆえ自分のまたは他人の、過去のまたは現在の雇用がなければ財を獲得することはどこでもできないので、あらゆる国において財の獲得のために人々が同じように就業するならば、同じようにその雇用の等価物である財が同じように存在するであろうという理由がやはり必要である。また、消費される財に関してそれらを獲得する雇用がやはり同じで、少なくとも同じまたは同等の種類と同じまたは同等の規模が問題になるならば（四-6、11）、それらの質を向上させる雇用もまた同じであるかまたはあらゆる国において同数の人々がそれらを獲得することに従事するのと同じように同数の人々がそれらの質を向上させることに従事するという理由もやはり必要である。さらに商工業に関わる就業者がある国において他の国よりもはるかに大きい人数になるということ、これは財を獲得するための総雇用が同じ規模であるということと矛盾しないのと同じように財の質がどこでも同じであるということと全く矛盾しない。というのは商工業者がより大きい人数になるところでは、そこでは明らかに宮廷、軍隊、その他の君主や貴族の世話のための管理者が非常に小さい人数になるであろうからであり（四-13）、逆に財が後者の職業によってより多く獲得されるところでは明らかに前者によってはより少なく獲得されるであろうからである。さもなければ財に対するまたは財のための雇用はやはり当然のこととして同じ規模ではないであろう。本当のところは、商工業に依存する財の質は他の国々の財の量と交換可能であり、管理の役務に依存する財の質は他の国々の財の量と交換可能でないので、この点についての国々の違いは、商工業が優勢で財の質が他の商工業によって財の量と交換される場合には、それらの国々の財の量と質は人口と共に増加しなければならないのに対して、財が宮廷やその他同様の軍人や肉体的な役務によって獲得され、逆に財の量が財の質と交換される場合には、それらの国々の財は人口が広がる土地に比べて減少しうるであろうということである（四-14）。したがって前者の種類の国々は、たとえ逆に同じ理由で後者の国々が前者の国々よりも常に広い土地に位置づけられうるとしても、同じ面積と同じ質の土地に対して後者の国々よりも常に人口が多いということである。これは平均的な国々に比べればヨーロッパの全ての国々は土地がより狭くより開発されているのに対してアジアの国々は土地がより広くより開発されていないということの明らかな証拠である。そのような違いは、より狭い土地に位置づけられた国々においてはより広い土地に位置づけられた国々よりも常により自由なままである総需要に依存するということがすでに見られた（四–10）。それゆえそこでは商工業は軍人や肉体的な職業よりもいっそう開発されるということである。というのは前者の国々は後者の国々よりもいっそう自由だからである。さらに人間の能力と欲望がいつでもどこでも同じであることを考慮すれば、就業者はある種類の質の財に対して増加するならば、他の種類の質の財に対して同じだけ減少せざるをえないであろう。というのは就業者は常に全員が継続時間から推定された人口の½と同じ規模にならなければならず（三–14）、そのとき必要とされず、必要とされる苦労がそれに等価でない財の生産によって体力を過剰に消耗するのでなければ、この人数を上回ることはできないからである（一–12）。たとえ前の編ですでに提示された国についてすでに実際に出会い、それによりそれについての一般的な理由で他の全ての国々において認められた全体の経済に関わる全ての人を通じての就業者と失業者の区別が、総供給に関して全ての国々が同じ活動水準であると仮定する区別と同じようにある人々には異様に思われたとしても、それにもかかわらず他人ほど自分に先入観を持たない他の人々は、全ての国々がその生存のために同じように就業するということを理解させるということからまさにこの区別が成り立つという理由の効力に偶然にも気づくであろう。というのは心身が同じように形成され、同じような貧困にさらされ、同じような情熱に駆り立てられた人々がそれらを満足させるためにある人々が他の人々よりも多くまたは少なく就業する理由は存在しないからである（序論の公理）。それにもかかわらず、一国において全員のために就業する人々の½が、各人がその就業によって平均して彼が他の人々から同時に受け取ることができるものの二倍を他の人々に与えるようになるのはどうしてかが観察されるであろう。彼が一国に二人分提供する生存手段は彼がさらにもう一人に与えるために受け取る同じだけの生存手段によって彼に自己補填されるが、誰もが自分と同じように他人に配慮しないので、したがって誰もが継続的に就業することに堪えられないだけでなく、その堪えがたさを絶望的な別の理由や彼がいる状況や彼が理解する印象が違うという理由によって正当化するということである。というのはある人々は彼が自分のために受け取ることができる以上のものを他人に与えることを潔しとしないので、より少なく就業し、それにより勘定を等しくするとみなすからであり、ある人々は受け取った労働よりも大きい労働を与えたことを誇るだけでなく、それと引き換えに何の見返りもいらないと見栄を張るからであり、ある人々はそのような見返りという名称に下劣という印象を結びつけることによって全く就業しなくなるからであり、ある人々は就業の苦労と引き換えに栄誉を戴く幻影の感傷に浸るからであり、ある人々はそのような見返りのある栄誉は土地を耕す就業よりも栄誉のあるものではなくいっそう下劣なものであることに気づくことによって偽善は金銭に至らないために以前よりも無気力に陥るからであり、他の多くの人々についても同様だからである。ある人々の虚栄心、他の人々の強欲、全ての人々の自愛心の中で、たとえ人が必要な総雇用を他人に押し付けようと努め努力するとしても、それは、以下でより良く、より多くの比較対象によって徐々に証明されるように、一国の⅔の継続的でない就業から生じ、全員の全体の生存に必要な財よりも多くも少なくも獲得することは決してない½の継続的な就業によって常に確定される。

第五編　資本とみなされる財と所得とみなされる財について

第1章　財は資本と所得にどのように区分されるか

国民経済に関して、すなわち一国が生存しうる財に関してこれまで説明された教義をよりいっそう確認するためには、財そのものに関するいっそう個別的な若干の考察を進める必要があろう。というのは財は国民によってすでに生み出され、所有されているからであり、消費されるのにつれて次々と自己補塡されるからである。それゆえ財は人口に先行しなければならず、人は他人によって所有され（一‐17）自らその労働によって獲得される財を考慮してしか労働することができないという、やはりすでに何度も述べられたこと（一‐20）が思い起こされなければならない。そして明らかに労働と同時に財を消費しなければ労働することはできず、そのような財は労働によって生み出されたものにほかならないので、前者の財が獲得され、その質が向上するのと同時に就業者によって消費される後者の財に先行する他の財が存在するということが絶対に必要であろう。さらにそのような財は、たとえ未開の状態や初期の社会においてはその土地で最初に出会う植物や動物の屍骸でありうるとしても、しかし社会的な状態や安定した社会においてはそのようなものではなく、他の労働によって先行して多かれ少なかれ獲得され、その質が向上したものでなければならない。というのは後者の状態においては必ず必要な役務の交換によって（一‐11）財はそのような条件でしか消費されえないからである。またすでに明らかにされたように（一－19）、たとえ就業者によって同時に消費されうる財よりもはるかに多くの財が獲得され、その質が向上する、労働に対する自然の必要を上回る自然の力が考慮されたとしても、労働によって獲得され、その質が向上した財はそれを獲得し、その質を向上させる労働と同時に消費されるということもそれを妨げない。今から現在の労働に先行するが、過去の全ての時間の他の労働によって生み出されたそのような財を、私は**国民資本**と呼ぶ。それゆえあらゆる現在の労働が停止したならば、過去の労働によって獲得され加工され分配され管理され、一国において全ての個人によって多かれ少なかれ所有されている全ての財は、その国が現在生存するための財から成り立つ資本とみなされなければならないであろう。さらにそのような財から成り立つ資本は人口によって、また均等な消費の間隔によって日々消費されるので（一－17）、それが同じ規模で維持されるためには、他の事情が全て等しければ、それが摩滅し消耗するのと同じだけやはり日々の均等な労働によって自己補塡されるということが必要であろう。さもなければそれは次第に減少するので、完全に不足し、その国が生存する財、すなわち外見上誰かが従事する財よりも多くの財は残らないであろう。それゆえこのように消費され減少したならば全体の現在の労働によって次々と自己補塡されるそのような資本の部分を、私は財から成り立つ**国民所得**と呼び、ある期間、例えば一年間が考慮されたならば、年間所得と呼ばれるであろう。そしてまた国民資本を形成する前者の財は過去の労働の結果であり、現在の労働に全く依存せずにあらゆる方法で整えられ、消費の用意ができているので、また国民所得を形成する後者の財は現在の労働の結果として消費された財のために自己補塡される財であり、労働が停止すれば財も停止し、消費される資本が同じだけ減少するので、したがって私は全ての財が生じる労働もまた**生きた**労働と**死んだ**労働に区分し、国民資本に対応する労働を死んだ労働と呼び、国民所得に対応する労働を生きた労働と呼ぶであろう。それゆえそのような区分は労働に直接関わらないが、存在しないものとしての死んだ労働は存在する生きた労働と比較されうるのではなく、それらの結果、すなわち同時に存在するので必ず同時に比較されざるをえない財に関わるであろう。それゆえ、たとえ生み出されたばかりの財が死んだ労働の結果であり、財が生み出されたために労働が死んだとしても、それにもかかわらず維持または消費される財を考慮すれば、前者の財は死んだ労働すなわち過去の労働の結果と呼ばれうるし、後者の財は生きた労働すなわち現在の労働の結果と呼ばれうるであろう。というのは財は前者の労働によって維持され、後者の労働によって自己補塡されるからである。結局、全ての財は全ての労働に等価なので（四-3）、国民資本は祖先のまたはまだ生きている人々の全ての死んだ労働に等価であり、国民所得はやはり生きていて就業している人の全ての生きた労働に等価であると言えるであろう。それゆえある広い土地に突然不意に位置づけられ、役務の交換によってそこから消費されうる財も、死んだ労働によってそこに先行して用意された財も全く持たないかなり多数の人口が想像されたならば、そのような人口は、財が生きた労働によって彼らのために生み出される前に消滅するであろうということは明らかである。というのは彼らの需要がそのような猶予を許容する需要よりも差し迫ったものになるからであり、他方そこで偶然に彼らの間で略奪され争われたわずかな木の葉や根が彼らを維持するのに十分でないからである。逆に彼らの間で需要され、彼らまたは彼らの祖先の死んだ労働によって先行してすでに獲得され加工され分配され管理された財から成り立つ資本が生み出されたならば（一-20）、彼らはあたかも至る所でそれを同時に手に入れるために右のように突然出会ったかのようにそれを消費し、彼らの生きた労働によってそれを維持し、その労働のために消費されるのと同じだけの財をそれに補塡するのが見られるであろう。それゆえ先行して生み出され現実に消費されるそのような財を私は国民資本と呼び、そのような実際に補塡される別の財を私は国民所得と呼び、それはその国が生存するためにその国に明確に必要なものである。そして実際、国民所得が全体に消費された資本の部分を自己補塡しない限り、その国は常に国民総資本で生存するのであって、国民所得で生存するのでは決してないのが見られるであろう。

第2章　資本と所得は人口によってどのように制約されるか

一国の財はその国の厳密な需要によって制約され（四-6）、財から成り立つ資本は消費される財が獲得されるストックであり、所得は生きた労働によって補填される財の規模であるので（五-1）、資本と所得の規模は、常に同じ財を消費し、それらに対して常に同じ需要を持ち、それに一致する同じ雇用によって常にそれらを生み出す人口によって確定されるであろう。これは国民資本が国々において国々そのものと共にどのように形成されるのかを観察することに導く。というのは人口の½とその時間の⅓の雇用によってその国のためにすでに存在していた財が維持されるにすぎないのであれば（三-14）、そのような財もその国もまだ存在しなければ、そのような雇用は、財から成り立つ資本と国が形成され、それらを形成しそれらを適合したい規模になる間は、より大きい人数の人々とより大きい時間まで明らかに増加しなければならないであろうからである。国の最初の起源として、十分に広い収容可能な土地に国を形成しようと集まった少数の世帯がそこでそのときたまたま見つけた偶然の財で生存し、人々の½とその時間の⅓が就業するのではなくその代わりに一定の時間の間隔を置いて人々の⅔とその時間の½がそこで就業するとしよう。彼らは前者の方法で就業するならば彼らが存在するのに十分な財を維持したであろうから、後者の方法で就業するならば前者の財すなわち同じ第一の時間の間隔を置いてそれらの世帯の維持に十分な財よりも多くの財を一対二（$\frac{1}{2}\times\frac{1}{3}$ 対 $\frac{2}{3}\times\frac{1}{2}$）の割合で生み出すであろう。これは第一の国民資本になるであろうし、それを消費するために、それはそれらの世帯の需要を二倍上回るので、それらの世帯に第二の時間の間隔の間に同じだけの世帯が付け加えられるであろう。それらの世帯が前者の世帯に結びつけられ、前者の方法で就業するならば、第一の資本はこの第二の時間の間隔に消費されるであろうが、そこからその間に第一の資本の二倍の第二の資本を生み出すであろう。それを消費するためには、第三の時間の間隔の間にやはり二倍の人々が必要とされ、それらの人々が他の人々と共に同じように就業するならば、そのような第二の資本の二倍の第三の資本を生み出さなければ、別の資本をこの第三の時間の間隔の間に消費することはできないであろう。そしてこれが続くならば財から成り立つ資本はやはり二倍の人口によって、それらの資本のうちのどれかを維持するために必要とされる人口によるやはりその二倍の就業によって常に二倍増加するであろう。さらに第一の時間、第二の時間、第三の時間の間隔の間に生み出された資本もまた、第二の時間、第三の時間、第四の時間の間隔に対応する国民所得になるであろうし、その部分は各々の人口によって消費されたならばやはり各々の時間の間隔の間の生きた労働によって自己補填され、残りの資本は死んだ労働の結果として残るであろう。財と国々に関するこのような全ての分析によって、まず第一に人々がその½以下で就業する限り全体として生存するための財から成り立つ資本を生み出すことは決してできず、秩序ある国には決して集まりえないが、アフリカやアメリカの未開人のように、また樹立する政府が軍事政権の国々のように、浮浪者がその土地を彷徨い、偶然の不確実な財や他人のものの略奪で生きていかざるをえないのはどうしてかが理解される。第二にこのことから、人々が国々に集まり国が形成されるためには、財から成り立つ資本を増加させるために、しかもこれはこの資本が必要とされる国すなわちその土地に形成されることを目指す国に対応する規模に増加するまで、最初から全ての人々の½以上が就業しなければならないのはどうしてかが理解される。そして最後にこのことから第三にそのような国が形成されたならば、その国の雇用はそのような最初の過剰な規模から減少し、すでに確定されたように（三–14）その時間の厳密に⅓の間は継続的に就業しているとみなされた右の全人口の½を超えないところに就業者をとどめなければならないのはどうしてかが理解される。さもなければ財から成り立つ資本とそれを持つ国は、やはり限定された土地において無限に増加するかもしれないが、これは明らかに不可能なことである。国がそのように形成されたならば、雇用がそのような規模で継続するのであれば、財はちょうど消費によって減少する分が増加し、国民資本、所得、人口は永遠に同じままであるということを理解するのは容易であろう。雇用が増加するならば、年間所得もまた国の消費以上に増加し、消費されない所得の残りの部分は資本の増加に変わり、それはその後国外から呼び寄せられるかまたは国内でさらに増殖する人口を増加させるであろう。逆に雇用がそのような規模から減少するならば、所得は減少するにもかかわらず、まだ減少しない人口は生存するために国民資本を侵食し、それゆえそれが減少したならば、生存を満たさなければならなかった人口は生殖の中断かまたは他国への逃亡のためにその後減少するであろう。そのような変化は自由の水準に依存し、それにより人口はすでに見られたように（四-17）自らを収容しうる土地において最大四の割合で増加し、最大一の割合で減少しうるであろう。しかし今のところは右の全ての場合のように国民資本と国民所得はすでに提示されている人口によって確定されなければならないだけでなく、同じようにやはり別の場所ですでに述べられていることに従って（一-20）どんな性質の財も常に人口に先行しなければならないということが常に確認される。というのは人口は常にそれに先行して維持または増加または減少した財に応じてまたその結果として維持または増加または減少するのが見られ、逆に財がそれに先行して維持または増加または減少した人口に応じてまたその結果として維持または増加または減少するような場合が見出されることは全くないからである。それゆえ人はやはりその人のために他人によって用意された財に先行して一国で生き延びると推測することは、人は他人によって消費される財で生き延びることができる、または人はスープをそれが提供される前に、またはそれを飲み込む前に消化することができると主張するのと同じことであろう。

第3章　財の所有の不平等の必要性

右のように（五-2）人口に先行し人口によって制約される国民資本は必然的にある人々にあり余るならば他の多くの人々には全く不足するように分配されるはずである。すでに初めに理解されたこの真理（一-11）は以下で確定される多くの教義、とりわけ全ての財に等価な総雇用に関わる教義によって確認される（四-3）。というのは全員が一国で就業することはできないので（三

-18)、それゆえ多くの人々は就業を持たないために財を持たないままであるはずだからである。しかしさらに就業者自身の中でもある人々は少数の一次的就業者に、またある人々は多数の二次的就業者にならなければならないが（一-17)、それにもかかわらず前者は直接的に就業し後者は間接的に就業しなければならないので、それゆえ前者はより多くの雇用を所有するのでより多くの財を所有するということが必要であるのはやはり明らかである。というのはただ一人の一次的就業者の雇用と財は多くの二次的就業者の雇用と財と同じだけの雇用と財を必要とし、その雇用は後者の各々の雇用に等価な財と共に後者とその一次的就業者自身の間に分配されるものと理解されるからである。しかしそのような財の不平等な分配の必要性を直接何にもまして確定することは、財の規模が全員の厳密な需要を上回ることも下回ることもできないということと同じである（五-2)。というのはそのような需要に駆られた人以外に誰も就業しないので（一-8)、財を持たない人々がいなかったならばそのような需要はないであろうし、したがってまた就業のための十分な理由はないであろうし（序論の公理)、次々と消費される規模に財を自己補填するために就業する人々はいないであろうからである。他方で全員に十分な財は全員に先行しなければならないので（一-20)、財を持たないはずの全員に帰属する部分は、彼らは手に入れることができないので、それゆえ彼らの個別需要以上にそれがあり余る他の人々から手に入れなければならないであろう。実際、ある人々は余剰の財があり余らず、他の人々は必要な財が不足しなければ、誰も就業しないであろう。前者の人々は財を必要としないために、また後者の人々は財が不足するために、彼らが就業する時間の間にその余剰では生存しなかったであろう（一-20)。それゆえ財から成り立つ資本がたとえどれほど豊富であったとしても、それが不平等に分配されていなければ、国民所得は完全に消滅するであろうし、たとえそのような資本によって全体の維持がほとんど満たされるとしても、その国はまさにそのような資本が完全に消耗する間に次第に疲弊していくであろう。それゆえ問題にしている財の不平等は、財が不足する二次的就業者の生きた労働だけでなくそれが少しもあり余らない一次的就業者の生きた労働も（五－1）確定するために必要であるとみなされる。というのはそれがなければ確かに前者は財の不足のために後者に先行して消滅するであろうが、後者もまた死んだ労働の結果である彼らの資本が消費されたならば直ちに彼らに後続するであろうからである。それゆえ右のように（五－2）維持されうる雇用を上回る雇用によって財から成り立つ一定の資本が一度生み出されたならば、そして一定の土地において必要とされる、または必要とされうる人口によって制約されたならば、市民法が自然法に反して試みたし試みているように、軽率な公正のためにそれが全員の間で平等な部分に分配されることが望まれるときは、その場合には誰も財が不足せず、それを考慮して誰も余剰の財を持たなくなり、他人が就業しうるものによって維持されるので、あらゆる就業の理由が取り除かれ、誰もが他の全ての人と同じように今日財が供給されるので、全員が明日には財を全く持たなくなりうるであろう。また、すでに明らかにされたように（五－1、2）死んだ労働の結果である財から成り立つ資本に対して全員によって行われた消費によって消滅したのと同じだけの所得を次々に自己補塡していく同じだけの生きた労働と引き換えに、賢明な貪欲によってそれを多くの人々の手元に移転させるためにそれを全て少数の人々の手許に蓄積させる以外の資本を維持するための方法も示されないであろう。それゆえ最も善良な人が憂える財の所有の不平等は彼ら自身が生存するための最も有効な手段になる。

第4章　財の所有の不平等の正当性

右の財の所有の不平等は必要なことであるだけでなく正当なことでもある。というのは財を平等な部分に分配することは不可能なことであるだけでなく明らかにあらゆる最善の自然の公正の法則に背き反することでもあるからである。というのは財から成り立つ全ての資本は全ての死んだ労働に等価であり、全ての所得は全ての生きた労働に等価であり（五－1）、資本を構成する財はそれらの財が生み出されるまたは引き渡されるそれに一致する自分自身のまたは他人の労働によってしか所有されないので、財がある人々の手元であり余ることと他の人々の手元で不足することは、そのような労働が他の全ての人々の手元にないので、前者の人々の手元にあるより大きい労働の全く正当な帰結にほかならないからである。所有された土地そのものは不動産と同じようにかつてそれらと交換された他の多くの動産に等価であり（四–18）、動産はやはりかつてそれらが獲得された同じだけの労働に等価なので（三–3）、土地そのものはそのような労働に等価であり、やはりそれらが実際に所有される肩書きが帰属する所有者によって所有されるであろう。それゆえ各人によって所有され他の人々によって消費される財から成り立つ資本はそれに一致する生きた労働によって同じだけ自己補填されなければならないので（五–2）、所有者にそのような労働が不足するときは、労働と財が同じままであるとすれば、資本は他の人々がより多く就業し、所有者がより少なく就業するのと同じだけ他の人々の手元で自己補填されるということは全て真実である。それゆえ死んだ労働によって所有された財は、所有者が他の人々の手元から彼らよりも大きい生きた労働によって財を獲得したのと同じように、他の人がまさにその所有者から所有者よりも大きい生きた労働によって財を獲得することができた同じ全く正当な肩書きによってしか所有されないであろう。確かに日々のよりありふれた労働、しかもありふれた才能によって行われる労働によっては誰も自分の日々のありふれた生存に十分なだけの財しか獲得しないので、彼はそのような労働によっては財を全く増加させないであろうが、彼がより継続的な労働、しかもより優れた才能によって行われる労働に駆り立てられるならば、財を十分余分に獲得するであろうし、この余剰は消費されない資本として彼の手元に残るであろう。それは、資本と人口が同じままであるとすれば、他の人々によって失われなければ彼の手元で増加しえないので、彼の生きた労働が他の人の生きた労働を上回るときは、財は他の人の手元から彼の手元に移転し、したがってまた財はたとえ死んだ労働であるとしても、財を獲得したより大きい労働の全く正当な肩書きによってしかより大きい規模で誰かによって所有されえないということは常に真実であろう。これらの真理は財が市民の間に平等に分配されることが必要とされ、古代ギリシアや古代ローマの多くの賢者に由来するものとわれわれにみなされるいくつかの農業に関する法律やその他同様のものがどれほど不合理で自然の秩序や自然の公正に反するものであるかを理解させる。それらの法律は諸国から追放され、何らかの方法でしか全体の経済に従事することを諸国に容認されない失業者が必要とされるようなそれらの法律に関連する他の法律と同じように明らかに不合理なものであるが、これらは達成するのが全く不可能なことである（三－14）。それらの法律はそれらの賢者に全く由来しないかまたはそれらの賢者は社会、諸国、自然の必要性についてほとんど知らない（三－17）。そして彼らの個人的な権威がここで示された一般的な真理について誰かの心に深い感銘を与えたならば、各人が真理を悟るためには実際の観察に頼れば良いであろう。それによりそれらの真理はどんな国でもどんな時代でも存在すること、そしてそのような権威はどんな時代にもどんな国にも存在しないことが理解されるであろう。

第5章　労働を不平等に評価する必要性

一次的就業者の労働と二次的就業者の労働が同じものであるということが考慮されたならば、前者は後者よりも大きくなければならないが、労働を配分し指図する就業者の人数はそれを実行するために必要とされる人数よりも少ない人数が必要とされるということ、これはすでに見られた（一－17）。その結果、財は前者と後者の就業者の間に不平等に分配されなければならないということも理解された（五－3）。しかし労働の価値はそれを実行する量すなわち時間とそれが実行される重要さから推定されるので（四－4）、一次的就業は量すなわち時間について二次的就業よりも大きくなりえないので、前者については質すなわち前者に対してより大きいとみなされざるをえない重要さのためにより大きくなければならず、したがってまた全体の就業はあるものはより高く評価されあるものはより低く評価されなければならず、前者が一次的就業で後者が二次的就業でなければならないであろうということが今や付け加えられる。実際、財から成り立つ資本は前者の就業者と後者の就業者の間に不平等に分配されなければならず、各人のあらゆる生きた労働はそれが消費されるのと同じだけそれを自己補塡しなければならないので（五—1）、そのより大きい労働のためにそれをより多く所有する一次的就業者は財を同じ規模に維持するときは、交換によってそれを消費するために他の人々に移転すればするほどますますそれを自己補塡しなければならないであろう。今や彼らは量すなわち時間について他の人々よりもいっそう就業することはできないので、彼らの持続時間が彼らの二次的就業者のうちの他の誰よりも長くならないためには、彼らの労働の優越性が質すなわちその重要さから推定されなければならないであろう。それゆえ彼らの生きた労働は、財が彼らの二次的就業者の労働よりも彼らの労働によって獲得されればされるほどますます二次的就業者の各々の労働よりも高く評価されなければならず、不平等な労働を考慮すれば財が不平等に獲得される必要性のために、不平等に獲得される財を考慮すれば、やはり同じ財が同じ人の手元で維持され、したがって財が常に労働の結果として生じることが必要とされるならば、労働はやはり不平等に評価されなければならないであろう。それゆえ計算によって軍隊に糧食を供給する富豪の労働または数日の歩行によって善戦の知らせをもたらす将校の労働が、長年畑の耕作や戦闘の実行で苦労する農夫や兵士の労働よりもはるかにいっそう評価され、財で対価が支払われるとしても驚くべきことではない。というのはそのような労働は農夫や兵士よりも富豪や将校によってはるかに大量に所有された財の必然的な帰結にすぎず、そのような財は彼らによって消費のために供給されなければならず、それらは非常に高く評価された労働によって自己補塡されなければならないからである。そして労働は不平等に評価されるということをもたらすそのような必要性が、最も高く評価される就業は常に一次的就業であり、二次的就業では決してないということをもたらすのはどうしてかが観察されるであろう。これはある人々の女性的な同情と迎合を未然に防ぐために繰り返される。彼らは二次的就業を最も苦労する最も重要な最も必要なものと理解するので、それが少なくとも彼らによってより重要でなくより必要でないとみなされる一次的就業と同じように評価され財で算定されることを望んでいる。実は前者と後者の就業を同じように評価することで、その場合には二次的就業者はより裕福になり、より財を必要としなくなるので、実際には一次的就業の実行にすぎない彼らの二次的就業をやめるであろうし（一-17）、それにより財と雇用は完全に不足するであろう。というのは財がある人々にあり余り、他の人々に不足するということが、後者の人々が自分のために財を獲得することによって全員のために財を自己補填することに従事するために必要であるのと同じように（五-3）、前者のある人々が一次的就業者であり、ほぼかろうじて財を獲得する後者の他の人々が二次的就業者であるということが必要であろう。それゆえ農業、工業、商業を奨励し称える君主や貴族の熱情は、それが一次的農民、一次的職人、一次的商人に向けられる限り、またそれが褒賞よりもむしろ彼らの就業が放任され、保護され、少なくとも煩わされない全体の自由から成り立つ限り常に称賛に値しよう。というのは一次的就業者への褒賞は必要なく、二次的就業者への褒賞は君主や貴族よりもむしろ彼ら自身の一次的就業者から期待されなければならないからである。一国の財は二次的就業者への褒賞と評価だけを増加させることによって増加すると考える人は、財がますます不足するような企てを考えるが、そのような企ては不合理なものとして成功しない。というのは二次的就業者に財から成り立つ褒賞をより多く与えることで、財がある一定の規模にあるためには、一次的就業者に財から成り立つ褒賞をより少なく与えざるをえず（四-7）、その場合に財の不足を強いられた後者は二次的就業者の地位に下がるが、一次的就業はより大きい評価と財から成り立つ褒賞から、二次的就業はより小さい評価と財から成り立つ褒賞から決して引き離されずに後者は前者の地位に上るからである。これはまさに俗論でみなされているように、より大きい必要性と重要性は常に一次的就業に帰属し、二次的就業には決して帰属しないということを理解させる。したがってまた富豪や伝令将校の右の労働が農夫や兵士の労働よりも、糧食を推計したり至急報を届けることがそれらの糧食を土地から獲得したり武装して敵と戦うことよりも重要でない労働のように見えるのと同じように前者が後者よりも必要でないように見えるにもかかわらず、高く評価されるとしても驚くべきことではない。というのは彼らの労働をそのように評価することが必要になればなるほど、それを少し変えて用いることによって、重要でないとみなされるが実際には他の全ての労働が依存する他の全ての労働よりも重要な労働をした後の富豪や将校のように、農夫や兵士が土地を耕し攻撃に身をさらす前にできれば豪華な宴会や愉快な民族舞踊の席に着きたいということが起こるかもしれないからである。

第6章　労働を不平等に評価する正当性

右のように一次的就業により大きい評価が帰属し、それにより、他の事情が全て等しければ、すなわち一次的就業と二次的就業が同じ能力、同じ才能で実行されるならば、一次的就業は二次的就業よりも多くの財に等価である（五-5）。しかし労働それ自体は同じ期間にある時はより大きい能力によってまたある時はより小さい能力によって実行されうるし、前者の場合にはより多くの財を獲得することを目指す結果として労働は後者の場合よりも確実に多いということは明らかなので、それゆえそのような場合には労働は後者の場合よりも多くの財で対価が支払われる、すなわちより多くの財に等価である。したがってまたやはり二次的就業であったとしても一次的就業にならざるをえないであろう。このことを考慮する人は、一次的就業に対するより高い評価は必要であるだけでなく正当でもあるということを理解するであろう。というのは財が獲得されるためのより大きい積極性と能力によってしか一次的就業によってより多くの財を所有することができず、より積極的な就業がより評価されより多くの財で対価が支払われるということは常に正当だからである。そして実際、より大きい積極性と能力は一次的就業者においても二次的就業者においても自然の賜物なので、前者がそのようなより大きい能力によって後者よりも多くの財を獲得せず、したがってまた能力が財を獲得する唯一の理由ではないということを誰も妨げないであろう。確かに人がより多くの財を獲得し、それによりー次的就業者の地位に就いたならば、彼はそれを一次的就業として他の全ての人と同じ能力で維持するであろうが、それは彼が他の人々に対する能力の優越性のためにそのような地位に就いたのではないこと、したがってまたより多くの財とより大きい重要さがどんな就業においても必ずしもより大きい能力に匹敵するものではないということを妨げない。能力について意味することは誠実さについても意味し、前者は積極性しか意味せず、後者は就業においてごまかさず嘘をつかずに成果を上げる完全無欠さしか意味しない。それらのどちらも最良の心身の組織によって誰にも無差別に存在しうるので、人はどんな就業にも個人の事情によって従事するであろうから、より誠実に実行された就業によってより高い評価とより多くの財が獲得されるならば、そのような評価とそのような財は全く正当なものとして誠実さと同じであるということは常に真実であろう。それゆえ一次的就業が二次的就業よりもいっそう評価されるならば、それは二次的就業を一次的就業に変えるためにより大きい能力と誠実さで実行し、しかもそれを同じ期間に実行したことで獲得された評価と財を取って置いたためにしか起こらず、何らかの能力によって数日間実行された生きた労働がおよそ何世代もの間実行されたそのような、しかし死んだ労働によって獲得された財を突然自らに引き寄せるということは正しくない。そして自分のまたは祖先のより積極的なより時間のかかる死んだ労働によってより多くの財を所有する人は、同じ時間、同じ能力、同じ誠実さで実行された他のあらゆる労働に相当する生きた労働によってそれらを維持し、他の方法で使用することはその能力と誠実さに対する無礼であり侮辱であるということは正しいと誰もがみなす。それゆえより一般的に言えば、より多くの財はより時間のかかるより積極的な生きた二次的就業によって獲得され、さらに他のあらゆる人々の就業と同じような時間のかかる積極的な生きた一次的就業によって維持されるということは常に真実であろう。というのは実際、同じ時間、同じ能力、同じ誠実さの一次的就業によって獲得された財は確かに維持されるが、決して増加しないからである。さらに財は各人に何らかの方法で同じように見積もられた能力によってしか獲得も維持もされないということは、労働の配分が他人の裁量によって行われるときはまさにその労働の配分から明らかになる。その裁量はただ一人の独断に依存するかまたは多くの人々の投票に依存し、常に頭脳の活動と心の完全無欠さに対するより高い評価に基づいて行われる。あるいは状況が同じで甲乙つけがたいときは、他方よりも一方に決定する理由は常に話すときに赤面しないというようなものであり、ある一つの労働または役務をめぐる二人の審査において有能で善良な人よりも無能で邪悪な人を選ぶのは明らかな狂人しかいないであろう。さらにこの人がそのような就業によってより多くの財を獲得したならば、やはりそのような労働に彼または彼の子孫よりもずっと長く、より大きい積極性と能力で従事する他の人々がやって来るまで、彼はそのような財をやはり自分のためまたは彼の子孫のために維持するであろう。それゆえある人々によってより多く所有された財は他の人々に対する侮辱に帰結するのではなくむしろ彼らに正当に帰属すればするほどより大きい時間、能力、誠実さで実行された労働の助けを借りて前者によって所有され、誰でも自分が割り当てられた何らかの労働に前者の人々よりもずっと有能に従事することによって他人から財を剥奪することは自由であるということである。実際、財の所有がそれに必要とみなされた不平等によって（五‐3）一度ある人々の手元に固定されるときは、各人が同じ期間に一次的であろうと二次的であろうと全て同じ積極性と能力で実行される生きた労働にずっと固定されるならば、全ての財は常に同じ個人の手元にとどまり、永遠に同じ一族の手元に存続するのが見られるであろう。しかし死んだ労働の結果としての財をより多く所有する人々は、他のあらゆる積極性と同じ彼らの生きた一次的就業の積極性が減少することによって、より高い能力と誠実さで財があり余る他の二次的就業者への入口が開くならば、たとえ断言する前に考える面倒を避けるために能力と誠実さをあたかも架空のものであるかのように判定し、財の不平等な分配を偶然であるか幸運であるかは知らないがまさに架空のものであるがゆえに決して十分に理解されず、現実のことを知らない者によって夢想された名称のせいにする人々に反するように見えようと、その場合には財は他の人々から前者に移転したのと同じように前者から後者に移転しなければならず、常に同じ期間により高い能力と誠実さで実行される生きた労働に後続しなければならないであろう。

第7章　より多くの財はより高い能力と誠実さによって獲得される

ある労働は他の労働よりもいっそう評価されなければならず、一次的就業は二次的就業よりもいっそう評価されなければならない（五−5、6）というこれまで確定された教義がどれほど多くの誹謗中傷にさらされているかは良く知られている。その多くは非常に風刺的な精神の持ち主が指摘するように、一次的就業に対するより高い評価は逆により誠実な他の人々にその義務を納得させることを必要とするようにそれを実行するより高い能力に帰属するのではなく、全く真実であるように（五−6）その就業において他のあらゆる能力と同じ能力と、それによって獲得されるより多くの財に帰属するというものである。さらにまたその多くは臆病者や怠け者なので一次的就業を二次的就業よりも必要なものではないと理解するというものである。というのは、例えば一群の人々を率いることは一群の羊を率いることよりも厄介なことでないが、それにもかかわらず羊飼いが隊長の地位に上り、聖職者が司教の地位に上るようにするためには、各人は日常的な役務の方法を維持するのであれば、その場合には財の交換だけで地位を就業と交換し能力は交換されないはずであるように見えるので、可能であればそれによって獲得する財を交換しさえすれば良いはずであるように彼らには見えるからである。第一印象で一次的就業者の労働を生存そのものに直接関わる二次的就業者の労働よりも生存するための何らかの余計な装飾や方法にしか関わるように見えないと評価する人は、より功利的な人として一次的就業者は喜劇を演じる人々とみなされ二次的就業者はその観客とみなされるという印象を持つのは明らかである。というのは生存のために働く人々が人間の一生と呼ぶこの喜劇において彼らは、劇場の喜劇において観客が役者を養い、役者は終幕で仮面を外し、そして観客を**私のご主人様**と呼ぶように、装飾のために働く人々を養っているように見えるからである。しかし人間の一生は喜劇の作り話ではなく非常に真面目な営みであり、現実の実際の真実であるということ、そして一般にそのような取るに足らない誹謗中傷は、全員には理解されないが必須の欠かせない事柄に対して見られるのが常である俗論の無知が、その妄想の中で説明されるのが常である多くの修正のうちのいくつかにすぎないということは、すでに説明された教義そのものの組合せから容易に理解されるであろう。というのは一次的就業に対するより高い評価は財の所有の不平等の必然的な正当な帰結にすぎず（五‐5）、この財の不平等はまた、より多くの財の所有者が他の人々よりも継続的な、他の人々よりも高い能力と誠実さで実行された労働によって財を獲得することに従事し、その後他の全ての人と同じ能力と誠実さでそれを維持することに従事するという同様の不平等の正当な必然的な帰結にすぎず（五‐6）、それらの不平等はそれらがなければ他のあらゆる人が財を獲得しえたのと同じ能力と誠実さである人が財を所有したり獲得したりすることができないほど必要である（五‐3、4）。結局、一次的就業はより重要ではないということは真実ではなくむしろそれがなければ二次的就業はありえないであろうし、二次的就業は他の人々によって実行される一次的就業そのものにほかならず（一‐17）、全ての二次的就業は、まず他の全ての人よりも高く、次に全ての人と同じ才能と誠実さで実行されさえすれば一次的就業として認められるであろう（五‐6）。実際、羊飼いが羊を率いるよりも低い能力と誠実さで隊長が部隊を率いるならば、たとえまさに突然の革命によらないとしても、後者がその地位から下がり、前者がその地位から上るであろうということはやはり明らかであろう。というのは人が生きた労働の能力と誠実さがないために、時には何世代にも渡る死んだ労働のより高い能力と誠実さで彼によって獲得された評価と財を一瞬のうちに失うということは正当ではないからである。そしてここでそのような労働と財の不平等が必要で正当なものであるだけでなく、有益で快適なものでもあるのはどうしてかが観察されるであろう。というのは財と労働の交換において生きた労働だけが考慮され死んだ労働は考慮されないならば、今日財を所有する人は皆、自分よりもずっと必要に迫られているので自分よりも就業することに満足している誰かによって明日にはそれを略奪されるかもしれないが、後者はそのために他人よりも高い能力と誠実さで一両日中に実際に肉体または頭脳を働かせることしか必要とされないので、成功が欠かせないであろう。そして生きた労働の能力によっても、死んだ労働の能力によって彼によって所有された財に一致しないときに、それにいっそう一致するとみなされる他人がそのような労働とそのような財に取って代わるために、彼は一瞬のうちにそれを略奪されなければならないならば、そのような財の略奪と付与は永久運動であろうし、それにより財は全く所有されないであろうし、それに一致する労働も誰によっても全く実行されないであろうと誰もがみなす。それゆえ一族の騒動、人の秩序の乱れ、国家の転覆、それらの混乱には、他の人々が第一印象によるのではなくより高い積極性で実行されより長期間持続する生きた労働によってその評価と財を徐々に自らに引き寄せるまで、死んだ労働によってより多くの財を所有する就業者の頭脳と心の欠点を時おり隠す予防策が必要である。というのはそうすればより多く所有する人に味方する意見はより少なく所有する人にも味方し、個人がそれに抗議しようとしているまさにその時に共通の合意を得るからである。両親に対する子供の、貴族に対する領民の、君主に対する臣民の尊厳、熱情、愛はそれに関わる。というのはより多いけれどもいつでも他人によって駆逐されうる財の所有よりも、より少ないけれども一定の確実な財の所有を好まないような自分の役務を全く誤って理解している人は誰もいないからである。実際、たとえ個人の不注意によって不平不満が生じうるとしても、人類の称賛に値するのはそのような全員の賢明さと満足である。

第8章　財の不平等と労働の不平等の違い

右のように（五―3）どんな国においても必要な財の所有の不平等と労働の実行の不平等は、それにもかかわらずどんな国においても同じではなく、より自由な国々においてはより自由でない国々よりもはるかに小さいことに気づくのは容易であって、ヨーロッパの人口の多いより自由な地域の場合をざっと調べるならば、自由と人口がはるかに少ないヨーロッパやはるかかなたのアジアの地域の場合に右のような余剰の財の所有者に出会うよりも、どんな国においても全体の財はやはり同じ規模でなければならないという無敵の理由によって（四-7）、後者の場合よりも前者の場合において財をより少なく所有するにもかかわらず（四-14）、そのような余剰の財の所有者に多く出会うということは否定できない。そのようなことがどうして起こるのかを理解するためには、まさに財の所有の不平等が一次的就業者数と二次的就業者数の割合に依存し、同じ財が前者と後者の間に分配される量に依存するということが考慮されるべきである。というのは財をより多く所有する人々は常に一次的就業者であり、財をより少なく所有する人々は常に二次的就業者なので（五-3）、前者が少なければ少ないほど、また同じ財が各々の間で不平等に分配されればされるほどますますより多くの財が一次的就業者に帰属し、より少ない財がそれを彼らよりも多数の人々の間で分配する二次的就業者に帰属し、したがってまた財は最も不平等に分配されるということは明らかだからである。時には一次的就業者が頼る二次的就業者が多ければ多いほど、また彼が多数の二次的就業者と共に従事するための彼の資本が増加すればするほどますます総労働に等価な財のより小さい分け前は彼が自分のために取って置き、より大きい分け前を彼の二次的就業者のために残すのが常であるし、一万人の助けを借りて財を管理する富豪は時々その一人当たり数バヨッコを節約することで満足するであろうということは真実である。しかしこれは一次的就業者の分け前が必ずしも彼の二次的就業者の分け前の分だけ増加するとは限らないということと矛盾しない。というのはさもなければ、彼と分配する財がないとき、またはやはりより多く必要とされる分け前を彼に引き渡した後で彼のために彼の財を増加させる必要がなかったときは、彼は彼と共に就業する二次的就業者に助けを求めることはありえないであろうからである。それゆえ一次的就業者は二次的就業者に引き渡すより大きい分け前に比べて何らかのより小さい財の分け前を所有するにもかかわらず、一次的就業者に比べてより多くの二次的就業者が常に一次的就業者の財または全体の財の不平等を増加させるということは常に真実である。より自由でない国々においては一次的就業者の人数が二次的就業者に比べてより少なく、したがってまたそこでは全体の財がより不平等に分配されざるをえないということを前提とすれば、このことからそれらの国々においては総労働は財の質よりも農業または財の量にいっそう関わり（四–11）したがってまた総労働はますます拡張されるので、非常に多くの二次的就業者を必要とするが、総労働が自然な不変のものになるためには非常に少ない一次的就業者しか必要としないということが理解される。逆により自由な国々においては労働は財の量よりも財の質にいっそう関わり（四–12）多様でさまざまな種類に属すので、非常に多くの一次的就業者を必要とし、その各々は二次的就業者を全体の財を加工し分配し管理するさまざまな役務に就かせる。実際、第一の種類のストックの所有者すなわち地主は、実際には多くの人手を必要とするが、その土地において非常に単純な、生産物を獲得するという種類にしか属さない労働に対しては非常に少数である。それに対してその後のそれらの生産物すなわち他の労働のストックの所有者は非常に多数で、生産物の質を向上させるために生産物そのものに関わる商工業や管理業と同じだけの種類に属し、それらの従事する方法ではある種類に属す一次的就業者は他の種類に属す役務を賄うことはできないであろう。ただ一人の地主で、財の量に関わる一次的就業者の生産物は時々さまざまな種類の職人、商人、管理者の中から彼の生産物の多様なさまざまな質の向上に関わる約二〇人の一次的就業者が必要であるのは明らかである。さらに生産物の質の向上よりも生産物そのものに必要な需要は（一–10）農業に等価な財が地主で一次的就業者と彼の労働者との間で常にほぼ同じ分け前で分配されるということも生ぜしめる。というのはどちらも生産物に対する需要は同じだからである。逆に生産物の質の向上に対するより小さい需要は二次的就業者が通常の方法で彼らの全体の労働に等価な財を彼らの一次的就業者と均等に分配することで満足するのでなく、通常より大きい分け前を要求するということを生ぜしめる。一次的就業者はそれを受け入れざるをえない。というのは一次的就業者は彼らの二次的就業者が行う質の向上よりも生産物そのものが必要だからである。これら全てのことは、財の質に関わる労働が優勢であるより自由な国々においては財の所有とそれに対応する労働の不平等が、一次的就業者がより少ない数でありしかも全体の財を彼らの二次的就業者に他の場合よりも大きい分け前で分配するような財の量すなわち農業に関わる労働がより優勢であるより自由でない国々よりも常に小さくなければならないのはどうしてかを理解させる。

第9章　財の不平等と労働の不平等はどのように制約されるか

すでに指摘された考察によって（五-8）、一国の財の所有の不平等と労働の実行の不平等が他国に比べてどれほど違いうるのか、すなわちそのような不平等は常に一次的就業者の人数と二次的就業者の人数の割合と、それらの就業者への総労働に等価な財の分配に依存するので、そのような不平等が各国においてどうして生じるのかを検討したければ、すでに提示された国またはその国の一次的就業者と二次的就業者がモデルになるであろう。一次的就業者とは直接的であるだけでなく間接的でもあるような全ての就業者のことであり、二次的就業者とはもっぱら日雇い労働者すなわち自分の労働によって自分の生存に十分な財以上の財を獲得しないので、他の就業者を雇用するための余剰を全く生ぜしめない全ての就業者のことである。それゆえ後者のような人々は提示された国においては財を採集する人々とあらゆる方法で財の質を向上させる人々の割合が平均して一対九であることがすでに認められている（三-14）。さらに一次的就業者と二次的就業者への財の分配は、農業の場合にはほぼ½ずつと仮定されるが（四-20）、財の質を向上させる他の全ての職業の場合には二次的就業者の分け前は一次的就業者の分け前以上に著しく増加しなければならないので（五-8）、そのような分配はどちらの場合も平均しておよそ一対三になると仮定されうるであろう。それゆえ一次的就業であろうと二次的就業であろうと、全ての財の量に関わろうと質に関わろうと、総労働によって生み出される消費可能な全ての財に関しては、そのうちの¼が全ての一次的就業者に帰属し、¾が全ての二次的就業者に帰属するであろう。それゆえこれにより各一次的就業者によって所有される財と各二次的就業者によって所有される財の割合は、財を前者と後者の人数で割った割合になるので、前者と後者の各所有者は九対三（$\frac{1}{1}$対$\frac{3}{9}$）の割合で財に恵まれた人々であろう。すなわち平均してより多く所有される財と平均してより少なく所有される財の割合は同じ割合になるであろう。これを前提とすれば、アジアやヨーロッパのいくつかの地域にもありうるようなより自由でない人口の少ない国において労働が財の質よりも量に関わり、したがってまた一次的就業者と二次的就業者の割合が右の割合よりも大きい割合、例えば一対一二のような割合であるならば（五‐8）、またそのような国において前者と後者の就業者への全体の財の分配がやはり右の割合よりも小さい割合、例えば一対一のような平等の割合で行われるならば、その場合にはそのような不平等はより大きい割合すなわち一二対一（$\frac{1}{1}$対$\frac{1}{12}$）の割合で生じる、すなわちそのような国における財の所有の不平等は他国よりも四倍大きくなるということを意味すると言わなければならないであろうということは明らかである。これほど著しい違いは、まさにより自由な国々においては完全に受け入れられる一方で、より自由でない国々においては非常に煩わされ悩まされるかまたはほぼ完全に剥奪される一次的就業者と二次的就業者の間の雇用契約の自由から生じるということを考慮する人には驚きを引き起こさないであろう。さらにそのような自由によって全体の財と雇用は増加するので（四‐10）、財の所有の不平等はたとえ必要であるとしても就業者間で減少する。このことが真実であればあるほど全く野蛮な国々や奴隷制度が明白に宣言されている国々においてはそのような不平等は右の割合をさらにいっそう上回り、就業者間の契約が完全に剥奪されるので、財はほぼ完全に一次的就業者に属するものであるとみなされる。というのは彼らは彼らの奴隷である二次的就業者にその生命を維持するのに十分なだけの財しか分け与えないからである。さもなければ二次的就業者は彼らの一次的就業者や主人に帰属しない財を決して増加させないであろう。まさにそのような理由でそのような国々における雇用はほぼ完全に財の量に関わり、ごく少数の雇用しか財の質に関わらないということは真実である。というのは後者の雇用はあまり必要ではなく、したがってまた二次的就業者の自由にいっそう依存し（五-8）、他人によっても自分自身によってもまだ誤って理解され、不十分に実行され、時にはほとんど知られていないからである。しかも一般に雇用、財、人口はそこではごくわずかになるということもまた真実である。というのはそれら全てのものは総需要によって増加しなければならず（一-14）、総需要が少なくなればなるほどますます一次的就業者の個別需要は大きくなるからであり、それらの国々がその土地において総需要を多かれ少なかれ増加させることに無関心であり（四-17）、総需要が必要とする財よりも少ない財に雇用が等価であることに苦しむ前にそれを減少させるという克服しがたい理由があるからである。しかもそれでもそれによりやはりそこから、それがなければ雇用は全く生じない財の所有の不平等はあらゆる国に必要であるが（五-3）、そのような不平等が極限に達すること、すなわち財が全て一次的就業者に帰属し、当然のこととして二次的就業者にそれが全く帰属しないということは不可能であるということが生じる。というのはそのような場合にそのような極限は堪えられないであろうし、財の獲得に対する総需要が全て消滅したならば、その国もまた完全に消滅するであろうからである。これはあらゆる国が常に不自由であるよりも自由であるのはどうしてかを裏付けるし（四-17）、二次的就業者に対する一次的就業者である貴族の専制主義も貴族に対する君主の専制主義も確かにその国をより小さくする、すなわちその土地においてより大きい自由によって増加しうるよりも少なく雇用と財が増加しうるということを生ぜしめるが、その国においてはその国がやっと生存しうるような自由を完全に消滅させるまでに至らないのはどうしてかを裏付ける。このことを私は、より自由な国々とより自由でない国々を区分する際に、私が後者の国々を貶めたり侮辱したりするつもりは全くないのはどうしてかを改めて知ってもらうために明らかにした（四-15）。というのは私はそのような国々を実際に生存する余剰ではなく生存しうる余剰によってしかそのような国々と呼ばないからである。そしてまた全く絶対的な専制主義に苦しめられるときはマイナスの総需要について言うことができる。というのはその国はそのためにその土地において実際に増加する以上に増加することを望まないからである。

第10章　国民資本は国民所得によってどのように制約されるか

国民資本は死んだ労働によって生み出され、国民に現実に所有されている全ての財であり、国民所得はある与えられた期間に国民によって消費されたならば生きた労働によって同じ規模で自己補填される国民資本の部分であるから（五-1）、人口と期間が同じままであるとすれば、どのようにすればこの部分が全ての資本によって制約されるのか、すなわち全ての資本がそのように消費され、全て自己補填される期間はどれほどであるのかを探求すべきであろう。それゆえまさに資本は主に食事に必要な全ての財のようなより短い持続期間の財から成り立つのか、それとも主に衣服や住居に必要な財のようなより長い持続期間の財から成り立つのかが観察されるべきである。土地は現実財ではなく実現可能財なので（四-2）、資本の勘定にも現実所得の勘定にも入りえないが、土地が不動産という名称でその二五倍とみなされる現実所得に等価であるとされるならば（四-18）、これは不動産が現実所得によってそのように制約されうるということを示すが、俗論でみなされているように、しかし実際には全く真実ではないので、現実に制約されうるということを全く示さない（四-19）。そこでより持続時間の短い財または食物に関しては、それが毎年季節が変化するにつれて再生産され、その傷みやすさのためにより長時間持続するのが常ではないことが考慮されるならば、それは生産とそれに関わる雇用によって毎年ほぼ完全に自己補填されなければならず、したがってまた資本を形成する財の量は年間所得を形成する財の量によってほぼ正確に制約されなければならないということが理解されるであろう。実際、そのような財を毎年自己補填するという信頼はその量を確定するという信頼であり、そのような財を獲得する際の農民やそのような財の質を向上させる際の他の全ての人々の視界は一般により長時間に及ぶとは思われない。次に衣服や住居に必要な財に関しては、それがたとえ消費されるのと同じだけ毎年自己補塡されるとしても、それにもかかわらず完全に自己補塡されるのではなく維持されるだけであり、消費され自己補塡される部分は、その持続時間が考慮されたならば、長年維持された全体のうちのより小さい部分である。結局、そのような部分と全体の違いは持続時間そのものから推測されうるのであり、それにより食物が一年の持続時間とみなされたならば、他の財はほとんど全ての衣装箪笥、調度、等々のように一二年から二〇年の持続時間とみなされうるが、宝石、若干の金属、大部分の建物のように時には一世紀以上の持続時間を示すものもある。それゆえ財から成り立つ国民資本は、食物に関しては年間所得によってほぼ正確に制約され、衣服やその他の動産に関しては平均して年間所得をおよそ十倍ほど上回ると推定されうるであろうが、住居に関してはやはり平均して年間所得をおよそ百倍ほど、しかもそれはこれら全ての種類の財のさまざまな持続時間の分だけ上回ると言わなければならないであろう。われわれはそのような全ての資本が総需要に依存すると仮定しよう。というのはこれはあたかも、雇用の継続による財のあらゆる交換が停止し、各人がそれに対して持つあらゆる所有権が剝奪されたならば、一瞬のうちに全ての個人の住居、倉庫、供託所、一般の作業場が開放され、公私を問わずあらゆる種類の全ての貯蔵品が全員の略奪にさらされ、しかもこれはもっぱらそれらの貯蔵品が一国の最下層の怠け者から最上層の富豪まで全員の間で平等な部分に分配されるためであるかのようなものだからである。それゆえ私はそのように分配される財は、食物に関わる部分に関してはおよそ一年間は各人の生存を平等に賄うものと言い、衣服やその他の傷みにくい動産に関わる部分に関してはおよそ一〇年間は十分なだけのものが各人に属すと言い、住宅建物やその他の家財のうちのごくわずかなものの部分に関してはやはり数世紀間は十分なだけのものが各人に属すと言う。それゆえ資本は第一の部分に関しては所得によって制約され、残りの部分に関してはそれを上回るので、全体においては年間所得のうちのより大きい部分とみなされ、したがってまた死んだ労働は、同じような部分と全体の違いを持ち資本も所得も同じように人口によって制約されるどんな国においても毎年の生きた労働を上回るであろう（五‐2）。死んだ労働の勘定に実現可能財または土地が付け加えられるならば、死んだ労働は生きた労働をさらにいっそう上回るであろう。というのは実現可能財は現在の一年間の生きた労働によって獲得される生産物に一致するそのような労働を二五倍上回る死んだ労働による財にすぎないからである（四‐18）。それにもかかわらず財から成り立つ現実資本が所得を上回るということは、それは財を自己補塡する雇用が停止したならばその資本によってその国が一年以上生存しうるということを決して生ぜしめない。というのはその国の生存は他の全ての財よりもむしろ食物に依存するので、その国の生存は前者の規模ではなく後者の不変の規模に従わなければならないであろうからである。それゆえ一国の財が全員の略奪にさらされ、平等な部分に分配される右の場合には、一年以上は各人に属さない食物のために、その国は平等な分配の後にその財によって一年間しか生存しないであろう。その後は食物が雇用によって自己補塡されないので、全員餓死しなければならず、その国にはおよそ一〇年間のより短い持続時間の衣服や調度の遺物、数世紀間のより長い持続時間の若干の建物、そしてさらに死んだ労働による彫刻、銀細工、宝石、それら貴金属の同様の身の回り品のわずかな欠片、生きた労働の停止によるすでに消滅した国の痛ましい悲惨な残骸しか残らないであろう。

第11章　資本は個人所得によってどのように制約されるか

人口が同じままであるとすれば増加も減少もしない国民資本は（四‐6）、全ての死んだ労働に等価なので、やはり各人の死んだ労働に応じて個人間に不平等に分配されなければならないであろう、すなわち財が自分自身または一族の過去の死んだ労働によって彼らに消費される財を上回ってより多く獲得されたより大きい部分が各人に帰属しなければならないであろう（五‐2）。しかし消費される財を上回って獲得される財のそのような余剰は、誰もがみなすように、消費可能な財から成り立つ資本と消費可能でない財から成り立つ資本、すなわち交換される財から成り立つ資本と交換されない財から成り立つ資本であり、それらは個人の手元にあり、全て合計されたならば、彼らのまたは彼らが由来する祖先の全ての死んだ労働に等価であり、まさに各人の死んだ労働そのものの間の著しい違いのために多くの人々にはごくわずかであるが他の少数の人々には大きい規模になる。人口が同じままであるとすればやはり同じままである国民所得もまた、同じ期間に実行されたとしても違うように評価される全ての生きた労働に等価なので（五–5）、獲得される労働の評価に応じて個人間にやはり不平等に分配されなければならないであろう、すなわち自分の生きた労働が他人の生きた労働を上回ってより高く評価されるより大きい部分が各人に帰属しなければならないであろう。それゆえ国民資本とそれを自己補塡する国民所得は、一国においては常に同じようにその国の厳密な需要によって確定されるので（四–6）、個人においては違う規模になりやすく、一次的就業者は死んだ労働がより大きく、生きた労働がより高く評価される就業者なので、一次的就業者は第一の理由で二次的就業者を上回ってより多くの資本を所有し、第二の理由でより多くの総所得を所有し、二次的就業者はどちらも常により少なく所有する就業者であろう。それにもかかわらず個人の資本間の違い、すなわち死んだ労働間の違いは、所得間の違いすなわち生きた労働間の違いよりもはるかに大きいであろうということは全くの真実である。すなわち所有される資本間の違いは自己補塡される所得間の違いよりもはるかに大きいであろうということである。そしてこれは、たとえ資本がどれほど消費されるとしても多くの人々が労働によって資本を自己補塡しようと駆り立てられるためには、所有される資本が多くの人々にほぼ完全に不足していなければならないという理由によるのであるが（五–3）、それにもかかわらず所得はたとえ不平等であるとしても人は生き延びなければならない以上、誰においても一定規模を下回ることはできない。したがって、たとえ一次的就業者が二次的就業者よりも大きい資本と大きい所得を所有するとしても（五–11）、それにもかかわらず所得は前者の資本の規模にも後者の資本の規模にも従わず、むしろ一次的就業者の所得は彼の資本よりも少ないので、二次的就業者の所得は一次的就業者の資本と所得の優越性にもかかわらず非常にしばしば彼の資本よりも大きくなる。これは死んだ労働間の違いすなわちそれらに一致する資本間の違いが生きた労働間の違いすなわちそれらに一致する所得間の違いよりも常に大きいと言うことと同じことに帰す。それゆえ一次的就業者がおよそ五万の国民資本を所有するならば、二次的就業者はおよそ二しか国民資本を所有しえず、前者がおよそ二千の所得をカウントするならば、後者はおよそ五〇の所得をカウントし、それゆえ前者の所得は所有する資本の百当たり四、後者の所得は四当たり百とみなされるであろう。しかしそのような違いが異様と思われないためには、国民資本が、全員の消費に供給されるためにある人々によって大量に所有される小麦、葡萄酒、羊毛、等々のような一種類だけの**交換されない**財も、すでに他人の消費のために供給され、自分自身の使用のために各人によって所有されたあらゆる種類の食物、衣服、調度のような**交換される**財も含むということが観察されなければならず、第一の意味で理解された資本は一次的就業者だけに帰属し、全ての財が個人の消費のために供給される前にその手元にあるが（一–17）、二次的就業者は他人と交換すべき特定の種類の財を全く増加させずにあらゆる種類の財のうち自分の維持に十分なものしか持たず、第二の意味で理解された資本に関しては、たとえそれを所有しない人しかいないとしても、それにもかかわらずたとえそれに必要なことが知られている不平等によるとしても各人は生存する限り自分自身の使用のために明らかに財を所有するということが観察されなければならない（五–3）。今や所得は、財に関してはすでに終了し所得に関しては終了することが残っている労働からそれが生じるという理由で、交換される資本からでは全くなく交換されない資本から推定される。それゆえ一次的就業者が彼の交換されない資本に対して百当たり四以上の所得をカウントするとしても驚くべきことではない。というのは彼の前に彼の二次的就業者が恐らく所得をより多くカウントしていたので、彼はそれを資本に対する彼の労働のおかげでカウントするからであり、たとえ交換される資本がおよそ五千に等価な巨大な衣装箪笥として所有されたとしても、それを他の二次的就業者のうちの誰かがおよそ二にも等価でないわずかな欠片としてしか所有することがなければ、彼も彼の二次的就業者も彼らの交換される資本に対する労働を全くカウントしないからである。

第12章　所得は名目所得と実質所得に区分される

一方では、個人所得は所得間で不平等であり、より大きい資本の所有者の個人所得はより小さい資本の所有者の個人所得よりも大きくなければならないということは明らかである。そしてそのような不平等は資本間に見られる不平等よりもはるかに小さいにもかかわらず、資本がすでに交換されたものとみなされるならば（五‐11）、同様にまだ交換されていない資本の観点からすれば、所得は明らかにまさに資本と同じように不平等でなければならない。他方では、一国を形成するそれらの個人の所得の合計は全員の総需要によって厳密に確定され（五‐6）、二次的就業者においては彼ら自身のそのような需要を満たすようなものであるということも明らかである。それゆえ二次的就業者においては明らかに彼らの需要によって制約されるこの総所得は、一次的就業者において彼らの需要以上に次第に増加するにつれて、全体においては総需要以上には増加せず、そのようにして国民資本は次第に増加することはないということが起こるので、今やそれを明らかにすることが残っている。各人においては個人所得は各人の生きた労働に等価であり（五‐5）、二次的就業者においてより評価されない生きた労働は二次的就業者の生存をもたらすだけの財に等価なので、一次的就業者においてははるかにいっそう評価される労働に等価な所得は実際にそうであるように二次的就業者よりも大きくなければならず、したがってまた一次的就業者の需要を上回るならば国民総所得もまた総需要を上回らなければならず、したがってまた資本の増加に向けられなければならず（五‐2）、したがって資本は次第に増加していかなければならないと思われるのは明らかである。後者が起こらないのはどうしてか、前者が起こるのはどうしてかを理解するためには、より大きい所得はより小さい所得と違うものではなくむしろ前者はそこからただ一人の人の必需品が差し引かれ、それに続いて他の人々によってカウントされた同じより小さい後者であるということが観察されなければならない。そしてその場合に一次的就業者の需要よりも大きい所得と、二次的就業者の需要に等しいより小さい所得は、前者が後者と違い、各人によって一回だけ自分のものとして一度にカウントされうるならば、総所得を増加させると言いうるであろう。しかしより大きい所得が一回ではなく何回もカウントされ、より大きい所得が部分に分割され再び他の人々によってカウントされたより小さい所得と同じものであるならば、百本の葡萄酒は、まず一回に合計百本がカウントされ、次に一回当たり十本が十回カウントされ、次に一回当たり一本が百回カウントされたとしても増加しないのと同じように、総所得は同じことの繰り返しによっては増加しない。要するにより大きい所得は全て他の多くのより小さい所得を集計したものにすぎず、それはそこから一次的就業者の必需品が差し引かれて一次的就業者から他の人々に移転するならば、それらの他の人々によって再び自分の所得としてカウントされ、それらの他の人々から他の人々に移転するならば、後者の人々によってまた再び自分の所得としてカウントされ、等々、所得を移転する各人の手元でそれらの各人の等しい必需品が度重なる繰り返しの後で完全に消滅するということをもたらすまで多くの手によってカウントされる。このことは私に所得を**名目**所得と**実質**所得に区分することを生ぜしめる。名目所得とは、人が自分の生きた労働から自分にもたらされるとみなす全てのものを意味し、実質所得とは、そのような所得のうち彼が自分の個人的な使用のために消費する全てのものを意味する。というのは一次的就業者のより大きい労働によってたまたま大量に彼らのものになった財は直接的な消費のために彼らによって一度に消費されえないので、彼らからそれを直接的に消費する他の人々に移転されるからである。そしてこれはやはり一次的就業者に帰属するけれども彼らによっては実行されえない労働を二次的就業者が引き受けるのとまさに同じように（一-17）、最上層の一次的就業者が彼らに帰属するより大きい財を消費することによって不足する自然の必要を最下層の二次的就業者が自ら引き受けることによって彼らに帰属するわずかな財の自己補塡のためにそれらの財を自らに引き寄せるかのようなものである。というのは自然の力と自然の必要は全員に同じものであるが、労働と財は各人に不平等に帰属するからである（五–3）。このことを十分に考慮する人は、所得をさらに移転する人々の全ての名目個人所得が合計されさえすれば容易に気づくであろうように、名目所得は実際には一回だけ他の人々に帰属する所得を自分の所得として何回もカウントする人の錯覚にすぎないということを理解するであろう。というのはそれが一回ある人の手元に置かれ、他の人の手元に移転するためにその手元から取り除かれたならば、それは名目所得と呼ばれるものとして付け加えられ、差し引かれ、それを名目所得と呼ぶ人の手元で各人によって消費され、一回だけ自分の実質所得としてカウントされる個人の財しか自分にもたらさないからである。実際、所得がある人によって一度カウントされ、それがある人の手元から他の人の手元に移転するたびに次々と繰り返し他の多くの人々によってカウントされたとしても、それは繰り返される名目上の分しか所得を増加させせないが、後者によってカウントされるや否や前者によってカウントされなくなり、前者は逆に所得を差し引き、もはや他の人々に移転された所得をカウントするのではなく、やはり彼が同じ資本と同じ所得を維持するときは、せいぜい生じた所得によってそれを自己補塡する。それゆえ百の所得のうち十を職人または下男に移転するや否や、この十はもはや前者によってカウントされるのではなく、前者から差し引かれたものとして職人または下男によってカウントされる。結局、それぞれの所得を所有される所得で比べれば、ある少数の人々の名目所得が消費される所得を上回るのと同じだけ他の多くの人々の消費される所得は名目所得を上回るので、その結果、やはり名目所得は所有される所得と言いうるし、実質所得は消費される所得と言いうるのであり、常に後者の所得だけが自分自身によって消費されるので自分自身の所得と言いうるし、その他の所得は確かに所有されるがそれは他人の消費のために移転されるためであって自分自身によって消費されるためではないので他人に属するものであると言いうるであろう。

第13章　実質所得は各人において等しい

個人の実質所得は各人によって個人的に行われた財の消費にほかならないことから（五‐12）、各人において等しくなければならないという結果になる。というのは平均的とみなされる各人の人体の性向と構造がほぼ同じであるとすれば、全ての人々の自然の必要は同じであり、人には一般に食べるための食物も身を覆うための衣服も落ち着くための住居も他人以上には全く必要ないので、彼は同じ時間に、少なくとも同じ環境の下では他人よりも多くの財を消費しえず（二‐1）、したがってまた他人に帰せられる実質所得よりも大きい実質所得を彼に帰せられえないからである。確かに各人によって消費される財は量については等しいが質については非常に違うということは真実であり、それゆえ財を一だけ消費する人もいれば一〇消費する人もいれば五〇消費する人もいると普通は言われ、善意で信じられている。それにもかかわらずそのような違いは財の実体にあるのではなくまさに財の質にあるので、やはりその違いは所得の実体にあるのではなく所得の質にあるということになり、そのような所得の質すなわち消費される財の質は財を理解する方法すなわち財を推計する方法にすぎず、それはたとえどれほど想像上のものをそれに付け加えうるとしても、具体的なものすなわち実体的なものを全く財に付け加えず、まさに名目所得そのものを実質所得化する方法の役割を果たすにすぎない。実際、右の人々のうちの第一の人だけは一の所得をカウントし一の財を消費するので彼の全ての所得一（$\frac{1}{1}=1$）を消費すると言いうる。一方最後の人は五〇の所得をカウントするので、第一の人の五〇倍財の質を向上させるために彼によって用いられたためかまたは彼の元で個人的な役務、労働、阿諛、または窃盗によって彼に貢献するために彼に結びつけられ、彼が所得を分け与え、それを分け与えることによって実際に彼と共にその所得を消費する他の四九人と共にしかその所得を消費しないと言いうるであろう（三‐23）。それゆえそのような名目所得五〇はそれを消費する五〇人に分配されることでしか実質所得化されず、したがってまた第一の人と同じように一（$\frac{50}{50}=1$）になる。そして明らかに彼は右の方法のうちのどちらかでその所得を消費するために他の人々に移転するということは否定できない。というのは他の人々は彼の所得で生存するからである。このことはその所得が第一の人の所得であったならば、または彼によって消費された後であったならば起こらないであろうし、そのような所得五〇は一人でも多数でも、すなわち雇い主一人でも雇い主と彼の料理人や召使や阿諛者や泥棒でも消費されえないであろう。それゆえ質について他の所得を五〇倍上回る所得の結果は、確かに自分自身の所得に等しい他の四九人の四九の所得を名目所得と呼ぶ結果になるであろうが、やはりそれを名目所得と呼ぶ人の自分自身の所得を一クアットリーノたりとも増加させる結果にはならないであろう。さらに人が所得をカウントすればするほどますます職人であろうと召使であろうと貧者であろうと悪党であろうとそれによって人々を維持しなければならないので、一人一人に帰属するその分け前は他の一人一人に帰属する分け前に等しく、そしてまた全ての所得は全ての人々によって制約され、したがってまた他の多くの人々よりもある少数の人々の所得が名目所得と呼ばれることは、それを全員に均等に分配するために必要なことにほかならないと言わなければならないであろう。結局、消費するために他の人々により大きい量が与えられる財を理由としても、自分自身のためにより良い質が消費される財を理由としても、どちらの場合も同じ名目所得が同じ労働の等価物として同じ数の人々に移転するならば、名目所得が少数の人々から多数の人々に移転されることは同じように有効であり、それが後者の人々に移転されるや否や、それはもはや前者の人々に帰属するのではなく、後者の人々によって自分のものとしてカウントされ（五-12）、前者の人々の各々にも後者の人々の各々にも同じように同じ実質所得一すなわち彼らの実質的な同じ必需品しか残らない。それゆえ正真正銘の国民所得は、それが年間所得であるときは、要するに一年間に国民によって消費された財にほかならない、すなわちすでに死んだ労働として国民によって所有された財から成り立つ一定の資本に基づいて一年間の全体の生きた労働によって自己補塡され補完される財にほかならない（五-12）。そのような財は三〇〇万人から成り立つすでに提示された国の場合には、然るべき場所で提示された三九億リッブラの重量と二三〇〇万カッロの分量の品目から成り立つ（二-10）。これらの獲得され、質が向上し、消費される状態に加工された財がそれに等価な貨幣で表示される必要があるならば、貨幣が問題になるときに見られるように、その国で大量にまたは少量で流通する金と銀によるおよそ一億二〇〇〇万の貨幣と推計されうるであろう。次に全ての財に等価なこの貨幣が全ての財の消費者の間に彼らの財から成り立つ実質所得に比例して分配されたならば、各人の貨幣表示の実質所得はそれに等価な財表示の実質所得と同様に、君主の貸方においても、やはり君主と同じように君主の王国で生き延びている最下層の乞食の貸方においても四〇を超えないと言えるであろう。

第14章　名目所得はどのようにして実質所得になるか

名目所得は、ある人々から他の人々に移転するにつれてますます小さい名目を引き継ぐ実質所得にほかならないので（五-12）、そのような移転の秩序、すなわち少数の人々によって所有され名目所得と呼ばれる所得がどのようにして多くの人々の元で実質所得化され消費されるものに変わるのかということを探求する意欲が生まれるならば、そのために私はただ一人の人によって名目所得と呼ばれ所有されるある所得を選び、それは例えば一二八人の維持に十分なものであり、したがってそれに対応する貨幣で五一二〇と表示されるものであるとする（五-13）。しかしこれはそのような所得の所有者がそれによって彼を含む一二八人を維持しなければならないということを意味しないであろう。それゆえどのようにして彼がそのような義務を果たすのかを理解するために、私は彼が自分の自然の必要を上回る所得を見出したので彼はまず彼のために財の質を向上させ、彼に仕え、彼に追従し、右のような（五-13）他のあらゆる役務を彼に提供することに従事した他人（または他人で表される他の多くの人々）とそれを分けたと想像する。これにより彼と他人（またはそれが代表する他の多くの人々）の間で二つに分けられた所得は各々によって名目所得二五六〇と呼ばれるであろう。次にこれら二人は同じように彼らにとって過剰な所得を見出したので、私は彼らのために第二の人（または第二の人々）が第一の人のために従事したものよりも少なく½ずつ従事した他の二人（または二人で表される他の多くの人々）とやはりそれを½ずつ分けたと想像する。これにより所得は各々によって名目所得一二八〇と呼ばれる四つのものに分けられるであろう。それがまた同じように四人の需要を上回るならば、私は第三に彼らのために彼らの先行する人々がさらに先行する人々のために従事したものよりもさらに少なく½ずつ従事した他の四人（または同じように四人で表される他の多くの人々）とそれを分けたと想像する。これにより所得は各々によって名目所得六四〇と呼ばれる八つのものに分けられるであろう。彼らがやはりそれが自分の需要を上回るのを見出すならば、彼らはそれを同じように一六人と分け、これにより所得が一二八人の手に入り、各々によって名目所得四〇と呼ばれるまで同じように続く。というのはその場合に所得が各々の厳密な需要によって制約されたならば、もはや彼らによって他人と分けられうるのではなく、彼らによって自分の実質所得として消費されなければならないのは明らかだからである。

これら全ての労働において、

名目所得所有者	所得額	人数
第一	五一二〇	一
第二	二五六〇	二
第三	一二八〇	四
第四	六四〇	八
第五	三二〇	一六
第六	一六〇	三二
第七	八〇	六四
第八	四〇	一二八

所得五一二〇は第一の所有者の手元から全く出ず、彼と共にそれを次々とますます減少する名目所得と呼ぶ他の多くの人々に彼から移転されるだけであり、したがってまたそれは常に同じであり、常に第一の所有者である彼を含む一二八人によって名目所得四〇と呼ばれるまで、二倍、四倍、八倍の人数によってその½、¼、⅛の分け前の名目所得と呼ばれるだけであるのが見られる。というのは実際それが所有され移転される人々の数列、一、二、四、…において、最終項一二八はその第一の所有者

にほかならず、彼は先行する他の全ての人々と共に彼の厳密な需要に等しい所得を、次第に増加する需要の前にそれを名目所得と呼んだ後で名目所得と呼ぶからである。たとえどんな方法で所得が一人の人から多くの人々に移転されようとも、より大きい所得が分配される二、四、八、…のより小さい所得の所有者によって、それが個々の人々すなわち各々結びつけられたさらに多くの人々に属するものであるということが理解されさえすれば、一つの店が効果のある一つまたはそれ以上の名称の屋号を名乗ったとしても違いはないのと同じように、ある所得が一人またはそれ以上の人によって名目所得と呼ばれたとしても違いはない。他方、より大きい所得もまた彼らの分け前として名目所得と呼ぶことは、そのうちのある分け前をカウントする人がそれをやはり他の人々と分配するために必要である。さもなければ、第一の人の所得が一二八人の人々に次々と移転するのではなく直接分配されたならば、それよりも小さい所得が誰と分配されたか、すなわちその分け前はどれだけかがわからないであろう。そして右の名目所得五一二〇の一二八人の実質所得への分配が必要であるのはどうしてか、財から成り立つ資本が一国において維持されるのはどうしてか、そしてその名目所得が移転される人々の各々が同じようにそのような維持に関わるのはどうしてかが観察されるであろう。というのは財は消費されるのと同じだけしか自己補塡されず（五-1、2）、ただ一人の人がそのように名目所得と呼ばれる所得に等価なあらゆる種類の食物、衣服、調度を全て消費することはできないので、やはりそれは全ての人々に移転されざるをえないからである。というのは、たとえそれが各人によって同じように消費されたとしても、やはり各人によって同じようにあらゆる種類の食物、衣服、調度に自己補塡されるからであるが、これはある人が例えば一スクードに等価な財を消費するならば、総労働によってその手元に一スクードが移転する人は前者によって消費された財を自己補塡するということからはっきりと明らかになることである。それゆえ各人は自ら生存することによってまさに他人に生存をもたらし、前者も後者も、喜捨を求める乞食もそれを与える富者も、各人にちょうど四〇の等価物をもたらす。そのような真理は物事の上っ面しか見ない人には決して十分に理解されないであろうが、しかしそれは物事が少しも正しくないということではないであろうし、物事そのものの正しい理解のために少しも必要でないということでもないであろう。

第15章　名目所得は就業者にしか帰属しない

これまで説明されたことは、誰かによって名目所得と呼ばれた所得は彼によって消費される所得すなわち彼の実質所得では全くなく、逆に彼が他人の消費のために与える所得であるのはどうしてか、その分け前しか実質所得ではないのはどうしてか、そして実質所得がその分け前としてしか全ての人によって名目所得と呼ばれる所得と区別されないのはどうしてかを容易に理解させるであろう。次に財は就業によってしか獲得または所有されえず（四-3）、財から成り立つ名目所得は獲得または所有された所得と同じものなので（五-12）、それゆえ名目所得は就業者にしか帰属しえないであろう。というのは実質所得は就業者から失業している他人にも移転されうる、すなわち彼らはそれを実質所得にするために、彼らだけではそれを実質所得化しえないので、彼らは失業者とは別に彼らの名目所得と呼びうるからである。さらに就業者は継続時間によって全国民のほぼ半分と推計され（三-14）、彼らだけによって名目所得と呼ばれる所得は消費されなければならない、すなわち同じ全国民のための実質所得にならなければならないので、彼らによって名目所得と呼ばれる所得は彼らによって消費される所得の少なくとも二倍になるであろう。というのは前者の所得は後者の所得と同じものであり（五-12）、所得を消費する人々はそれを名目所得と呼ぶ人々すなわちそれを所有する人々の二倍になるからである。それゆえ最下層の二次的就業者であろうとどんな就業者も継続時間によって推計されたならば、彼の就業によって彼の実質所得すなわち彼が消費しうる所得の二倍以下の所得を決して名目所得と呼びえないであろうし、各人の就業に比例してより大きい所得が一次的就業者から二次的就業者に移転するとしても、貨幣相当額で八〇以下の所得すなわち各人によって消費される所得の二倍以下の所得は後者の手元には決して入りえないであろう。それゆえ右のような所得五一二〇（五‐14）は第七の分配に至るまでそれぞれの全部、½、¼、等々の分け前が就業者によって所有され名目所得と呼ばれ、六四人によって名目所得八〇と呼ばれる場合には、それが全ての就業者になり、それをやはり最小の規模で名目所得と呼ぶであろう。それ以上は同じだけの失業者としか分配されえないであろうし、それゆえ一二八人の各々にとっては実質所得四〇になるであろう。そのような所得の場合に起こることは、それが一次的就業者であろうと二次的就業者であろうと全国民の½の全ての就業者の手に入ったならば完全に右の個人の所得のように分配されるまで国民の間でますます減少する一国の他の全ての名目所得の場合に起こらなければならないであろう。実際、最下層の二次的就業者であろうとどんな就業者も乞食が生存しうるような財のための継続的な就業では決して満足しないであろうが、その場合には失業者のままでいることは彼にとって非常に有効であろう。しかし彼はそれを常に少なくとも二倍必要とするであろうし、それを獲得することが欠かせないであろう。というのは彼は息子、年老いた父親、妻（一‐7）や彼のように就業する能力がないかまたは就業の場所が残っていない乞食として常に彼に結びつけられる他人にそれを分配しなければならない必要があるからである（三‐18）。このことからある種類の就業者は財を所有しないでも、または少なくとも自分の維持に十分な財以上の財を所有しないでも一国で生存することができると想像する人々の不十分な理解が明らかになる。経済学の教授よりもいっそう禁欲的な倫理徳の教授によって実際に導入されたそのような教義は学校や役所で経済学に関わる教師や役人を務める他の人々によって今日でも依然として採用され支持されているように思われる。実はどんな種類、階級、職業、役務の就業者であろうと、彼らの就業によって彼らと同じだけの失業者を必ず維持するのであり、彼らを維持するのは彼ら自身では全くなく、彼らに結びつけられる他の人々の維持なのであって、さもなければ物事が円滑に進みうるのは就業者の個人的な謙虚さや見栄では全くないであろう。隠修士を生業とする人が生存するためのわずかな根と粗末な羊毛は、それらを所有しないという彼のあらゆる精神的な観念にもかかわらず、それらによって彼が生存する限りやはり彼によって所有されるのであり、それらは彼が当てにする富豪にとって最も美味な食物や最も美しい衣服に価値があるのと同じように彼にとって四〇の価値があるのであって、前者の無欲は後者の私欲と同じものであり、それにより他の人は同じように一国で生存する。就業者は彼らの名目所得によって就業を欠く人々を満足させなければならないので、どんな就業によっても就業者の生存に必要なだけの財しか獲得されなかったならば、同数の失業者は、就業者から財を獲得することができず、就業の能力がないためにまたは彼らに先を越されたために就業によって財を獲得することもできないので、生存するための財を持たないであろうということは明らかである。あるいはまた就業者は就業で生存しなければならないのと同じように失業者は失業で生存しなければならないであろう、すなわち前者は後者に財を供給しなければならないのではなくむしろ後者によって財が供給されなければならないであろうが、これらは全て全く矛盾したこととは言えないことであろう。それにもかかわらず明らかに個人所得の合計から生じる国民総所得は個人の実質所得から推計されなければならず、個人の名目所得から推計されるべきでは決してないのはどうしてかが観察されるであろう。というのは、たとえ前者は後者とは違うものではないとしても、やはり名目所得は何回もカウントされるために（五-12）外見上実際よりもはるかに大きく見えるのに対して、実質所得は然るべき場所で述べたように（五-13）一回しかカウントされないために外見上それらは常に一国の厳密な需要によって確定される規模である唯一のものに見えるからである。それゆえ移転される全ての人々の呼称によって推計された右の所得五一二〇は、明らかにそれは五一二〇にすぎないのにそれ自身の八倍と推計され、それを前者の方法で推計するという誤りは他の多くの人々に伝わり、それにより国民経済はますますこんがらかりごちゃごちゃになる。そして実際、国民所得をあたかも名目所得であるかのようにみなすことは、それがそれを消費する人に帰属するので明らかに誤ってあたかもそれを名目所得と呼ぶ人に帰属するかのようにみなすことと同じであり（五-13）、ある人が名目所得と呼ぶ所得を消費すると言うことは、彼は他人の消費のために彼が与えるものを消費するとみなされる、すなわち彼は百を消費するために他人に与え、彼はこの百そのものを消費するとみなされるが、これもやはり全く矛盾した不合理なことである俗論の誤りにすぎない。

第16章　ある人々によって名目所得と呼ばれる所得は全員に帰属する

国民所得は当然のこととしてそれを名目所得と呼ぶ人に帰属するのではなく、それを消費する人に帰属するということはすでに観察された（五-13）。というのは実際、それを名目所得と呼ぶ人々はそれを消費することはできないであろうし、そしてまた同じ所得は二人に帰属しえないので、それを他の人々に移転するために一時的な所得を名目所得と呼ぶ全ての人にそれが帰せられるのではなく、それが消費されるために実際に手元にとどまる人に帰せられるためのあらゆる理由が必要であるからであり、そのような移転はそれ自身膨張する所得がある人から他の人々に移転する道筋を付ける以外の結果をもたらさず、その所得が完全に消滅し消費されるまで移転する道筋に他の人々の生存以外にそれ自身の痕跡を残さないからである。さらに、国民所得を名目所得と呼ぶ人々はどんな種類の就業であろうと常に就業者であり（五-15）、その所得が消費されるために手元にとどまる人々はやはりどんな種類の就業の就業者であろうと、また失業者であろうと一国で生存する全ての人々であるということもすでに観察された。これは個人所得がやはり個人のどんな種類の就業や役務においても広く名目所得と呼ばれるにもかかわらず、国民所得が全員において過剰であるよう要求されなければ、就業や役務においても過剰には決してならないのはどうしてかを理解させる。というのはそのような過剰はそれを個人的に名目所得と呼ぶような種類の就業においてみなされうるのではなく、まずそのような所得が交換された他の役務の他の全ての就業者に帰せられなければならず、次に就業者であろうと失業者であろうと、そのような所得が本来帰属するそのような所得の全てのその国の消費者に帰せられなければならないであろうからである。このことは、たとえある役務においても財があり余るとしても、またたとえある種類の就業者の手元に財が自己補塡または維持される資本としてとどまるとしても、生きた労働によってそれが所得に変わるや否や、それらの就業者の手元にとどまるのでは全くなく、あらゆる種類の他の就業者にも広まり、したがってまた右のように（五‐13）失業者にも広まるということからはっきりと明らかになる。それゆえ絹物商、靴屋、医者、弁護士によって所有されるおよそ十万の規模の財は、たとえ絹、革、医者や弁護士の知識のような自己補塡または維持される一定の資本としてそれらの人々の手元に維持され、それらの人々の生きた労働によっておよそ五千の規模の所得に変わったとしても、それらの人々の手元に残るのではなく、それらの人々の各々によってそれらの人々の間でも、食物、衣服、調度、また全員の同等の生存の必要のためにやはり全員に同じように必要なあらゆる種類のその他の便宜に関わるあらゆる種類の役務の他の全ての就業者とも交換される。そして実際、それらの人々の各々の所得が他の三人にも、酒屋、雑貨屋、鍛冶屋、樵、兵士、要するにそれら全ての人々の雇用が各々に必要な他の全ての就業者にも移転し、最終的にこれらの就業者によって同数の失業者と共に全て消費されるということは否定できない。これは各々が全員のためにただ一種類の雇用に従事するとみなされる賢明な摂理（一‐13）によって起こる。というのは全ての雇用は各々の雇用のために存在するのと同じように各々の雇用は全ての雇用のために存在するので、ただ一人の人も他の全ての人々も彼のためにあらゆる種類の雇用に従事するからである。これはまさにある種類の就業者の所得の過剰がやはり不可能であるということを理解させる。というのはどの雇用も他の全ての雇用がそれによって増加する以上に他の雇用によって増加することはできないので、全員の各々に存在する所得の過剰とそれに一致する雇用の過剰は区別がつかないために各々の全員に同じように存在しなければならず、その過剰が全員に存在しなければ各々にさえも存在しえないであろうからである。それゆえ雇用とそれに一致する所得が他のあらゆる種類の就業者においても同じ規模で増加しえないならば、ある種類の就業者において他の雇用以上に過剰に増加するということは決してありえないであろう。それゆえ政治家の誤りがどんなものであるかが明らかになる。彼らは庶民と同じようにある時は嫉妬に、またある時は羨望に、しかし非常にしばしば不十分な理解に導かれるので、ある種類の人々の過剰な所得を想像し、しかもそのような過剰が国民（その中に彼らが存在しうるならば真に姿を現すが、彼らは全く姿を現さない）ではなく、彼らによって狙いが定められた人々にあるとみなすので、それらの人々の所得を減少させること、または全国民にとって有害なものとしてその増加を阻止することは有益であると判断した。というのはこのことから、それらの人々においてそれが名目上阻止されまたは消滅するならば、全国民において実質上気づかずに消滅し、他の全ての役務が同じだけ、例えば絹物商、靴屋、医者、弁護士のために就業するということを阻止しなければ、それらの人々が他の全ての役務のために就業するということを阻止することはできないということが生じるであろうからである。それゆえ絹物商の間で右の名目所得五一二〇（五-14）を阻止または消滅させることによって、一人または一二八人の絹物商から生存が剥奪されるのではなく、一国においてそのような所得で生存している一二八人のあらゆる種類の就業者とさらに失業者が生存することが阻止されるであろう。

第17章　名目所得はどのようにして動産所得になるか

実質所得は各人において同じものであり平等なので、やはり各人において（五-13）その生存の限りにおいては不変であり、ある時点の実質所得は別の時点の実質所得とは違うものになりえない、すなわち違うように分配されえないであろう。逆に名目所得は全員の手元で実質所得化される前にある人々の手元でより大きい名目を持つ実質所得そのものなので（五-12）、人口が同じままであり、総雇用量が同じままであるとすれば、やはりそれらが確定する所得そのものと同じものでなければならないであろうが、各人の手元で違ったものになりうる、すなわちある種類の就業者から他の種類の就業者に移転しうるとしても、それにもかかわらず常に同じままであろう。そしてもちろんそのような所得は死んだ労働の結果として各人によって所有される財から成り立つ資本に依存するので、そのうち消費される部分が資本の所有者によってそれに一致する生きた労働で自己補塡されなければ、そのような資本は彼の手元で減少しなければならず、したがってまたその所得は減少しなければならず、その所得は他人に移転し、他人はそれをやはり生きた労働によって自己補塡し、同じままと仮定される国民所得によってそれを自分自身の資本に変えるであろう。それゆえそれによりある種類の人々によって名目所得と呼ばれる所得が他人に移転しうるし、実際に他人に移転するのはどうしてかが明らかになる。というのは右の移転が同じ種類のある就業者から他の就業者に行われるならば、資本と所得はそれらの人々が交換するので同じ種類の人々と同じ種類の雇用の中にとどまるであろうからである。しかし移転がある種類の就業者から他の種類の就業者に行われるならば、資本と所得は同じ種類の人々から同じ種類の人々にだけでなくある種類の人々から他の種類の人々にも移転するであろう。それゆえ一人またはそれ以上の人々がある種類の死んだ労働によって百万の資本を所有し、そのうちの1/10すなわち十万の所得を名目所得と呼ぶとき、彼らまたは他の人々が彼らの同じ種類の生きた労働によって同じ期間内に名目所得と呼ばれ、したがってまた消費された十万の財を自己補塡するならば、資本と名目所得はそのような人々のそのような労働によって維持されるであろう。しかしたとえそのような人々がそのような労働を中止したとしてもそのような労働が他の種類の就業者によって再開されるならば、名目所得そのものは、資本の減少によって前者の人々に不足するので、それでも雇用と所得が同じままに保たれなければならないのであれば、他の種類の労働によって後者の人々に資本として自己補塡されなければならないであろう。この労働をさらに同様の十期間続けるならば、資本百万と所得十万は全てある種類の人々と雇用から他の種類のそれらに移転し、前者の雇用は消滅し、後者の雇用は復活するであろう。そしてこれは実質所得とは違って、そのような移転にもかかわらず、どんな種類の就業または失業であろうと全国民としてのその所得によって維持されるおよそ二五〇〇人の各々に同じ所得が残るであろう（一‐1、6）。たとえ一方で採用される雇用の続行が他方の中止よりも大きいまたは小さいとしても、資本と所得はやはりより大きいまたはより小さい規模で一方の雇用から他方の雇用に移転し、それゆえ全体の資本と所得は同じだけ増加または減少するであろう。さらにどんな雇用であろうと奨励され必要とされるので（一‐18）、したがって移転が行われるためには、すなわち名目所得が他の種類の雇用によって減少するときにある種類の雇用によって増加するためには、他の種類の雇用によってはより質が向上しない財が必要とされるときにある種類の雇用によってより獲得されより質が向上する財が必要とされるような共通の規定が必要である。そしてまた雇用が必要とされればされるほどますます就業者は自分の雇用に有利になるように信じさせるためにいっそう勤勉に励むので、したがってやはり右の所得の移転は巧妙さと狡猾さに依存し、それにより就業者は信じさせることができ、他人の古い雇用ではなく自分たちの新たな雇用に有利になるように全体の先を越すこともできるであろう。それゆえ古い雇用よりも新たな雇用が必要とされたならば、所得はそのような種類の人々から自分たちの種類の人々に移転するであろう。これは財が維持されるために、そしてまた恐らく財が増加するためにもそのような移転が必要であることを理解させる。というのはある種類の雇用が長い使用のために嫌気がさしたりより需要されないときに、他の種類の雇用によってそのような雇用の資本と所得を次第に自分に還元する人がいなかったならば、雇用は大部分衰弱し、一国に不足するであろうし、それと共に人口も、人間の欲望の移ろいやすさという避けられない理由で、とりわけ何か現実的な理由によってではなく想像と気紛れだけで維持されるので、たとえ一国において雇用と財を増加させるのに適しているとしても（一‐11）、財の何らかの質の向上に関わる雇用のために、やはりいずれ嫌気がさし、減少しなければならないであろうからである。それゆえ雇用のうちのあるものが不足するのに応じて同じ財が維持され、可能な限り増加するような他の同様の雇用が現れることが絶対に必要である。これら全てのことにおいて、いろいろな方法で、しかも国民に必要になり有益なものになりうるまで財の質が向上するさまざまなファッションや流行の理由と期限を認めることができる。というのはその場合に流行は非常に有益なので、それに適用されない想像や気紛れの雇用は他の同様の雇用がそれに取って代わるために、消滅するかまたはもはや必要とされなくなるからである。また流行は国民に非常に有害なので、最良の理由または非常に広い用途の雇用に取って代わるが、その場合に雇用と財はそれにより全体の理由のためではなくむしろ全体の気紛れのために増加し、これは全体の自由の減少によってしか起こりえないであろう。そのような減少によって全体の雇用と財は、人口と贅沢が問題になるときにより いっそう明らかになるように、減少する(四-10)。

第18章　名目所得は個別雇用によっては増加しない

ある人々から他の人々への所得の移転は、一般にそれに一致するある種類の中止された雇用と他の種類の再開された雇用によって行われると認められるが(五-17)、それはある人、とりわけ政府の個人的な配慮と管理によって行われうると信じさせるであろう。そして実際、これは右の種類の政治家が(五-16)まさにより有益であるとみなされる他の何らかの種類の雇用がよりいっそう奨励されなければならないという仮定に基づいて時々より有益でないとみなされる何らかの種類の雇用を中止させ、例えば何らかの種類の賢者の知識よりも何らかの種類の雑貨がよりいっそう奨励され、したがって所得が前者の雇用からより良く整然と分配されるとみなされる後者の雇用に移転するために何らかの種類の賢者の知識を阻止するという右の彼らの機械学を正当化するとみなすために絶賛した理由のように思われる。しかしそのような論証の方法は全く偽りで不合理である。というのはまず所得が他の人々よりもある人々により有益でありより良く分配されるということは真実ではないけれども、それにもかかわらず所得は厳密に言えばそれを名目所得と呼ぶ人に帰属するのではなくそれを消費する人に帰属するので(五-16)、どんな種類の就業者にも全く平等に分配されるからであり、たとえ名目所得五一二〇が実際に移転するように全国民としての何らかの種類の一二八人に実質所得化されるために移転するとしても（五-14）、それが賢者によって名目所得と呼ばれようと、それが雑貨屋、絹物商、鍛冶屋によって名目所得と呼ばれようと全く矛盾しないからであり、そしてまたそれは他の全ての就業者と他の全ての種類の雇用においても同様に各人に名目所得と呼ばれなければならないので、それらの人々の誰にも過剰でない所得は名目所得と呼ばれえないからである（五-16）。しかし個別雇用によるある人々から他の人々への所得のそのような移転をより直接的に否定するものは、その所得は一般に総雇用または総需要によってしか一国で増加することができないということであるが（一-14）、これもまた同じことである。というのはどんな個別雇用または個別需要も明らかに全員の総雇用または総需要ではないので、したがって国民所得は個別雇用によって増加することはできず、したがってもっぱら総雇用によって増加しなければならないからであり、一方で所得は個別雇用によって増加せず、他方で個別雇用によってしかその減少は生じないので、国民所得はそのような減少のおかげで増加するとはなおさら言えないであろうからである。このことは、どんな雇用もそれを提供する常に個人である人のおかげではなくそれを受け入れる常に全体である人のおかげで、すでに説明されたように（一-15）他の人々により大きい不利益を与えずにそこからある人々にもたらす利益によってその目的を達成するということから確認される。それゆえ財の増加のためのどんな個別雇用もそれにより自ら無駄になり、他の人々から支援されず、したがってまた総雇用にならないであろう。したがってこのことによって、とりわけ他の人々の管理を統轄する人にはむしろ必要な雇用と財の増加のための個人的な熱情を失わせると理解されるのではなく、確かにそのような熱情は雇用と財の増加のための総雇用の一部になりうるがそれ自身は総雇用の全部を決して占めえないということ、すなわち個別雇用は総雇用を刺激しうるがそれ自身は総雇用になりえず、総雇用だけに依存する財の増加がそれに帰せられうるということを証明するにすぎないと理解される。それゆえ、雇用は多様であり、全ての種類が全ての国民に属すわけではないので、まだ導入されていない種類の雇用が一国に導入されるかもしれないということは真実であるが、そのような導入は常にそれに対する総需要に依存しなければならないのであって（一-14）、個別需要に依存することは決してないということもまた真実である。結局、両者が矛盾せずに総需要が多様になるためには、すなわち総需要がさまざまな対象の量に関わりうるためには、全体に需要される雇用がやはり全体に需要される他の雇用を排除せずに常に他の雇用と並んで導入されうるであろう。それゆえ右で仮定された最適な所得と雇用の分配は右のように各就業者の最大の努力によって分配されたそれらに対する総需要に依存するので（五-17）、他の種類の雇用よりもある種類の雇用に対する個別需要が大勢に従うならば、ある個人が他の個人を非常に疎ましく思わなければ、他の雇用からある雇用への所得の移転は自ら行われるであろうということは明らかである。というのは雇用が総需要によってすでに増加しているにもかかわらず個別需要によって雇用を増加させるのは不合理だからであり、ある個人が他の個人と彼らの事業について彼らの管理によって大勢に従うためにある個人が他の個人に意見を求めるのと同じようには、その個人は全体にその事業の管理について決して意見を求めないからである。さらに他の種類の雇用よりもある種類の雇用に対する個別需要が大勢に従わないならば、やはり一方で確かに雇用と所得はその個別需要によって減少しうるであろうが、他方でそれによりそれらは増加しないであろうということは明らかである。というのは他の種類の雇用がその個人によって消滅したからと言って、ある特定の種類の雇用が全体によって需要されなければならないという理由はないからであり、需要されていた賢者の知識が減少したからと言って、需要されない雑貨が増加しなければならない理由はないからである。それゆえすでに導入され需要されている雇用を、まだ総需要に適していない他の雇用を導入しようと企んで消滅させる個人は全て、国民の観点からすればある人に最良と思われる別の衣服を着せるつもりでその人から衣服を剝ぎ取り、今のところはその人を裸またはほとんど衣服に覆われていないままにしておく人に似ているかもしれない。それにもかかわらず雇用がある人によって妨げられたならば他人または他の人々によって増加させなければならないということを俗論で信じるように駆り立てることは、雇用は一般に必要な同じ規模で保たれなければならないと仮定することであるが、これは偽りである。というのは雇用と所得、財と人口は例えばイタリアでは現在は以前よりも少なくなり、将来は現在よりもさらに少なくなりうるであろうからである。しかもこれら全てのものは全体の自由を有する同じ土地において制約されなければならないという何度も指摘された理由で（四-10）自由はその土地において明らかに増減しうるので、右のことがそのような可変の制約に従いうるということは明らかである。また雇用と財を他の誰かが自己補塡するということを期待して雇用と財をある人が消滅させることは、雇用は財に先行しなければならず、決して財に後続するのではない（一-19）ということによっても偽りであることが付け加えられる。それゆえ他の種類の雇用が総需要によってまだ増加していないにもかかわらず個別需要によってある種類の雇用が減少したことで、ある種類の雇用が獲得する所得が減少しなければならないならば、それとは無関係な理由で、また本章では全くないどこかの章で示される理由で、たとえその後再び増加しうるとしても、他の種類の雇用が獲得する所得ははるかにいっそう減少するであろうし、その所得によって維持される人々はその減少によって一国において減少するであろう。

第19章　名目所得は個別雇用によってどのように減少するか

名目所得は個別雇用によってはある種類の人々と雇用から他の種類の人々と雇用に移転されえず（五-18）、それを目指すあらゆる試みは確かにある種類の雇用によって所得をある人々から剝奪するという第一段階に関しては成功しうるが、次に他の種類の雇用によって他の人々の所得を自己補塡するという第二段階に関しては無駄に終わらなければならず、これは総雇用が依存する総需要に個別需要が適さないためであるということが示された（一-14）。しかしたとえある種類の雇用が総需要に適しているとしても、個別雇用によって阻止され、それによってその雇用または別の種類の他の雇用が導入されえないまたは増加しえないということが起こるので、今や詳しく調べられなければならないと思われる。これは、ある種類の雇用を導入するには一人または何人かの個別需要で十分ではなく（五-18）、すでに何度も説明されたように（一-15）そのような雇用を受け入れるかまたは少なくとも阻止しない全員の総需要が必要とされるということから起こると容易に理解されるであろう。それゆえそのようなある種類の雇用に対する総需要が仮定されたならば、ある人々の個別需要はすでに総需要に含まれている需要すなわち総需要の一部としか推計されざるをえない。しかしある種類の雇用をたとえ総需要に適しているとしても消滅させるまたは阻止することに関しては、矛盾したことのようであるが阻止が全体から生じるということが必要とされるのではなく、それを実行する自由が剝奪される個人から生じれば良い。すなわち、全体の力がそれに全く関係せずに、そのような雇用を実行する人々の力を上回り、それらの人々の中でそのような雇用を阻止するある人々の個別的な力があれば良い。いずれにしてもどんな雇用も、たとえ全体に需要されるとしても、または他の全ての人々に阻止されないとしても、もっぱらある人々によって実行されるために行われる。しかし他の全ての人々はそのような雇用が全くないので、それをいっそう需要するのをやめるかまたはそれをいっそう阻止しないのをやめる。というのは阻止がより大きいかまたはより小さい雇用によってより大きくなるかまたはより小さくなるかは全体には関係なく、例えば十の財によって十の人口しか増加せず、百の財によって百の人口しか増加しないことに関して個人に依存させられないということに常に全体がとどまるというやはりすでに指摘された全体の無関心さ（四-17）が考慮されるので、そのような雇用は阻止されるからである。そしてまたたとえ雇用に対するその需要がどれほど熱烈であるとしてもまたはそれに対する阻止が全くないとしても、他の全ての人々はそれを完全にやめる。というのはやはり個人の力によってさらに減少した雇用のために全体はやはりそれをやめ、減少させる。このことはまさに財と人口が違う時代の同じ土地においても同じ時代の同様のまたは同じ土地においても非常に違った規模になるということを生ぜしめる。これは全て各々は全員のために一つの種類の雇用に従事しなければならず、全員は各々のために他の全ての種類の雇用に従事しなければならないというやはりすでに指摘された教義（一―13）にも従って生じる。それゆえこのことから総雇用が減少するためにはある種類の雇用がたとえ全体に需要されているとしても個別的な力によって阻止されれば良く、それによりあらゆる種類の雇用はたとえその雇用に対応するとしても停止しなければならないという結果になるであろうということが生じる。それに対して総雇用が増加するためにはある人々の全員のためのある種類の雇用が個別雇用またはる個別需要に駆り立てられれば良いというのではなく、さらに全員のある人々のためのあらゆる種類の雇用が駆り立てられるということも必要であるが、ある人々の雇用がやはり総需要に適していなければそのようなことは決して起こらないであろう。その場合にある種類の雇用に対する個別需要は、買う人が存在せず存在しえない砂漠で売ろうとする人に対する個別需要と同じように、全体には無用であり、個人にも取るに足らないものになるであろう。市民法はやはり常に力の法律であって（三―13）、確かに例えば総需要に適した箱が全体に需要されるように作られることを定めることができるし、全体に需要されるそれら全ての箱のうち½しか作られないことを課すこともできるが、逆に全く需要されないものがその二倍作られることを命じることはできず、一般に全体に必要とされる全てのものに対する詐欺、欺瞞、暴力を阻止することはできるが、全体に必要とされないものは全く定めることができない理由はまさにこれである。同様に市民法はある人が自分の経済的雇用を他の全ての日に実行するのではなくその代わりに一五日間の休日にそれを実行することを許すことはできるが、失業者のままでいなければならない一五〇万人（三―17）のうちの一人さえも労働に割り当てられた他の年間三〇〇日の経済的雇用に一時間だけでも従事することを決して許さないであろう。これらの真理は明らかであるが、時々実際にやはりある人々が個別雇用によって雑貨、陶磁器、綴織、珊瑚、等々のほとんど使用されないがらくたの新たな製作に従事するのが見られることは、これらの真理を庶民の目から隠し、それにより偶然にもある人々を豊かにするので、彼らによって国が豊かになるかまたは彼らによってその国において新たな雇用が古い雇用に付け加えられるとみなされる。これは真実でありうるが、全くの錯覚でもありうるし、しばしば全くの錯覚である。というのは総雇用は全てそれに対する総需要に比例して増加するにすぎないので、総需要は古い雇用の部分がより増加しないのでなければより増加することすなわち新たな雇用に関わることができないからである、すなわち人口が同じままであるとすれば、または国民の自由が同じままであり(四-10)、それが新たな雇用の導入によって増加しないとすれば、古い雇用がより実行されないのでなければ新たな雇用はより実行されえないからである。それゆえ他の事情が全て等しければ、雇用はそれに対応して他の雇用の減少または他の雇用の実行の減少がなければ決して一国に新たに導入されえないであろうし、より実行されえないであろう。そのような雇用の減少は、それが起こるときは、通常起こるようにあらゆる種類の就業者の間に分散されるので、新たに従事する人々だけに獲得される増加が見えるのと同じようには庶民には見えない。というのは庶民は対象を顔面の目で判定し、それを判定するのに常により良く必要な知性の目で判定しないからである。それにもかかわらず誤った判断を恐れずにこれらの真理に気づくためには、すなわち古い雇用に対する新たな雇用の効果の明白な証拠を示すためには、個別雇用による新たな雇用の導入からしばらくして総需要により適していた古い雇用が減少するか否かを調べれば良いであろう。というのは例えばヨーロッパでは絹の技術が広まったために、あるいは雑貨、陶磁器、等々の右のようながらくたの技術が広まったために羊毛、亜麻、革、硝子器の技術がほとんど実行されないのであれば、すなわち一般に全体の使用と総需要に適したものよりも精巧なものがいっそう加工されるために粗末な粗悪なものがほとんど加工されないのであれば、そのような個別雇用の導入によって全員の総雇用は増加しないだけでなく、逆に減少するであろうということはやはり明らかであろう。

第20章　信託遺贈された名目所得または永続的な名目所得について

　より多くの労働によって獲得されたより多くの財はそれに一致するやはりより多くの労働による以外の方法によっては維持されえないので（五-5）、そのような不快な労働を避け、あらゆる方法で財を貯蔵するためには、毎年多くの土地でおよそ百の現実財をわずか四の実現可能財と交換する習慣があることが見られた（四-18）。というのはそれにより確かに財はより少ない規模で持続するが、他人に委託されるためにより安定的にしかもより不快でない労働によって持続するからである。これは所得の移転について述べられたこと（五-17）が現実の名目所得について一般に確認されるということを理解させる。というのはそれは動産所得であるので、それに一致する労働によってある人々から他の人々に移転されるからである。しかし実現可能な所得すなわち土地と、農業によって土地に依存する現実所得の部分に関しては、それらに等価な土地の永続性を分かち合うので、それらはある人々から他の人々に移転せずに所有者の手元に常にとどまらなければならない。というのはそれらはやはりそのような土地の所有によってしか存在しないからである。さらにそれらの所得は、土地の所有によるある人々のまさに不動産所得であろうと、動産所得であろうと同様に、その人自身の持続時間以外の固有の持続時間を持たず、それがなくなれば全体の無秩序と混乱のために多くの無鉄砲としばしば多くの悪人の襲撃にさらされるであろう。それを未然に防ぐためには、各人によって獲得され所有される他人のあらゆる個人的な所得または財は彼が死んだときに彼によって彼の子孫または彼に最も親しい他人に有利になるように分配されざるをえなかったということを誰もが知っており、これは自然の公正に非常に一致するように思われる。今やここでそのような財の有権前任者が、不動産が問題になるときに、それと共にそれをさらに動産と交換する自由も他人に移転するならば、そのような財と土地は現実財または現実の雇用と交換されることで、国中である人々から他の人々に無差別に移転しうるであろうということを観察しなければならない。しかし彼が不動産と共にそのような自由を他人に移転しなければ、それは**信託遺贈**と呼ばれる名称で、ある一族または個人の集団に付与され、神の思し召しがあれば永続的にそれを所有するであろう。このことはそのような信託遺贈がまさに不動産または土地にしか生じえず、錯覚によってしか動産に及びえないことを示すが、動産は消費可能なので、永続的なものになりにくいことを示す。そしてこのことはまた確かに相続人は信託遺贈によってその後の土地から生じる何らかの所得の所有者になりうるが、土地の有権前任者のように土地そのものを所有することは決してできず、常にそれを他の人々から保護するために所有し、土地は常にそれを自分のものとして自由に所有する人を欠いたままであることを示す。このことはやはりすでに観察されたように（四-21）、実際には少数の人々だけに付与された土地を獲得する自由がそのようにして剝奪される子孫に対する侮辱とある人々によって理解された。そしてそのような代襲相続と信託遺贈によって土地を個人の一族に永続的に移転するならば、その代襲相続が全国民の土地に及ぶや否や、その後にその一族に生まれた者も他の一族に生まれた者もそのような土地に対するあらゆる権利も自由も失わないであろうということ、すなわち将来のあらゆる世代が一世代だけの少数の一族に付与された土地を代襲相続する自由そのものを失わないであろうということは疑いえないが、それは僭越なことのように思われる。それにもかかわらずすでに示された理由（四-21）も考慮すれば、そのような規定はある人々によって理解されているような子孫に対する侮辱的な規定では全くないということが理解されるであろう。というのはそのような規定は土地にしか関わらないので、実現可能なものすなわち実現可能財に付け加えられる全ての現実財のおよそ⅛の部分にしか関わらないからである（四-20）。それゆえ祖先の遺志が子孫の財や所得に及びうる最大部分はそれらのわずか⅛の部分にすぎず、さらにその遺志は哀れな臨終のある人々によって大仰かつ尊大に作成された遺言の規定にもかかわらずその部分にも全く及ばない。それに加えて不動産のうちのどれだけが祖先によって所有され、死んだ労働の結果として子孫によって所有されるのかは、後者についてはそのような規定によって責任を負わされたそのような部分の全ての生きた労働によってしか確認されえず、そのような規定がなければ所有された実現可能財は決して現実財にならないであろうし、むしろそれらはやはりそのような規定に応じて増減しなければならず、やはり何の労働もなければ何の財も生み出されないであろう（四－16）。これら全てのことは祖先のそのような規定がやはり存在し、子孫は他人がいなかったならば彼らの子孫の子孫に対する同様の配慮を期待してそれに同意するということを実際に生ぜしめる。そしてそうなればなるほど、ある世代から次の世代へのそのような所有に対する侮辱がたとえどんなものであろうとも、新たな法律によって、またさらにいっそう生活上の言い争い、申し合わせ、疎遠、その他多くの欺瞞によって十分に報われることが欠かせず、それによりそのような規定は無効の無用なものになり、それゆえ死者の貪欲が生者の労働と財のほんのわずかな部分についてさえも生者の利益と自由に損害をもたらすことまで及ぶ必要を認めない。ともあれ地主は一国の財のうちのある部分の不動産の所有者であるような人々であり、そしてまたとりわけ貧しく怠惰な人々の目からは常に嫉妬と羨望の的になるような人々であるということは常に真実である。

第21章　二種類の地主について

たとえ右のことにより地主は現実所得を所有するので農民の階級にしか属さないとしても、それは地主がそれとは違う容姿と外見でも姿を現すことを妨げない。というのは彼らは彼らからの他の人々への委託によってしか土地を耕作しないので（一－3）、それ自体として同時に全体で他の役務の身分の人々と同様にみなされ、何か他の役務を実行しうるからである。それゆえすでに一次的農民である地主がとりわけ区別されるそのような身分を推計したければ、それを二つの身分、すなわち貴族の一族の身分と聖職者の一団の身分に還元するのが容易であろう。前者の身分の中には貴族とみなす肩書きをまだ持たずに（というのはその肩書きは一つの名称にすぎないので）土地を所有する特定の全ての一族を含み、後者の身分の中にはやはり土地を所有するほとんどが敬虔な全ての団体と、ほとんどがまさに聖職者の職業に関わるなにがしかの特定の戒律や信条を持つ全ての集団を含む。これは確かに全体の自由と権利が存在する少なくともキリスト教国のより先進的な国々における経験であるが、先進的でない国々や専制主義すなわち君主の個人的な権利が優先する国々における習慣がたとえどんなに違っていたとしても、君主は厳密に言えば彼の全ての臣民と同じように全ての土地の唯一の所有者であり絶対的支配者である。それゆえヨーロッパにおけるキリスト教の定着後に君主やその他の民族の長は民族の自発的な献身によって地域や土地を征服したので、それらを伯爵領、侯爵領、司教領、修道院領、等々の封土の称号の呼称で右の高貴な人々と聖職者の二種類に分配し、これは聖職者がそれらの征服にとりわけ貢献した、すなわち権威、教義、助言、支配によって民族の情熱に全体の利益を先頭に立って訴えかけたためであったと思われる。あるいは宗教の役務は聖職者に依存し、武勇の役務は貴族に依存したので、しかもこれら二つの宗教と武勇の役務は比べようもないほど他の役務に優越したので、すなわちそれらの役務に対しては他の労働に対するのと同じように法律によって等価な財を配分することができないので、その肩書きでどんな財も直接所有してはならないとみなされたが、どんな就業者もやはりその労働に等価な財で生存しなければならないので（四－3）、まさに土地の所有に適した別の肩書きで間接的に財を所有し、あらゆる失業者と区別して（五－15）余剰の財も所有するとみなされ、これら二つの役務に対してはそのような労働に等価な財は全体の実定法により配分されえないとみなされたと思われる。このことが真実であればあるほど宗教と武勇の役務であるがゆえに最も敬虔な最も高貴な心は俸給について交渉せず、俸給を必要とせず、たとえ他から財が供給されるとしてもやはり俸給を拒否する。あるいはまた最後に、他のどんな特定の役務または労働も必ずしも一国に必要ではなく、全体に不利益を与えなければそれをなしですますことができ、しばしば他の役務の導入によってそれを排除することができ、その排除によって他の役務を導入することができ、しかもそれはいろいろな方法で、全ての役務について変わりやすい気紛れな全体の好みに従うので（五－17）、またこれら二つの役務だけは他の全ての役務に対する好みの変わりやすさに対しても常に一国において維持されなければならないので、全体の利益に一致するものは聖職者と貴族すなわち一国に必要なそれらの役務に全ての不変の土地を付与することであるとみなされ、これら二つの役務を一国に必ずしも必要でない他のあらゆる役務について起こるような一国から排除する流行の変化がなかったので、一国において常に維持されなければならなかったとみなされたと思われる（五-17）。こうして宗教と武勇は一国そのものの消滅によってしか一国で消滅しえない一国の不変のそれ自身の土地が必要とされたように思われる（五-18）。しかし要するにその理由はどうあれ、全ての土地はこれら二つの役務に還元され、すなわちこれら二種類の人々に対して先進国のあらゆる時代に常に存在した最大の名誉に還元され、それゆえ現在もまた先進国においては全ての土地は間違いなく全て貴族とみなされうる特定の一族かまたは全て聖職者とみなされうる特定の一団の所有になるということは明らかである。

第22章　二種類の地主の正当性

まず第一に土地が教会の一団や人々によって所有されることは全体の不利益であるとみなし、全ての土地は聖職者よりも貴族の一族の所有になった方が良いとみなす人がいる。そして第二に土地がどんな一族によってさえも安定的に所有されないのであればいっそのこと土地は全ての人々の取引（と呼ばれている）に付され、代襲相続や信託遺贈と関係なくある人々から他の人々に移転した方がむしろ良いとみなすまでに至る人がいる。しかしそのような評価はどちらも軽率で誤りであることは、まず人が取引される財の名称によって判断するものはそのような評価によって判断するのではないということから明らかになる。というのはそれらの財はある人の手元から他の人の手元に移転するにつれてもっぱら価値が増加するので、動産が問題になるときは、それが実際にある人の手元から他の人の手元に何度も移転する必要があるからであり、これは財がその価値をまさに増加させるような新たな労働によって何か新たな質を常に獲得しなければ行われえないからである。しかし常に同じままである土地が問題になるときは、ある人の手元から他の人の手元に移転しても全く価値が増加せず、十年間に十人の違う人の手元に移転しようと永遠に同じ人の手元にとどまろうと、土地は消費可能な財を同じように生産し同じように獲得する。それゆえ土地を取引されるものとみなすことはやはり不合理である。しかしそればかりか全ての土地は貴族によって所有される必要があり聖職者によって所有される必要が全くないという第一の評価に関して、土地の所有によって右のように（五-21）聖職者には宗教が固定され貴族には武勇が固定されるので、全ての安定的な土地が前者の側から後者の側に移転したならば、宗教には一国の何の基盤も残らず、その場合には武勇そのものもそのあらゆる意味を失うであろうということが考慮されなければならない。というのはこれら二つの一国の基本要素に関しては、それらがやはり嘘偽りのない誠実な、卑しい偽りも嘘もない二つの感情であるならば、一方は常に他方によって存続し、武勇がなければ宗教はなく、宗教がなければ武勇もないからである。また第二の評価に関しては、貴族と聖職者から土地が剝奪されることで、土地が誰の手元にも何の永続性もなく一度にあらゆる階級の人々によってある人の手元から他の人の手元に移転されたならばいっそう容易に同じことが起こるであろう。というのはその場合には土地の所有によって聖職者も貴族も他のどんな階級の人々とも区別されないので、宗教と武勇はたとえ全員によって営まれたとしても、やはり誰かによってごく個人的に営まれなければならず、しかしそれらの人々に供給する財がなければ他のあらゆる多くの商工業の労働のように契約によってしか営まれざるをえないであろうからであるが（五-21）、それは土地そのものを取引しなければ、すなわち宗教を迷信に変え、武勇を迫害や暴力に変えなければ成功しえないであろう。明らかにこれら二つの感情は心の至上のものであるが他のあらゆる人々の想像の衝動に最もさらされるものであり、あるときはそれらを営むために他の人々と契約されなければならないのであれば前者はより堕落した不純なものになり、後者はより殺伐とした粗暴なものになるに違いなく、またあるときは他の肩書きによって財が保証されることでそれらが他の人々に対していっそう無欲にいっそう真摯に営まれうるのであれば、それらはいっそう純粋無垢のままであり続け、したがってまた全体にいっそう有効なままであり続けるに違いない。それゆえ一国の土地が聖職者の一団と貴族の一族またはそれと同等の人々に永続的に付与されるということはやはり宗教と武勇が各国で全体の理屈の二つの真理として定着し、個人的な熱狂に導かれる二つの情熱として定着するのでなければ、それは秩序の逸脱ではなく、逆に全く正当な理に適った秩序であろう。そしてここで代襲相続が問題になるときは、ある信心深いまたは敬虔な一団に代襲相続される土地が実際にある一族にとりわけ信託遺贈（五-20）の形で代襲相続される土地と同じものに帰すのはどうしてかが観察されるであろう。しかし各々の代襲相続の間には、土地が一団に付与されたときは年間所得が付与される集団を形成するのに四方八方から関わる人が決して欠かせないのでその土地はずっといつまでもそこに存続するのに対して、土地が一族に付与されたときはその土地はたとえ信託遺贈されたものであるとしても一族の持続時間の間しかそこに存続しえず、どんな一族も消滅しうるので、その土地もまた誰かによってずっと存続する一団に付与されるまで一族の消滅によって他の一族に移転し、次々と他の一族に移転しなければならないという違いがある。それゆえ土地が時々一族から一団に移転し、一団から一族には決して移転しないことで、時がたつにつれて全ての土地は一団または教会の所有にならなければならなかったと思われる。さもなければ高貴な一族はすぐ前で指摘された秩序の逸脱（五-22）によって逆にその最大部分を獲得したであろう。それゆえ法律がそれに関わり、その法律によって話題になっている国々の教会と帝権は聖職者の一団と敬虔な集団の消滅によって何度も一方で過剰になったものを他方で還元するとみなされた。これは適正な限度内で逆に悪用せずに行われ、まさにそのために目指す目的に向けられるならば、非常に有益な処方である。

第23章　二種類の地主の同一性

土地が教会の一団に分配されるよりも高貴な一族に分配される方が良いとみなすという右の誤り（五-22）が

どこから生じるのかを調べたければ、実現可能財を現実財と混同し、後者もまたやはりそれが帰属する（四-3）それを生み出すことに従事する人々に正当に帰属するのではなく、彼らに土地を提供する人々だけに正当に帰属するとみなすという非常に劣悪な誤りからそれは容易に生じるであろうが、それにより土地または全ての実現可能財が特定の一団に移転するならば、全ての現実財もまたやはりその一団に依存しなければならず、したがってまた全体はそれらの財の獲得のためにその一団に依存しなければならないと思われるが、これは明らかに異様なことであろう。この第一の誤りは聖職者が問題になるときは、それらの人々を明らかに彼らもその一部である一国の一部とみなすのではなく、明らかに彼らは切り離されず決して切り離されえないけれども、一国から切り離され一国によって管轄されることからも切り離された一団とみなすという非常に功利的な第二の誤りによって非常に強力になる。それは彼らによって非常に公然と採用され、したがってまた他の人々と区別される時には特殊ないくつかの律法、戒律、信条のためである。しかし第一の誤りから生じる懸念が無用であることは、土地には全ての現実財は付与されず（四-20）、たとえそれが付与されたとしても財の獲得のために一つまたはそれ以上の一団あるいは一つまたはそれ以上の一族に依存するときは国民に対する侮辱にはならないであろうということから証明される。というのはある一族またはある一団は他の一族または他の一団と同じなので、ある一団はある一族と同じであり、逆の場合は逆だからである。そのような懸念は聖職者を除く一国の全ての人々が実際に土地を所有することができ、貴族を名乗ることができたならば実際に生じるであろうが、そのようなことはありえず、やはり土地は必然的にいくつかの高貴な一族だけかまたはいくつかの敬虔な一団だけによって所有されなければならないので（五-22）、一国がその生存のためにある一族に依存することは侮辱とみなさないにもかかわらずある一団に依存することは侮辱とみなしうるのはどうしてかは全く理解されないであろう。そしてまた同様にそのような依存関係が仮定されたならば、誰もが一団の一部になりうるが一族の一部には全くなりえないので、そのような依存関係のために一族よりも一団の方が選ばれなければならないであろうし、実際にどんな一団も一国のあらゆる地位の人々の総体とみなされうるであろうし、したがってまたそのような一団によって所有される財はほぼ正当に全体のものと、すなわち各人が関わることができ、悪用がなかったならば明らかに全体の快適さに帰す常に**全体に属するもの**と呼ばれる財とみなされうるであろうと思われる。次に聖職者が他の人々から切り離されたとみなされる特殊な律法、戒律、信条に関しては、それは思い違いまたは見当違いによるものでしかありえないであろう。というのはそれはよりいっそう規則正しい各々の業務や用務がその役務の最善の実行のために自らに課す律法や戒律や、より秩序ある各々の一族がその家庭内の特定のふるまいに採用する不文律とも違う結果を聖職者に全くもたらさないからであり、各々の一族もまた一団よりも公然とではないとしても他とは違う自らの戒律や習慣を持ち、黒が好きな人もいれば白が好きな人もいるし、茹でた肉が好きな人もいれば焼いた肉が好きな人もいるし、日の出とともに起きるのが好きな人もいれば昼まで寝るのが好きな人もいるからである。そしてそのような他とは違う習慣や戒律はそのような一族を国民から切り離さない。というのはそれらは一国の全体の法律に反するものではなく、むしろ確かに他とは違うがだからと言って一国から切り離されない部分としてそのような一族も一国に結びつけるからである。要するに聖職者を俗人すなわち非聖職者と呼ばれる他の全ての人々から切り離されたものとみなすことは（社会の秩序に従うならば）聖職者の傲慢と他の人々の無知にほかならないであろう。というのはそのような秩序においては厳密に言えば、聖職者は貴族、絹物商、鍛冶屋と同じように聖職者の肩書きを持つ俗人にすぎず、他の全ての人々もまた各々個別に実行される役務のためにそのような他の肩書きを持つ俗人だからである。そしてその最高の神聖さと崇高さのためにある役務に払われる最高の敬意はその役務を他の役務から切り離すものでも分け隔てるものでもなく、それどころかますますその役務を最高の神聖さと崇高さに結びつける。これら全てのことから全体の生存すなわちそれが依存する現実財が問題になるときは、土地のうちの⅛の部分（四‐20）が敬虔な一団によって所有されようと高貴な一族によって所有されようと全く違いはないのはどうしてかが理解される。というのは財は実現可能財が多いからと言って現実財が多いわけではないので、実現可能財が前者によろうと後者によろうと所有され所有を任されたからと言って実現可能財は多くなりさえもしないからである。それにもかかわらず私はここで聖職者または聖職者でない貴族によって、それらのうちのいずれかの何らかの利益と私がみなすもののために所有される土地とそれに対応する財の問題には少しもこだわらず、たとえ非貴族の聖職者が貴族よりも聖職者に全く先を越されないとしても、全ての人々に一般的な経済財、または誰かが呼ぶような精神的な財とは違う実体的な財が問題になるときはあたかも前者が後者と比較されるべきであるかのように述べた。私はこのことについて、国民全体の経済を論じることでそのような論題を判定する際に、そのような論題について自ら十分学ばず、少なくとも自分自身に対するのと同じように他人に対して関心を抱かなかったために、全体を部分と混同し、実体的なものを想像上のものと混同し、実現可能なものを現実のものと混同し、要するに個人の利益を全体の利益と混同することによって偽りの推論に陥ることがどれほど容易であるかを若干の個人的な推論によって他の人々に示したいがゆえにこのことについて長々と述べたにすぎない。結局、私は全ての個人的な推論と実例の中から現在最も論争されていると思われるもの、すなわちそれに対して過剰な衝動と過少な良識で溢れていると思われるものを選びたかったということである。

第六編　財に等価な貨幣について

第1章　貨幣と財の等価性について

一国が形成され、維持され、拡大する財について論じる際に、全ての財は総雇用に等価でなければならないということが見られた（四－1）。言い換えれば、実行される労働の量と質すなわちその時間とそれに対する評価が考慮されるならば、各人が各々の労働によって一定の総資本を生み出すのに貢献すればするほどますますそれと同じだけ全体の財が各人に帰属しなければならないということが見られた（四－4）。今やそのような等価性とそれに基づくそのような財の分配を確定することによって、各人が各々の労働によって自分に個人的に帰属する全体の財の分け前を他の人々と競い、張り合って獲得するために、各人において各々の量の最大と最小を区別するためのまたは各人がそれを全員に証明するための方式を採用するかまたは外的で物的な印を確定すると判断されるのはどのようにしてかが付け加えられなければならない。そのような印はヨーロッパ諸国、また労働や財のなにがしかの交換が行われる他のあらゆる国々の全体の評価によって、貨幣に認められざるをえず、労働を財で契約するのではなくその代わりに財に等価な貨幣で契約するということが定着した。というのはより多くの貨幣を所有する人は他の人々よりもいっそう財に対してまたは財のために従事した人と同じように、よりいっそう財を獲得するに違いないからである。それゆえ貨幣は財が自然の法則によって雇用の等価物になった（一－9）のと同じように、人の評価によって雇用と財の等価物になったとみなされる。そのような貨幣の意義が固定される素材は金と銀にならざるをえなかった。それゆえこれらの金属の全量が獲得されたならば、それを人々が労働するのと同じだけの部分に、しかも人々の労働の価値が不平等であるのと同じだけの不平等な部分に分け、各人によって所有され耕作される土地の面積またはそれを耕作する各人の能力が大きければ大きいほど、または財を直接または間接に獲得し、加工し、分配し、管理する際の各人の努力が他の全ての人々のそのような努力を上回れば上回るほどそれだけ大きい部分を各人に配分すると想像された。次に各人はそのような印によって消費可能な全体の財のありとあらゆる量をみなすので、その量で自分または他人の消費のために自分に帰属する部分を必要とし獲得しなければならなかった。そのような優雅な発明品によって各人の優越性を各人の労働に固定することに成功しただけでなく、限りなく異なるものであるにもかかわらず各人の労働の交換における各人の労働の適正な価値を確定することにも成功した。というのは例えば二人の地主または農民に彼らの土地の面積、肥沃さ、労働に比例する二の重さのそれらの金属が支払われ、同様に二人の職人にある種類の加工を行うときの彼らの苦労と努力の強さに比例する二の重さのそれらの金属が支払われ、また同様に二人の賢者または二人の作戦参謀に彼らの助言または作戦の重要性に比例する二の重さのそれらの金属が支払われるならば、これら全ての労働と役務の交換のためにはそれらの重さを比較すれば良いであろうし、そこから土地の大きさに支払われた重さが加工、助言、作戦の大きさに支払われた重さに等しいかより大きいかより小さいとみなされるとするならば、土地は加工に等しいかより大きいかより小さく、加工は有益な助言に等しいかより大きいかより小さく、有益な助言は軍事作戦に等しいかより大きいかより小さいとみなされなければならないということになるであろう。同様にそのような工夫によって、ある生産物は最初に獲得されたときから消費されるときまで繰り返される労働によってどれだけ価値が増加するかを確定するに至るであろう。というのは採集された一袋の小麦、½袋の製粉された小麦、¼袋の練り上げられた小麦、一梱《こり》の刈り取られた羊毛、½梱の紡がれた羊毛、¼梱の織られた羊毛が同じ重さのそれらの金属で示され交換されるならば、一袋の採集された小麦は½袋の製粉され輸送された小麦または¼袋の練り上げられ竈で焼かれた小麦に等価であり、一頭の羊が身に纏う一梱の羊毛は½梱の紡がれた羊毛または¼梱の布地に織られた羊毛に等価であると言えるであろうからである。それゆえ消費可能な財と総雇用から推計される総所得が地主の所得をどれだけ上回るかが推定されるためには、採集された財または財を採集する彼らの間接的な労働だけからしか推定されえない。というのはこれら全てのことにおいて、全ての財と全ての貨幣との等価性はすでに消費可能な全ての財とすでに消費された全ての労働との等価性と理解されるので、全ての財と全ての貨幣との等価性は農民または財を資本の形で所有する他の誰かの手元に置かれた全ての財との等価性と理解されるのではなく、消費者の手元に彼らの実質所得としてすでに移転した全ての財との等価性と理解されなければならず、それは他の全ての人々の手元ではより少ない貨幣に等価であるということに気づかれるべきだからである。そして実際、採集された財または資本の形で誰かの手元にある財が全ての貨幣に等価であるならば、財は農民またはある就業者の間でしか交換されないであろうし、その場合に貨幣がある労働とある財に等価であるならば、他の労働と他の財は存在しないかまたは貨幣に等価でない労働と財しか存在しないであろうが、これは全く矛盾したことである。それゆえ財と労働の等価性を確定し、しかも貨幣を通じて貨幣の表示による財と労働の交換を確定するためには、全ての貨幣は一連の全ての労働を経た全ての財または財を消費する人の手元に置かれた全ての財に等価なのであって、ずっと消費可能でない財や資本の形で所有された財に等価なのでは全くないということにならざるをえない。それゆえ徐々に明らかにされるように、財を推計する際に財を各世帯や各国ごとに測定することに関して多くの誤差が生じる。

第2章　貨幣はなぜ金と銀で表示されるのか

貨幣は各人に各々の何らかの労働によって帰属する財の大きさを区別し表示するためにしか定められていないことから（六-1）、その全ての意義は、あらゆる個人的な合意が従わなければならない全就業者の共通の合意によってしかそれに認められえず、確定されえず、全員が全体として従わなければならない全就業者のうちのある人またはある人々の個人的な独断によってでは決してないということが明らかになる。というのは、たとえそのような合意にある人々が同意したとしても、他の人々がそれに同意しなかったならば、ある人々は他の人々と財を交換することはできないであろうし、労働は交換されなかった部分について停止するであろうからである。このことからまさに貨幣は金または銀であろうと鉄または銅であろうと石ころまたは貝殻であろうとその他の物質であろうとどんな物質で表示されようと違いはなく、これらのうちのどの物質にも共通の合意による同じ意義を適用でき、そしてこの共通の合意こそがそれらの物質と財の等価性を評定するものであるということもまた明らかになる。貨幣に選ばれた物質がどんなものであろうと、それは全て貨幣でなければならないということは全くの真実である。というのはその一部しか貨幣でなかったならば、その場合には貨幣に選ばれた部分は選ばれなかった部分と区別されないので、前者の表示によって行われた後者の表示によっては行われない財の交換と獲得は曖昧な不確かなものになるであろうし、就業者の間で滞り停止するであろうからである。またそのような物質は発見するのが困難なものでなければならない。というのはその全量がまさにそのようにして分配されうるがゆえに、その全量は非常に容易に限定されうるからであり、古い物質に加えるために新たな物質を発見することは非常に厄介なことになるであろうからである。さらにまたそのような物質は全て総じてあまり嵩張らないものでなければならない。というのはもしそうであればその持ち運びは非常に容易になり、そのような物質と財の交換は非常に簡単になるであろうからである。そして最後にそのような物質は長持ちし、度重なる使用によっても容易に腐食したり摩滅したりしないものでなければならない。というのはそのような物質はいつでもどこでも財を表示し財の印でなければならないので、それが摩滅しやすく腐食しやすければその目的に適わないであろうし、そのような物質によって今日多くの財の所有者とみなされた人は明日にはそうとはみなされないであろうからである。これら全ての理由は、財を表示するために右の金と銀という金属が定められたのはどうしてか、またそれらの金属が右の全ての条件に当てはまる唯一の物質であるために、そして実際それらは発見するのが最も困難なものであり、最も長持ちするものであり、最も嵩張らないものであり、したがってそれらの全量が限定され、使用されるのに最も容易なものであるために、他のあらゆる物質よりも選ばれたのはどうしてかを理解させる。本当のところは、金と銀は貨幣だけでなく贅沢のための器、用具、等々の調度にも加工されるのが常なので、貨幣の部分だけが財の印として特別にその目的のための刻印が押され、通常は君主の肖像が刻印されるということが定められているように思われる。それにもかかわらず未刻印の金と銀はそれを造幣所に持ち込むだけでいつでも貨幣と同じようにその目的のための刻印が押され、したがってまた貨幣と同じようにあらゆる種類の財と交換されうるということが考慮されるならば、これらの金属と財の等価性は前者の全量と後者の全量から推定されなければならず、金と銀は通貨であろうと、延べ棒、壺、等々の何かの用具であろうと、それがどんな姿形をしていても貨幣とみなされなければならないということが理解されるであろう。それゆえ右のような一国の全ての消費可能な財は（四－１）、金と銀が刻印や姿形にかかわらずそのようにみなされた一国に存在する全ての金と銀に等価であると言えるであろうし、金と銀がそれらの内部に混入した他の異質の物質を考慮せずに重さと純度だけが考慮されたならば、全ての財に等価でなければならないであろう。むしろそのような物質がそれらの財を表示するための他の物質に混入したのと同じだけその価値は財の価値に比べて減少しなければならないであろう。この真理は、これらの金属と財の交換において時々ありうるように貨幣に鋳造された金属よりも貨幣に鋳造されていない金属の方がより純度が高いならば、前者よりも後者の方が選ばれうるし常に選ばれるということ、そしてそれらの金属がその重さと純度によって考慮されたならば、それらの金属はそれらの金属が特別に鋳造される国においても他のあらゆる国においても財との等価性を維持し、したがって鋳造されたそれらの金属はどこでも刻印やそれらと一緒に合金にされた他の物質を考慮せずにまさにそれらがどれだけ純度が高く重いかしかそのような等価性を維持しないということからいっそう明らかになる。それゆえ金と銀と財の等価性はそれらに押された何かの刻印や押印に依存するのでは全くなく、それらの重さと純度にしか依存しない。それゆえそのような刻印はそれ自身はまさにそれらの金属の公正さを正当に証明するために金と銀に押されるのであって、他の理由のためではないということである。たとえそのような理由によって刻印が信用の置けないものになり、金と銀の公正さを公証するのではなくその代わりに他の金属を貨幣の地位に昇格させようとしても、それは秩序の逸脱によってしか行われえず、より賢明な政府においてさえも以下で理解されるようにより大きい秩序の逸脱を未然に防ぐためのより小さい秩序の逸脱によってしか行われないのが常である。それゆえ金と銀に押された刻印はそれ自身はそれらの金属を貨幣の地位に昇格させるために有効でないだけではなく、それらの金属を貨幣の地位から降格させようとするならば、すぐ前のように（六-2）同じ重さの不純なものがそれらの内部に混入するのと同じだけ、やはり財と貨幣の交換において全国民の信用が失墜するかまたは貨幣が目指す目的のためには無用なものになるであろう。

第3章　貨幣の使用量の同一性

貨幣は財の表示、すなわちどれだけの財が各人にその労働によって帰属するかを表示するための印にすぎないので（六-1）、貨幣が労働や財の交換のためにその間を流通する人々によって所有される貨幣の総量が大きかろうと小さかろうと、それが全量である限り違いはないのは明らかである（六-2）。実際、財が同じままであり、貨幣がより大きい量になると仮定されるならば、財はその量が増加したのと同じだけより多くの貨幣に等価であるという結果になるであろう。また貨幣が同じままであり、財が増加するならば、財はその増加に比べて貨幣が減少したのと同じだけより少ない貨幣に等価であろう。しかしどちらの場合も全ての貨幣と全ての財の等価性は同じように確定されうるであろう。というのはその等価性は一方の全量の絶対量ともう一方の全量の絶対量に依存するのであって、一方の全量よりも多いまたは少ない量ともう一方の全量よりも多いまたは少ない量に依存するのでは全くないからである。それゆえ財が同じ量のままであり、その所有者の就業者の間で流通する貨幣が二倍に増加するならば、最初一とみなされた財はその後二とみなされなければならないということを生ぜしめるであろう。だからと言って同じ労働の量や交換から生じる財の量や交換は増加することも減少することも妨げられることも全くなく、だからと言って財がより豊富になることもより供給されることも全くない。また財が同じままであり、貨幣が½に減少するならば、最初一とみなされた財はその後½とみなされなければならないということが生じるであろう。だからと言って財がより供給されなくなることもより豊富にならなくなることも全くなく、労働と財を以前のように供給するからと言ってただの表示でしかないそれらの表示がより大きくなったりより小さくなったりするために労働が駆り立てられたり中断したりしなければならなかったり、財が増加したり減少したりしなければならなかったりする理由は存在しないであろう。就業者の手元で流通するそのような財に対してある時はより大きくまたある時はより小さい貨幣量の違いは、以下で示される理由で実際に起こることであり、たとえそれが常に同じように行われる貨幣と財の交換に対してそれ自身は何の違いももたらさないとしても、やはり以下で理解されるようにそのような交換が国々に導入される方法や理由次第で交換それ自体に不快さをもたらし混乱をもたらすということはやはり否定できない。今のところはそのような違いから財の価値を判定することに関して多くの誤解が生じるのはどうしてかを観察するだけで良いであろう。それを未然に防ぐためには、財の価値について財そのものに基づく固有の価値とまさに貨幣に基づく付帯的な価値を区別するということが必要である。というのは労働の価値と現在の需要の価値が区別されない前者の価値は、すでに述べられたように（四-8）常に同じ不変の価値だからであり、人間の気紛れな約束事に基づき自然の必要性には基づかない後者の価値は（六-1）その間で交換を行う所有者が持つ量によって変化しうるからである。それゆえ以前に消費された同じ財と現在消費される同じ財は、たとえ就業者の手元で以前に流通した貨幣と現在流通する貨幣に基づくとしても、非常に異なる価値を持つものとみなされるであろう。それにもかかわらずそれらの財は同じ需要を持ちさえすれば、または同じ労働に等価でありさえすれば、すなわちそれら自身に基づきさえすれば常に同じ価値を持つであろう。それゆえ小麦に対する需要とその量が現在も一世紀前も同じであり、当時一オンスの銀と交換された一袋の小麦が現在二オンスの銀と交換されるならば、これは俗論で理解されているように小麦が現在一世紀前の二倍の価値があるということを示すのでは全くなく、小麦はどの時代でも常にそれ自身は一の価値があるにもかかわらず、就業者の間で現在流通する銀の量が当時流通していた銀の量の二倍になっているということを示すであろう。また同様にこれは（どちらの時代の貨幣もやはり同量が必要とされるならば）小麦に対する需要とその量がペスト、戦争、その他同様の災厄によって人口が非常に減少したために、現在は当時の½になったということを示しうるであろう。というのはそれらによって人口は減少したにもかかわらず貨幣は同じように減少しなかったからである。そしてこれは全て貨幣が、それもまたそれと交換される他のあらゆる個々のものによって、量が減少または増加すると逆に価値が増加または減少するからである。それゆえ全く当然のこととしてそれ自身同じ価値があるものは二倍存在するならば二倍の貨幣と等価であり、½しか存在しなければ½の貨幣と等価である。しかし消費可能な全ての財は一定なので、財そのものに基づくそれらの価値も同様に一定不変にならざるをえないであろうが（四-8）、貨幣量は財に比べて可変なので、その価値またはそれに基づく財の価値も可変にならざるをえないであろうし、貨幣は各人の労働によって各人に帰属する財の印にすぎないので、貨幣の全量の印が大きかろうと小さかろうと関係ないであろうし、ある人の持つ量が他の人の持つ量よりも重いだけで十分であろう。というのは前者は同じ時間に同じ場所で後者よりもそれを求めたからである（六‐1）。それゆえ財に等価な貨幣の全量が大きかろうと小さかろうと貨幣と財の交換という目的にとっては関係なく、確かに財は労働の減少または増加によってやはり減少または増加するであろうが（四‐3）、それは一国で流通するより多くのまたはより少ない量の貨幣によるのでは決してない。肖像画が本人と似ているかどうかはそれが大きなキャンバスにたくさんの絵具で描かれようとより小さなキャンバスにわずかな絵の具で描かれようと関係なく、同じ言葉で書かれる手紙が大きな紙に大きな文字で書かれようと小さな紙により小さな文字で書かれようと関係ないのと同じであると言えるであろう。

第4章　貨幣は他の国々にどのように分配されるか

全ての貨幣は諸国の共通の合意で全ての財の等価物またその印に関連づけられ（六‐1）、その全量が大きかろうと小さかろうとその等価性には関係ないので（六‐3）、これらのことから諸国が互いに貨幣と財を共有しないかまたはあまり共有しないならば、ある国の貨幣は財に対して他の国よりも大量になりうるということが生じるであろうし、どちらの国も同等な同じ労働に等価な同等な同じ財が供給されるとしても（四‐7）、それにもかかわらずある国に貨幣が大量に存在し他の国には少量しか存在しないならば、財それ自身はある国ではより多くの貨幣に等価であり他の国ではより少ない貨幣に等価でありうるということが生じるであろう。というのは各国の雇用と財がそれ自身によって他の全ての国々に頼らないで増加するならば、その場合には貨幣が大量に存在する国では財それ自身は大量の貨幣と交換されるであろうと言うことは全く正しいからである（六‐3）。次に諸国が互いに財と貨幣を共有するまたはよりいっそう共有するならば、すなわち貨幣と財の交換がある国と他の多くの国々の間で行われるならば、その場合にはこれら全ての国々の共通の貨幣は財によって諸国間に分配されるということ、すなわち同じ財がどの国でも同じ量の貨幣と交換され、そしてその場合には財もそれに等価なそれと交換される貨幣もどの国にもまさに共通のものになる、すなわち各国の財と貨幣は共有され、他の国の財と貨幣に比べられるということは明らかである。当然のこととしてその生存にちょうど十分な財が各々に同じように供給されている四つの国が（四‐7）それらの間で財も貨幣も共有しないとするならば、各国の財に等価な貨幣はある国では例えば一、ある国では二、ある国では三、ある国では四になりうるであろうし、したがってまた各国では各々一、二、三、四の貨幣とみなされなければならないであろうということは明らかである。というのは貨幣がそのような割合で存在するので、財それ自身はそのような各国の割合で貨幣と交換されるということが絶対に必要だからである（六‐3）。しかしそれらの国々の間で財と貨幣の共有を導入しようとするや否や、各国の財と貨幣と他の全ての国々の財と貨幣が全て考慮されたならば、貨幣がそれをより多く持つ国からより少なく持つ国に移転し、全ての国々の間に財と人口に比例して分配されることによって、各国の財それ自身が同じように（$\frac{1}{4}+\frac{2}{4}+\frac{3}{4}+\frac{4}{4}=$）二½の貨幣に等価でなければ、それは行われないであろう。このことは諸国間のあらゆる外国貿易によって明らかになる。というのは各国は受け取るのとちょうど同じだけの財を他の国に確実に与えるので、与えられた財が受け取られた財よりも多くの貨幣に等価であるときはそのような財を受け取った国（すなわちいわゆる債務国）から与えた他の国（すなわちいわゆる債権国）により少ない貨幣に等価な財と共に移転されるからである。それにもかかわらずそれは明らかに債務国の貨幣が債権国よりも大量に存在することによるものにほかならず、したがってまた前者から後者に移転しなければならず、しかもそれは財が貨幣の補償なしに交換されるまで、すなわち一方からの貨幣と他方からの貨幣がそれに等価な財と同じ規模になるまで、必要であれば繰り返し何度も移転しなければならないことによるものにほかならない。これは財の共有から同じ規模の貨幣の共有に向かうのはどうしてか、またまさに外国貿易がことさら問題になるならば非常に良く理解されるように、ある国が債権国であるか債務国であるかは前者の貨幣が後者よりもいっそう不足するかいっそうあり余るかということによるものにほかならないのはどうしてかも理解させる。そして実際、多くの国々の間で財が同じ貨幣の表示によってばらばらに交換される必要があるときは、全ての国の財が全ての国の貨幣に等価にならないので、それが起こりえないのは明らかであるし、やはり全ての国で全ての貨幣が全ての財に等価であるならば、各国で財が増加または減少するにつれて全ての国でその表示もまた同じように増加または減少し、全ての国で財が人口に比例して分配されるならば、財の印である貨幣についても同じことが起こらざるをえないのは明らかである。このことは貨幣と財の等価性について、貨幣の価値が一般にその純度と重さに基づくのと同じように（六-2）、財の価値もまたその量と質に基づかなければならず（一-11）、したがってまた貨幣は財の量だけでなく財に付け加えられた質の向上すなわち財が獲得され所有される質の向上も考慮された財によって制約されなければならないということからも証明される。それゆえ各国において財は量についても質についても財が生み出される各国の同様のいろいろな方法の雇用と同じ規模になるので（四-14）、財に等価な貨幣は、それらの国々が貨幣と財を共有するならば、各国において同じ規模にならなければならないであろう。すなわちそれは各国において財に比例しなければならず、財とも、それを消費しそれを貨幣と交換する人口とも同じ水準に維持されなければならないであろう。

第5章　貨幣は同じ国でどのように分配されるか

貨幣は互いにそれを共有する国々の間に、各国でそれと交換される財に比例して分配されるけれども（六-4）、各国に帰属する貨幣の分け前が同じ国でどのように分配されるのかが問われるならば、それを理解するためには、再び一国の全ての貨幣はやはり一国の全ての財に等価であり、その印であり、財の価値はその量だけでなくその質にも基づかなければならないので、財が量についても質についても多く存在するところはどこでも、そこには貨幣が多く存在しなければならないであろうということに気づかれるべきである。それゆえ財は量については同じ規模で存在するけれども、質については小都市や田舎よりも首都や大都市にはるかに大きい規模で存在するので、貨幣は前者の地域よりも後者の地域に非常に多く集まらなければならないであろう。どこでも同じ量が消費される財であるが、同じ国の小都市よりも首都や大都市ではるかにいっそう質が向上した財が消費されるということは確かである。というのは大都市では一次的就業者にしばしば出会うのが常であり、小都市では滅多に出会わないからであり、一次的就業者には非常に多数の、よりいっそう小都市に分散した彼らの全ての二次的就業者に帰属するのと同じだけの所得がもっぱら帰属するからである（五–8）。そしてさらにそれらの財は大都市や首都においてはるかに多くの輸送、加工、その他の種類の雇用にさらされ、それらによっていっそう質が向上するので、より多くの貨幣に等価でなければならないからである。それゆえそれらの財が一国において全く別々に貨幣に等価であるのは、前に説明されたように（六–3）まさに他の都市よりもある都市で貨幣が非常にあり余るためではなく、すなわち一国のどこでも貨幣が財と同じ水準にないためではなく、逆にむしろ貨幣が一国のどこでも量が増加し質が向上した財と同じ割合で存在するので、そのような割合は例えば首都においては別の場所よりもはるかに大きいためである。というのはそこでは同じ量の財に対してますます繰り返され、増加し、多様化する雇用が考慮され、そこでは雇用、所得したがって貨幣が他のどの割合よりも最大の割合になる一次的就業者、とりわけ君主の居住が考慮されるからである。それゆえ例えば犢は田舎では銀二オンスに等価であるが首都では四オンスに等価であるということは、田舎には首都の½の貨幣しか存在しないためではなく、量について同じ犢が田舎ではなく首都の場合に二倍になる輸送、加工、その他犢に対する労働のために首都では田舎の二倍の価値になるために起こると言えるであろうし、それゆえ貨幣はどこでも同じであると言えるであろう。というのはそれに対して実行された二倍の労働によって首都では二倍の価値の犢はそのような場合にも犢を消費する一次的就業者や二次的就業者を考慮に入れなければ、二倍の貨幣と交換されるからである。これは全て財に対する質の向上が財の加工だけでなくそれと同じように評価され対価が支払われる財の分配や管理にも基づくと別の場所で仮定されたこと（四-4）と非常に良く一致する。というのは犢は茹でても焼いても量と加工に関しては明らかに首都でも田舎でも同じであるが、それでも貨幣の価値に関しては犢に対するその他の労働が明らかに後者の場合よりも前者の場合の方が大きいためにどちらの地域も同じではないからである。それゆえ全て互いに貨幣と財を交換するさまざまな国々の首都と首都、田舎と田舎の間で、またそれらの国の首都と田舎の間で貨幣が移転され平均化する別の方法が明らかになる。というのはこれは各国においては貨幣が常に田舎よりも首都に大きい割合で維持されるために起こり、財の質の向上については常に田舎よりも首都の方が大きく、貨幣の表示による財の交換については常に、より質が向上したまたはより多くの貨幣に等価な財を所有し消費するためにさまざまな国々においても一国においても田舎よりも首都に非常に多く居住する一国の一次的就業者と他国の一次的就業者の間で行われるからである。それゆえ雇用と財と常に同じ水準にある貨幣量は、これら全ての地域の雇用と財の量と質が考慮されたならば、それにもかかわらず同じ国の首都と田舎の間よりもさまざまな国々の首都と首都の間の方が大きな割合で平均化しうるであろう。というのは一次的就業者間の財と貨幣の交換に関しては一国または首都は他国に依存しないからであり、同じ国の一次的就業者と二次的就業者の財と貨幣の交換に関しては田舎は首都に依存するからである。それにもかかわらず一国の全ての貨幣はどんな割合で平均化するのか、すなわち同じ国のさまざまな地域に分配されるのかが問われるならば、それはそれらの地域における生計費が常に貨幣表示で計算され、それを召使、寄宿舎、下宿への貨幣表示の俸給、また一人の人によってそれらの地域において食物、衣服、住居に消費される各種の財のための同様の手当の基準とみなす割合に基づくと言えるであろう。それゆえすでに提示された国に関しては、首都では実際に観察によりそのような生計費は概算でおよそ九〇正金ドゥカート、大都市と小都市を除いた中都市と地方では五〇正金ドゥカート、田舎では平均三四正金ドゥカートと推計されるので、一国の貨幣は右の地域で右の九、五、三

⅖の割合になるように一国に分配されると結論づけられうるであろうし、したがってまたその国で一年間に消費される全ての財に等価な全ての貨幣も推定されうるであろう。というのは首都の人口は一五万人ほどであり、都市と周辺地域は六〇万人ほど、田舎に分散した残りの人口は二二五万人ほどなので（三-1）、それらの場所の各々の各人によって消費される財に等価な貨幣は次のように対応するであろう。

首都	一五万×九〇	＝	一三五〇万
中都市	六〇万×五〇	＝	三〇〇〇万
田舎	二二五万×三四	＝	七六五〇万
	人口計三〇〇万		貨幣計一億二〇〇〇万

すなわち仮定された全人口三〇〇万人によって一年間に消費される財に等価な全ての貨幣は一億二〇〇〇万ドゥカートになると言えるであろう。それは右の方法で一国に分配されるけれども、その方法は以下で明らかになるように、計算貨幣の場合に意味を持つのであって、それが計算される正金貨幣の場合では決してない。それゆえ、一国で各人によって平均して消費される財は、別の場所で仮定されたように（五-13）またここで証明されたように、四〇ドゥカートを超えないと推計されなければならないとみなされる。

第6章　貨幣は就業者間にどのように分配されるか

一国で流通する全ての貨幣はそこで消費される全ての財の等価物であり、そのような財はそれらが消費可能になるための総雇用の等価物なので、明らかなことは、貨幣は、すでに見られたように（六-5）、労働に後続して、常に労働に走り寄り、伴走しなければならず、そのために各人によって財に対してまたは財のために提供された労働に比例して就業者間に分配されなければならないであろうということである。これは誰かを貨幣が就業者間に彼らの労働によってどのように分配されるのか、すなわち全ての貨幣のうちのどれだけが彼らのあらゆる階級で別々に評価される各種の就業者に帰属すると言いうるのかを研究することに夢中にさせる。それゆえそのような等価性は、労働の量からも質すなわち労働に対して行われる評価からも推定されないので（四-4）、そのような貨幣の階級ごとの分配は各階級の就業者数だけでなく評価すなわち彼らの労働に対してより重要とみなされる斟酌にも比例して行われなければならないとみなされるべきであり、したがって貨幣は就業者がより集まりより評価される階級にはあり余り、就業者がより集まらずより評価されない他の階級ではますます不足するとみなされるべきであろう。しかしやはりより必要とされる就業がより評価され、就業者が多数集まる就業がより必要とされるとみなされるならば、就業に対するより高い評価はまさに各就業の就業者数に依存し、就業者数それ自身がより大きい需要を確定するので、就業に対するより高い評価を確定するのはその就業者数であるということが理解されるであろう。そして明らかに就業者自身は就業によって自分に必要な財を獲得できさえすれば前者の種類の就業に従事しようと後者の種類の就業に従事しようと関係なく、それにより各階級に最適に配分されることも見られたので（一-16）、各階級の就業者数もまた就業に対する総需要または全体の評価を確定し、これら二つの要素すなわち就業者数と就業に対する評価は、一方が変数とみなされればもう一方は定数になり、逆の場合は逆なので、ただ一つの要素に帰着するであろう。それゆえ別の場所でも同じ評価の総雇用がやはり確定された（四-4）。それゆえ就業者はそれに対する総需要がより大きい就業によりいっそう集まるので、そのような就業は量についてよりいっそう人が集まり実行され、質についても他の就業よりもいっそう評価されるであろうし、国民所得が財表示であろうとそれに等価な貨幣表示であろうと、各就業の就業者数に比例して就業者間に分配されるときは、やはり彼らの就業の種類に対する評価に比例して就業者間に分配されるであろう。その結果、まさに右で配分された継続的就業者数を考慮すれば（三-14）、すでに提示された国の貨幣表示の総所得のうち9/30が直接的農民と間接的農民に、同様に13/30が全ての職人に、また同様に5/30があらゆる種類の分配者に、せいぜい3/30があらゆる種類の管理者に分配されると言わなければならないであろう。そしてまた貨幣表示で一億二〇〇〇万と表される所得が分配されるときは（六-5）、その所得はさまざまな階級のあらゆる種類の就業者間に次のように分配されると言えるであろう。

	就業者	貨幣
農民	四五万	三六〇〇万
職人	六五万	五二〇〇万
分配者	二五万	二〇〇〇万
管理者	一五万	一二〇〇万
	計一五〇万	計一億二〇〇〇万

さらに総雇用が同じままであるとすれば、それらの階級のうちの一つが増加すればするほどますます一つまたはそれ以上の他の階級は減少するであろうし、前者の側で貨幣が財と同じように流通すればするほどますます後者の側では減少するであろうと言うことは明らかである。それゆえ土地が耕作されればされるほどますます貨幣が農民の間で流通するであろうが、財がより獲得されればされるほどますます加工されなくなるかまたは分配されなくなるかまたは管理されなくなり（三-14）、それらの役務の就業者はますます貨幣が不足し、逆の場合は逆であろう。人口によって制約される必要な就業者が同じままであるとすれば（四-7）、国民の中で職人が増加し、貨幣と財が豊かになればなるほどますます農民やその他の人々は減少し貧しくなり、兵士が増加し豊かになればなるほどますます賢者は減少し貧しくなり、他のあらゆる種類の就業者についても同様であるということが認められる国では、国民が同じ財すなわち同じ貨幣を求めてある種類の就業を選ぶか他の種類の就業を選ぶかに応じて、貨幣は常にそれらの人々のうちの他の人々よりもある人々の側により多く流れ込むであろう。さらに他の就業の減少または増加なしにそれらの就業のうちの一つまたはそれ以上の就業の増加または減少によって総雇用が増加または減少するならば、その場合には貨幣もまた同様に一つまたはそれ以上の就業によって増加または減少するであろうし、より多くまたはより少なく就業する国は貨幣、財、人口がより豊かになるかまたはより豊かにならないであろう。すなわち一国は常に自国の総需要に応じて自国の雇用によって貨幣がより多くまたはより少なく供給されるのであって、他国の総需要に応じた他国の雇用によるのでは決してない。

第7章　貨幣と財の交換について

右の貨幣理論をよりよく理解するために、すなわち貨幣がどのように労働とそれに一致する財と交換されるのかを理解するために、私は全ての就業者と全ての財と貨幣の所有者が属し、共同の供託所、市場、取引台のように一方で総雇用に等価な全ての財と他方で全ての財に等価な全ての貨幣がどちらも大量に維持される一つの共同体を想像する。私はまた各就業者が個々に自分の各種の労働に等価な各種の財を持ってこの取引台に集まり、そこでそれを需要する全ての人々またはそれが供給されるために共同体それ自身に頼る全ての人々の使用のためにそれを全体の財から成り立つ資本の一部としてそれを供託すると想像する。そしてまたこの個々の就業者は彼によって**交換されない**種類の財の代償としてそれが他の人々によって需要される限り、すなわちそれが他の全ての人々の消費のために供給される限りもっぱら彼の労働すなわちもっぱら彼によって供託された種類の財の量と評価に比例する一定額の貨幣を共同体それ自身から獲得すると想像する。そしてまたそのようにしてもっぱら彼の労働と財の種類によって彼が獲得したそのような額の貨幣は、他の全ての人々が他の全ての就業によって獲得し、そしてそこに彼に最も必要な、または彼の消費のためかまたは彼が他人の消費のために供給するために彼の好みに最も合う**交換される**財が彼によって獲得されるために同じように供託されたあらゆる種類の同じだけの財の印または抵当または担保のようなものになると想像する。そして最後に彼のそのような必要に応じて彼は実際にこの貨幣の印によって共同体からあらゆる種類の財を獲得するので、彼はそれに対して担保として受け取った全ての貨幣を共同体に自己補填すると想像する。これにより私は、交換されない財とは、全ての小麦、全ての羊毛、全ての金属、要するにまだ消費者の手元にない、またはまだ全ての就業が完了していない財のような、その所有者には消費可能ではないが他の全ての人々によって消費されるはずの全ての大量に所有されたもののことと理解する。また交換される財とは、すでに消費される状態になっている、すなわちそれを実際に消費する人の所有に移転したそれらの財のことと理解する。右の貨幣の循環は、貨幣がある種類の交換されない財と引き換えに受け取られ、あらゆる種類の交換され消費される財と引き換えに自己補填されたならば、直ちに終了し、それとともに就業者に対する共同体のあらゆる義務も共同体に対する就業者のあらゆる義務も終了し、空の財の市場と空の貨幣の取引台が残り、どちらも遊休し無用になるであろう。しかし各人が自分の種類の役務に継続的に従事し、あらゆる種類の財を継続的に消費するならば、貨幣の循環はずっと続き、終了するのと同時にまたはその前に契約によって次の契約に更新され、各人は常に共同体に対して彼が自分の資本とみなすのと同じだけの一つの種類の財またはそれに等価な貨幣の債務者になり、共同体に対して彼が自分の所得とみなすのと同じだけのあらゆる種類の財またはそれに等価な貨幣の債権者になる。それゆえ農民、織工、鍛冶屋、弁護士、医者、その他同様の就業者は、自分の特殊な技能や知力の才能によって可能な農産物、布地、金属工具、医者や弁護士の助言を持って共同体または取引台に集まり、そこにそれらの種類の個々の財を全体の使用のために供託するかまたはそこで自分が債務者であることを表明し、次いで共同体から代償としてそこに供託されたそれらの次々と全ての人々によって需要される個々の財の価値と種類に一致する貨幣を獲得するとみなされる。しかし同時にそれらの人々の各々は食物、布地、家財、弁護士や医者の知識、その他の彼らの個人的な消費のために必要なものを求めて共同体に頼るので、あらゆる種類の財と引き換えに共同体から受け取った全ての貨幣を共同体に自己補填し、共同体は彼らの交換される財を自己補填し、そしてそれらの財は各種の財のうち彼らの各々から受け取る交換されない財になるとみなされる。それゆえあらゆる種類の就業者から各種の就業者に一括して移転される貨幣は、後者の就業者から前者の就業者に個別に移転される貨幣と同じものであり、どちらの貨幣も全ての人々によって消費される財の等価物であるとみなされる。さらにこのような工夫によって、すなわち就業者の共同体と共同体の個別の就業者の間のこのような理解によって、所有者によっては交換されない消費可能でない財はただ一人の人ではなくその財に対してまたその財のために従事する他の多くの人々によって供給されると仮定され、したがってまたその財に等価な貨幣は交換される消費可能な財の担保として全ての所有者によってただ一人の人だけでなく他の全ての就業者にも与えられるということに気づかれるべきである。それゆえ、例えば羊毛は、衣服や調度に裁断されるまでは牧羊地主だけでなくそこでそれを洗浄し、織り、何らかの方法で加工し、分配し、管理するのを手伝う他の全ての人々によっても交換されない羊毛が共同体に供給され、そこに供託されると仮定される。そしてそれに等価な貨幣は、交換される消費可能な財の担保として前者の牧羊地主だけでなく羊毛に対するまたは羊毛のためのさまざまな役務に対応する後者の他の全ての人々にもそれを消費する他のあらゆる種類の就業者によって直接間接に与えられる、すなわちただ一種類の就業者にただ一種類の財を消費するあらゆる種類の就業者によって与えられる。さらにこの貨幣はただ一種類の羊毛に関する全ての就業者によって、他のあらゆる種類の財のうち羊毛商によって同様に消費される財と引き換えに、やはり他のあらゆる種類と職種の全ての就業者に自己補填される。羊毛について言えることは他のあらゆる種類の個々の財についても理解されなければならない。というのは貨幣がそれに等価な財のうちのある特定の品目によって獲得されたとしても、それを与える財はそれが同じように同じ規模で自己補填される財と同じものだからである。それゆえ一国の全ての財と全ての貨幣の唯一の所有者である就業者の共同体が、貨幣の印により、実際に当然のこととして各人から受け取るのと同じだけの財と役務を各人にもたらし（一-9）、他の多くの人々を満足させるのに十分なただ一種類の財を各人から受け取ることによってさらにただ一人の人の使用に属すものと同じ量と質の財をもたらすという違いにより、すでに別の場所で見られたように（一-13）、他の人々によって受け取られしかもその消費に最適な他の種類の財の多様性によって各種の財の与えられたより少ない量で満足させるのはどうしてかに気づくのは容易である。例えば四人またはそれ以上の人が食べ、纏い、治癒し、防衛し、等々するのに必要な小麦を一人の人から、羊毛を別の個人から、医者の助言を別の人から、勲功を別の人から受け取るならば、これらの人々のうちの各々に食べ、纏い、治癒し、防衛し、要するに自分だけが生命を維持するのに必要な小麦、羊毛、医者の助言、勲功をもたらす。そしてこのような一つの種類の人によって与えられ全ての種類の人によって受け取られる財の量が同じであるということは、どちらの量も同じ貨幣に等価であるということから証明される（六-7）。

第8章　与えられる貨幣と受け取られる貨幣の循環

右の所有者によって交換されない消費可能でない財と貨幣の循環と、所有者によって交換される消費可能な財と貨幣の循環は（六-7）、俗論では貨幣と財を論じる全ての人々の間でごく普通に用いられている用語である貨幣の回転という名称で理解されていることであるように思われる。それにもかかわらずそれらの人々の中で最も用心深い人々は、彼らが論じる回転という名称で理解されているものが彼ら自身良くわからないと率直に告白している。それゆえ彼らが貨幣の回転と呼ぶものは、それが与えられ自己補填される限りにおいてより厳密に言えば貨幣の循環と呼ばれるであろうし、交換されないただ一種類の財と引き換えに行われるその獲得から成り立つであろう。というのは貨幣はそのような種類の財と引き換えに各就業者の働きによって可能な限り獲得されたとしても、やはり自分自身によって消費するかまたは他人の消費のために供給されるためにあらゆる種類の就業者によって受け取られるあらゆる種類の交換される財と引き換えに、各就業者からあらゆる種類の就業者または就業者の共同体に自己補填されたものが再び別々に分配され分散するならば、あらゆる種類の何人もの就業者の手元から、または就業者の共同体から別々に獲得されるからである。この運動はそれに他の運動が全く依存しなければ、貨幣は同じことの繰り返しによって同じ期間に獲得され分配されるのが見られる唯一の運動であるのは明らかである。というのは各就業者は同じように貨幣を他の全ての就業者から獲得し、同じ期間にそれを他の全ての就業者の間に分配し、そのような循環が各人の右の働きによって各人の種類の就業において各人の手元で行われ、全ての獲得された貨幣の額は全ての分配された貨幣の額と同じでしかもそれに等しいからである（六-7）。それゆえ例えば絹物商は彼の絹を一人またはそれ以上の地主、亜麻布商、鍛冶屋、弁護士、医者、他のあらゆる就業者の手元にそれを身に纏うために分配することによって、およそ一千人の手元から四千スクードほど獲得し、それと同じ期間に彼は農産物、亜麻、用具、弁護士や医者の助言、その他あらゆる種類の彼によって消費されるかまたは消費するために他の人々に与えられる財が彼に供給されることによって、同じ額をそれらの人々の手元に自己補填または分配するであろう。この他の人々の各々もその就業の種類とその財の種類に応じて絹物商や残りの人々と同じであろうし、したがってまた貨幣は他の全ての人々の手元から後者の各人の手元にほぼ寄せ集められ、他の全ての人々の手元から後者の各人の手元にほぼ自己補填されることによって各就業者の手元における同じ期間の獲得と分配の循環を生じるであろう。回転する貨幣を、ある人の手元から離れたとしても何回かの移動の後で同じ人の手元に戻る貨幣とみなすことは不合理である。というのは、同じ波は潮流の影響の変化またはそれを生み出す原因の変化がなくても間もなく同じ浜辺に戻って来るかもしれないし、何世紀たってもそこに戻って来ないかもしれないのと同じように、貨幣の運動が同じままであったとしても、そのような貨幣は翌日には同じ人の手元に戻るかもしれないし、二度とそこに戻らないかもしれないからである。また多かれ少なかれ速い貨幣の運動を回転する鞭独楽の運動すなわち他の人々が想像するような商工業の大小に応じて鞭打たれる独楽の運動とみなすことは、同じように子供じみた想像にすぎないであろう。というのはその運動は財の等速の消費によって常に等速であり、その再生産に貨幣は財を等速で自己補填する雇用によって後続するからである。そして財は同数の人々によって均等に同じ期間に同じ量で消費されるので（四-7）、貨幣の循環は多かれ少なかれ速められずに全体で均等に生じる。ある国で貨幣が他の国よりもいっそう速く流通するならば、すなわち他の国で一倍流通するときにある国で二倍流通するならば、ある国で一年間に消費または消化される同じ食物、同じ衣服、同じ家財は他の国では二年間に消費または消化されると言わざるをえないであろう。また消費され自己補填される財の同様の循環に後続するこのようなやはり与えられる自己補填される貨幣の循環は、貨幣表示であろうと財表示であろうと各人の所得に基づかなければならないのは明らかである。というのはそれは全ての人々の共同体からその所有者に彼の交換されない財と引き換えに与えられたならば（六-7）、後者から共同体に消費されるべき交換される財と引き換えに直接間接に自己補填される唯一の貨幣だからである。所有者の手元で流通する、すなわち彼が彼の資本を維持するための他の貨幣は、彼の手元でその運動を循環させるのではなく、所得を形成する他の個人の手元で循環させ、所有者はこの貨幣に関しては、それを彼の労働と引き換えに彼に帰属する消費可能な財の抵当として共同体から受け取った後で共同体に自己補填する個人と同様にみなされるのではなく、逆にそれを他の個人のさまざまな労働と引き換えに彼らによって獲得されるべき消費のための財の印として他の個人に与える共同体と同様にみなされる。それゆえ毛織物の一次的製作者は、たとえその手元で彼によって製作された毛織物に相当する貨幣表示でおよそ一万が流通するとしても、彼の所得に相当するおよそ一千の貨幣の部分だけは、彼の手元で彼によってまたは他の人々によって彼のために消費される財の印になり、彼の会計簿には借方を超える貸方の超過として記帳される部分として、彼の手元で運動を循環させると言えるであろう。彼の維持される資本に相当し、借方の印として記帳される残りの九千は、彼の手元ではなく、彼が羊毛を獲得する地主またはその労働によって彼が羊毛を加工しようとする他の彼の二次的就業者の手元で運動を循環させると言えるであろう。実際には彼はそれらの人々にそのような貨幣を移転し、それらの人々は実際にはやはりそれらの人々によって消費される財とそれを交換し、それゆえそのような貨幣はそれらの人々の所得を形成するのであって彼の所得では全くない。さらに共同体が各人によって貨幣の印として受け取られた交換されない財の代償として、どれほど交換される財を各人に自己補填しても、各人に帰属する部分は他の各人に帰属する部分に等しくしかならないのはどうしてか、またある人によって受け取られる多くの交換されない財と引き換えに貨幣表示でおよそ二五人の生存に必要な交換される財を彼に自己補填しても、すでに別の場所で指摘されたように（五‐14）、彼の生存に必要な部分がそこから差し引かれることによって彼が彼によって消費される財の質をいっそう向上させる他の人々にその残りを間接的に分け与えるという条件でしか彼にそれを直接的に自己補填しないのはどうしてかが観察されなければならない。このことから明らかになるように、共同体が彼に与える貨幣そのものは例えば右のように一千ほどの額であっても、彼を生存させるだけでなく、彼がそれを移転する他の二四人も生存させ、したがってまた彼はそれらの人々のためにそれを受け取り、それらの人々は直接的にそれを共同体に自己補填する。そしてそのような貨幣は両者が生存するための財の等価物ではありえないので、それがそれを間接的に自己補填する人ではなく直接的に自己補填する人の生存に帰せられるためのあらゆる理由が必要である。それゆえ各人によって消費される財は、殿様にとっても貧民にとっても平均して同じ額四〇に等価であることが明らかになるであろう（六‐5）。というのは前者によって消費される財に対するよりいっそうの質の向上は、すでに明らかにされたように（五‐13）、後者によって消費される財の量の増加に帰すにすぎないからであり、そしてまた全体の経済が問題になるときは全ての人々の全体の生存に関わることが必要であり、ある人々が生存するための特別な方法に関わることは全く必要ないからである。

第9章　貨幣は実質的な富を生まない

富とは人が持つ自分自身によって消費される財の豊かさまたは他人の消費のために与えられる財の豊かさと理解されるならば、もちろんそのように理解されるのであるが、正真正銘の富は交換される消費可能な財にしか認められえず、右のようなそれらの財の印とみなされる貨幣は（六‐1）、富の印としてしかみなされえず、富そのものとは決してみなされえないであろう。現在の慣習によれば、消費可能な交換される財は貨幣と引き換えにしか手に入らないので、人は貨幣を所有すればするほどますます財に恵まれた人とみなされるのが常であるということは真実である。しかしそのような慣習によって貨幣が右のような（六-7）交換されない消費可能でない財そのものと引き換えにしか所有されえないとみなされ、そのような財と引き換えに共同体から受け取った貨幣がそれと引き換えに共同体から就業者に与えられた貨幣と同じものであるとみなされるならば（六-8）、消費可能な財の豊かさすなわち富はやはり現在の慣習により決して貨幣に依存するのではなく交換される財よりも交換されない財だけに依存するということが理解されるであろう。というのは交換されない財と引き換えに貨幣を所有しなければ、貨幣と引き換えに交換される財を所有することはできないからである。このことが真実であればあるほど、一国で貨幣が減少したとしても、またさらに一国から全ての貨幣が剥奪されたとしても、起こるかもしれないように、また当時財が現在よりも少ない貨幣と交換され、恐らくしばらくの間全く貨幣と交換されなかったために、現在のヨーロッパ人よりも豊かでない人々とは呼ばれず、豊かでない人々ではなかったカルデア人、ペルシア人、ローマ人の非常に古い時代にたまたま起こったように、雇用とそれによる財が同じ割合で増加しさえすれば、実質的な富は同じままにとどまるであろう。逆に全ての労働が停止し、したがってまた全ての財が消滅したならば、その国の貨幣がどんなに大量にあっても一国の貧困はその極致になり、その消滅は必至であろうし、したがってまたその大部分を所有する人は何の部分も持たない人と同じように貧しくなるであろう。これはアメリカの砂漠に分散した人々が非常に多くの黄金の所有者であるにもかかわらず人々が占める土地に比べて財または実質的な富が乏しいということの非常に明らかな証拠である。貨幣と財または実質的な富との等価性という言葉はまさに貨幣が実質的な富とみなされえないということを理解させる。というのはあるものが他のものに等価でありえなければ他のものと同じものでさえもありえないからである。それゆえ貨幣を財と同じものとみなす人々の誤りが明らかになる。この誤りは等価物を同一のものと混同すること、すなわち二つの等価物を常に別の二つの同じものとみなすことから生じる。前者と後者の違いは、等価性はあるものが他のものと交換されることによって、すなわちあるものが他のものと引き換えに失われることによって唯一の効果をもたらすのに対して、二つの同じものは一方を他方と引き換えに全く交換せずにまたは全く失わずに各々によってもたらされた効果の二倍の効果を両方とも同時にもたらすということにある。それゆえ財と交換されることによってまたは財と引き換えに失われることによって財の効果をもたらす貨幣は、財の等価物と言えるであろうが、財と同じものとは言えないであろうし、十袋の小麦は互いに交換されなくてもまたは一方が他方と引き換えに失われなくても他方の十袋の小麦の効果をもたらすので、両者は同じものと言えるであろうが、後者は前者の等価物とは言えないであろう。そして前者の場合の効果は貨幣に属すのではなく、それと交換されるまたはそれと引き換えに失われる財に属し、他方でそれらの財は実質的な富なので、それらの実質的な富は貨幣から成り立つどころかむしろ貨幣を除いたものになるであろう。というのは財は貨幣を失うことによってしか獲得されないからである。消費可能な財は自ら貨幣を追放することによって常に貨幣の地位に就くのは明らかであり、人は貨幣と同時に財の所有者でもあるので、彼は財から成り立つ富が増加すればするほどますます貨幣が流出し、貨幣が流入すればするほどますます財から成り立つ富が不足するであろうが、これらもまた実質的な富なので、一方の富は他方の富を排除するであろう。財だけに属する**実質的な**富の肩書きが貨幣から取り上げられ剥奪されたとしても、貨幣に何かの肩書きが属し、貨幣がよりあり余る人はやはりより豊かな人とみなされるということは否定できないので、どんな富の肩書きが貨幣に残るのかが問われるならば、そのような富は**表面的な**富と呼ばれうると言えるであろう。というのはそれによってまさに各人がどれだけ財が豊かであるか、すなわち実質的な富が貨幣の形で持つ表面的な富に対してどれだけ優越するかが明らかになるからである。それにもかかわらずそのような表面的で自分のことしか考えない心の中の表面的な富を実質的な富と誤解するということは驚くべきことではない。というのはそれはある富が他の富の系列に関係することから生じ、現在の慣習によれば、すでに見られたように（六–7、8）表面的な富がなければ実質的な富も存在しないし、実質的な富がなければ表面的な富も存在しないからである。それゆえ貨幣から成り立つ富は表面的な富でしかないからと言って、それが無視されるべきであるということは起こらず、むしろ貨幣はよりいっそう考慮されなければならず、貨幣は財の印であるために、ここで説明された意味で一方は他方の資格を含まないものであるにもかかわらず、貨幣は常に財と結びつけられざるをえない。人は財に恵まれているからと言って必ずしも貨幣に恵まれているわけではないということは真実である。というのはたとえ表面的な富をより多く所有する人が実質的な富もより多く所有するとしても、それにもかかわらずそれは同じ規模にならないからである。というのは一国の実質的な富は一国の需要に一致する一定の量と質の財によって確定されるからであり(四-7、14)、表面的な富はそれを構成し、以下で明らかになるように無限に増加させうる貨幣の量によっては確定されないからである。しかしそれは、これら二種類の富が常に結びつけられるということ、また実質的な富は常に表面的な富によって獲得されなければならないにもかかわらず表面的な富は常にいくらかの実質的な富が必要であるということを妨げない。というのはやはり一方は他方を含まないからであり、他の人の実質的な富がある人の表面的な富にならなければある人の表面的な富は他の人の実質的な富と交換されえないからである。

第10章　貨幣は財に後続し、その逆ではない

二つのもののどんな等価性においても、一方は他方と同一のものではありえないので(六-9)、ある等価物は他の等価物に先行し、すなわち一方はそれに先行するもう一方に関連づけられなければならないということさえも否定できないであろう。というのはもし両者が最初から同時発生のものであったならば、すなわち後先の区別がないとみなされうるならば、常に存在しなければならない順序はそれらの間に存在しないであろうからである。すなわち等価物と同一のものとの区別は存在しないであろうからである。もっとはっきり言えば十袋の小麦は他の十袋の小麦と同じものであるのと同じように、両方と

も一つの同じものであろうからであるが、これは明らかに不合理である。それゆえ財は雇用に等価であり、雇用は財に等価であるけれども、それにもかかわらず雇用は財に先行しなければならず、このことが他の方法で生じるということ、すなわち財がそれによって財が供給される雇用に先行するということはありえないことがすでに見られた（一-19）。自然の秩序と自然の必要性に基づく等価性について真実であることは、人間の慣例と人間の恣意に基づく等価性についても確認されなければならず、やはり後者の等価性が前者の等価性と関係があるとしたければ、そのうちの一つは貨幣と財の等価性であることが確認されなければならない（六-1）。それゆえそのような一つの等価性においてそれらのどちらがもう一方に先行するかが問われるならば、明らかに先行は財の側に認められ、貨幣の側には決して認められない。というのは貨幣は財の印に関連づけられるが、財は貨幣の印に関連づけられることは全くないからであり、その印はそれによって表示されるものに後続するのはごく当然のことであって、その逆は決してありえないからである。このことが真実であればあるほど、この場合には財は実質的な印になり、貨幣は財によって表示され、構成され、財として合意される富の表面的な印になる（六-9）。それゆえ恣意的なものが必然的なものに後続し、肉体がその影に後続するのと同じように、表面的な印が実質的な印に後続するということは全く正しいのであって、やはりその逆では決してない。それゆえ財と貨幣、すなわち国民経済学の観点からそれらの順序が問題になるときは、財は常に貨幣に先行するということはやはり明らかであろう。そして財それ自身はそれに等価な雇用に後続するので、財に後続する貨幣も雇用に後続するであろう。というのは一方の山に全ての雇用またはそれによる全ての財が積まれ、もう一方の山に全ての貨幣が積まれたならば、前者は後者の方に全く移動しないであろうが、後者は明らかにより大きな力によって前者の方に移動するであろうからである。さらにそのような移動は前者の全ての部分に対して全面的に行われなければならないであろう。というのは財とそれを生み出す雇用の山が互いに財と貨幣を共有する何人もの国民の間で不平等な部分にさらに分配されることが望まれたならば、貨幣の山もまた、全ての貨幣は全ての財に等価であり、貨幣のより大きい部分は財のより小さい部分に等価では全くないという理由で（六―3）、まさに後者と同様の部分の国民の財、またはそれを生み出し、同じ割合で分配される雇用に結びつくために常に移動するであろうからである（六―4）。さらにそのような財に対する貨幣のそのような分配が成し遂げられ、したがってまた貨幣がそれらの国民の各々の財と雇用と均衡したならば、ある国民がこれらの項目のうちの一つについて彼が他の項目について上回る以上に他の国民を上回るという場合が全く存在しなければ、財も貨幣も同じ割合でしか各人から流出しないであろうと言うことは明らかである。しかしそのような流出に関わるのは常に貨幣に先行する雇用であって、雇用と財に先行する貨幣では決してないであろうし、常に雇用と財の結果として貨幣が生み出されるのであって、その逆では決してないであろう。それゆえ財に対してまたは財のために実行される雇用がある国で他の国の二倍になるならば、確かに貨幣はその国で二倍になりうるしならなければならないであろうが、貨幣と財の比例的な必然的な等価性のために三倍には決してなりえないであろう。それゆえ貨幣はどの国においても少なくなりえないので、それに対応するそのような割合を必要とするものよりも多くなりえないであろう。それゆえ貨幣がそのような割合でこれら全ての国々にそれに対応する財によって分配されたときに、ある国で雇用と財が増加したならば、たとえ他の全ての国々で雇用と財が同じままであり、その場合に雇用と財がどこでもかなり少ない貨幣に等価であるかどうかは関係ないとしても（六―3）、雇用と財が増加した国ではそれらは他の国々よりも少ない貨幣に等価ではなく、それゆえ財は常に各国で同じように貨幣と均衡し、貨幣は常に増加した財に後続し、財が増加した貨幣に後続するのでは決してない限り、貨幣は他の全ての国々からその国に、すなわち他の国の手元からその国の手元に移動するであろう。それゆえ雇用と財がある国で減少したためではなく、他の国でたまたま増加し、それによって貨幣が前者の側ではより大きい財の印としてもたらされるので後者の側では失われるために、貨幣が時々ある国からその国を維持する雇用と財が減少しなくても失われるのはどうしてか、また貨幣を一国に留め置く唯一の方策は、全ての国々との貨幣と財のあらゆる交換を停止したくなければ、雇用と財がある国で減少しないだけでなく他の国々で増加さえもしないということを生ぜしめる方策であるのはどうしてかが明らかになる。さもなければ貨幣を一国に留め置くことの全ての禁止は無駄であろうし、あらゆる功利的な規制にもかかわらず貨幣は常にあまり就業しない国からより就業する国に移動するであろうし、後者にいっそうあり余り前者にいっそう不足する財を追跡するであろう。さもなければ財は他の国で生じた増加によって貨幣の方に決して移動しないであろう。

第11章　貨幣と財の等価性の不備

私はここまで財との関係における貨幣の理論を説明しようとした、すなわち貨幣が財に等価であるということ、つまり貨幣が財の適正な価値になるということが一般に必要とされ理解される方法を明らかにしようとしたにすぎない。しかしそのような理論は一見すると有益で精緻を極め確実なもののように見えるにもかかわらず、それをよりいっそう熟考してみれば、それが実際には非常に不完全で不備にさらされているということが理解されるであろう。それゆえ貨幣と財の交換における貨幣の使用がより快適か不快か、貨幣によって雇用と財がより増加するか阻止されるか、そのような交換で生じる容易さが貨幣によって財から成り立つ経済と社会の全ての秩序にもたらされる矛盾、自家撞着、さらに欺瞞も逆に十分に相殺するかどうか、評価はこれからもずっと定まらないであろう。これはとりわけ貨幣と財がさまざまな規模になりやすく、どちらも増加または減少せざるをえないとしても、それにもかかわらず同じ国の中でも、貨幣と財を交換する全ての国々の間でも、それらは一方が他方に従属して増加または減少するのではなく互いに独立に増加または減少するために起こる。そして実際、貨幣と財の等価性が不変であることを確認するために、貨幣の総量が財に対してより大きいかまたはより小さいとしても（六‐3）、それにもかかわらず貨幣はまさに恒久的に割り当てられる財の印なので、財の増加または減少につれてその印を示さなければならない貨幣の総量もまた増加または減少せざるをえないであろう。というのはその場合には一度全ての貨幣と全ての財（それもまた多かれ少なかれ貨幣であった）の等価性が仮定されるだけで、貨幣の総量が増加または減少した財の総量につれて増加または減少するならば、そのような等価性は正確であり、それゆえ同じ財に対していつでもどこでも同じ貨幣と交換されるということは明らかだからである。また逆に貨幣と財が互いに独立に増加または減少するならば、その場合には財は貨幣が同じままであるにもかかわらず、あるいは逆に減少または増加するにもかかわらず、増加または減少しうるし、その逆も起こりうるので、まさに財はより多くのまたはより少ない貨幣に等価でありうるし、財と貨幣の等価性は曖昧で不確実なものになるだけでなく、ほぼ不等価性にも変わりうるであろう。今やこれは現実問題である。というのは貨幣は鉱山から新たに採掘されるたびに増加し、工場で溶解されるかまたは貢ぎ物として全く取引をしない国々またはほとんど取引をしない国々にばらまかれるたびに減少するからであり、財も同様に雇用に対する全体の自由に応じて増加または減少する雇用によって増加または減少するからである（四-10）。それゆえ右の貨幣の採掘やばらまきと雇用に対する全体の自由の間には何の関係性もないので、財に対する貨幣の増加または減少の間にも、貨幣に対する財の増加または減少の間にも何の関係性も従属性もないであろう。また最大量の貨幣が分配されるときに、後者が前者と後者を共有する国々に前者に応じて分配されなければならないとしても（六-4）、後者は前者の適正な等価物には決してなりえないであろう。というのはそれにもかかわらず貨幣は財が減少しても増加しうるし、逆の場合は逆だからである。しかもそれは互いに独立である。というのはやはり財が増加する全体の自由と貨幣が増加するインドへの往復または鉱山に拘束された貧民の重労働との間に何の関係性もないからである。実際、全ての財は総雇用に等価であり、それらは全ての貨幣にも等価であるけれども、それにもかかわらず前者と後者の等価性の間には、前者は恒久不変であり、雇用が増加または減少するのにつれて財はやはり同じ割合で増加または減少するのに対して（四-3）、財それ自身は常に全ての貨幣に等価であるけれども、それにもかかわらずある時は一〇の、ある時は二〇の、またある時は五の貨幣に等価でありうる（六-3）という違いがある。というのは雇用の場合に起こることとは違って、明らかに貨幣は財とは独立に増加または減少し、逆の場合は逆だからである。それゆえ前者の場合には正確なものである等価性は、後者の場合には曖昧で不確実なものにならざるをえない。そのような違いは、前者の等価性がなしですますことのできない自然の必要性に属すのに対して（一-9）、後者の等価性が存在するかもしれないし存在しないかもしれない人間の恣意的な法律や、財の生産にも財の交換にも何の変化もないのに全員が同意するかもしれないし同意しないかもしれない就業者の個々の慣例に属す（六-1）ということを改めて理解させる。そしてまた人間には自然の規定に基づくものではないものを彼らの規定として必然的なものとすることはできない、すなわち不謬の自然といういっそう確実でいっそう確固たる理論は彼らの人為的な理論と張り合うことはできないということを理解させる。

第12章　貨幣は財に対してどのように増加するか

財との等価性における右の貨幣の不備は、貨幣と財が互いに独立に増加または減少することから生じるが、それは他の事情が全て等しければ、貨幣は常に財に比べて規模が増加しやすく、財は一定の限度内で増加または減少するのに対して、貨幣は増加するのに何の限度もないということのために、ますます確実でますます無視できないものになる。このことを理解するためには、自分の生存がますます確実なものになるために最大量の財を蓄積するのに貪欲な人間は、それ自身長持ちせず摩滅しやすく、総需要によって確定される財によってしかそれができないことを知っているので（四-6）、少なくとも財の等価物、すなわちより長い持続時間を持ち、どんな規模にも増加させられうるし、望むならば何世紀もずっと保管しても朽ち果てずに維持されうる貨幣によってこれを手に入れようと考えるということが考慮されなければならない。このことから、たとえ全ての金と銀の量がそれらと財の交換に十分でありうるとしても（六‐3）、それにもかかわらず人間それ自身は金が増加すれば財も増加するという熱狂的な盲信のために、やはりそれらを鉱山から掘り出すのを決してやめないということが生じる。そしてそれによって全量に付け加えられた量は、使用によって摩滅したか贅沢によって消滅したか貢ぎ物として遠方の国々に移動したか時には海に飲み込まれた量よりも大きくなるので、消費可能であり雇用によってほぼ同じ規模に自己補塡されるために常にほぼ同じである財は（四‐3）やはり常により多くの金と銀と等価であり、それゆえこのことからますます曖昧で不確実な貨幣表示の財の価値が生じるであろう。それゆえそのような貪欲は、財の側から見れば、貨幣がなかったならば自然の必要によっても財の持続時間によっても制約されうるであろうが、貨幣の側から見れば、財の等価物が与えられたならば貨幣は財よりも長持ちするので制約されなくなり、果てしなく増加しうる。そしてたとえそのような貪欲が貨幣によっては十分に満たされないとしても（というのは貨幣を増加させたとしても財はやはり常に増加した貨幣に等価でなければならないので（六‐3）そのために財はより大きい規模で獲得されなければならないからである）、それにもかかわらずこのことは、貨幣が増加すれば財が増加するという錯覚がすでに述べられたように（六‐9）多くの優柔不断で自分のことしか考えない心の中でも大きな力を持ち、したがってまたやはりそのような心が金と銀を増加させようとし、したがってまた貨幣と財の等価性が不備になればなるほど貨幣と財の乖離は、他の事情が等しければ、ますます増加した貨幣のためにますます大きくなるということを妨げない。実際、そのような等価性は財と雇用の等価性と一致したとしても、すでに述べられたように雇用が増加または減少するにつれて財は同じ割合でいつでも増加または減少するのと同じようにそれらの雇用と財を表示するのに割り当てられた金と銀も増加または減少するということが必要であろうが、そのようなことは全く起こらないのではなく（六‐11）、時がたつにつれて金と銀が増加しても時がたつにつれて雇用と財が同じように増加しないのであれば、ごく稀に起こるであろう。それゆえ貨幣と財の正確な等価性を獲得するのではなく少なくともそれを促進するために、鉱山が完全に閉鎖され、金が採掘される地域とのあらゆる貿易が遮断されたならば、金はヨーロッパで全く増加せず、少なくとも西方から輸入されたのと同じだけ東方に輸出されるということが極めて有効であるのはどうしてかが明らかになる。というのはその場合にこの金属の全量が確定されたならば、やはり一定の土地における人口によって確定される雇用と財とのこの金属の等価性は最善の方法で獲得されうるであろうからである。そしてたとえそのような方策が、やはり貨幣のあらゆる増加または減少がなかったならば、雇用と財はそれらを互いに共有する国々の間で増加または減少し、その場合に貨幣に対して不変の等価物それ自身は財に対しては可変になるので、目的のためには全く有効でないとしても、それにもかかわらずそれは、雇用と財の乖離が貨幣よりもはるかにいっそうはっきりしないわけではなく、その乖離は後者にはない土地の制約があるので（四-17）、右の不備がそのような方策によってしか正されえないかまたは減らされえないということを妨げないであろう。そのような不備が完全になくなる唯一の方策は、雇用が可変である限り一定の土地における可変の全体の財がより多くまたはより少なくなるのに応じて金と銀をあたかも魔法の力によるかのように国々から消失させたりそこに登場させたりする方策であろう。というのはその場合にはあらゆるものの価値はいつでもどこでも不変の貨幣の重さに不変に固定され、それを変化させるものはあらゆるものに対する全体の好みに左右されるあらゆるものに対する需要の大小しかないからである。そのような貨幣表示の価値は一方で財が増加すれば他方で同じだけ減少するが（四-8）、要するに同じ財またはそれによる同じ実質的な富は同じ貨幣または同じ表面的な富によって表示されるであろう（六-9）。しかしそのような魔法はありえないので、貨幣と財の等価性は何の不備もない財と雇用の等価性に決して全く十分に後続することはできないであろうし、その不備は限度のない不確定な貨幣の増加を阻止することによって（六-12）、やはり不確定であるが限度のある財によってより適正な規模に導かれる限り、自ら正されうるであろう。というのは財は雇用によって制約され、雇用は人口によって制約され、人口は自由に動き回ることのできる土地によって制約され、そのような土地もまた制約されるからである（四-17）。それゆえ財よりもはるかに容易な貨幣の規模の変化が考慮されたならば、貨幣の増加を阻止することは貨幣と財の等価性の不備を取り除かないとしても、少なくとも減らすのに有効であろうし、金と銀を増加させたいという欲望は逆にそのような不備を増大させざるをえず、金と銀をますます財の印を示す能力のないものにし、正当に財と交換される能力のないものにするであろう。貨幣が右の方法で確定されたならば、貨幣は諸国の雇用と財と人口がある時点でどれだけ増加し、別の時点でどれだけ減少したのかを、前者の場合にはより小さい貨幣表示の財の価値として、後者の場合にはより大きい価値として知るための指標になるであろうということが付け加えられる。さもなければ何の法則もなく、そのような価値の変化が貨幣の規模の変化のせいにされるべきか財の規模の変化のせいにされるべきかますます疑わしい。

第13章　貨幣に関する錯覚

一般に、思索をあまり好まない人々や自分の目の前にある結果の原因を究明することにあまり夢中にならない人々は、そのような結果をそれ自身の原因とみなすのが常である。そしてたとえ彼らがそれによって矛盾の迷宮に導かれたとしても、彼らはそこに移されたままになり、彼らはほぼ共通の合意でそこに導かれたので、彼らが呑気で大人しければ彼らは互いにそこでさらに癒されるであろうし、彼らがより狡猾な心を持つならば彼らはそこから出るために互いに欺き合おうとするであろう。もっとはっきり言えば、彼らがより殺伐とした高慢な心を持つならば個人間の喧嘩や全体の戦争によって互いに争い合いさえもするであろうが、これは全て彼らの無思慮が彼らを巻き込んで窮地を脱するためであり、彼らの至高の関心事すなわち至高の利益をよりいっそう考える煩しさに苦しまないためである。多くの場合に明らかなこの真理は財の印になる貨幣の場合に最もはっきりと明らかになる。というのは、たとえ貨幣が明らかに財の結果として生じるとしても（六-10）、人々はより直接的な経験から、より多くの貨幣を持つ人は誰でもやはりより多くの財を獲得するということを観察することによって、財は貨幣の結果であるとみなされ、逆に貨幣は財の結果であるとは決してみなされないからである。そして実際、より多くの貨幣が存在するところはどこでも、そこにはより多くの雇用と財が存在するということこそ、さらにいっそう平凡な観察者によって全体の経済に関して指摘された真理である。しかしそのようなことがなぜどうして起こり生じるのかを知らないこれらの観察者は、貨幣が集まり財を求めるためでなく財が貨幣を求めるためにそれが起こると信じ込まされた。というのは衣食住のためには貨幣は目的であって手段ではなく、人々の需要を満たすためには表面的な富で十分であり実質的な富は必要とされない（六‐9）、すなわち多くの後者を確保するためには多くの前者を所有すれば十分だからである。そのような仮定に基づいて彼らは常にそうすればより多くの財が一国で生み出されるはずである（六‐12）かまたは他からその国に移動するはずであるという思いつきによって、貨幣をその国で可能な限り増加させ、それをそこで後生大事にしまい込むための主要な配慮をするが、それはその国から貨幣がそれに対応して流出しなければまず起こりえないであろう。しかしそれら全ての配慮が儚い無駄なものであるということは、右で述べられたこと（六‐4）に加えて、たとえ貨幣が交換される消費可能な財に先行するとしても、それにもかかわらず所有者によって交換されない消費可能でない財はすでに説明されたように貨幣に先行しなければならない（六‐7）ということからも証明される。それゆえ貨幣によって多くの全体の財が獲得されるということは決してありえないであろうし、確かに貨幣はそのような財のためにその国に存在するであろうが、そのような財は貨幣のために存在するのでは決してないであろう。それゆえ誤解は財が全ての人々に一般的なものとみなされるのではなく、ある人々に特殊なものとみなされるということから成り立つと言えるであろう。というのはそれにもかかわらず財は全ての人々に一般的なものすなわち交換されるものになる前に存在することはできないので、貨幣は財に先行される前に交換される財に先行することはできないからである。例えば右の観察者は実際に彼の床屋と同じように最初に手元に見られる貨幣によって財を手に入れることを知っているので、財が貨幣に後続するとみなす。しかし彼が貨幣を手放すことによってしか財を手に入れられないということを考慮しさえすれば（六-2）、そのような錯覚はまさに彼を正気に戻すために有効であろう。というのはそのような錯覚は、彼にとって貨幣に後続する財は彼が貨幣と引き換えに財を受け取る国においては貨幣に先行し、したがってまた一国の財は彼のものになる前に彼にとっては貨幣に後続するように見えるにもかかわらず、その国の貨幣に先行しなければならないということを彼に理解させるであろうからである。これは全て、財の真の直接の原因は雇用であり、したがって雇用が一国で増加しない限り財はそこで増加しさえもしないであろうということによって確認される。今や貨幣は諸国の雇用を増加させるのに全く適していないのは明らかであり、金と銀が一国に移動するために人々がよりいっそう就業しなければならない理由も全く示されないのは明らかである。さもなければ人々はテムズ川よりもラプラタ川の側によりいっそう就業し従事するであろうが、これは真実ではない（四-9）。もっとはっきり言えば、貨幣は雇用と財がそれらに後続する印としての貨幣に先行しない国には決して存在しえず、財に等価な貨幣と理解され地中に隠れた金または財に一致しない金とは理解されない貨幣に雇用と財が一致しない国にはとどまりえないであろう（六-10）。それゆえある国で常に多くの金と銀を見るのが好まれるときに、それを手に入れる唯一の方法はその国で雇用と財を増加させ維持することであり、それが手元に移動し後生大事にしまい込まれるための他のあらゆる努力は霞をたくさん袋に詰め、それをその中に縫い付けようとした人の努力と同様のものであろうということは明らかである。というのはこの問題のためのあらゆる方策にもかかわらず、近隣諸国の雇用とそれによる財がその国の雇用と財を上回るならば、貨幣はより大きい雇用と財を追跡するので常にその国からそれらの国々に移動し、それらの国々ではその国ではなりえない雇用と財の等価物になるであろうからである（六-4）。他方でその国の雇用とそれによる財が他の国々を上回るならば、貨幣は雇用と財が大きい国またはそれらによって獲得される国に常に自らもたらされるので、貨幣を獲得し維持するのに全く妨げられずに他の国々からその国に移動し、その国ではその玉座にとどまるということはやはり明らかであろう。

第14章　諸国に流入する貨幣について

右のことの最良の解釈のためには、諸国に流入し諸国から流出する貨幣に関する何か他の観察を付け加えるのが有益であろう。そしてとりわけまさに貨幣に関するほぼ全体に関わるすでに指摘された錯覚のために国民経済に生じる不都合の中で、一つは明らかに自分自身のために財に先行する貨幣の獲得に非常にしばしばよりいっそう熱中する個人が、他の全ての財の中で貨幣に先行する財の獲得によりいっそう熱中せず（六-13）、むしろ自分自身のために財の印すなわち表面的な富に熱中したことで自分自身のためにも他の人々のためにも同じように財そのものすなわち実質的な富によりいっそう熱中しようとしないのはどうしてかが観察されなければならない。

これは人々が貨幣を蓄積すればするほどますます貨幣に比べて財を持たなくなり、より多くの貨幣を獲得すればするほどますます後で財を獲得するためにより多くの貨幣を手放されなければならないということに気づかないので（六-9）、貨幣の増加によるものと理解されたそのような財の増加は見せかけのものにすぎず、貨幣は果てしなく蓄積されうるのに対して財は一定の規模までしか獲得されえないので（六-12）、貨幣によって財が豊かになることを望むことは、有限のものしか必要としないにもかかわらず無限のものを獲得することに熱中するのと同じことであるということの明らかな証拠であるが、これは明らかな矛盾である。今やある個人の自分自身の観点からのそのような実に子供じみた矛盾は諸国の最も思慮深い人々によっても時々採用されるのが常であり、それらの人々は右のように（六-13）、貨幣をまず鉱山から掘り出し、正規の貨物として西方から東方に輸送し、次にそこに留め置くことに最大の注意を払い、それによりその財がそれらの国々でずっと増加すると想像することによって、そこで可能な限り貨幣を増加させようとする。それにもかかわらず実際は、たとえ貨幣が財に等価であるとしても、やはり財は貨幣に先行しなければならないので（六-10）、諸国でまず貨幣を増加させることはそこで財を増加させるためには全く無駄な方法である。というのはやはり財は雇用の増加によってしか増加しえず、雇用はやはり貨幣が増加するために増加するのではなく、今までそれほど必要とされなかった雇用がその後そのような財の獲得のためにより多くの貨幣が必要とされさえすれば雇用は増加するからである（六-3）。これをよりいっそう理解するためには、右のように鉱山から掘り出されるかまたは船で輸送されてある国に流入するある大量の金の目的はどのようなものであるかを直接検討すれば良い。というのはそのような目的は多くの目的の中でまず第一にその金が手元に入る少数の人々を豊かにすることと理解されるであろうからである。しかしそれでも金は乗り越えられない運命のために財に後続しなければならず、すなわちそれらの少数の人々は彼らによってまたは彼らを通じて他の人々によって消費可能なあらゆる種類の財と引き換えに貨幣を交換しなければならず、これら全ての財は彼らによって手元に保有されるものを含む全ての貨幣の等価物なので（六-1）、彼らが他の人々よりも多く貨幣を所有するためには、貨幣をそれらの財と引き換えに他の人々よりも多く他の人々に与えなければならず、それゆえ貨幣が一国に流入するや否やまたは増加するや否や、それらの少数の人々の手元から全ての就業者と全ての消費可能な財の所有者の手元で流通しなければならないであろう。そのような就業者がその国に存在するかまたは近隣諸国よりも多数存在し、近隣諸国の貨幣がその国よりも多く存在したならば、貨幣は以前の雇用と財よりも大きい等価物としてその国の就業者の間で流通するであろう。しかしその国では近隣諸国よりも雇用が多いのに対して貨幣が少ないという矛盾のためにそのようなことはありえないので（六-4）、その場合には就業者と消費可能な財の所有者はその国の外に存在するかまたは貨幣が財に比べてそのときにより少ない近隣諸国により多数存在するであろう。したがってまた貨幣はその国に不足する雇用と財と引き換えに直ちにその国から近隣諸国に流出し、その国は財がより供給される国になり、近隣諸国はそれに等価な貨幣がより供給される国々になるであろう。というのはそれにもかかわらずその国でそれらの財が消費され、近隣諸国で貨幣が消費されないならば、その国は財と同じように貨幣の儚い束の間の豊かさの後で、以前と同じように貨幣も財も供給されない国になり、近隣諸国はそれらの国々のより大きい雇用と財の等価物である貨幣が常により供給される国々になるであろうからである。それゆえこのようにして諸国に流入する富は貨幣であろうと財であろうと、儚い束の間のものにすぎないであろうし、貨幣がそれらの国々から他の国々に移動しうる時間の間または財がそれらの国々によって消費される時間の間しか持続しないであろう。そして主要な一般法則として、雇用と財の等価物として一国に流入する貨幣だけはそこに留め置かれなければならないであろうし留め置かれうるであろうが、そのためにそこで増加しなかった総雇用に対する逆のあらゆる配慮にもかかわらず、実際の移転によってそこに闖入する他のあらゆる貨幣はそこに留め置かれえないであろう（六-13）。これは、たとえどんなに大量の貨幣がその国の手元に移転されたとしても、その国の貨幣はごくわずかでありうるしごくわずかでなければならないのはどうしてかを理解させる。というのはその国には雇用がわずかな種類しかなくしかも足りなければ、貨幣がその首都に流入するや否や、首都やその国の残りの地域にはそれに結びつけられるのに適した雇用がないので、すでに見られたように（六-4）その国から流出し、より雇用のある国々に移動するであろうからである。それゆえ首都における貨幣の増加のことと理解される一国の富の増加は全て、全く儚い束の間のものであり、ヨーロッパのより耕作された十カンポの土地は、インドからガレー船で輸送された十箱のドブロン金貨よりも財と貨幣により恵まれた国にするということがよりいっそう理解されるであろう。

第15章　諸国から流出する貨幣について

一国で増加した雇用と財の等価物としてその国に流入する貨幣だけが、雇用が増加しないのにその手元に流入する他のあらゆる貨幣とは違って（六-14）そこにとどまりその総量を増加させる貨幣なので、その国で減少した雇用と財のためにその国から流出する貨幣はそこで不足するかまたはその総量を減少させることになる貨幣であろうし、雇用が減少しないのにそこから他国に流出する貨幣と同じことは起こらないであろう。このことは自ら明らかである。というのはある国から流出した貨幣は他の国に流入した貨幣と同じものだからである。それゆえそのような移動によってある国の貨幣が、移動によって増加しないその国の雇用の分だけある国で増加しなければ、それによって減少した雇用の分だけその国では減少さえもしないであろう。それゆえ貨幣を流出させる住民、または他国にとどまり、良く言われるようにそこで自分の所得に等価な貨幣を消費する住民によって一国の貨幣が減少するのを恐れる人々の誤りが明らかになる。というのは、そこに数日間呼び寄せられた外国人、または彼らの懐から多くの貨幣が搾り取られると言われる興行、流行、その他同様の創作の誘惑によって引き留められた外国人による移転のために貨幣は増加するので、彼らは逆に一国の貨幣は常に増加すると考えるからである。

そのような誤りは貨幣が財に後続するのに対して（六–10）全く逆に財が貨幣に後続すると仮定し、それを信じるというもう一つの誤りに後続するものである。実際は地主やその他の何らかの一次的就業者は、他国に行くときは、彼の土地もそれに関わる雇用もそこに持ち込まないのと同じように、彼の財表示の所得はそこに全く持ちこまず、したがって彼は常に自国では就業者とみなされるのに対して他国では失業者とみなされなければならないということである。さらに彼は彼の身体と貨幣と共に雇用とそれに等価な財を輸送しないので、それらの雇用と財に等価な貨幣はそのような輸送によって他国で増加しうるものでも自国で減少しうるものでもなく、慎重な個人の手元から郵便によって外国人に輸送または送付されるや否や、慎重でない全体の手元からそれが流出した国に逆流し、遠方の住民の雇用それ自身がそれを引き寄せる国に逆流しなければならないであろう。たとえ遠方の住民がその遠さのためにその就業や役務にあまり熱中しないとしても、それにより財表示であろうと貨幣表示であろうと彼の所得に生じる減少はそのために違いはなく、それは彼の怠慢のせいにされなければならず、彼の遠さのせいにされてはならない。というのは遠くの怠慢な住民は近くの怠慢な住民に等価だからである。ある一次的就業者が自国から他国にしばらく立ち寄り、そのために彼が力と権利を持つ自国の雇用と財をそこに全く持ち込まず、そのような雇用と財に等価な貨幣だけをそこに持ち込むとしよう。私はそのような貨幣は直ちにそれが流出した国に戻らなければならないと言う。これは、貨幣が自国の外国人によってでは全くなく他国の外国人によって消費される財と交換され、あらゆる貨幣は消費される財の等価物であるということから証明されるように（六-7）、貨幣がそのように物質として自国から他国に流入するときは、自国の財の等価物ではなく、他国の財の等価物になるということの明らかな証拠である。今や、ある国に持ち込まれた貨幣によっては増加せず、他の国から持ち出された貨幣によっては減少しない雇用と財が（六-13）後で以前よりも多くのまたは少ない貨幣に等価であるということはありえないので、やはり貨幣は他の国ではなくその国の財と雇用の等価性のために、以前の国に戻らざるをえないであろう（六-4）。それゆえそのような持ち込まれた貨幣の目的は、外国人がいる国でその国のある人々の手元に貨幣が移転するのと同じ期間に彼によってまたは彼のために他の人々によって消費されるより多くの財をその外国人に引き寄せるという目的であろう。それによりある人々は実際によりいっそう貨幣と財が豊かになるであろうが、そのような貨幣が、それに一致する雇用がそれを引き寄せる他国に戻るまで、他の全ての人々に同じだけの財が不足するであろう。またそれにより貨幣によるものと理解された富の増加は儚い束の間のものにすぎないであろう。というのは貨幣はその国の他の全ての人々の犠牲によってしかある人々の利益になると確認されない、すなわち貨幣によって増加しない財は、彼らの財の消費者であり他の一人を除いて彼らの一員となった外国人がその国にとどまるのと同じ期間その国の外にいたとみなされるべき他の多くの人々に同じだけ不足しなければ、ある人々によりあり余ることはできないからである。これらの非常に新しいように見える理由は非常に古い、誰にも良く知られている事実によって証明されるであろう。というのは、他の国々の雇用による貨幣と財から成り立つ所得に恵まれた外国人がより多く流入しより多く滞在するイタリアの首都（ローマ）と国を例に取れば、そのような理由で貨幣が他の国々からその国に流入することによって、そのために貨幣はそこで毎年増加するのではなく、逆にその国で実行された雇用と、それにより増加し消費された財に一致してそこで維持されるのであって、他の国々からそこにもたらされた貨幣に一致してそこで維持されるのでは決してないからである。これは貨幣が一時的にしかそこにとどまらず、貨幣が雇用と財の等価物であるような国々に直ちに戻るということの明らかな証拠である。さもなければその国の貨幣は無限になるであろうが、それはありえないことである。というのはその国では雇用も財もまさに無限に増加しえないからである。外国人の手によってある国から他の国に持ち込まれた貨幣について言われたことは、やはりある国から他の国への君主への貢ぎ物としてまた時にはやはり聖職者への表敬として捧げられたものと同様に理解される。そのような貨幣に関しては、その国で財を増加させずに貨幣がもたらされる国の君主により多くの財が引き寄せられ、その国の全ての人々の財を減少させずに貨幣がもたらされる国のある人々にはほんのわずかな財しか引き寄せられないが、それにもかかわらずどちらの国も雇用と財、したがってまたそれらに等価な貨幣は結局同じになる。さもなければ、例えば言われるように合計何百万も何世紀も前に西の孤島（イギリス）からイタリアに移動し、現在は大多数の人が生存していないという理由で移動しない貨幣は、西の孤島を全体の貨幣のよりいっそうの債務国にせず、イタリアをよりいっそうの債務国にするであろうが、これはそのような理由で真実ではなく、別の理由で全く正反対である。

第16章　貨幣表示の財の価値はどのようにして確定されるか

すでに考察されたように財の価値 v それ自体は、決して変化しない人口によってもそれによる財に対する需要 r と必要によっても常に同じように制約される財の量 m

に基づくので不変であることがすでに見られた（$v=r/m=1/1=1$）（四‐8）。同じことは貨幣それ自体についても理解されなければならず、その価値vは他のあらゆるものの価値と同じように、需要rと共に増加し、それが存在する量dと共に減少し、その需要は量によって制約され、すなわちそれがより多く存在するときはより多く需要され、それがより少なく存在するときはより少なく需要されるので（六‐3）、したがって貨幣の価値もまた、たとえその量がどんなに不確定であっても不変であろう（$v=r/d=x/x=1$）。それゆえ価値のあらゆる変化は、財であろうと貨幣であろうと、必要な需要を満たすための財の何らかの不足から生じるのではなく、これら二つの要素のうちの一方が他方の等価物にされたとしても、各々が他方とは独立に増加または減少し（五‐12）、したがって他方の価値は一方の価値に比べて逆に減少または増加するということが起こることから生じるであろう。さらに財は貨幣よりも変化しやすくないので（六‐13）、他方に対する一方の価値のあらゆる変化は財ではなくむしろ貨幣のせいにされるべきであるということは真実である。というのはそのような変化は不変とみなされる他方の量に比べて一方の量がより多いかより少ないかということに基づくからである。しかし他方で、そのように関連づけられた等価性は貨幣に対する財のものではなく財に対する貨幣のものであるにもかかわらず（六‐11）、それらの間の価値のあらゆる変化は俗論では財のせいにされ、それに等価な貨幣のせいには全くされないのが常である。というのは確かに財は変化しやすいが貨幣もまた財よりもはるかにいっそう変化しやすいにもかかわらず、貨幣は不変とみなされ、明らかな矛盾であるが財だけが増加または減少するものとみなされたからである。このような貨幣よりも財にみなされる価値の変化から多くの誤解が生じ、それによりある人々は、それが真実でありうるならば同じように増加または減少する雇用によって、しかしそれが偽りであるならば逆に雇用とは独立に減少または増加する貨幣によって、財は増加または減少すると想像する。それゆえ⅓強の金と銀がヨーロッパに輸送されるならば財は⅓強の貨幣に等価であろう（六‐3）。というのは一国における財が同じだけ不足するからではなく、すなわち俗論で理解されているように財の価値が同じだけ増加するからではなく、財は同じなので貨幣が同じだけ増加し、したがって貨幣の価値が同じ財に対して同じだけ減少するからである。そしてたとえ戦争、ペスト、奴隷制度が諸国の人口の⅓を消滅させたとしても、財は⅓強の貨幣に等価であろう。というのは財が残りの人口に不足するからではなく、すなわち財の価値が同じだけ増加するからではなく、貨幣が人口に対して⅓増加したからである、すなわち貨幣がそれらの災厄によっても同じように消滅せず、したがって貨幣の価値が財に対して減少したからである。そのように言えるのは、全ての財と全ての貨幣の等価性を考慮すれば、財の減少によって増加した貨幣に対して財の価値が増加するということも、貨幣の増加によって減少した財に対して貨幣の価値が減少するということも同じように有効であるというような語路合わせのためではなく、これらの表現の意味がよりよく理解されるためであり、貨幣表示の財の価値が何か特別な不動の法則によって少なくとも長期間固定されうるのではなく、それが就業者、もっぱら貨幣の所有者、もっぱら財の所有者、したがってもっぱらそれらを互いに財と貨幣の等価性に一致させる人々の一致した合意だけに依存しなければならないということをもっともっと知ってもらうためである。さらにそのような合意による価値は、就業者が時には雇用の増加または減少によって財が、時には金の諸国からの流入または流出の大小によって貨幣が、その手元で増加または減少するのが見られるのに応じて、絶えず変化しなければならないであろう。そしてそれらの就業者がやはり全ての人々であるならば、貨幣と財にどんな変化がもたらされようとも、それらの人々はそのような合意によって貨幣と財、または財が生み出される雇用との間の最も適正な限度に従わない限り存在しえないであろう。というのはそのうちのある人々が彼らの雇用と財と引き換えにそのような限度が許容するよりも多くの貨幣を求めるならば、他の人々はより少ない貨幣を求めるとしても、彼らの手元にある雇用と財を完全に剝奪することが欠かせないであろうからであり、どんな種類の就業者も彼らが獲得しうる最大の貨幣のために就業するので、やはり彼らが他人に与えうる最小の貨幣のために就業し、同じ雇用と引き換えにある人が可能な限り最大の貨幣を求め、他の人が可能な限り最小の貨幣を与えようとしたならば、両者は全体で貨幣と雇用と財の最も適正な限度に収まることになるであろうからである。しかしそれでもそのような限度は恒久的なものではありえず、すなわちまさに貨幣も財も互いに独立した変わりやすさが考慮されたならば特別な不動の法則によって固定されえず、それゆえやはりたとえ本日そのような限度を適正に固定したとしても、目下増加している雇用のためかまたは減少している貨幣のためかまたはその逆のために間もなくそれは不適正に固定されることになるであろうが、どちらの場合も雇用はよりいっそう実行されえないであろうし、財はよりいっそう貨幣と引き換えに交換されえないであろう。加えて、貨幣は就業者に彼らの雇用と交換されない財と引き換えに与えられ、貨幣それ自身は就業者から彼らの雇用と交換される財とによって自己補塡されるので（六‐7、8）、与えられた財の価値を全就業者の間で合意できる右の限度以下の貨幣に固定した人は誰でも、自己補塡されるときもまたその限度以下に固定するであろうし、彼が買い手にもたらすと信じる利益と同じだけ売り手に不利益をもたらすので、やはり売ることによって買うことを不可能にし、彼が善意で促進すると信じる方策によって雇用と財との交換を妨げるということに気づかないであろう。それゆえ貨幣と財の等価性はまさに全就業者の自由な合意に依存しなければならないのであって、何人かの就業者の合意に決して依存してはならないということ、すなわち全ての人々の合意に依存しなければならず、もっぱら与えられる最小の貨幣と求められる最大の貨幣のために雇用に従事するある人々の合意に依存してはならないということは全くの真実である。というのはその場合にはやはり変化しやすい雇用による変化しやすい貨幣の限度だけが雇用に対する貨幣の指標になるであろうからである。ある人々だけが特定の雇用に選ばれ、他の全ての人々が排除されるならば、そのような雇用は反対の理由で確かに求められる最大の貨幣のために実行されるであろうが与えられる最小の貨幣のために実行されるのではないであろうし、全ての貨幣と全ての全体の雇用の等価性は混乱し攪乱されるであろう。これはある人々のために他の全ての人々を全て排除する雇用の独占または占有がどれほど有害かを理解するためにとりわけ気づくべきことである。というのはそれは全ての貨幣と全ての財の等価性に反し、したがってまた貨幣によって全体が目指す目的を台無しにするようなものだからである。

第17章　貪欲の原因としての貨幣

たとえ鉱山で絶えず行われる採掘のために諸国の金と銀がますます増加したとしても（六-12）、それにもかかわらず貨幣は財の交換にますます不足するようになり、それが拡大すればするほどますます大量の貨幣はそのような交換に関係なくなり、財はそれに対して存在するどんなわずかな限度であっても貨幣と交換されうるので（六-3）、容易に驚きを引き起こすであろう。しかしそのような現象の原因が発見され、しかもその原因がまさに大量の貨幣から、すなわち貨幣が鉱山から採掘されて間もなく大量に姿を現せば現すほどますますそれを獲得し、増加させ、隠す貪欲から生じることが理解されさえすれば、この驚きは直ちに消滅するであろう。これは財の等価物にされた貨幣の使用においてすでに指摘されたこと（六-11）に劣らず無視できないもう一つの不都合である。すなわち、財そのものの使用において貨幣を貪欲の主要な手段と道具にするという不都合である。貪欲とは、財が剝奪され横取りされるという他人の全体としての不利益にもかかわらず自分自身のために多くの財を蓄積する誘因のことと理解される。ところがもっぱら実物の財に関してはそのような悪徳はほとんど生じえないであろう。というのはそのような財は一国の需要によって確定され制約されるので（四-6）、誰も制約された限度までしか自分自身のために多くの財を蓄積することができず、誰も一定の期間内に、またはより長い期間が財を消滅させる前に、すなわちそのような財は悪くなり傷みやすいのでやはり多くの財を台無しにする前に、他人に分け与えられうるだけの財を獲得するようにしか誘惑されないであろうからである。しかし貨幣、すなわち財の等価物の印としての貨幣に関しては多くの財を蓄積する貪欲は大規模に広がりうる。というのは再三再四鉱山から採掘されることによってますます大量の貨幣が生み出されるのが見られるからである（六‐12）。それゆえ財よりも大きい貨幣の耐久性と増加は人々が財の増加よりも貨幣の獲得にいっそう熱中するだけでなく（六‐14）、生まれつき富がますます増加するのに貪欲な人々も同様により小さい適正な規模で貨幣を財と交換し、貨幣の部分を財と交換可能ではあるが実際には財と交換されない部分として常に手元に残しておくということを生ぜしめる。これは鋳造されていない金と銀が壺やその他の豪華な道具に見せかけられるだけでなく、金庫に大量にしまい込まれた鋳造された金と銀もまた財から成り立つ富の抵当とみなされうるけれども、それにもかかわらずそのようにしまい込まれる限り抵当としてみなされないということの明らかな証拠である。それゆえ富に対する貪欲または強欲は、財の制約された量と傷みやすさが考慮されたならば大量の実質的な富を蓄積することはできないので、弱気で臆病な精神の持ち主は少なくともずっと長持ちするが無限に増加するように見える表面的な富で満足する（六‐9）ということからとりわけ生じると言えるであろう。そのような弱気は、儚い喜びの想像によって自分たちの空想を育むにすぎなければ、すなわちとりわけ貨幣と財の最善の交換を損なわなければ、貧しい人々にも許されるであろう。しかし実は、貨幣と財は切り離すことができないので（六‐9）、それらの人々が自分自身のために大量の貨幣を蓄積することによって、自分たちの方に財を駆り立てるために貨幣が移転しない他の人々の財の流通を減少させるようになり、この無秩序が大いに進むならば、それにより全体の目的として向けられることが望まれる全ての目的が頓挫することによって、貨幣が財の交換に不足するようになる恐れがあるということである。そして実際、そのようにして貪欲のためにある人によって獲得された貨幣がその後非常にしばしば他の人の浪費によって消滅しなかったならば、貪欲はますます多くの貨幣を獲得するにつれてそのあらゆる最善の使用を不可避的に消滅させるであろう。しかしその浪費は、大量の貨幣と引き換えに獲得されしかもある人々の消費のために与えられる前に使い尽くされ使い古された財の浪費にほかならないので、これにより一方の無秩序がそれと正反対の別の無秩序によって相殺されるということが見られる。というのは実際に貪欲な人々が貨幣を少量しか交換しない人々であるとするならば、浪費する人々は貨幣を全ての貨幣の量が必要とするよりも大量に全ての財と交換する人々だからである。すなわち貪欲から生じる無秩序はなくなるのではなくむしろ浪費から生じる別の無秩序によって国民経済において増加し、ある時は財の使用のための貨幣の不足、またある時は貨幣の使用のための財の不足が、必要とされる貨幣と財の等価性のために常に一国に不都合をもたらす。前者の不足の際立った例は財とサルタンやその家族の貪欲のために少数の後宮に全てしまい込まれたそれに等価な金との交換に悩まされている国であろう。後者の不足の例はそのサルタンまたは別のサルタンから名も知らぬ人の、恐らくやはり敵の手に流入した金の浪費のためにその後戦争によって荒廃したその国であろう。しかしこれら全てのことにおいてとりわけ考慮されるべきことは、たとえどれほど浪費が財の交換において大量の貨幣を消滅させ吐き出すとしても、それにもかかわらず貪欲ははるかに多くの貨幣を獲得し隠すことができるということであり、貪欲な人々が財と交換する貨幣は、浪費する人々が財と交換する貨幣が財に対する適正な限度よりも多くなるのに対して、財に対する適正な限度よりもはるかにいっそう少なくなるということである。というのは人は他人が貪欲でないことに満足しているほどにしか浪費しないし、全体の目的のためには貪欲は浪費にはるかに優越し優先し、したがって一般に財は貨幣に対する財の適正な限度が必要とする貨幣よりもはるかに少ない貨幣と交換されるからである。このことはまさに右のように、どんな状況でも諸国に常に多かれ少なかれ存在する鋳造されていない交換されない金と銀から、また全体の浪費あるいは全て国内で採掘または発見される貨幣の不足によってでは全くなく全体の貪欲によってある人々の金庫にしまい込まれた金と銀から証明される。そしてまた、貪欲によって無駄に保有され滞留した大量の金と銀にもかかわらず、最初に仮定されたように（六-1）それらが全て財に等価な貨幣という地位にならないということが起こるのはそのためではなく、むしろそれが貨幣の証であるのはどうしてかが観察されるべきである。というのはそれら全ての金属と全ての財の等価性を確定するためには、実際にそれらの金属が財と交換されるということは全く必要とされず、それらが財と交換されうるかまたは交換可能であれば良いからである。そして確かに金庫にしまい込まれるかあるいはまた壺に見せかけられた一千オンスの鋳造された金は実際に交換されないとしてもいつでも財と交換することができる。しかしそれゆえに貨幣をますます増加させることがどれほど諸国に損害をもたらすかがますます明らかになる。というのはそれにより貨幣の限度がますます不確定になり（六-12）、したがってまた全体の貪欲のよりいっそうの原因と理由が生まれるからである。たとえ弱気な人々がそれを疑ったとしても、他のよりいっそう強気な人々は、国ごとに存在する金と銀の少なくとも½が獲得されたならば、それを海の底に投げ入れ、ヨーロッパに害毒をもたらす地から二度と戻らないようにそれらの金属の入口を永遠に閉じれば良いであろう。というのはその場合に雇用と財が同じままであるとすれば、同じ財に対して二ではなく一の貨幣と評価されるのでなければ（六-3）他に違いはないであろうからである。しかしそればかりかそれらの財があまり変わりやすくない貨幣の量と交換されたならば、貪欲は完全にはなくならないとしてもおよそ½に制約されるであろうし、たとえ金に対する貪欲が所有するより多くの金そのものにつれて増加するということが真実であり、全くの真実であるとしても、明らかに増加しないであろう。

第18章　財はどうして常により多くの貨幣と交換されるのか

貨幣と財の交換においては全く同じ財に対して常により多くの全く同じ貨幣が必要とされ獲得されるのはどうしてかは良く知られている。それゆえ良く言われるように財は常に高騰し、それゆえ不足し、貧者や国民はますます近づく飢餓と戦いながらますますかろうじて生存しているという多くの嘆かわしい繰り言が庶民から聞こえてくる。そのような印象は一般には錯覚にすぎないが、財がより多くの貨幣と交換されるということは、財が絶対的に貨幣に不足するということの徴ではなく、財が以前の貨幣に不足するということの徴であり、これは上で観察されたように（六‐16）また実際以前の貨幣が増加しさえすれば、同じ小麦が三〇年前に貨幣表示で一八の価値があったのに現在は二七の価値があるので小麦は減少したというのではなく、むしろ他の事情が等しければ同じままであり続け、たとえ小麦が⅓ほど減少したとしても、当然のこととして⅓ほどは減少しない人口のために、小麦はやはり平均して同じように獲得されるということから証明されるように、いろいろな方法で起こりうることである。それゆえそのような価値の増加が何から生じるのかが問われるならば、それは一部は常に諸国において財よりもいっそう増加する金と銀から生じうると言えるであろうし（六‐12）、財は同じままであるのに貨幣はますます増加するので財はますますより多くの貨幣に等価であるとしても驚くべきことではないと言えるであろう。しかしそのような理由は人口がより緩慢に増加するためには十分ではなく、ヨーロッパの金と銀は、三〇年間に貨幣表示の財の価値が⅓ほど増加したのと同じように は明らかに⅓ほど増加しなかったので、それに値しうる地位をそのような理由に与えるならば、そのような財の価値の増加は、一部は財が常にそれに適正に等価である貨幣よりも少ない貨幣と交換される右の貪欲から生じ（六‐17）、また一部は全体として貨幣よりも財の方が大きいとみなされる需要から生じると言えるであろう。このことを理解するためには、一方の財の所有者ともう一方の貨幣の所有者は、貨幣と財の等価性については確信しているが（六‐1）、財の量と貨幣の量の等価性についてはとりわけ後者が貨幣の側で変化しやすいために確信しておらず（六‐12）、互いに取引するときに実際に前者は財は傷みやすいので手元で朽ち果てやすい全ての財としまい込まれにくい全ての財を比較し説明するが、後者は貨幣はより大きい耐久性を持ちより長持ちするのでしまい込まれ維持されうる全ての貨幣を比較も説明もしない（六‐17）のはどうしてかが観察されなければならない。さらに一般法則またはそれに準ずる法則として、財の所有者は提示した全ての財によって可能な限り最大の貨幣を手に入れようとし、貨幣の所有者は提示した全ての貨幣によって可能な限り最大の財を手に入れようとし、一方によって手元に保有されるものは他方によって手元に保有されるものよりも大きい価値と大きい重要性を持つとみなすという推測の下に各々十分に決済するのであろう。しかし各々が他方に対して可能な限り最大の需要するものと引き換えに可能な限り最小の提示するものを与えるこのような取引においては、財の所有者は常に貨幣の所有者によって、財はそれが全量であるので増加しえないが、貨幣はそれが全量でないので増加しうるという右の理由のためというよりはむしろはるかに財の所有者が貨幣に対して持つ必要よりも貨幣の所有者が財に対して持ついっそう直接的な必要のために、取引を持ち掛けられる。というのは確かに貨幣はなしですますことができるが財はできないのであり、貨幣は財に関連づけられるが財は貨幣に関連づけられないからである（六-10）。それゆえ貨幣の量は一定でないので、一定の財と交換するときに（六-3）貨幣の所有者が財に対して実際はそれに等価な貨幣よりもはるかに少ない貨幣を提示しても、財の所有者は常に提示されたものよりも多く貨幣を要求し、前者が財に対して可能な限り最小の貨幣を与え、後者が可能な限り最大の貨幣を求める意地の張り合いにおいて、前者は常に後者に譲歩し、それゆえ財はまさにより多くの貨幣と交換される。これは多くの貨幣の所有者の貨幣と財を交換する競争が考慮されたならば大いに起こり、それを考慮すれば、誰もが必要な財の獲得のために他人よりも選ばれようとするので、たとえ自分自身の観点からすれば可能な限り最小の貨幣によって財を獲得したとしても、その獲得で張り合う他人の観点からすれば可能な限り最大の貨幣によって財を獲得する。さらに同じ財と引き換えに多く貨幣を求めることは貨幣の所有者にとっては不当なことまたは重荷になることではない。というのは貨幣と財の適正な等価性をもたらす貨幣よりも常に少ない貨幣と財の交換のためにそれは適切なことであるだけでなく（六-17）、貨幣と財の交換が生じるや否や財と貨幣の交換が生じざるをえず（六-7）、貨幣の所有者は財の所有者になり、またその逆にもなるので、全体の利益が問題になるときはより多くの貨幣と引き換えに他人に与えた財をより多くの貨幣と引き換えに受け取る、すなわち全員から受け取った財に等価な貨幣を全員に与えることを誰もが自らに課し、一人が全員を欺くことはできないという公正の法則により、前者が後者に交換されない財と引き換えに貨幣を求めれば求めるほどますます後者は前者に交換される財と引き換えに貨幣を求めるからである（六‐8）。それゆえ小麦、葡萄酒、羊毛、等々の財の所有者が酒屋、雑貨屋、彼らの弁護士に貨幣を求めれば求めるほど、それにより前者は貨幣の所有者になり後者は財の所有者になるので、後者は食物、商品、助言と引き換えにますます貨幣を求めるであろうし、それゆえ交換されない財も交換される財も共通の合意でますます貨幣表示で評価されるであろうし、全体の貪欲がやはり全体の必要によって攻撃されることによって、貨幣と財の適正な等価性に向かうであろう。というのはそのような全く適正な等価性には、すでに見られたように（六‐17）、またたとえ財の価値が貨幣表示で増加したとしても貨幣の大部分は交換可能であるがだからと言って交換されない部分として貪欲な人々の手元に常にとどまるということから明らかなように、何も付け加えられないからである。それゆえ今のところは財の価値を貨幣表示で固定することの矛盾（六‐16）が再び確認されるが、財は常により多くの貨幣と交換されざるをえないので、それゆえ財は常に同じ貨幣と交換されえないであろうし、財の価値を永遠に貨幣表示で固定する人は誰でも、全体には理解されず全体には同意されもしない豊かさのために自分の雇用も自分自身も犠牲にしたくないので、あらゆる個人が抗えず、常に行き着かざるをえない貪欲に導かれることによって、やがて他人と同じように自分の雇用や財と引き換えにより多くの貨幣を求めることで自分自身が自分の法則に背く恐らく最初の人になるであろう。

第19章　計算貨幣について

これまで一般的に話題にしてきた、全ての実質的な富が表示され交換される貨幣は、表面的な富にすぎないので（六‐9）、各人の手元で流通する正金貨幣では全くないのは明らかである。というのはそれはまさに一国の全ての財の等価物であり、それゆえ各人においてそれらの財が違うのと同じように各人において違うからである。それに対して正金貨幣はそのような違う貨幣を何度も確定し、ある人の手元から流出した同じスクード銀貨は別の人のスクード銀貨になり、前者の財が確定された後で後者の財を確定し、後者にとって財が同じでなければこれが何度も繰り返される。そのような違いは常に十分に考慮されるわけではないので、**計算**貨幣と**正金**貨幣が区別されなければならないということを生ぜしめる。というのは、前者については一国において各人によって所有される全ての自然と人工の財、すなわち動産と不動産、すなわち現在の総雇用によってその全量がある時はより多くまたある時はより少なく次々と消費され自己補填される、過去と現在の総雇用によって生み出される、資本のような交換されない財と所得のような交換される財の右のような等価物とみなされるからであり、後者については、同じツェッキーノ金貨は多くの人々によって所有され消費される財を計算することができるが、それらの財は同じものではなく、ツェッキーノ金貨は同じものなので、すぐ前のように多くの人々の手元でやはり繰り返し流通し、まずある人によって、次の他の人によって、その次に第三者によって、等々によって財と交換されるあらゆる部分の貨幣とみなされるからである。そこで前者または後者の貨幣はどれほどの額になるのかが問われるならば、計算貨幣から始めるならば、それは各人によって同じ期間に所有される国民総資本とその所得（というのは部分は全体と区別されないのと同じように所得は資本と区別されないからである（五-1）の等価物なので、そのような資本は、加工のために与えられるかまたは加工された、また消費のために与えられるかまたは与えられた全ての小麦、亜麻、羊毛、家畜、金属、その他あらゆるもののような大量に所有された財から成り立つか、または現実財でないにもかかわらずやはり財の基盤なので、まさに現実財に匹敵しうる実現可能財とみなされる土地（四-18）から成り立つか、または最後に家具、衣服、調度、その他同様の用具から成り立ち、それゆえそのような貨幣は一国の財から成り立つ総資本が全て生じるどんな種類の交換される財も交換されない財も、消費可能な財も消費可能でない財も、現実財も実現可能財も測定するとみなされなければならない。利子付きで与えられる貨幣はこのことは考慮されない。というのはそれにはそれに等価な財がすでに含まれているからであり、それゆえその部分についてそれを二倍にしなければ財から成り立つ国民資本に新たに付け加えられえないからである（六-9）。さらに第一の種類の資本と第二の種類の資本にはそれを維持する雇用は関わるが、使用のために保有されしかもそれを消費する人の手元にすでに移転した財に関わる第三の種類の資本にはそうではない。それゆえ最初の二つの種類の資本に等価な貨幣を明らかにするためには、一次的就業者の手元にある貨幣のあらゆる部分が百当たりおよそ二、四、六の一定の所得を常にもたらすのはどうしてかを観察し、すでに提示された国において前者に持たれ、一次的就業者から二次的就業者に移転し、全ての人々によって消費される国民総所得が実際に貨幣相当額で一億二〇〇〇万正金ドゥカートになるということを観察する必要があるであろう（六-5）。それゆえ平均的な規模として五が百からもたらされるように一次的就業者の所得があらゆる資本からもたらされるとするならば、二四億になる国民資本はそのほとんどが土地から成り立つかまたはさらに交換可能な財から成り立つと言わなければならないであろう。そのような貨幣を確定するためには、土地であろうと交換可能な財であろうと各人によって自分の資本が記帳されるのが常である小売店、代理店、さらにその他同様の記憶のための全ての帳簿を集めれば良いであろう。というのはその貸方の勘定は、借方の勘定が所得を表示するのと同じように右の資本を貨幣相当額で表示するであろうからである。それに関しては、それらの帳簿が少数である限り、またそれらの勘定が多額で不平等なように見える限り、所有者が書面、口頭、または直接間接の暗黙の契約によって、家族、使用人、家来、恩人、さらに無職の人々や浮浪者にいろいろな方法で帰属するものがそれらの勘定から差し引かれたならば、それらの勘定は少数の人々に気づかれる帳簿から全ての人々に気づかれない帳簿に移され、それらの名目的で不平等な資本と所得は結局その国の人々が存在するのと同じだけ実質的で平等な資本と所得が増加し、国王の貸方においても、やはり国王の王国で国王と同じように生き延びている他のどんな人の貸方においても同じように各々八〇〇ドゥカートの資本と四〇ドゥカートの所得になるのはどうしてかに気づくべきであろう（六‐8）。次に家具、衣服、あらゆる種類の用具、またその国に分散した宝石やその他の公的または私的なそれらの貴金属の身の回り品のような所得のためではなく使用のための財から成り立つもう一つの種類の国民資本に関しては、それらはたとえずっと交換されない財すなわちそれらを実際に消費する人の手元にある財に等価な貨幣よりもはるかに少ない貨幣に等価であるとしても、それでも多かれ少なかれ摩滅しても存在する状態なら、いくらかの貨幣に等価であるということは否定できない。そして常にあるものが他のものによって推計されるそのような財が一人当たり各人の所得または全員の所得に等価な貨幣の二倍の貨幣に等価であるとするならば、その場合に国民資本は二億四〇〇〇万と推計されるであろうし、それは公私を問わずあらゆる住居の家財と資産が記帳されたまたは記帳されるはずの全ての財産目録を集め、それらによって存在する貨幣をそのような貨幣について最も習熟した最適な鑑定人であるユダヤ人に計算するよう頼むことによって確認されうるであろう。それゆえ推計されたあらゆる種類の国民資本に等価な全ての貨幣を合計するならば、それは二六億四〇〇〇万に上るである。そのような貨幣は推計だけに基づくものであるということを誰もが非常に良く知っている。というのは財と貨幣の適正な等価性は、正金貨幣によって別々に確定されるべきであり、決して一度にまとめて確定されるべきではないからである。国はそれらの財から成り立つ資本を実際に所有するために、それらに等価な正金貨幣も同じだけ所有すると信じる人は大いに誤りを犯し、そのような貨幣を当てにするならば空中楼閣を当てにすることになるであろう。

第20章　正金貨幣について

正金貨幣に関しては、すでに提示された国におけるその量を検討することが問題になるならば、その量は貨幣に鋳造された金と銀だけでなく、貨幣に鋳造されず調度としての使用のために保有された金と銀からも推定されなければならないであろう。というのは後者は貨幣に鋳造されうるかまたはいつでも貨幣になりうる前者と同じように、前者に劣らぬ貨幣だからである（六−2）。そこで前者から始めるならば、明らかなことは、鋳造されたそのような貨幣はそれによって所得または所得に相当する計算貨幣を確定するために同じ一塊の貨幣が財をめぐって回転する回数に依存するということである。もし総所得を形成し消費のために与えられる財が一度にまとめて貨幣と交換されたならば、その場合には正金貨幣はそのような所得に相当する計算貨幣一億二〇〇〇万（六−5）に等しくならざるをえないであろう。というのはそのような所得の部分を確定したそのような一塊の貨幣はそれによって他の部分を同時に確定しえないからである。もしそのような財が二回、四回、またはそれ以上の別々の回数で交換されたならば、正金貨幣は総所得に相当する計算貨幣の½、¼、またはそれ以下に等しくならざるをえないであろう。というのは同じ貨幣が財とその貨幣の等価性を確定するために二回、四回、またはそれ以上の回数回転しうるからである。それゆえもし財から成り立つ総所得が全て連続的な別々の一億二〇〇〇万回わずか一ドゥカートに等価な等しい部分ずつ交換されたならば、全ての交換と財から成り立つ全ての所得を確定するには、すなわちそれらに相当する同じだけの計算貨幣を確定するには、年間一億二〇〇〇万回すなわちやはり年間三〇〇日の就業日数の一日当たり四〇万回すなわち一日八時間の就業時間の一時間当たり五万回（三−2）次々と素早く回転するせいぜい一正金ドゥカートで十分なはずである。このような財と貨幣の交換の回数をただ一回にまとめること、または全て別々の回数が連続することは、雇用がまとめて同時に連続しなければならないということが考慮されたならば、またそれに従って総所得が正金貨幣と交換されなければならないということが考慮されたならば、同じようにありえない。それにもかかわらず常に正金貨幣は総所得すなわち財の交換に相当する計算貨幣一億二〇〇〇万に非常に近似しているので、そのような交換はますます同時に行われるであろうし、わずか一ドゥカートに非常に近似しているので、そのような交換は貨幣を通じてますます連続して行われるであろう。そして同じ金と銀の貨幣が互いに総所得を形成する財すなわち一年間に平均して何回も次々と移転する財をめぐって、一年間に六回まで交換されうるとするならば、総所得に等価な一億二〇〇〇万の計算貨幣を確定するのに十分な鋳造された正金貨幣は二〇〇〇万を超えないであろう。その証明のためにやはり同時的で局所的な調査によって各人の懐や金庫に手を出したければ、その懐や金庫に正金貨幣が集まる人々がとりわけ都会や主要都市においてはもっぱら家長やその息子になるということが観察されなければならない。というのは世帯を代表しない全ての女性と田舎の全ての男性に関しては、数リラを手にするや否やそれを市場や居酒屋で思うように使い、しかも以下で話題になるように主に摩耗したと言われる貨幣しか使用しないからである。同じことは子供についても言わなければならない。というのはわずかな貨幣が時々子供に与えられるからである。それゆえ人口稠密地域の全ての世帯の父親とその長子が除外されるとするならば、それらの人々は人口三〇〇万人のうち三〇万人と仮定され、その各々についておよそ二ドゥカートが常に懐に保有されると推計するならば、これは六〇万正金ドゥカートを確定するであろう。個人の金庫にしまい込まれた貨幣に関しては、それは右の最も裕福な地主、一次的就業者の財の分配者、職人、管理者のうちのわずかな人々の手元にしか存在しない。というのは二次的農民と二次的職人に関しては、ごくわずかな人々しかそれを保有せず、右のように数リラを懐に蓄えようとしても俸給として彼らに帰属する貨幣を受け取るや否や直ちにそれを消費可能な財と引き換えに分配者に引き渡し、しばしばそのような俸給は貨幣ではなくむしろ消費可能な財の形で彼らに与えられたということを考えに入れずに、しばしばそれをさらに余計に引き渡すからである。それゆえそれらの最も裕福な人々が五万人と仮定され、その各々がおよそ三〇八ドゥカートを金庫に保有するとするならば、一国の個人の金庫にしまい込まれた全ての正金ドゥカートは一五四〇万に及び、右の六〇万と合わせれば一六〇〇万になるであろう。これに右の一国の公的な供託所や金庫に存在しうるもう四〇〇万を加えれば、一国の全ての鋳造された正金貨幣は右の二〇〇〇万に及ぶと言えるであろう。あらゆる個人の金庫にしまい込まれた貨幣の平均的な量として三〇八という数字は、一般法則として誰も貨幣を金庫から出すためにしか貨幣を金庫に入れないということを考慮する人にとっては少ないとは思われないであろうし、そしてまた大量の計算貨幣を所有する人はまた概してそれに相当する正金貨幣を持たない人でもあり、六万を収入の勘定に付けることが滅多にない人はそれに相当するはずの正金貨幣一万を貨幣の形で保有するということを経験は理解させる。しかし逆に銀行家、相場師、高利貸し、その他の貪欲な人々によって金庫に保有された正金貨幣は、彼らの収入としての貨幣とのより大きい一致を見ることによって、右のより小さい一致を修正するであろう。それゆえ鋳造された正金貨幣がさらに確定されたならば、鋳造されない正金貨幣を前者と後者の間の観察されるべき一定の割合によって推計することはさらに容易であろうし、そのような観察によって鋳造されない正金貨幣が鋳造された正金貨幣よりもはるかに増加することが明らかになるであろう。というのは富者は一般に多くの金と銀を貨幣の形よりも家財の形で常に所有するが、貧者は首飾りの留め金の金属部分やまさにそのようないっそうの貧困の備えほど一スクード銀貨を容易に持たないからである。それゆえ同様の推測により、鋳造されない金と銀と、鋳造された金と銀が二対一の割合であるとするならば、あらゆる種類の調度、壺、用具の形で寺院、王宮、また大公や小公の住居にも保有された全ての金と銀は四〇〇〇万に及ぶと言えるであろう。これにより一国によって所有された鋳造されたまたは鋳造可能な全ての正金貨幣は六〇〇〇万に及び、一国における計算貨幣と正金貨幣の割合は四四対一であると言えるであろう。

第21章　現金貨幣について

金も銀も貨幣としての性質を持つために財を測定するのに割り当てられたので、またこれらの金属に指定されたそのような性質はそれらの金属が稀少であるということに依存し（六-2）、金は銀よりもはるかに稀少であり、どんな場合にもずっとそのままでありうるので、貨幣としての共通の単位を考えることが必要であり、その量が不足すればするほど、すなわちその量が銀の量よりも稀少であればあるほどますますその単位は金に及んだ。例えば金が銀よりも一五倍稀少であるかまたは発見するのが困難であるとするならば、前者の単位のわずか一に対して後者の単位の一五が必要とされた。それゆえそのような単位は、貨幣もまた金と銀、さらにやはり貨幣が表示するのが好ましい他の同様のあらゆる物質に換算するのと同じように、貨幣の換算と呼ばれるのが常であり、それは現在われわれの間で一般にリラ、ソルド、デナーロと呼ばれるものとして生じるのが常である。このことから貨幣は計算貨幣と正金貨幣に区別されるだけでなく（六-19、20）**現金**貨幣にも区別され、そのために計算貨幣と正金貨幣に及び、したがってまた正金貨幣と同じように計算貨幣を換算する名目上の一定の単位を考えるというもう一つの考察が生じる。これら三種類の貨幣を混同することから、すなわちこれら三つの異なる観点から貨幣を区別しないことから貨幣に関するあらゆる誤解とあらゆる間違いが生じる。今やこの現金貨幣について若干の考察を付け加えるのは、それがますます増加している、すなわち同じ貨幣が金に対しても銀に対してもますますより多くのリラに換算されることは良く知られているからである。そしてそのような現象の理由を検討したければ、それは一方では財はすでに説明された理由で（六-18）ますますより多くの正金貨幣と交換されるのが常であるということから生じ、他方ではそのような正金貨幣すなわち貨幣と同様にみなされる金属は制約され、それゆえ貨幣そのものに対する換算が増加しなければ財を常にそのように交換することはできないということから生じるということが明らかになるであろう。実際、同じ財に対してますますより多くの貨幣に換算することによって、貨幣と財の適正な等価性に到達することがあるとしても［むしろはるかずっと以前に貪欲のためにそれは常にそこに到達するのを妨げ、そのような等価性には決して正確に到達しないが（六-17）］その場合にはすでに知られている金と銀の不足のために財をより多くの金と銀と交換することがもはやできないので、財はこれらの金属に対して命名され換算されたリラのより大きい数字と交換され、そしてそれが繰り返される。四世紀前に一スタイオまたは一定量の小麦が一ツェッキーノ金貨の重さの一塊の金または銀と交換され、それは一スクード銀貨二枚と同じ重さで、それらは現在でも流通しているが、当時は碩学が言うように前者も後者も二リラに換算されたとしよう。私はそのような貨幣はそれと財または小麦の適正な等価性よりも少ないので（六-17）、後者の所有者はそれらに対して後でより多くの貨幣を求めたであろうし、これは彼らがたかだか例えば四リラに換算される二ツェッキーノまたは四スクードまで目的を達成しえたにすぎないであろうということを付け加えておく。というのは当時は貪欲のために金と銀はやはり当然のこととして財をより多くの貨幣と交換し続けるためには財の交換に不足するように見えたので（六-18）、私に言わせれば一ツェッキーノまたは二スクードを二から四、次に四から八、その次に八から一六、等々のより多くのリラに換算し、したがって正金貨幣が不足することが知られているならば、財または小麦を換算されたより多くの貨幣と交換するという方策に頼ったからである。それにもかかわらず正金貨幣はそれらの金属の量が同じままであるとすれば、すなわちそれらの金属の増加を考慮に入れなければ、せいぜい一ツェッキーノとしてではなく二ツェッキーノとしてまたは二スクードとしてではなく四スクードとして流通するであろう。というのはその単位は増加するが（六-3）財そのものの交換における貨幣の換算は増加しないからであり、それは財が交換されるのはまさにこの現金貨幣だからである。それゆえ正金貨幣を常に望み通りに繰り返し無限に増加させることはできないので、従順でしかも他人の言いなりになる人々は、やむをえず直面するときは、少なくともその換算が増加したとみなすのに従い満足するとみなされる。というのは実際、同じ小麦、あるいは一般に同じ財は現在四世紀前と同じように（やはり正金貨幣の増加を考慮に入れなければ）当時は二リラに換算され、現在は二二リラに換算される全く同じ一ツェッキーノまたは全く同じ二スクードと交換されるからである。これは全くの錯覚であり、それにより貨幣の所有者は財の所有者を欺き、前者よりも大きい重要性を持つ者としての後者は（六-18）全ていつでも交互に前者が後者に変わることによって錯覚が共通の合意で許容され、それゆえ共通の合意で自己補塡されるのでなければ、それを全く保有しないであろうが（六‐7、8）、全て全体としてやはり全体の貪欲によって財が可能な限り最小の貨幣かまたは財に適正に等価な貨幣よりも少ない貨幣と交換されることが必要とされることに陥るような不利益を時々認める（六‐17）。それゆえいずれにせよ同じ正金貨幣に対する貨幣の換算は、骨董屋の評価によれば四世紀前から現在までに一から一一に増加したのはどうしてかが明らかになる。というのは当時二リラに換算された一ツェッキーノと二スクードは、やはりそれは正金貨幣のあらゆる増加を考慮に入れなければ、現在二二リラに換算されるからである。

第22章　貨幣に対する人為的操作について

貨幣に対して行われるのが常である操作は、それによりますます金と銀が減少し、それらに時々異物も混入され、それでもその名称が維持されているのであるが、そのような変造が諸国の恣意的なものであるとみなし、それを貨幣の管理に関して諸国に生じる秩序の逸脱とみなす人々においては物議の的であることが知られている。しかしこの点について大騒ぎする前に考慮されなければならないのは、そのような変造は必ずしも常に恣意的なものではなく、むしろほとんどが必要なものであり、たとえそれが秩序の逸脱であるとしてもそれは結果にすぎず、しばしばすでに生じたより大きい別の秩序の逸脱の埋め合わせにすぎず、その非は少数の貨幣の管理者にあるのではなく、貨幣と財の適正な等価性が存在するということを知らないために（六‐11）、財を常に財に適正な等価な貨幣よりも少ない貨幣と交換するのが常である全ての貨幣の所有者にある（六‐17）ということである。実際、貨幣はそれらの理由で換算が増加しなければならないので、すなわち同じ金と銀がますますより多くのリラに換算されなければならないので（六‐21）、明らかなことは同じ一ツェッキーノまたは同じ二スクードを二リラから四リラ、六リラ、八リラ、等々に換算するにつれて、これらの貨幣やその他のそれらよりも小額の貨幣に換算された同じリラは逆に価値が減少する、すなわちますますより少ない金と銀によって表示されなければならないであろうということである。というのはそれらの貨幣の各々が以前よりもより少ない金または銀を含むのでなければ、リラの換算は同じ金と銀に対して増加することはできないからである。それゆえ換算のどんな増加が貨幣に対して生じようとも、それは常に同じ重さで保有される高額の貨幣に対して生じるので、そのような増加が生じない小額の貨幣は、それらの高額の貨幣に対する換算が増加したのと同じだけ金と銀が再び溶解され減らされなければならないであろうし、それにより金と銀は気づかないほど少ないか無になるので、それらの貨幣は、やはり当然のこととしてその区別そのものが貨幣の中で維持されることを必要とするならば、それらの貨幣を気づくほどのものにするために他の金属が混入されなければならないであろう。例えば良く知られているようにあらゆる貨幣の中で常に一リラが二〇ソルドに分割され、一ソルドが一二デナーロに分割されるときに、四世紀前には一ツェッキーノは二リラ、一スクードは一リラに換算されたので、これらの同じ貨幣に対する換算が一から一一に増加するとするならば（六-21）、当時一ソルドがこの貨幣またはその他の全ての小額の貨幣の中で一ツェッキーノ金貨の1/40と同じだけの金または一スクード銀貨の1/20と同じだけの銀を含んでいたとするならば、現在は一ツェッキーノ金貨の1/440と同じだけの金または一スクード銀貨の1/220と同じだけの銀しか含みえないということは明らかである。それゆえ高額の貨幣に対するそのような換算の増加と高額の貨幣から小額の貨幣へのそのような分割を確認すれば、この四世紀の間に小額の貨幣は何度も再び溶解され、より多くのリラが小額の貨幣に対してまたはツェッキーノやスクードに対して換算することが必要とされればされるほどますますより少ない金や銀を含むように小額の貨幣を変造することはやはり避けられなかったであろう。これが、まさにソルドとデナーロと呼ばれている貨幣が、四世紀前には前者は一スクードの1/20、後者は1/240を含んでいたけれども、時代が下るにつれて、当時のデナーロが表示されるのとほとんど同じように現在ソルドが銀の乏しさのために一欠片の銅によって表示されるスクードの1/220にすぎないものになるまで銅の分量を減らさなければならなかったかまたは良く言われるように合金の割合を悪化させなければならなかった理由であり、そして銅でさえもスクードの1/2640を表示することはできないので、またデナーロの換算においてその古い分割法の最小値を排除しないで新たな分割法に最大値を付け加えることはできないので、デナーロがわれわれの間で完全に消滅しなければならなかった理由である。さらにこれら全ての変造は個人の我儘のためではなく、すでに説明されたように（六-17）全体の貪欲のために起こり、それにより金と銀は逆にソルドやデナーロのような小額の正金貨幣にますますより少なく向けられなければならなかった。それゆえツェッキーノやスクードに対する換算の値を増加させることは、そのような増加が行われなかったそれらの貨幣やその他の貨幣に含まれる金と銀を減少させるのと同じことであり、そのような操作には全員が不平を言うのが常であるが、ある時は最初の操作には誰も不平を言わず、むしろその操作は表面的にはそれによって貨幣が増加しうるように見えるのが常であり、またある時は別の操作によって貨幣は減少するように見え、人々は表面的には多くの不平を未然に防がれた。結局、これら全ての操作がそれらによる何の直接的な秩序の逸脱もなく行われるということは全くの真実である。というのは金と銀が同じままであるとすれば、それらによって財と行われる交換は同じように生じ、たとえ貨幣の所有者がまずそれらの操作によって財の所有者を欺いたとしても、彼らは同じ財の所有者と他の貨幣の所有者によって同じだけ欺かれるので、全て同じことに帰すからである（六-18）。他方、一スタイオの小麦を一ツェッキーノと交換しようと二ツェッキーノと交換しようと、二スクードと交換しようと四スクードと交換しようと、また後者が二リラに換算されようと二二リラに換算されようと、変造された貨幣に換算されようと変造されていない貨幣に換算されようと同じことになる（六-21）。というのは結局、小麦の等価性は常にそれらの貨幣に含まれる金と銀の量に定められ、金と銀に対して換算されたリラに定められるのではないからである。そしてここで重さであるリッブラが貨幣の換算であるリラと何の関係もないのはどうしてかが観察されるであろう。というのは前者はどちらも違うものであるが後者はどちらも同じ金属だからである。そしてまた金の価値の方が銀の価値よりも大きいのは、具体的に言えばおよそ一九対一一のようになるその重さが大きいことに依存するのではなく、そのような割合よりもはるか以前にその稀少価値または稀少性が大きいことに依存するからである。そしてその稀少価値を規定したければ、すなわち金がどれだけ銀よりも稀少であるかを規定したければ、一国で流通する全ての正金貨幣のうちのどれだけが金として存在し、どれだけが銀として存在するかを検討すれば良いであろう。そのために正金貨幣は六〇〇〇万正金ドゥカートと仮定され（六-20）、それは四億八〇〇〇万リラに換算されるので、後者については金とも銀ともみなされなければならないということがまず考慮されるべきである。というのは前者は後者と同じように交換され、百リラはあくまでも百リラであり、金にでも銀にでも換算されるからである。それゆえこれらの全てのうち二億四〇〇〇万は金として存在し、ちょうど同じだけが銀として存在することになるであろう。さらに一リッブラまたは二マルカの金はほぼ一三六½枚のツェッキーノ金貨の重量であり、およそ三〇〇〇リラに換算され、同様に一リッブラの銀はほぼ一七½枚のスクード銀貨の重量であり、およそ一九二リラなので、右の二億四〇〇〇万を三〇〇〇で割った八万は一国に存在する金の総リッブラを示すであろうし、一九二で割った一二五万は銀の総リッブラを示すであろうし、八対一二五または一対一五⅝の割合を示すであろう。すなわち金はそのような割合で銀よりも稀少になるであろう。というのは一リッブラの金に対しては一五⅝リッブラの銀になるからである。

第23章　真の貨幣に代わる偽の貨幣について

一国の最も貪欲な人々の少数の金庫に時々ほとんどが集まる貨幣は最も貪欲でない人々の間の財と貨幣の適正な交換に非常にしばしば不足し（六-16）、それゆえ後者の人々は財の獲得に不安を抱くということがすでに見られた。そのような状態において貨幣に対して存在する需要を満たし、貨幣と財の交換をどうにか継続するためには、例えば銅、革、そして最終的に紙のような金や銀よりもいっそう低級な他の物質を貨幣とみなすかまたは貨幣の地位まで高める方策に頼るのが常であり、それによって、貨幣は印にすぎないので金や銀にも他の物質にも無差別にそれを認めることができるという考慮に基づいて、必要としうるのと同じだけ一国で貨幣が増加するとみなさせる。そこでそのような工夫の結果を明らかにするためには、そのような他の貨幣に付け加えられる言わば偽の貨幣は、やはり金や銀と同様の地位で導入されるが、雇用と財の交換のためではなく実際の輸送のために導入されるものと違うようには国民に作用しないということがまず観察されなければならない。それゆえ後者の貨幣に関しては一国の貨幣は全く増加しないので（六－14、15）、前者によっても後者によっても一国の雇用も財も増加しないということが考慮されたならば、前者の貨幣に関しても増加しさえしないであろう。しかしそれに加えて前者の貨幣と後者の貨幣の間には、国民の手元にもたらされる金と銀は、首都の誰かの手に入るや否や、その手元から国内にいる場合には国内の全ての就業者の手元に、ほとんどが国外にいる場合にはそこに流入し、少なくとも一時的にそこで増加する財と引き換えに国外の全ての就業者の手元に直ちに広まるというさらに別の違いがある（六－15）。それに対して銅や紙は、初めに失業者の手に入ったならば、その手元からかろうじて国内の就業者の手元にしか移動せず、そこでは金と銀の方がはるかに好まれ、国外では全く受け入れられず、他国には財と引き換えに全く流入しない。これは銅や紙が貨幣としては雇用と財の適正な等価物とみなされえないということを証明する。それゆえ貨幣を増加させるそのような方法がどれほど儚く無駄であるかが明らかになる。というのは金と銀の人為的な導入によって、雇用も財も増加させずに、自国と他国において貨幣がともかくも増加するのであれば、それでも永続的な財も一時的な財も全く増加しないという二重の誤りによっても貨幣が増加するとみなすので、銅や紙の貨幣への人為的な昇格によってもその貨幣は増加さえもしないからである。さらに金と銀をよりいっそう財の増加とは独立に増加させることで金と銀が財の適正な等価性を表示するのに不備になるならば（六－12）、紙やその他同様の低級の物質ははるかにいっそう不備であろうし、それらは同様に独立に財を表示するので、よりいっそう容易に増加させることができる。そして実際、貨幣を表示するあらゆる物資は、発見するのが困難なものでなければならず、押印や刻印とは全く独立に発見されたその全量で貨幣を表示しなければならないということがすでに見られた（六−2）。それゆえ紙、革、または同様のものは、たとえどんな刻印があろうとも、その量が非常に厳格でなく、どんな規模にも拡大されうるので、財の印には決してなりえないであろう。というのは金と銀と財の等価性は刻印に依存するのではなくそれらの重さや純度に依存し、刻印はそれらの金属を貨幣の地位に昇格させるのではなくむしろ不純物がその内部に混入したということのためにその地位から降格させるので（六−2）、明らかにその重さや品質に全く依存しない紙と財の等価性もそこに押された刻印にはなおさら依存せず、それは金と銀を貨幣の地位から降格させえないのと同じように紙を貨幣の地位に決して昇格させえないからである。また刻印のためにそれらの金属に集まった共通の合意も紙には同じように集まりえない。というのはそれらの金属の量はまさに十分に確定され、それらの金属に共通の合意が集まるのはそれらの金属のこの十分に確定された量にほかならないからである。その量がはるかにいっそう不確定な紙の場合に起こりうることは反対に、紙は雇用によって確定された財に比べられることを不可能にする。というのは金や銀が増加する容易さによって財が増加しなければ、貨幣の印とされるための紙が増加しうる容易さによってもなおさら財は増加しないからである。明らかに全ての紙に等価でない全ての財が今日百の貨幣の印とされた紙に等価であるならば、同じ容易さで明日は二百、その翌日には四百の貨幣の印とされた紙に等価でありうるであろうし、今日一だけ財に恵まれたとみなされる人は、この計算によれば明日は½、さらにその翌日には¼だけしか財に恵まれていないということになりうるであろう。それにより全体の信用が消滅したならば、雇用も財ももはや交換されえないであろうし、貨幣を媒介にしたそれらの自己補塡も流通も消費も全く不可能になるであろう。それゆえ財はいずれにせよ多かれ少なかれ確定され、貨幣の印とされるかされない全ての金と銀に等価であるということは妨げられえないので、同じように貨幣の印とされるかされない一定量の紙またはその他の低級なものに等価であるということは生じえず、紙またはその他の同様の物質を付け加えることによって貨幣が増加するとみなすことは、偽を付け加えることによって真が増加するとみなすこと、すなわちアレクサンドロス大王の征服地がニッコリーノの偽の征服地の芝居の上演によって増加するとみなすことにほかならないであろう。

第24章　偽の貨幣はどうして真の貨幣にとって有害なのか

貨幣が財に等価であるのと同じように紙が財に等価でありうるとみなすという右の誤解は、紙が実際に時々手形の形で、やはり財に等価な貨幣に等価であるとみなされることから生じる。しかし手形は貨幣と交換されるときにそれ自身を消滅させなければ貨幣に等価になりえないということは、前者と後者の違いを十分に示し、むしろそこから逆のことが推定されなければならないということを理解させる。すなわち貨幣は財に等価であるのと同じように紙も実際には貨幣に等価でありうるが、貨幣はまた財に等価であるからと言って、すなわち財を表示するからと言って財を増加させない（六-10）のと同じように紙も貨幣を表示するからと言って、すなわち貨幣に等価であるからと言って貨幣を増加させないということである。いずれにせよこのような違いから、貨幣の印とされる紙の発明は必ずしも常に有害とは限らず、むしろ有益でありうると推定されうるであろうし、どんなときに有益であるか有害であるか、すなわちそのような発明の考案者が非常に多くの貨幣またはそれに等価な多くの財を所有しているので紙が貨幣の印とされるときは有益であり、彼がそのような貨幣を全く所有しないときはそのような発明は有害であるかも区別されうるであろう。しかし前者の場合には紙は現実の貨幣を全く増加させずに貨幣の印とされるであろうが、これは行うのが可能であり容易であるが、後者の場合には紙は何の印にもされないであろうし、紙によって真の貨幣が増加すると理解されるであろうが、これは不可能であり（六-23）、あるいは矛盾と錯覚によってしか可能でありえないであろう。そのような錯覚の原因は、その原因が全体の無知と貪欲であるということによってそれを証明する。というのは各国には摩滅した貨幣と呼ばれるものまたは劣悪な貨幣の形で、またしばしば紙の形でも流通するような貨幣が常に多かれ少なかれ存在するということが何から起こるのかが問われるならば、それは各国には多かれ少なかれ貪欲な人々が存在するためであり、したがって貨幣がそれらの人々の手元に多かれ少なかれしまい込まれたならば、貨幣と財の交換は全ての財と全ての貨幣の適正な等価性をもたらす規模よりも小さい規模で行われると言えるであろうからである（六−17）。そして実際、そのような交換のためにはどんな貨幣でも十分であるならば、すなわちそのためには一の貨幣であろうと二の貨幣であろうと同じように有効であるならば（六−3）、貨幣は決して各国で不足するはずはなかったと思われる。しかし貨幣がそのようにして流通を阻止され、多かれ少なかれある人々の手元にしまい込まれたので、多かれ少なかれ財の交換に不足するようになり、そしてそれによりそのような金と銀の不足を銅や紙の貨幣で賄ったということである。それゆえ各国には多かれ少なかれ貪欲な人々が存在するので、各国にはやはり多かれ少なかれ真の貨幣に混じって紛れ込んだ何かの偽の貨幣が存在しなければならないであろう。しかしこれら全てのことにおいてとりわけ考慮されるべきことは、たとえどれほど貪欲が真の貨幣を個人の金庫にしまい込んだままにするとしても、したがってまたたとえどれほど偽の貨幣が他の国よりもある国で真の貨幣に対していっそう増加するとしても、それにもかかわらず各国の真の貨幣は、まさに多かれ少なかれそこに引き留められるという唯一の違いがあるとしても、常に全体の雇用と財と同じ一定の規模になるであろうということである。そしてこれは各国が貨幣と財を共有するならば貨幣はどこでも財と均衡しなければならないという右の無敵の理由（六−4）によるのである。そのような二つの国のうち一方がもう一方の二倍であり、したがってまた雇用も財も、人口も同じようにやはり一方が二倍であるとしよう。私に言わせれば前者の国の金と銀もまた常に後者の国の二倍でなければならない。というのは、たとえどれほど真の貨幣が前者から後者に雇用や財との交換によるのではなく実際の輸送によってさらに流入したとしても、その真の貨幣はどんな対抗措置にもかかわらずより大きい国の雇用と財によって獲得されるので、それが流出した国に還流しなければならず（六-14、15）、その後、前者が後者に十スクードさえも優越せず、前者が後者に雇用についても財についても同じだけ優越しなければ、両国ではそれらの規模に維持されるからである（六-10）。また前者の貪欲な人々が後者の二倍であるならば、すなわち金と銀がそれらの人々の金庫に二倍集められたならば、私に言わせればさらに前者の摩耗した貨幣と紙の貨幣は後者の二倍になるが、だからと言ってそのような貨幣はどちらの国でも真の貨幣とみなされうるということはない。金と銀に比べてより多くの摩耗した貨幣や紙の貨幣が存在する国ではどこでも、雇用や財と貨幣の交換に対してはより小さい全体の信用しか存在しないので（六-23）、その場合にはそれらの雇用や財は、またそれらに等価な金と銀も同様に、そのような貨幣がより少なく存在する他のあらゆる国に比べてやはりより小さい規模で存在せざるをえないであろうということは全くの真実である。このことから偽の貨幣は真の貨幣にとって有害にならざるをえないのはどうしてか、また摩耗した貨幣や紙の貨幣を他の国々の規模を上回る規模以上に増加させることによって、雇用と財がそれにより増加した全体の信用喪失のために減少し、それゆえ他の事情が全て等しければ、貪欲な人々が比較的多数存在する場合には、雇用と財、したがってまさに真の貨幣は常に比較的小さい規模で存在するのはどうしてかが理解される。そして摩耗した貨幣や紙の貨幣が全体に必要とされうる規模よりも大きい規模で存在するために真の貨幣にとって有害になるのはいつかを理解する証拠を提示したければ、それはその流通の際の、すなわちそれが真の貨幣と交換される際のより大きい困難が証拠であると言えよう。というのはそのような偽の貨幣が真の貨幣と容易に交換されるならば、すなわち同じように受け取られ受け入れられるならば、その場合にはその量は国内であろうと国外であろうと財と貨幣の交換にとって有害にはならないことが保証されうるであろうからである。逆にそのような偽の貨幣が真の貨幣と滅多に交換されないならば、その場合にはそれは過剰であり、全体に必要とされる規模を超え、したがってまたその場合には貨幣を媒介にした財の取引や交換は全員に寛恕されうるものを上回るある人々の貪欲のためにますます衰退していかざるをえないことが保証されうるであろうからである。

第25章　利子付きで与えられる貨幣について

等速でなければならないと理解された貨幣の運動は（六–3）、消費され、毎年やはり毎年の総雇用によって各々自己補塡される財から成り立つ総所得に等価な計算貨幣の部分を確定する正金貨幣について理解されなければならない。そのような貨幣の運動の等速性は、正金貨幣の支払が、交換されない財についてはまとめられ、交換される消費可能な財については（六–7、8）等間隔の期間に分割され、賃貸借、公租公課、等々については六か月間に六よりも大きい均等な額に、月払いの俸給や給与についてはそれよりも小さい額に、労働者への週払いの俸給についてはそれよりもさらに小さい額に、そして最後に日払いの俸給についてはごくわずかに消費される財に相当する最小の額に分割されて、やはり均等に行われるということを生ぜしめ、それゆえ正金貨幣はまさに運動しているとみなされる計算貨幣の部分によって財の消費と同じように他のあらゆる計算貨幣の等速で均等な運動を確定する。そしてたとえ習慣がそのような財の消費を他の期間よりもある期間にいっそう関係づけることによって、そのような均等な貨幣の運動に力を加えようとしたとしても、それにもかかわらずその結果は他の人々に対して加速させたのと同じだけある人々に対して減速させるにすぎず、全体として見れば同じ等速性に維持される。このことから財が実際に均等に消費されるのと同じように想像で消費されたならば生じない個人の支払の猶予が生じるのは明らかである。しかし人が四旬節に田舎で断食するよりも謝肉祭に都会で財を消費したいと考える気紛れにもかかわらず、心眼で貨幣の全ての運動の後を追う人は、それが全体として見れば均等であることに気づくであろうし、個人の取り立ての苦労が一部は実は均等に消費される食物、衣服、住居を祭日の前日よりも当日に、他の何かの機会よりも特定の機会により多く消費したいということと同じ苦労から生じることに気づくであろう。このことは非常にしばしば授受される正金貨幣だけでなくごく稀にしか授受されない正金貨幣について、すなわち貪欲な人々の金庫の中で遊休のままになっているかまたは調度のように形作られているので他の人々があたかも貨幣でないかのようにみなす金や銀についても理解される。というのは財に貪欲なあらゆる人は財をいっそう金や銀を浪費する人と交換するためにしか財を保持しないのと同じように、金や銀に貪欲なあらゆる人もそれをいっそう財を浪費する人と交換するためにしか金や銀を保持しないということから証明されるように、たとえそう見えなくても、金や銀それ自身は運動しているからである。そして必要は財に貪欲な人に財と交換する金を浪費する人が決して不足しないようにするので、金に貪欲な人が貨幣のための刻印が押された金または刻印が押されていない金と遅かれ早かれ交換する財を浪費する人が決して不足しないようにする。さらに、より自然の秩序に反して財の消費やそれに後続する貨幣に誘導することが求められるすでに指摘された運動の違いは、たとえ無益な気紛れの結果のように見えるとしても、それでも有益で適切なものになるということもまた真実である。というのは必要によってしか雇用に誘導されない就業者は（一–8）、一部はしばらくの間はより多くの財があり余るという幻想に誘惑され、また一部はそれ以外の間はより多くの財の不足に追い立てられて、雇用に対するいっそうの熱意を持ってそこにとどまるからである。さもなければ役務は非常に無気力に行われ、よりいっそうの遅延と怠慢に向かうであろう。今やその等速性のために全体には混乱を招かないのに個人には不均等になりうる正金貨幣の運動は、個人がある特定の機会に必要とするとみなす余剰が別の機会に彼によって貯蓄されたものであるならば、彼の地位または彼の年間所得を変化させさえもしないであろう。というのは彼の借方と貸方の勘定はその場合には同じままであり続けるであろうからである。しかしこの場合は、前者のプラスが後者のマイナスによって同じだけ相殺されなければ違うであろう。というのはその場合には彼の財から成り立つ所得またはそれに等価な貨幣から成り立つ所得は、貯蓄がより少なければ同じだけ減少するであろうし、貯蓄がより多ければ同じだけ増加するであろうからである。これは非常に現実的な問題であり、しばしば個人の経済行為に関わる問題である。というのはいっそう注意が払われない就業は、彼が別の時点で貯蓄する財よりもいっそう多くの財をある時点で消費するからであり、これはそのような貯蓄に加えて、彼によって消費される財に等価な貨幣が彼に不足しなければ彼には可能でありえないからである。逆に、そのような人よりもいっそう慎重な人は、いっそう継続的でいっそう注意を払う就業によって初めに彼がその後に消費する財よりもいっそう多くの財を貯蓄し、それにより彼は自分の消費に加えて彼によって貯蓄された財に等価な余分な貨幣を手元に保有するようになる。それにより通常の経済状態を下回る状態や上回る状態に各々前者が下がることに堪えられず、後者が上ることを切望しなければ、両者が各々の経済状態のままであり続けるために、前者は後者に、前者に不足し、後者にあり余る貨幣を求めるのが常であり、そこで前者は後者から貨幣を手に入れることによって後者に対して債務を負い、後者は前者に対してその貨幣の債権を負うということである。しかし誰も自分の貨幣を無償で永遠に他人に貸与しようとはしないので、そのような貸与は一定の条件の下でしか実行されないのが常である。その条件のうち最も普通に用いられるものは、貸与された貨幣に対する**利子**と呼ばれるのが常である別の貨幣から成り立つ一定の年金を、しかもその貸与が持続する期間ずっと債務者が債権者に支払わなければならず、貨幣の返済によって貨幣に対するあらゆる利子も、前者のあらゆる債務も後者のあらゆる債権も軽減され償却されるというものである。

第26章　貨幣に対する利子はどれだけ適正なのか

貨幣に対する利子は非常に理に適った適正なものであると思われる。というのは貨幣は全て土地の等価物、またはなにがしかの所得をもたらすその他の財の等価物とみなされるからである（六‐1）。それゆえしばらくの間他人に貸与された財から成り立つ資本は全て、彼に貸与された資本に基づく雇用によってなにがしかの所得をもたらすのが常なので、同じように、やはり他人に貸与された貨幣から成り立つ資本は全て、財から成り立つ資本に等価であり（六－19）、同じように同じ原則でみなされたならば、前者の所得と同様の所得をもたらさなければならないであろうし、したがってそのような貨幣が交換される財から成り立つどんな資本からも獲得しうると人がみなす所得を、利子という名称で貨幣から取り立てられなければならないであろうと思われる。それゆえこのような論証は、貸与された貨幣に対して求められる所得は全て、本来貨幣に帰せられるのではなく、それに等価な財に帰せられるべきであるのはどうしてかを理解させる。というのは貨幣は財と交換されるからであり、財だけから所得を求めることができるのであって、貨幣からでは決してないからである。実際、貨幣は財の等価物にすぎないので、財から確実に求められうる所得がそれに等価な貨幣からも求められうるならば、二倍の雇用によるニ倍の所得がただ一つの資本から求められうるであろうが、それはありえず、雇用は確かに財に関わりうるが、貨幣には関わりえないので、すなわち財とそれに等価な貨幣に同時に関わりえないので、やはり一つの所得は常に貨幣に等価な財に帰せられなければならないのであって、貨幣そのものには決して帰せられるべきではないであろう。それゆえ貨幣が利子付きでしか与えられなければ、もはやそれを貨幣すなわち財の等価物とみなすことはできないであろうが、そのような意味を失ったならば、その後は貨幣をそれと等価な、それと交換される財そのものとしかみなさざるをえないであろうし、貨幣を利子付きで与える人はもはや貨幣の所有者とみなされうるのではなく、貨幣とちょうど交換される財の所有者とみなされうるであろうし、財よりも多くのもの、すなわち財以外のものの所有者とは決してみなされえないであろう。そして実際、貨幣は利子付きで与えられ、すなわち貨幣を受け取る人が貨幣を財から成り立つ資本に交換し、次に彼はそのような財に関わることでその質を向上させることによってそこからなにがしかの所得を獲得するために与えられる（六－1）。そしてその場合にはこれはあたかもそのような交換がまさに貨幣の所有者によって行われたならば彼自身が一次的就業者として財から成り立つ資本を自分のために他人によって働かせ、次に自分の直接的就業と二次的就業から生じる所得を一般的な通常の方法で（一-17）自分に分配するかのようなものである。あるいは利子付きで与えられる貨幣は何か不測の必要のためにそれが貸与された人によってそれに等価な財に消費される（六-25）。そしてその場合にはこれはあたかも貨幣を受け取る人が彼の財から成り立つ資本のうちの多くを貨幣を与える人に貸与し、次に彼は二次的就業者としてそのような財に関わることで、それに等価な後者の貨幣の返済まで、すでにそのような資本の所有者または一次的就業者になっている後者と分配するためのなにがしかの所得をそこから獲得するかのようなものである。今やどちらの場合も貨幣が姿を消すのが見られる。というのは貨幣は利子付きで与えられ、その代わりに同じだけの財から成り立つ資本が姿を現すからである。それゆえ貨幣に対する利子と名付けられたあらゆるものと利子付きで与えられた貨幣によるあらゆる所得が、他の二次的就業者の就業のために与えられたそのような貨幣に等価な自分の財に対する一次的就業の結果にすぎないのはどうしてか、そして利子が、適正であるためにはそこから貨幣に等価な資本に関わる他の二次的就業者にもたらされる所得をほとんど上回ってはならないだけでなく、財がさらされ貨幣がさらされないような（六-12）、また所得としての財が減少しうるだけでなく消滅したりやはり資本の減少に向きを変えるような、あらゆる不測の事態にもさらされなければならないのはどうしてかが明らかになる。というのは信用によって保証され、しかも貨幣とちょうど交換される財以上に何か他の財を抵当として利子を求めることは、正義と真理に対して公然と行われる冒瀆だからである。確かにどんな所得であろうとそれを手に入れるためには、就業するための財から成り立つ資本も、それに基づいて与えられる実際の就業も必要なので、これらの条件のうちの前者を備えているにもかかわらず後者を欠く人が、後者を備えているにもかかわらず前者を欠く人と同じ所得に一致して向かうために合意しうるのは正当なことであるが、財から成り立つ資本によって、すなわち前者のそれに等価な貨幣と後者の就業によって手に入れたそのような所得は、両者の間で同じ割合で、それら二つの条件の同じだけの必要性によって分配されなければならず、そのような資本は、それを自由に使う人と同じように常に債権の所有者の負担にならなければならず、それに関わる二次的就業者は、より慎重かどうか、より首尾よいかどうか、それを最善の方法で使うかどうかを選ばなければならないのも正当なことである。

第27章　貨幣に対する利子はどれだけ正当なのか

右で説明されたように（六‐26）、たとえ貨幣に対する利子は適正でありうるとしても、しかし利子は常に全体の経済の秩序に全く反するものとみなされなければならず、自分の財を、自分が必要とする以上に、またはそれによって所有する資本以上に、またはそれを増加させるために与えられた才能以上に増加させたい人の貪欲を考慮すれば、全体の経済は利子によって明らかに攪乱される。というのは貨幣を利子付きで与えるときは、実は貨幣はそれに等価な財に関わる労働によってしか増加しえないので（六‐26）、貨幣は貨幣に関わる労働によって増加しうると仮定されるということは否定できず、貨幣が後者の方法で増加し前者の方法では増加しないと仮定することは、あるものの等価物がまさにそのものと同一のものと同じ結果をもたらすと仮定すること、または測定する方の財を測定される方の財そのものと混同してそのものと同じであると仮定することと同じである（六‐9）。

それゆえ右のことにより、たとえ利子付きで与えられる貨幣が当然のこととして債務者に信用された債権者のそれに等価な財から成り立つ資本とみなされうるしみなされなければならないとしても、やはりそのように財の形で与えられた資本と貨幣の形で与えられた資本の間には、前者の場合には債務者は資本を増加させるために二次的就業者としてそれに関わり、債権者はもっぱら一次的就業者になるのに対して、後者の場合には債務者は彼自身が債権者と同じように一次的就業者として受け取った貨幣に等価な資本に関わり、その増加のために第三者の二次的就業者に助けを求めるが、これはまさに資本を増加させるために貨幣に関わるのではなくそれに等価な財に関わる必要のためであるという著しい違いがある。この違いは、利子付きで与えられた貨幣が債務者によってそれに等価な財に消費されるならば、彼はそこから何の利益も獲得しないだけでなく、それどころか不利益を獲得するということも生ぜしめる。というのは彼は、当然のこととしてその貨幣についてその債権者になり、したがってやはりそのために彼の何の利益もないのにその債務者によって示されるけれども、そのような財に対する一次的就業が帰属するものと考えられなければならないその債権者が保証する財から成り立つ資本の所得を失うからである。さらに利子付きで与えられた貨幣が債務者によって財と交換され、その財に基づいて彼が一次的就業者としてやはり所得を獲得するならば、その場合には二つの一次的就業と一つの二次的就業が財の増加に関わるので、一般法則として常に二でしか割らないものを三で割るために、この増加はより大きくなければならないであろうが、これは成功するのが非常に困難なことである。資本家自身によって労働が費やされた一〇〇〇スクードの絹から成り立つ資本がそれに対する就業によって（六−1）八〇の増加をもたらすと仮定しよう。この増加が一次的就業者である資本家と彼の二次的就業者の間で分配されたならば、各々に四〇の所得をもたらすであろう。しかし一〇〇〇スクード当たり四スクードの利子付きで他人に与えられた一〇〇〇スクードが絹と交換され、同じように債務者によって労働が費やされたとしても、やはり八〇の増加しかもたらさないであろう。というのはそのうちの四〇は債権者に利子として帰属し、四〇は必然的に二次的就業者に日払いの俸給として帰属するので、債務者には何の所得も残らないであろうからである。それゆえ彼は、他の人々が獲得する所得を自分の就業によって自分もまた獲得するためには、通常は八〇しかない資本の増加がやはり全体を上回る努力によってより多く、例えば一二〇にならなければ、自分のために無償で就業することによって債権者との契約を維持する必要に陥らざるをえないか、または債権者と共に詐欺師になることによって生存するためにその資本の部分を消費するであろう。それゆえそのような場合に債務者と債権者の間の契約が維持されることは実際には滅多にない理由が明らかになる。というのはそのような契約を維持することは債権者の個人的な卓越した努力に依存するが、それが彼のような他人に対する貨幣の債務者ではないような他のあらゆる人の同様の努力に凌駕されたりその後塵を拝するだけでなく甲乙つけがたいときは役に立たないからである。実際、一国の全ての財が利子付きでしかも増加する利子付きで与えられるより多くの貨幣に等価であると仮定しなければ、他人の貨幣またはそれに等価な財に基づいて就業することはできないと思われるが、これはその手元で貨幣がそれに関わる労働によって増加すると全く仮定されない他の全ての人々に実際に関わることに反して、債務と債権の契約者だけに関わることであろう。

再び右のように（六‐5）利子付きで与えられる貨幣が全くない一国の貨幣が一般に一年間に消費され自己補塡される全ての財に等価な一億二〇〇〇万と推計されると仮定しよう。そのうち正金貨幣一〇〇〇万に相当する二〇〇〇万が（六‐20）ある人々から他の人々に利子付きで与えられるならば、その場合にはそれ以前の二〇〇〇万の等価物は契約者の勘定においてのみ同一量の財になり、消費される財の部分から流用するならば、以前の等価性を維持するために、財の合計は後者に関しては常に一億二〇〇〇万が維持され、前者に関しては一億六〇〇〇万に上昇するということを生ぜしめるであろう。それゆえその国において後者に関して推計され前者に関して推計されない貨幣が増加するならば、財の交換に関しては前者は他のあらゆる人が三の貨幣としか交換しないものを四の貨幣としか交換しえないであろう。これは確かに債権者にはその債務者に対して可能であろうが、債務者には他の全ての人々に対して可能ではないであろうし、債権者が財の交換において他の全ての人々よりも低く評価されるので、やはり右のように（六‐27）債務者が消費される財から成り立つ資本の部分を彼の所得に流用せず、彼の債権者に対する信用を失うならば、あるいはやはり他の全ての人々を上回る努力にもかかわらず債務者が彼の就業によって資本の増加を他の人々が三によってしか獲得しないときに四によっても獲得せず、したがってやはり四としか交換しえないものを同じように三と交換しうるならば、後者はその手元で行き詰まるであろう。これら全てのことから、他人の間接的就業による貨幣から成り立つ自分の資本からの利子は非常に不確定なものであり、人が自分の財よりも貨幣に等価な他人の財に関わるのに精を出し熱中するということは非常に生じやすいことであるが、人が通常は他人が三と交換するものを平然と四と交換しうるということはやはり非常に生じにくいことであると結論づけられる。そしてさらにそのような生じにくさを財の交換においてより多く需要しより少なく供給する人よりもより多く供給しより少なく需要する人が常に好まれるという確実な一般法則とみなすならば、そのような生じやすさを滅多にない偶然とみなすのは明らかである。

第28章　所得は貨幣表示と財表示でどうして違うのか

右の貨幣に対する利子は（六-25）財から成り立つ所得と同じように一団や一族が常に生存するための貨幣から成り立つ一定の年間所得をもたらすのは明らかである。そのような貨幣表示の所得は財表示の所得よりもずっとましなように見える。というのはそれは財表示の所得が自分自身の直接または間接の労働によってしか獲得されえないのに対して、金利生活者には全く直接的な労働を伴わず、債務者の労働だけによって、非常にしばしば保証されるのが常であるストックに対してもたらされるからである。それゆえ大量の貨幣の所有者はそれを利子付きで与えた人を騙そうと努め、その人からさもなければ自分の労働によってしか存在しえない所得を貨幣の労働によって取り立てようと努めるように見えるであろう（六-27）。しかし全ての人々は同じように債権者であり債務者であり、全ての人々は同じように貨幣の所有者であり財の所有者であるという全体の経済の観点からすれば（六-7、8）、やはり自分自身が騙されずに他人を騙すことはできないので、この所得の問題についても、就業を免れた所得から生じる最大の快適さは、他の所得が絶えず減少していくときに財表示の所得が同じままである限りにおいて、結局、財表示の所得に対する同じだけの不快さによって逆に相殺されるということが考慮されるべきである。これは財表示の所得が財そのものから成り立つのに対して貨幣表示の所得は財の等価物から成り立ち、どちらも全く異なり、その等価物よりも好まれるために起こる（六－9）。実際、財は常により多くの貨幣に等価であり（六－18）、したがってまた貨幣は常により少ない財に等価であるということが見られた。それゆえ一定の貨幣を持つ金利生活者は全て、年々より少ない財を常に手にし、最終的にはやはり貨幣を財と交換しなければならず、最終的には真の所得はそれらの財から成り立つであろう。それに対して同じ労働によって獲得された一定の財を持つ金利生活者は全て、何世紀もの間減少しない同じ所得を常に手にするであろう。それゆえ一定の限定された財を持つ金利生活者はそれを常により多くの貨幣と交換し、一定の限定された貨幣を持つ金利生活者はそれを常により少ない財と交換しなければならないであろう。それゆえ財から成り立つ所得は、たとえまず少ない貨幣と交換され、次に多くの貨幣と交換されたとしても、常に同じままであるのに対して、貨幣から成り立つ所得は常により少ない財と交換されるので、常に減少していく。結局、これら全てのことは貨幣から成り立つ所得が現金貨幣によって計算されるというごく普通の習慣のために起こり、したがってそれは時がたつにつれてその換算が同じ金と銀に対して増加するのと同じだけ減少しなければならないであろう。このことは、そのような所得が貨幣の換算によってではなくまさにそれに含まれる金と銀によって、それらの金属の増加した量も換算して計算されたならば起こらないであろう。これは然るべく行われるような個人、一族、一団に対する全ての公租公課、賃貸借、食糧手当が財表示かまたはすでに指摘された換算によって金と銀の重さが考慮された正金貨幣表示のいずれかで示されなければならないのはどうしてかを理解させる。というのは確かに全ての財は全ての貨幣に等価であるが、それはそのようにして考慮された貨幣に等価であるのであって（六－2、3）、そのような重さを超えてますます増加するその換算から推定される貨幣に等価では決してないからである（六－18）。そのような割当が現金貨幣表示で行われたならば、それはそのような貨幣の表示でますます増加する財の価値と、したがってまたますます減少する財の量のために誤って行われたものにほかならないであろう。それにもかかわらず貨幣表示の所得は、貨幣を換算するという実務上の容易さとそれをどんな時でもどんな状況でもその価値とみなすという精神的な差障りのために、一般に前者の方法ではなくむしろ後者の方法で割り当てられるのが常である。それゆえ百年前にある一族に対して行われた例えば一〇スタイオの小麦または当時それに等価な一〇ツェッキーノまたは二〇スクードの金または銀の重さの貨幣の割当は現在でも同じであろうし、その一族はそれによって同じように生存するであろう。しかしそのような割当が財または金か銀の重さではなく金または銀に対しておよそ一五〇リラと換算された当時の貨幣で行われたならば、それは大いに減少するであろう。というのは一五〇リラは現在一〇ツェッキーノではなく六$\frac{9}{11}$ツェッキーノであり、二〇スクードではなく一三$\frac{7}{11}$スクードだからである。それゆえ一〇スタイオの小麦が獲得されるのではなく六$\frac{9}{11}$スタイオしか獲得されず、他の事情が全て等しければ、その一族はもはや生存しえないであろう。というのは金や銀のような金属がインドからの輸送によって二倍に増加したならば、六$\frac{9}{11}$ツェッキーノまたは一三$\frac{7}{11}$スクードでは（六‐3）現在六$\frac{9}{11}$スタイオの小麦さえも獲得されず、三$\frac{9}{22}$スタイオしか獲得されず、その一族は小麦がはるかに少なく供給されるであろうということがさらに付け加えられるからである。同じことは貸与された貨幣についても理解されなければならない。それは常に財そのものに等価な金または銀の重さで返済されなければならないのであって、その換算では決してない。というのはそれは然るべく返済されたことには決してならないであろうからである。それゆえ百年前に与えられ、当時の一五〇〇リラの換算で現在返済された一〇〇ツェッキーノは六八$\frac{2}{11}$だけしか返済されておらず、それによりやはり金属の二倍の増加が仮定されたならば、貸与の時点で同じ現金貨幣と引き換えに獲得された財のほぼ$\frac{1}{3}$しか獲得されないであろう。これら全てのことを考慮するならば、財を貨幣に等価にすることが快適である限り、その貨幣を財に等価な貨幣そのものに等価にすることは同じだけ不快で危険で矛盾したことであるということが理解されるであろう。これは、貨幣がよりあり余る人の過剰な怠惰のために、またはそれを持たない人の過剰な努力のために、前者が後者に貨幣を与え、それに対してその貨幣そのものではなくその貨幣に等価な財に対する自分の労働から、またはその貨幣の等価な財に対する他人の労働から予期されうるなにがしかの利子またはなにがしかの所得を求めるような場合に行われるのが常である。そして実際、貨幣についての債務を負う人はそれに対して債権者に利子を支払わなければならないので、この問題は貨幣が後者の手元にとどまったならば彼の資本や所得を増加させる財に交換され、他の人がそのような貨幣に等価な財を持たなければその人から債権者に帰属する、それに一致する貨幣や所得が減少するのと同じことに帰す。このような違いによって、債務がなければ別々の勘定がどのようなものかが明らかになり、債務があれば錬金術の力によって資本と所得があたかも二つ存在するかのように見せる衒《てら》いによって前者は自分の勘定を後者の勘定で覆い隠すが、それは不可能なことであり（六–27）、両者の錯覚によってしか生じえないことである。債務者の錯覚は他人の貨幣に等価な財によって自分の資本または所得が増加すると信じ込むことにあるが、これもまた不合理なことである。というのは債務がなくならない限り彼の資本は債務そのものが必要であるのと同じだけ減少するとみなされなければならず、したがってまた生じる所得は彼のものではなく彼がそれを利子付きで借りている債権者のものだからである。さらに債務者と債権者が一方の自分の勘定ともう一方の勘定を一緒にするこれら全ての詭計と、そこから生じる全ての不合理と矛盾は、債務が個人的なものである限り、それによって国民全体が何の不利益も利益もこうむらずに多かれ少なかれ遵守される貨幣の貸与に関する契約に従って、多かれ少なかれ債務者または債権者の不利益または利益に帰すということは真実である。この問題は、債務が一国のその国自身との債務であるか、それとも他国との債務であるかで違うであろうが、そのような債務については財政が問題になるときに論じられるであろう。

完

訳者あとがき

本書はヴェネツィア生まれの元修道僧ジャンマリア・オルテス（Giammaria Ortes 一七一三年三月二日生、一七九〇年七月二二日没）が一七七四年に匿名で出版した Della economia nazionale, Parte prima, Libri sei, pp. xx+411 に、ヴェネツィアの国立マルチャーナ図書館所蔵のオルテス手沢本に施された自筆の加筆・訂正を取り入れたものの全訳である。

原題を直訳すれば『国民経済学について、第一部、六編』であるが、応用編あるいは政策編になったであろう第二部以降は出版されなかったので、単に『国民経済学』とした。

オルテスは当局に、したがってヴァチカンに出版許可を得るために、ガリレオの轍を踏まぬように、持って回った言い方をし、同義異語や指示代名詞を多用し、否定の意味を持たない冗語の non も多用するなど、教会批判と受け取られないよう文章を工夫した。翻訳に際しては逐語訳を旨とし、同義異語や指示代名詞、冗語などは適宜処理したが、持って回った言い方はそのままになった。読みにくさは原文のせいというよりも訳者の語学力のなさのせいである。ご寛恕願いたい。

本書でオルテスは持続可能なオープンマクロ経済モデルの推計をしている。これはピエロ・スラッファの『商品による商品の生産――経済理論批判序説』の「標準体系」の実証と見ることもできよう。本書は序論や第二編末にも見られるように、当時の経済学、とりわけオルテスと同じ年に生まれ、やはり元修道僧のアントニオ・ジェノヴェージの経済学に対するアンチテーゼとして書かれた。これもまたオルテスによる「経済理論批判」であった。

オルテスの経済学の定義と方法論は序論で示されているが、一七七一年にやはり匿名で出版された『俗論の誤り』の方が簡明である。それによれば、国民経済学とは国民が「財を獲得し、それを所有し、それを使用し、それを消費する、要するにそれによって生存するための方法のこと」であり、「獲得され所有され消費される財の規模が全体においても個人においても増減する理由と関係を理解するためには、全体から個人に下ることが必要なのであって、個人から全体に上ることでは決してない。そしてそのためには富と財は有限とみなされなければならず、やはり有限の人口によって消費されなければならず、したがってまた個人の利益は全体の利益から生じなければならないのであって、その逆では決してない」とされている。

『国民経済学』出版の翌年、書評誌に悉く酷評されたオルテスは直ちにそれらに反論する小冊子を出版し、さらに一七七八年、読者の手紙への返信の形で『国民経済学』を解説した書簡集を出版した。原著者が自著を解説しているので、訳者の拙い解題を付すのは差し控えた。

書簡集は一七八四年までに合計三回、一二通の書簡が公表された。恐らく公表するつもりであったであろう書簡がまだ六通あり、草稿の形でマルチャーナ図書館に保管されている。

また、経済は需要に、したがって人口に制約されるので、人口一定を仮定する本書のモデルでは全般的な経済成長は起こらないが、右の書簡集では経済成長のために人口を増加させる方策に言及している。それはオルテスの没年に出版された人口に関する論文に結実する。それにより持続可能な社会における全般的な経済成長、すなわち持続可能な経済成長が可能になる。これらのことの更なる探求については、本書に関心を持たれた読者がおられるならば、その方に託したい。

本書の出版に当たっては、日本経済評論社の柿﨑均社長と清達二氏に一方ならぬお世話になった。記して謝したい。

最後に、近江谷幸一先生と妻 洋子に心から感謝し、それぞれの墓前に本書を捧げたいと思う。

平成二九年八月一三日、ヴェネツィアにて

訳者

本書の出版には平成三〇年度日本大学経済学部「学術出版助成金」による出版助成を受けた。

訳者紹介

藤《ふじ》井《い》盛《もり》夫《お》

日本大学経済学部教授．昭和 29 年東京生まれ．経済学史専攻．共訳書に D. ヒースフィールド編著『現代インフレーション理論の展望』日本経済評論社，1984 年，V. ヴォルピ『日本よ敵か味方か―イタリア人の見たニッポン』日本経済評論社，1994 年．

オルテス 国民経済学

2018 年 7 月 9 日　第 1 刷発行

定価（本体 7500 円＋税）

訳　者　藤　井　盛　夫

発行者　柿　﨑　均

発行所　株式会社 日本経済評論社

〒101-0062 東京都千代田区神田駿河台 1-7-7
電話 03-5577-7286　FAX 03-5577-2803
E-mail：info8188@nikkeihyo.co.jp
振替 00130-3-157198

装丁＊渡辺美知子　シナノ印刷・高地製本

落丁本・乱丁本はお取替えいたします　Printed in Japan

ISBN978-4-8188-2505-5 C3033